W0252034

C'ÉTAIT GEORGES POMPIDOU

Du même auteur

Les Maîtres de forges, saga d'une dynastie lyonnaise (1736-1886), Albin Michel, 1996.
Napoléon IV, un destin brisé, Albin Michel, 1997.
André Citroën – Louis Renault, un duel sans merci, Albin Michel, 1998.
Terre d'inventeurs, Tallandier, 2000.
De Gutenberg à Bill Gates, Tallandier, 2001.
L'Appel de l'Afrique, Perrin, 2002.
Les Peugeot, deux siècles d'aventure, Flammarion, 2006.

Alain Frerejean

C'était Georges Pompidou

Fayard

ISBN : 978-2-213-63541-5

© Librairie Arthème Fayard, 2007.

Pour Esther

« En tout temps, le peuple veut avoir devant lui quelqu'un qui soit sincère et humain. »

Georges POMPIDOU,
Le Nœud gordien.

AVANT-PROPOS

Du côté de Houdan, dans les Yvelines, le promeneur qui pousse la grille d'un modeste cimetière de campagne peut lire sur une tombe toute simple cette humble inscription : « Georges Pompidou, 1911-1974 ». Là repose en effet l'un de nos meilleurs chefs d'État, que nous ne mettons pas toujours à la place qu'il mérite. Cet homme, venu du fond de la terre française, a sauvé le pays de l'anarchie en 1968 et peut-être de la guerre civile, donné une formidable impulsion à notre industrie, lancé les autoroutes, Ariane, Airbus, le TGV et les centrales nucléaires. Et, en les mensualisant, reconnu à des millions de travailleurs manuels une dignité et une sécurité refusées jusqu'alors.

À la différence de tant d'autres, ce grand Premier ministre et ce grand président de la République n'avait pas un goût inné du pouvoir. Plutôt que par l'ambition personnelle, Georges Pompidou a été poussé sur le devant de la scène par la curiosité intellectuelle et le dévouement à un homme d'exception. Déjà, jeune enseignant, il délaisse l'estrade pour circuler de long en large à travers la classe, cherchant sans cesse à dissiper les inhibitions, à éveiller les talents, susciter les vocations. Plus tard, malgré son goût de l'excellence, sa volonté d'être le meilleur, il n'aura d'ambition que pour ses concitoyens.

Les cinquante-deux premières années de sa vie, tour à tour professeur de lycée, chargé de mission, commissaire adjoint au Tourisme, maître de conférences à Sciences Po, maître de requêtes au Conseil d'État, fondé de pouvoir d'une maison de banque, Georges Pompidou travaille très vite, en dilettante, pour profiter pleinement de ses heures de loisir. Bon époux, bon camarade, bon vivant, amateur de bonne chère, de peinture et de poésie, ce surdoué est un sceptique. La vie, il la regarde avec humour et l'actualité avec recul.

Certes, de juin à décembre 1958, il apporte dans l'ombre un concours inestimable au général de Gaulle en l'aidant à fonder les institutions de la Ve République et à préparer l'entrée sans douleurs de la France dans le Marché commun. Mais, au bout de six mois, sa mission accomplie, il s'empresse de quitter les ors des palais nationaux pour retrouver les chemins de la liberté.

Trois ans après cette brève parenthèse, Georges Pompidou est enfin happé par le destin. Un destin qui, par deux fois, le fait échapper à des attentats et le métamorphose en homme d'État. À cinquante et un ans, lorsque de Gaulle le bouscule en faisant de lui son Premier ministre, il entre en politique sans être sûr d'y faire carrière. Or voici qu'après quelques années dans l'ombre du géant il prend goût à la fonction et se prépare même à lui succéder au terme d'une extravagante course d'obstacles.

Ce parcours inhabituel a de quoi intriguer, cette lutte perpétuelle entre la nonchalance, longtemps dominante, et le désir de primer, qui finit par l'emporter du seul fait du hasard. Jamais cet épicurien ne force la main du destin. Le destin le guide, il ne s'y refuse pas, il l'accepte. Et, stoïque devant la maladie, il meurt à la tâche. Les chercheurs de l'Association Georges Pompidou ont interviewé cent soixante-seize grands témoins. Leurs témoignages recueillis sur audiocassettes éclairent sous un nouveau jour cette étonnante aventure. Celle d'un homme libre, qui savait rire mais qui savait trancher.

PREMIÈRE PARTIE

Un brillant dilettante

D'humble et petite extrace

« Pompidou, votre nom a l'air de se moquer du monde, ça ne fait pas sérieux, disait de Gaulle à son jeune chargé de mission. Si vous voulez arriver un jour à quelque chose, il vous faudra en changer. » Plus tard, le voyant malgré tout arrivé, il ajouta : « Pompidou, un Premier ministre qui a un nom de coureur cycliste. » En réalité, ce patronyme signifie sans doute « petite crêpe » ou « pont à péage », mais qu'importe ?

Jacques Pompidou, l'arrière-grand-père, ne savait ni lire ni écrire. Il avait deux fils. L'aîné, Pierre, lui succéda à la ferme familiale de Naucase, sur le plateau de la Châtaigneraie, aux confins du Quercy et de la Haute Auvergne, « un pays qui produit des ministres, des fromages et des volcans et nourrit un type d'hommes plus fort, plus dru que le cheval, moins agile que la chèvre, plus têtu que le mulet[1] ». Le cadet, Jeantou, le grand-père de Georges, réduit à travailler comme maître-valet chez son frère, dut attendre de réunir deux mille francs d'économies pour épouser Mariannou, une couturière qui lui apportait en dot sa machine à coudre.

Avec ces modestes ressources, les mariés purent s'installer à l'oustalet du Martinet, une petite maison dissimulée par une treille, isolée sous les châtaigniers. Ils eurent trois enfants. Si les deux aînés se firent agriculteurs à leur tour, l'instituteur, M. Joie, un religieux défroqué, « poussa aux études » le troisième, Léon, car, tout en gardant les cochons, il apprenait mieux que ses frères.

À cette époque, chaque village mettait sa fierté dans son école primaire et son bataillon scolaire. Le 14 juillet, coiffés d'un képi ou d'un béret à pompon rouge, les garçons défilaient derrière le drapeau, en vareuse et pantalon bleu marine. Encadrés par l'instituteur et un ou deux officiers de la territoriale, ils portaient fièrement sur l'épaule un fusil à leur taille, la baïonnette quand même arrondie, et chantaient :

Nous sommes les petits soldats
Du bataillon de l'espérance.
Nous exerçons nos petits bras
À venger l'honneur de la France.

Ainsi allait le temps. Inaugurant un jour à Aurillac le buste du professeur Henri Mondor, Georges Pompidou dira : « Comme tous les Cantaliens, Mondor est parti de peu. On lui a montré à l'école que rien ne s'acquiert sans le travail. On dit que les Auvergnats et spécialement les Cantaliens ont les pieds sur la terre. C'est vrai ! Mais il y a aussi en eux un peu de la terre du pape Gerbert, de Blaise Pascal et de Teilhard de Chardin. »

Après avoir passé avec mention très bien son certificat d'études, prouesse fort rare à l'époque, Léon Pompidou obtint une bourse. Elle lui ouvrit les portes de l'école primaire supérieure de Murat, le chef-lieu de canton, puis celles de l'école normale d'Aurillac. Il en sortit premier. En devenant « monsieur l'instituteur », il commença l'ascension sociale de la famille. Une ascension due au seul mérite.

« Nos jeunes maîtres, témoigne Charles Péguy, étaient beaux comme des hussards noirs, sévères, sanglés, sérieux et un peu tremblants de leur précoce, de leur soudaine omnipotence. Cet uniforme civil était une sorte d'uniforme militaire. Encore plus sévère, encore plus militaire était un uniforme civique, quelque chose, je pense, comme le fameux cadre de Saumur. Ces instituteurs étaient sortis du peuple, fils d'ouvriers, mais surtout de paysans et de petits propriétaires. Ils restaient le même peuple, nullement endimanchés, mais seulement un peu plus rangés, un peu plus ordonnés dans ces beaux jardins de maisons d'école[2]. »

Nommé à Murat, Léon, comme les autres instituteurs, est logé dans le même bâtiment que les institutrices. « La chambre en face de la sienne est habitée par une jeune fille, Marie-Louise Chavagnac, qui a un air de distinction, des manières de demoiselle. À travers sa porte,

Léon Pompidou, courtaud, rougeaud, éclatant de santé rustique, l'entend souvent tousser[3]. » C'est la petite-fille d'un maquignon, « le plus fort à vingt lieues à la ronde pour donner du tonus à un cheval lymphatique[4] », et la fille d'un marchand forain qui va jusqu'en Limousin, en Aquitaine ou dans le Midi vendre de la toile sur les marchés et les foires.

Entre Léon et Marie-Louise se noue une idylle qui se conclut le 24 septembre 1910 par un mariage. Comme son ancien instituteur, M. Joie, le marié est libre-penseur, mais il se marie à l'église pour faire plaisir à Marie-Louise qui est pratiquante. En 1911, les jeunes époux obtiennent leur diplôme de professeur dans l'enseignement primaire supérieur. Tous deux sont nommés à Albi, Léon pour y enseigner le français et l'espagnol à l'école de garçons, Marie-Louise pour les sciences et les mathématiques à l'école de filles.

Un enfant ne tarde pas à naître à leur foyer et, selon une tradition de l'époque, la jeune maman fait ses couches chez sa mère. Ainsi naquit Georges Pompidou, le 5 juillet 1911, à Montboudif, petit village aux toits de lauzes, dans le nord du Cantal, à mille mètres d'altitude, entre montagnes à vaches et volcans éteints. Drôle de nom encore, évocateur, paraît-il, du « mont aux bœufs » ou du « mont aux sources bouillonnantes ». Ce village de trois cent vingt-sept habitants aura soixante tués à la guerre de 1914 et fournira en quarante ans vingt-sept instituteurs et soixante patrons de café parisiens.

Baptisé un mois après sa naissance, l'enfant reçoit pour parrain et marraine deux marchands de toile, tous deux du côté Chavagnac. « Pauvre je suis de ma jeunesse, d'humble et petite extrace », dira-t-il une fois devenu président de la République, ce qui n'empêchera pas plus tard le *Canard enchaîné* de l'affubler dans « La Cour », une rubrique humoristique, du titre ronflant et facétieux de marquis de Montboudif.

Après quelques mois en nourrice, le petit Georges rejoint ses parents à Albi, ville toute en briques rouges, marquée par le souffle de l'histoire et par la croisade contre les cathares. Au pied de la cathédrale-forteresse, les maisons à colombages voisinent avec les hôtels Renaissance, avec les cloîtres, les églises romanes et les vestiges de remparts. Séduit par les théories socialistes depuis son passage à l'école normale d'Aurillac, Léon Pompidou milite à la section locale du parti, dont il est un membre actif mais modéré. Jean Jaurès, député de Carmaux, le fascine en créant à Albi une verrerie ouvrière, « la première basilique érigée par la classe ouvrière, où les chœurs chantent non pas dans le tonnerre des orgues, mais dans la majestueuse mélodie des machines ». Ses discours de distribution des prix devant les lycéens d'Albi dénoncent « les usines qui sont des prisons » et insufflent « le courage d'aller à l'idéal en comprenant le réel ». Rêvant comme lui de justice et de fraternité, Léon Pompidou rencontre souvent Jaurès et s'en fait apprécier. Un moment, il envisage même de devenir son secrétaire. Mais, afin de poursuivre ses études jusqu'à l'agrégation, il doit se rendre deux fois par semaine à Toulouse suivre les cours d'espagnol à la faculté des lettres, ce qui ne lui laisse guère de temps libre.

Le 31 juillet 1914, Jaurès, le grand homme, est assassiné. Le lendemain, la guerre est déclarée, et Léon mobilisé comme sous-officier d'infanterie. Trois semaines plus tard, lors de l'attaque française sur Mulhouse, il est grièvement blessé à la jambe. Après dix-huit mois d'hôpital et une permission de convalescence, on l'envoie se battre sur la Somme, puis à Salonique et sur le Vardar, à l'armée d'Orient.

Le petit Georges passe ainsi la plus grande partie de son enfance entouré de femmes. Le père Chavagnac est mort en 1913, laissant un avoir composé de pièces d'or, comme c'était l'usage en Auvergne. Sa veuve s'est empressée de le convertir en bons de la Défense nationale, ce qui lui vaut bientôt d'être à la charge de ses enfants[5]. Dans les rues, on croise souvent des veuves de guerre, reconnaissables à leur robe et leur chapeau noirs, parfois même à un grand voile noir. Elles ont la démarche lente, les yeux rougis. À force de voir afficher : « Méfiez-vous, taisez-vous, des oreilles ennemies vous écoutent », on prend souvent les hommes pour des espions. En tout cas, pendant quatre ans et demi, les journaux ne parlent que de la guerre. Sans cesse, ils publient de longues listes de tués, de blessés... ou de souscripteurs de bons de la Défense nationale.

Georges dévore les livres d'images. Sa mère s'occupe si bien de lui qu'à trois ans, paraît-il, il sait lire. À la maternelle, sa précocité stupéfie sa maîtresse, Mlle Durant. À la communale, il fait connaissance d'un petit réfugié du Nord, Pierre Pujol, qui demeurera un ami fidèle et discret. Car à Albi ont accouru de nombreux réfugiés venus de Belgique et de toutes les régions envahies.

En mai 1919, son père est enfin démobilisé. Georges, qui a huit ans, le voit arriver à la maison avec sa capote, ses bandes molletières, ses godillots, son casque à la main. Léon Pompidou reprend son poste au lycée, celui-là même où enseignait Jaurès, une grande bâtisse en briques roses. Il assure également des cours d'espagnol à l'école normale de jeunes filles, car sa femme, souffrant de grippes interminables, doit rester à la maison. Mais cette double activité l'oblige à renoncer à l'agrégation.

À l'automne suivant, Georges entre en huitième comme externe au lycée. Sa maigreur et son teint noiraud lui valent le surnom de « grillon ». Cette année-là, il a un excellent maître, M. Delga. « À neuf ans, sortant de sa classe, je possédais tout ce qui constitue l'acquis fondamental : orthographe et grammaire, arithmétique, calcul mental, histoire et géographie de la France[6]. » L'année suivante, Georges a une petite sœur, Madeleine. La famille quitte alors la maison de la rue Salvan-de-Saliès pour en louer une plus grande, avec jardin, rue des Châlets.

Le gamin n'a pas une enfance gâtée. Léon, le libre-penseur, accepte que son fils suive le catéchisme, qu'il accompagne sa mère à l'église et fasse sa première communion avec au bras un beau brassard blanc. Mais, dans la vie quotidienne, il se montre extrêmement sévère. Sans doute est-il aigri par l'enfer subi quatre ans dans les tranchées. « Mon père attachait aux études une telle importance qu'il faisait à mes yeux figure de persécuteur. » Le jeudi après-midi, pour éviter ses remontrances, voire ses taloches, l'enfant se réfugie souvent dans le jardin de son professeur de dessin, Mme Renaud. Car il est un élève dissipé, n'en fait qu'à sa tête et préfère au travail la lecture – un livre par jour –, aussi bien les aventures d'Indiens, de Fantômas ou de Jules Verne que les romans de Balzac ou les classiques grecs et latins.

Son père a beau dire, Georges est toujours le plus jeune et le premier de la classe. Chaque année il remporte sept ou huit prix sans se donner le moindre mal. Son étonnante capacité intellectuelle lui permet de tout enregistrer, sa mémoire est phénoménale. Il apprend à merveille à enchaîner les idées, d'hypothèses il ne déduit que des conséquences logiques. Racine l'enthousiasme, surtout depuis qu'un professeur fait jouer ses tragédies par les élèves. Étonnant, ce Lysimaque Œconomos, un petit bonhomme tout rond, coiffé d'un chapeau melon, qui parle le latin comme un pope orthodoxe et le grec ancien avec l'accent anglais ramené d'Oxford où il a enseigné l'histoire de Byzance.

À en croire les mauvaises langues, Georges, assez farceur, aime truffer d'erreurs grossières les compositions qu'il fait semblant d'oublier sur son banc ; les copieurs se ruent pour les copier et il s'amuse des notes exécrables qu'ils reçoivent. Mais rien ne vaut pour lui les vacances à Montboudif, avec ses cousins Chavagnac et Andraud. Le plaisir de pêcher les écrevisses avec des grenouilles attachées à une ligne, d'attraper les truites à la main dans les ruisseaux ou les écureuils dans les bois. On fait aussi quelques excursions au lac Pavin, au Sancy, au puy Mary ou à Besse-en-Chandesse.

« La classe de seconde est un enchantement grâce à un nouveau professeur, M. Mercadier, qui lui révèle la poésie et le passionne pour le grec. Avec deux de ses camarades, il fait du grec avec fureur et passe chez lui des soirées inoubliables à l'entendre parler de Nerval, des symbolistes, des poètes du Parnasse[7]. »

À quinze ans, en première, Georges délaisse un peu les sciences et l'allemand mais obtient le premier prix de version grecque au concours général des lycées et collèges de France. Pour le lycée d'Albi, c'est un événement. Le texte à traduire était un extrait de l'*Odyssée* que Georges avait appris par cœur à dix ans. L'inspecteur général se déplace chez les parents Pompidou pour leur annoncer la nouvelle. Ce sera une des plus grandes joies de sa vie, mais aussi pour son père.

Georges monte à Paris assister, dans la grande salle de la Sorbonne, à la réception solennelle des lauréats. Son plus long voyage jusqu'alors – sept cents kilomètres en douze heures – et le premier de nuit ; en troisième classe, recroquevillé en chien de fusil sur la banquette de dure moleskine noire. « À la lueur d'une veilleuse bleue, ses voisins ronflent, bouche béante. Les arrêts le réveillent, à commencer par Limoges, la gare cyclopéenne aux colonnes de tombeaux incas. Le jour finit par se lever sur de grandes plaines, où des paysans conduisent des attelages de chevaux, puis on défile entre des usines fumantes, des jardins, des terrains vagues, des tas de ferrailles. On longe et on dépasse des trains de banlieue où, à travers les vitres, il aperçoit des visages mornes. Puis, après de hautes maisons noires, des entrepôts, il distingue, sous un pont, une inscription rouge sang : Paris-Austerlitz à 500 mètres[8]. »

Parmi les lauréats de la même année, René Billères, du lycée de Tarbes, futur ministre de l'Éducation nationale de la IVe République, et Maurice Schumann, du lycée Janson-de-Sailly, accessit de version latine, futur ministre des Affaires étrangères de la Ve. Louis Poirier détient le record en cumulant 2e prix de français et 1er prix de thème latin ; plus tard, sous le pseudonyme de Julien Gracq, il écrira *Le Château d'Argol* et *Le Rivage des Syrtes.*

Ce succès au concours général scelle le destin de Georges. Pas question d'autre carrière que celle de professeur. En a-t-il la vocation ? Rien n'est moins sûr. Ses horizons sont limités, et, à part ses oncles cultivateurs, il ne connaît que des enseignants. Son père a décidé à sa place, persuadé de le voir réaliser un jour le rêve auquel lui-même a dû renoncer à cause de la mauvaise santé de sa femme : Georges sera agrégé et, pourquoi pas, il fera même l'École normale supérieure, où Jaurès est entré cacique, c'est-à-dire premier. Déjà, paraît-il, à sept ou huit ans, quand on demandait à Georges ses projets d'avenir, il répondait : « Normale Sup' ». Ce qu'était cette école, il ne le savait pas, mais on le lui avait inculqué[9]. Sa sœur Madeleine deviendra elle aussi agrégée, professeur de lettres, et épousera un autre agrégé, Henri Domerg.

Très tôt, Georges se montre sensible aux jeunes filles en fleurs. D'abord Andrée et Suzanne, qu'avec Pujol il emmène au bord du Tarn et dans la campagne d'Albi déclamer des poèmes de Villon ou de Ronsard. « Cher Tarn ! pays magnifique et rude, où la terre est elle-même rouge ; morceau de plateau central chauffé au soleil du midi. Seules, les insuffisances touristiques l'ont empêché d'être aussi célèbre que les plus célèbres paysages, car Albi vaut Sienne et Cordes vaut Cordoue, sans parler de tant d'autres sanguines[10]. » Puis, devant des reproductions de la *Vénus* et du *Printemps* de Botticelli, Georges rêve de belles créatures aux voiles transparents.

L'apothéose survient en philosophie. Le professeur principal, M. Griollet, terriblement chahuté, est passionné par les animaux. À la fin de l'année, saisis d'un remords collectif, les élèves unanimes adhèrent à la Société protectrice des animaux ; alors il leur déclare, les larmes aux yeux : « Cela fait tout pardonner. » Mais cette année-là l'événement est, chose rare à l'époque, la mixité de la classe. Georges y fait ainsi connaissance de Jeanne, une élégante Parisienne, grande, blonde, aux immenses yeux bleus. Elle a dix-sept ans et lui seize. Il en tombe aussitôt amoureux.

La chance veut que, le jour du bachot, il soit assis près d'elle. Il prend alors le temps de rédiger deux compositions de philosophie, sur deux sujets différents, l'une très soignée, qu'il lui passe discrètement, l'autre bâclée, faute de temps, la sienne. « J'ai gardé l'impression que le professeur qui nous surveillait et qui avait été un de mes maîtres s'aperçut de quelque chose quand je fis passer la dissertation à la demoiselle de mes pensées. Il ne manifesta rien en tout cas. Il m'aimait bien. J'ai eu juste une heure pour traiter un autre sujet pour mon compte, pas le temps de fignoler[11]. » Résultat : Georges est reçu sans mention. Cela ne le dissuade pas de demander la belle en mariage. Elle ne dit pas non, mais son père, un haut fonctionnaire, refuse : « Tu es folle ! Ce garçon est paresseux. Il n'a aucun avenir. »

Aucun avenir, croit-on, puisque ses parents ne sont pas riches. Qu'importe, il se console en jouant au tennis pour mieux approcher les jolies Albigeoises, et au rugby, que l'on découvre alors avec passion. On y joue même place Sainte-Cécile, devant la cathédrale, jusqu'à ce qu'un arrêté municipal interdise les jeux de ballon sur les places publiques. Puis il demande une bourse qu'il obtient sans difficulté pour suivre à Toulouse la première année de préparation à Normale supérieure, l'hypokhâgne. Dans la ville rose, il retrouve Pujol et son brillant colistier au concours général, René Billères, qui sera son condisciple pendant six ans.

Cette première année, d'ordinaire simple période d'acclimatation à l'issue de laquelle on ne tente pas encore le grand concours, se révèle une étape importante de sa formation. Il y rencontre en effet un exceptionnel professeur d'histoire, M. Gadrat, une gueule cassée de la Grande Guerre. Blessé à la face par l'explosion d'une grenade, ce maître n'a conservé l'usage de la parole qu'à l'aide de greffes et d'un appareil. Fougueux, volubile, impérieux, il impressionne les élèves. Sa façon de faire revivre les hommes et les événements impressionne les élèves. Son visage mutilé rend sa ferveur pathétique. « Avec lui, Louis XV comme Robespierre prenaient une stature fascinante. » Georges lui doit, autant qu'à son père, un fervent attachement aux valeurs républicaines et ce goût de la grandeur historique qu'on retrouvera dans sa fascination pour de Gaulle. Comme toujours, il termine l'année avec cinq premiers prix – versions grecque et latine, allemand, histoire moderne, histoire ancienne – et un deuxième prix de français.

La découverte de Paris

L'année suivante, Georges poursuit ses études à Paris, au lycée Louis-le-Grand. Il appréhende le contact avec la capitale. L'a-t-on, comme son camarade Paul Guth [12], mis en garde contre cette *Babylone de tous les vices* ? « Paris est plein de mauvaises femmes qui font le trottoir, me souffla mon père avec des chuintements de mauvais prêtre au confessionnal. Ces femmes, ajouta-t-il en baissant de plus en plus la voix pour que maman, dans la pièce à côté, n'entendît pas, ces mauvaises femmes donnent de mauvaises maladies. Ceux qui vont avec elles, même cinq minutes, deviennent gâteux, aveugles. Leur cerveau tombe en morceaux, ils perdent leurs doigts de pied. Plus tard, ils passent ces maladies à leurs épouses et à leurs enfants. Même sans s'approcher d'elles, si tu as un bobo à la lèvre, tu risques d'attraper ces maladies dans un café, en buvant à une tasse ébréchée. Un truc ! Les autres prennent la tasse avec la main droite. Toi, tu la prendras avec la gauche. Et tu n'iras pas au café. »

En tout cas, l'allure austère du vieux lycée de la rue Saint-Jacques redouble les craintes de Georges. Une caserne, où, à peine entré, on surplombe la *fosse aux ours,* une espèce de promenoir pour détenus. « Au centre de cette cour, un kiosque abrite les WC, secoués à intervalles réguliers par les spasmes grondants du Niagara des chasses d'eau. Grossier rappel de nos basses fonctions, compensé par une évocation de gloire : dans le ciel étroit, au-dessus de la cour, plane la lanterne des morts, le sommet du monument le plus glacé de Paris, le Panthéon. »

Louis-le-Grand – le *Baze Grand,* disent les initiés – est réputé pour sa khâgne, la meilleure de France, du moins celle qui prépare le mieux au concours d'entrée à Normale. Le lycée concurrent, Henri-IV, a un maître à penser, Alain. Louis-le-Grand n'en a pas, aucun enseignant n'a vraiment de prise intellectuelle sur ses élèves. Roubaud, le professeur d'histoire, a une étrange manière de capter leur attention. Évoquant une bataille, « il y eut quelques milliers de morts, dit-il, il y eut plusieurs centaines de morts, il y eut plusieurs morts [13] ». On ne saurait être plus précis. Aucun exposé oral, rien qui prédispose à la prise de parole, rien, absolument rien qui prépare le futur Premier ministre à se présenter un jour devant l'hémicycle du Palais-Bourbon.

À défaut de la qualité de ses maîtres, Georges est frappé par l'intelligence de ses camarades, presque tous prix d'excellence. Outre Billères, qu'il retrouve, il côtoie particulièrement Raymond Polin, futur philosophe, Paul Guth[14], le merveilleux conteur des *Mémoires d'un naïf,* François Ceyrac, appelé à devenir président du CNPF, et Pham Duy Kiem, un Annamite d'une politesse raffinée. Mais surtout Léopold Sedar Senghor, un drôle de petit Sénégalais tout mince. « Senghor était là, tranquille, si simple avec sa blouse gris muraille. Je lui trouvais le charme flegmatique d'un coquillage des hauts de grève. Il m'a tout de suite attiré par son rire en deux temps et les foulards dont il calfeutrait son cou. Je craignais pour lui le climat parisien et la solitude. Spontanément, Senghor aimait les Celtes, la celtitude, si je puis dire par symétrie avec la négritude. Des années plus tard, j'ai retrouvé Senghor. Il avait gardé son rire, son sourire, son épaisseur de foulards. Nous bavardions poésie, religion, marche des saisons. Une sagesse verlainienne émanait de lui, une douceur prodigieuse. Entre nous, aujourd'hui, le souvenir de cette époque est là comme une solidarité de la Table ronde[15]. »

Pourquoi Georges se lie-t-il davantage avec ces deux-là, le Noir et l'Indochinois ? Par sens de l'égalité ? Un véritable humaniste n'éprouve aucun sentiment de supériorité à avoir pour ancêtres les Gaulois. D'ailleurs, si les Européens ont pu arriver à Dakar ou à Hué, pourquoi un Sénégalais ou un Annamite ne s'installerait-il pas aussi à Paris ? Ou bien est-ce le désir de se créer un réseau de disciples ? Ces deux garçons de couleur, forcément un peu perdus à Paris, ont sans doute besoin d'amitié. D'ailleurs Senghor appelle Georges « plus que frère » et lui-même le surnomme « le Ghor ». Ces deux-là, il peut les conforter, guider leurs lectures et, du coup, exercer sur eux une influence, une autorité. Même sur Senghor, de quatre ans son aîné. Bien sûr, Georges n'a pas la science des professeurs de Louis-le-Grand, mais peut-être sait-il mieux expliquer à Kiem ou à Senghor ce qu'on leur enseigne de la culture française, grecque ou latine. Le mettre à leur portée, le leur traduire en quelque sorte. Chaque fois qu'un de ces deux-là butte sur une difficulté, Georges est toujours là pour une explication, un conseil.

En même temps qu'eux, il découvre les auteurs, Barrès, Proust, Gide, Rimbaud, car, en province, la culture littéraire s'arrête alors à Anatole France et Pierre Loti. La révélation, c'est surtout Baudelaire, qui inspirera plus tard à Senghor son sujet de mémoire, *L'Exotisme chez Baudelaire*. Loin d'embarrasser Georges, les questions de ses deux camarades l'intéressent.

À charge de revanche car, curieux de tout ce qui est différent, nouveau, dès qu'il en a l'occasion, il questionne ses deux amis sur l'Afrique ou sur l'Extrême-Orient. De sa voix profonde et monocorde, Senghor lui parle alors de cette terre africaine dans laquelle il se sent « raciné ». Là se trouve peut-être aussi une clé de leur amitié. Georges pense qu'il y a davantage à apprendre de camarades de couleur que de simples concitoyens de la métropole. D'ailleurs, l'Afrique est à la mode, avec l'art nègre, Joséphine Baker, le jazz, *Le Voyage au Congo* d'André Gide et le Bal nègre de la rue Blomet.

Le programme de la khâgne est chargé, mais, pour approfondir une réflexion, Georges sait s'abstraire de tout. Même du bruit. Senghor raconte : « La veille d'une composition d'histoire, après avoir lu d'une traite tout son cours, Pompidou referme son cahier en disant : "J'en ai marre, je vais griller une sèche" ; une semaine plus tard, on rend la composition, et il est premier. » Un autre confirme : « Quand nous ânonnions sur une version latine depuis une heure, Pompidou avait déjà fini, il se levait, foutait vite le camp, et en général la version était bonne. » Une heure lui suffit pour rédiger une dissertation qui prend toute une soirée à n'importe qui. Concentré sur l'essentiel, il fonce droit au but. « Du premier coup, Pompidou va au cœur du sujet, dira plus tard Michel Debré. J'ai rencontré peu d'hommes disposant d'une telle capacité de synthèse. » Cela lui laisse du temps libre pour lire Gide, Martin du Gard ou Saint-John Perse. Dans toutes les matières, il figure parmi les deux ou trois premiers. Même en éducation physique.

Rythmée par les roulements de tambour, cette vie de khâgne garde quelque chose de la discipline napoléonienne, surtout pour les provinciaux, tous internes, qui constituent la grande majorité de la classe et qui n'ont droit qu'à une douche par semaine. En blouse grise, ils subissent chaque jour onze heures de cours ou d'étude. Lever à 6 heures du matin, été comme hiver ; 6 h 30, étude ; 7 h 30, petit déjeuner ; cours de 8 heures à midi ; après le déjeuner à base de féculents et de viande bouillie, une demi-heure d'étude ; cours de 14 à 16 heures ; étude à 16 h 30. Dans les salles de classe, des radiateurs diffusent une chaleur sèche, morbide, une atmosphère de serre. Il n'y a en tout et pour tout que deux grandes heures de récréation occupées à tourner dans la cour, dans le sens des aiguilles d'une montre.

L'étude est particulièrement sinistre : « Nous y travaillions sous la surveillance d'un répétiteur pareil à un boudin empli de sang, raconte Paul Guth[16]. Avec ses bourrelets sur la nuque, sa démarche d'automate, son ventre qui repoussait la chaire, il était le sosie du maréchal Hindenburg ; nous l'appelions *le Sergal.* Il imposait une discipline de caserne prussienne. Chacun de ses soufflements de phoque, qui l'empourprait jusqu'aux cheveux, semblait annoncer la schlague. Pour un livre qui tombait, on se croyait menacé de douze balles dans la peau. L'affaire capitale était d'obtenir l'autorisation d'aller aux cabinets. *Le Sergal* régnait sur votre vessie. Il réglementait la moindre goutte. C'étaient des processions autour de sa chaire, des conciliabules. Vers ses joues de ballon gonflées de sang montaient des visages pâles, qui avaient des pathétiques d'orants. On dressait des listes. On levait la main à son tour. Il s'instituait des protocoles de l'urinoir. »

Après le souper, dortoir. Sans doute Georges a-t-il emporté une photo de ses parents pour la regarder chaque soir, dans son casier. À 21 heures, extinction des feux, mais, sous les draps, on lit encore une heure ou deux avec une lampe électrique.

Au cœur de la capitale illuminée et bruyante, les khâgneux de province en sont isolés les sept huitièmes de leur existence comme sur une île inaccessible, tandis que leurs camarades parisiens, comme Bourbon-Busset ou Ceyrac, forment une petite minorité de privilégiés, une espèce à part[17]. « Au milieu d'une masse lancée par la province à la conquête de l'École normale, les externes, mieux vêtus, plus aisés dans leurs manières, constituaient une aristocratie légèrement méprisante, initiée aux mystères de Paris. Pour eux, Henri-IV ou Louis-le-Grand représentaient le lycée banal de leur jeunesse et non l'établissement illustre où le provincial n'avait pu entrer qu'après avoir montré patte blanche. Le cours terminé, ils nous quittaient pour se perdre dans les méandres de la cité à l'heure où nous nous dirigions vers l'étude qui précédait le réfectoire, qui lui-même précédait le dortoir. Nous avions pour eux un peu d'admiration, un peu de jalousie. » Les Parisiens savaient beaucoup mieux que les provinciaux ce qui se faisait, ce qui s'écrivait. Ils connaissaient les surréalistes. « Plus que tout, poursuit Georges Pompidou, nous envions leur liberté. Mais ils étaient aussi pour nous des guides qui nous initiaient à la vie parisienne, nous révélaient le théâtre, nous évitaient d'emprunter le mauvais trottoir du boulevard Saint-Michel ou d'entrer dans les cafés ignorés des intellectuels de gauche[18]. »

Les détenus que sont les internes peuvent sortir deux fois par semaine, le jeudi après-midi et le dimanche. Ces jours-là, les blouses grises disparaissent, remplacées par le veston à larges épaules et le pantalon à pattes d'éléphant, à la mode depuis que Joséphine Baker a lancé le charleston.

« Paris déniaisait les jeunes de leurs étroitesses provinciales. Il les décrottait de leurs relents de bourgs, décrispait leurs raideurs rurales, aérait leurs fermentations cantonales, ouvrait un plus vaste théâtre à leurs rêves municipaux. Paris, maître à danser, enseignait aux boutonneux de l'âge ingrat comment on exécute un menuet sur un volcan. Les bras en corolle, le jarret léger, le sourire aux lèvres, malgré les horreurs de la vie[19]. »

Georges découvre un monde fascinant, le musée du Louvre, les bouquinistes sur les quais, où il se ruine pour s'offrir l'album de collages de Max Ernst *La Femme 100 têtes,* les brasseries sympathiques, les bistrots où il écoute le jazz, les cabarets où se produisent Maurice Chevalier et Valentine Tessier. Tombé amoureux de Mlle Balconetti, qui s'illustre dans *Les Caprices de Marianne*, il lui fait envoyer chaque semaine une corbeille de fleurs. Encore faut-il payer le fleuriste. Alors il entreprend une collecte au nom d'une prétendue Association de défense de la culture française.

Son goût de Paris, Georges le fait partager à l'ami Senghor qui évoquera leurs « longues promenades sous la pluie tiède ou dans le brouillard gris-bleu, le soleil dans les rues, au printemps, en automne, la douce lumière d'or sur la patine des pierres et des visages ». S'ils descendent ensemble le boulevard Saint-Michel et si des jeunes filles se retournent sur lui, ce beau brun ténébreux, Georges fait alors le modeste et leur lance, amusé : « Vous n'avez jamais vu un nègre ? »

Mais tout a une fin. Le soir, les provinciaux rapportent au dortoir les rumeurs de la ville, les chansons entendues dans la rue, les refrains de Maurice Chevalier : *Valentine et ses jolis tétons* ; *Paris, je t'aime* ; *Valencia* ; *La Violettera* ; *Monte-là-d'sus* ; *Parade d'amour...*

« Parfois, avant de s'endormir, on entend chantonner :

Ramona, j'ai fait un rêve merveilleux
Ramona, nous étions partis tous les deux.

Une autre voix s'élève, nasillarde, lascive :

Garde-moi, garde-moi près de toi !
Je ne serais sans toi
Que peu de cho-o-se[20] *!* »

La nuit est parfois interrompue par des blagues. Paul Guth en a raconté quelques-unes : « Talagrand, qui deviendra plus tard l'écrivain Thierry Maulnier, s'avançait vers moi avec des façons d'échappé du sépulcre. J'avais juste le temps de bondir en arrière. Il plongeait ses mains dans l'eau glacée des lavabos, montait sur le rebord d'une fenêtre et se cachait derrière les rideaux. Quand nous étions endormis, un spectre posait sur notre front ses paumes glacées, puis s'évaporait parmi nos cris. Ou encore, guettant derrière la porte du dortoir, Talagrand mimait les Massacres de Septembre. Dès qu'entrait un retardataire, il l'assommait d'un coup de polochon. On traînait la victime près d'une table de nuit, au milieu de l'allée centrale. Le torse nu, le bourreau la jetait à genoux. Au roulement d'un tambour, deux règles battaient un pot de chambre. D'un revers de polochon, le bourreau exécutait le suspect. »

Mais, le lundi, chacun reprend sagement sa blouse grise. Sur le dos de la sienne, Georges a recopié *La Mort des amants,* de Baudelaire :

Nous aurons des lits pleins d'odeurs légères,
Des divans profonds comme des tombeaux.

Un sonnet qu'apprend par cœur pendant les cours d'anglais l'élève placée derrière lui, Anne-Marie Coutte, qui sera reçue à Normale en même temps que lui.

La politique agite beaucoup les étudiants parisiens. Chaque jour, Georges et Léopold, qui ont adhéré aux Étudiants socialistes, lisent l'article de Léon Blum dans *Le Populaire*. Dans la cour du lycée, il leur arrive de se bagarrer avec François Ceyrac et ses camarades d'Action française[21]. De temps à autre, Georges collabore même à *L'Université républicaine*, une feuille étudiante où il dénonce les sophismes de Maurras et sa façon de « traiter de bandes d'escarpes et d'assassins les hommes d'État de la République[22] ».

Mais l'époque du concours approche, il n'est plus temps de se disperser. En hâte, par groupes de cinq ou six, on révise les matières de l'écrit et l'on s'exerce en simulant l'exposé oral. Le grand jour, au petit déjeuner, comme ses camarades internes à Louis-le-Grand, Georges a droit à une omelette et au vin blanc. Cette année 1930, à l'épreuve écrite, les candidats ont à commenter ce jugement de Montaigne : « Voici merveille : nous avons bien plus de poètes que de juges et interprètes de poésie. Il est plus aisé de la faire que de la cognoistre. » Étrange quand on pense que, trente ans plus tard, Pompidou, sans avoir jamais écrit un vers, publiera une *Anthologie de la poésie française*... En philosophie, les candidats doivent expliquer « la nature et les rapports du concept et de l'intuition ». En histoire, rappeler à grands traits la formation de l'empire colonial français depuis 1830 et son influence sur la politique de la France et de l'Europe.

Lorsque les résultats sont publiés, Georges, le cœur battant, se dirige vers la rue d'Ulm. Devant la conciergerie de l'École, la liste est affichée. Un bout de papier dont dépend sa vie, cloué par quatre punaises. Il est admissible. Reste l'oral, où l'on tire au sort un sujet. On a dix ou vingt minutes pour le préparer, autant pour l'exposer. Avec terreur et indignation, on se rappelle les questions posées par des examinateurs sadiques. Certains ont eu la cruauté d'interroger les candidats sur « les rues d'Alexandrie » ou « les jeux des enfants grecs [23] ». L'essentiel est de ne pas rester muet, mieux vaut improviser avec aplomb sur ce que l'on ignore. Faute d'avoir assez travaillé, Georges échoue de peu : trente-huitième pour seulement trente et une places. Parmi les reçus, ses camarades Henri Queffélec et René Brouillet.

« Chaque année, la khâgne se terminait par un drame scolaire, sinon humain. L'écrit puis l'oral du concours taillaient dans la masse et, séparant les élèves entre heureux et malheureux, bouleversaient le paysage de camaraderie. J'ai eu envie longtemps d'écrire sur ce thème. J'aurais intitulé le livre : *Avant la diaspora.* J'aimais tant des dizaines de khâgneux ou d'hypokhâgneux dont je me suis trouvé coupé. On ne mourait pas d'un échec au concours, mais c'était lourd à porter sur le moment [24]. »

Redoublant sa khâgne à Louis-le-Grand, Georges a le plaisir de voir arriver Pierre Pujol, l'ami d'enfance monté de Toulouse. Est-ce en pensant à lui ou à Senghor qu'il dira plus tard : « Je crois qu'il n'existe de véritables amitiés que celles qui sont nées dans la jeunesse » ? Autre satisfaction : par son allure de dilettante, son indépendance d'esprit, peut-être aussi sa virtuosité au ping-pong, Georges impressionne ses camarades. « Pompidou avait une certaine aura. Il émanait de lui une autorité naturelle, sans affectation. Tout le monde pensait qu'il serait le *cacique,* le héros du prochain concours. Et cette opinion, il la partageait, porté par la *vox populi*[25]. » Ses camarades l'élisent *sekh,* délégué de classe, chargé des relations avec le proviseur. Avec un sérieux de sénateur romain, il revêt pour la photo traditionnelle la toge blanche, symbole de sa puissance, en l'occurrence une couverture prise au dortoir.

Pour accroître encore le rayonnement, le prestige conféré par cette élection, Georges accepte, sur proposition de René Billères, de diriger la section Louis-le-Grand de la LAURS, la Ligue d'Action universitaire, républicaine et socialiste de Mendès France. Certainement pour la gloire plus que pour l'action, guère compatible avec son emploi du temps. « Billères, dès le départ, était *politicus,* confie Pierre Pouget. Pompidou, c'était tout le contraire. D'ailleurs, Billères ne l'aimait pas. Il l'enviait et se mettait des talons renforcés, à cause de sa petite taille[26]. »

Peu à peu, le désir de primer l'emporte sur la nonchalance et, cette année, tout en continuant de cultiver son image de personnage brillant et désinvolte, il travaille davantage. Si bien qu'en 1931, cherchant de nouveau son nom sur la liste des reçus, il le trouve et même en bonne place, huitième sur trente et un reçus, trois filles et vingt-huit garçons, dont ses camarades Billères, Pham Duy Khiem et Polin.

La rue d'Ulm

À l'enfermement de la khâgne succèdent trois années d'un régime libre, détendu, véritable abbaye de Thélème. Une rupture à tous points de vue. « L'École était une île, sous ses arbres agités par le vent, rappelle Robert Brasillach, une île déserte et inconnue, avec son buste de Pasteur au-dessus d'un banc de pierre circulaire, son petit jardin autour du bassin pour les têtards, sa rue intérieure ornée de becs de gaz Louis-Philippe et son absence totale de lois. L'île de Sancho, ou plutôt l'île dont tous ont rêvé, l'île de trois années de vacances, miraculeusement accordées à quelques-uns[27]. »

Cela commence pourtant par un bizutage en règle. Avec son drôle de nom et celui tout aussi comique de son village natal, Georges a tous les rieurs contre lui. Il a beau se proclamer fièrement du pays de Blaise Pascal, il n'échappe aux mauvaises plaisanteries qu'en se réfugiant le soir au cinéma des Ursulines, où il découvre les films de René Clair, de Georges Pabst ou de Carl Dreyer. Huit fois de suite, il va voir *L'Opéra de quat'sous.* Le cinéma est alors en pleine mutation, du muet au parlant, un art vivant qui se fait. Chaque année apporte des nouveautés. Toute sa vie, Georges Pompidou restera passionné par le septième art.

Les élèves sont logés en chambrées, les *thurnes,* cellules monacales, lieu de sommeil et d'étude. Dans chaque *thurne,* ils sont cinq la première année, trois la deuxième, et deux seulement la dernière année. Comme camarade de *thurne,* Georges choisit et garde jusqu'à la fin Pierre Pouget, un condisciple de Louis-le-Grand, un enfant du Larzac, pas loin de chez lui. Ils vont devenir inséparables, assez complices pour s'éclipser discrètement si l'un des deux reçoit une visite galante. Ils font ensemble leurs versions grecques et latines. « Mais Pompidou travaillait très peu, il sortait tous les soirs, fréquentait assidûment les cinémas et ne rentrait guère avant minuit. Il travaillait si peu que certains s'imaginaient qu'il le faisait en cachette. S'il a choisi Verhaeren [28] comme sujet de diplôme, c'est uniquement parce que cela impliquait une bourse de voyage de quinze jours en Belgique [29]. »

Les normaliens sont volontiers farceurs. Un ancien, Colomb, de la promotion 1878, n'était autre que l'inventeur du *Sapeur Camember,* du *Savant Cosinus* et de *La Famille Fenouillard.* En 1924, Jean Cavaillès, reçu premier à l'École l'année précédente, et qui s'illustrera comme philosophe des sciences puis comme résistant, s'est amusé un jour à tirer des coups de revolver sur les poisons rouges du « bassin aux ernests ». Trois ans plus tard, Nizan et Sartre ont monté le canular Lindbergh : ils ont téléphoné à tous les journaux du soir que, « en raison de son exploit, le conseil de discipline de l'École normale supérieure avait décidé à l'unanimité de conférer à l'illustre aviateur le titre d'élève honoraire ». Après la publication de leur communiqué dans la presse, le *surgé* a passé deux jours au téléphone à démentir la nouvelle. Deux jours plus tard, l'affaire a rebondi avec cette note publiée dans *Le Petit Parisien* : « Lindbergh sera à l'École normale supérieure demain à 9 h 30. » À l'heure dite, cinq cents personnes se pressent rue d'Ulm, badauds, service d'ordre, journalistes. Un camarade, choisi pour sa vague ressemblance avec le héros, a fait son arrivée en taxi et reçu une ovation des élèves qui l'ont porté en triomphe. Le public a si bien marché qu'un vieux monsieur lui a baisé les mains.

Avec ces grands anciens, Georges n'est pas en reste. Facétieux, ironique, gouailleur, il amuse par ses numéros d'imitation. « Je le revois, écrit Henri Queffélec, entrer déjeuner au réfectoire presque toujours un des derniers, décontracté, regardant au loin la table de ses camarades et imaginant la boutade à leur lancer. » Avec Pierre Pouget, il monte successivement trois canulars. D'abord, ils réussissent à entraîner leur professeur d'histoire dans une association bidon constituée prétendûment pour commémorer le passage des Alpes par Hannibal[30]. Le brave homme hésite un peu : « Mais, vous savez, il y a doute sur son itinéraire exact. – Vous avez raison, monsieur, mais nous avons fait beaucoup de recherches et fini par établir la vérité. » Et ils le font marcher.

Une autre fois, ils parviennent à persuader un camarade scientifique, un élève de Normale Sciences, un dénommé Virginie, qu'ils ont créé un trafic lucratif d'héroïne. Ils l'entraînent dans leur « association » et l'envoient racoler des clients dans le métro avec un sac de craie finement pulvérisée. Le malheureux mettra du temps à comprendre la facétie et en sera si choqué qu'il échouera à ses examens.

Enfin, ils invitent un élève de Sciences Po, de retour d'un voyage en Espagne, à venir à l'École faire une conférence sur Franco et la Phalange. Le garçon, gonflé de son importance, est invité à monter sur l'estrade. À peine a-t-il commencé son exposé que des types masqués, cagoulés, pénètrent dans la salle en criant : « Salaud, tu nous a trahis, tu vas y passer ! » Paniqué, l'orateur quitte Paris pour échapper à ses agresseurs supposés et court se cacher un mois à la campagne.

« À Louis-le-Grand, nous vivions en régime de clôture, se souvient Henri Queffélec. L'établissement, dont nous sortions si peu, s'insérait ou se tassait entre des institutions plus officielles les unes que les autres : Sorbonne, Collège de France, Sainte-Barbe, faculté de droit. Au-dessus de la grande cour, dans le rectangle de ciel libre, une croix pointait, celle du Panthéon.

« À l'École, l'environnement était moins solennel. Nous étions plongés dans le quotidien d'un quartier vivant, avec des magasins, des gens qui vont et viennent, des autobus, des tramways qui geignent longuement et qui ronronnent, des voitures des quatre-saisons avec leurs fruits colorés et leurs légumes sentant la terre, des restaurants où l'on peut manger du poisson à la mayonnaise, des nuages par-dessus un rideau d'arbres, des affiches, des trottoirs, des cinémas, des librairies. Que c'était bon ! Quasi systématiquement, je me suis mis à éplucher Paris. J'y ai fait des marches de trois, quatre, cinq heures, à la découverte, puis secteur par secteur. Tard le soir, dans les hauts de l'École, j'écoutais les sifflements des trains. À l'époque, la rumeur de la circulation s'arrêtait de bonne heure. Les trains devenaient, par leurs grands cris déchirants qui arrivaient de tous les lointains de l'espace, les oiseaux nocturnes de Paris... Je dévorais les livres. Nous pouvions en emprunter autant que nous désirions. Je m'efforçais de rejoindre les auteurs des examens, mais je fourrageais dans tous les siècles, tous les genres[31]. »

Outre l'accès aux meilleurs professeurs et à la meilleure bibliothèque pour préparer une agrégation, Normale supérieure offre le contact avec des camarades éblouissants. Julien Gracq, René Billères ou Raymond Polin dans la promotion de Georges. Roger Ikor, Thierry Maulnier, Robert Merle, Henri Queffélec, Jacques Soustelle ou Robert Brasillach dans les promotions voisines. On y apprend l'amour des idées, on s'imagine qu'elles suffisent à tout. Sans remords, on poursuit une expérience individuelle, une fantaisie, un acte gratuit, l'exercice pur de l'intelligence. « On mettait ces jeunes gens à fermenter ensemble, en octobre, à la saison des vendanges, quand le vigneron met le moût à bouillonner dans les cuves du cellier. On y guidait leurs premiers pas. Pour le reste, on les abandonnait à eux-mêmes[32]. »

« Il y avait toujours à peu près, année après année, note Julien Gracq, la même répartition. Deux ou trois figures de proue que distinguaient la singularité d'esprit, le brio intellectuel, parfois presque inquiétant, l'évidence des aptitudes extra-universitaires. Trois ou quatre dont on s'étonnait, malgré tout, que le filtre, assez grossier, du concours les eût laissé passer, et dont le précipité se déposait vite : le laissé-pour-compte que connaît toute grande école. Une demi-douzaine d'*hommes spéciaux,* comme on aurait dit du temps de Robespierre, qui avaient repéré et choisi de bonne heure leur créneau, étroit et peu fréquenté, et qui, larguant tout autre souci, marchaient déjà d'un pas assuré vers une direction des Hautes Études ou une chaire au Collège de France. Un ou deux égarés, étrangers au moule universitaire, qui semblaient être entrés là par distraction : souvent les plus amusants de tous. Un futur prêtre, qu'apportait grosso modo chaque année bissextile. Le reste destiné à peupler, sans nouveauté, les khâgnes et les universités de province. Mais aucune bille n'avait encore été capturée par sa case, les jeux roulaient toujours. Le champ des possibles, pour les carrières, débordait de beaucoup celui des probabilités. Pour quatre ans encore, chacun portait dans sa giberne le bâton de maréchal de Jaurès ou de Péguy, de Bergson ou de Giraudoux, et guettait du coin de l'œil, de l'œil du camarade, l'étincelle naissante des hautes aptitudes ou de la haute ambition [33]. »

Pour sortir de son milieu, Georges boude la Sorbonne, sauf le cours de Mazon, en grec, et s'inscrit, comme Julien Gracq et René Brouillet, à l'École libre des sciences politiques, temple de la bourgeoisie, malgré les quinze cents francs que coûte l'inscription. Est-ce l'attrait du droit ou des jolies filles, réputées plus nombreuses qu'à la Sorbonne ? « Brouillet faisait Sciences Po parce qu'il s'intéressait aux Affaires étrangères, raconte Julien Gracq, moi, tout simplement pour compléter mes études et obtenir un diplôme de plus. Pour Pompidou, c'est sans doute qu'il n'envisageait pas de passer toute sa vie dans l'enseignement et qu'il voulait voir autre chose. Mais je n'aurais jamais pensé qu'il ferait carrière dans la politique. Bien que de sympathies plutôt pacifistes et socialisantes très modérées, il n'avait rien d'un engagé, d'un dogmatique. Je l'aurais bien vu conférencier, fonctionnaire de l'UNESCO par exemple, si l'UNESCO avait existé à l'époque [34]. »

Lorsqu'il assiste aux conférences obligatoires, une fois par semaine, Georges, gêné d'avouer à ses camarades la fréquentation d'un endroit aussi snob, affecte de se rendre à de mystérieux rendez-vous. Mais quand il donne des répétitions à trente francs de l'heure, il choisit pour *tapiresses* [35] de jeunes élèves du beau sexe et des beaux quartiers. Sa voix, son sourire chaleureux, son regard pénétrant sous la broussaille des sourcils font quelques ravages. Les jeunes filles tiennent alors une grande place dans sa vie et les leçons particulières, plus qu'un moyen de se faire de l'argent de poche, lui permettent de rencontrer du beau monde, de se faire inviter à des soirées chic.

Pierre Pouget, son camarade de *thurne*, et lui sont les seuls élèves de l'École à acheter un smoking. Pouget, fanatique du tango, pour aller au bal musette, et Georges, moins bon danseur, pour être admis dans des soirées. Cet habit leur vaut de représenter l'École à un dîner de *La Revue des Deux Mondes,* au Cercle Interallié, en l'honneur du roi des Belges. L'aboyeur annonce solennellement : « Le cardinal X... Le président du Conseil, M. Tardieu... M. Pompidou... M. Pouget... » Bien sûr, les deux jeunes néophytes sont relégués en bout de table, avec des journalistes américains. À l'issue du repas, Georges réussit à échanger quelques mots avec Paul Claudel et Paul Valéry et même à leur faire griffonner un autographe sur un menu. Pouget voit passer une boîte de cigares formidables et s'en remplit les poches. « Soudain, sur le marbre, vient de tomber une médaille[36]. La médaille de qui, je vous demande ? La médaille militaire du maréchal Pétain, un beau vieillard dont j'admirais la prestance. Je me baisse, je la ramasse et je la lui tends respectueusement. – Merci, jeune homme, me répond-il, mais c'est de la camelote". »

La dernière année, Pouget et Pompidou se portent volontaires pour organiser le bal de l'École, en janvier, à la Sorbonne. En réalité, Pompidou laisse son camarade faire tout le travail, qui lui prendra pratiquement les deux tiers de son temps. Pour sa part, il se contente d'aller démarcher trois ou quatre personnalités pour leur vendre des cartes d'invitation à trente francs pièce, puis d'accompagner Pouget à l'Élysée en offrir une en mains propres au président de la République. C'est la première fois qu'ils franchissent, l'un et l'autre, le seuil de l'Élysée, mais Albert Lebrun ne leur fait pas grande impression. Pouget doit se débrouiller seul pour choisir le buffet, s'assurer le concours de dames patronnesses, toutes femmes d'académiciens et pourvues d'un confiseur attitré. Afin d'animer la soirée, il engage une chanteuse et un chansonnier et cherche à obtenir la participation de Marguerite Moreno, *La Folle de Chaillot,* dont il est toqué. « Je vais la voir dans sa loge, toute dégoulinante de fard[37]. Après bien des réticences, elle finit par accepter. Catastrophe ! Le grand soir, accueillie à la Sorbonne par deux rangées de gardes républicains en grande tenue, elle fonce sur moi : "Tu ne pouvais pas me prévenir ? J'ai cru qu'il s'agissait d'un bal de bastringue, une soirée d'étudiants. J'avais préparé des gaudrioles. Je rentre me coucher".

« Devant cette défection, Pouget se rabat alors sur la chanteuse qu'il a fait venir en renfort. Mais la diva, en gravissant le grand escalier de la Sorbonne, trouve moyen de glisser sur une marche et de se fouler une cheville, il faut l'emporter sur un brancard. Il ne reste plus que le chansonnier qui, pour faire plaisir à Albert Lebrun, Meusien d'origine, entonne *Sambre et Meuse.* Le malheureux se fait huer par les normaliens, qui n'aiment pas les patriotards[38]. » Car si, à Polytechnique ou Saint-Cyr, on est fier de porter les boutons dorés, l'épée, le bicorne ou le casoar, à Normale, au contraire, règnent l'insolence, la détestation de la hiérarchie, des galons et de l'uniforme.

Ces moments de grande liberté permettent à Georges de profiter enfin vraiment de la vie parisienne. Au théâtre, il va voir Louis Jouvet, Gaston Baty et Charles Dullin jouer *Donogoo Tonka* de Jules Romains, *La Voix humaine* et *La Machine infernale* de Jean Cocteau, *Domini* de Marcel Achard ou *L'Hermine* d'Anouilh. La faveur d'un ancien, Robert Brasillach, bien introduit auprès d'eux, lui vaut la chance de rencontrer les Pitoëff et d'être invité à leurs spectacles. Il fréquente l'atelier de Picasso et le salon de Paulette Nadal, où se retrouvent les surréalistes. Mais son cœur va surtout à Jean Giraudoux, dont on joue alors *Judith* et *Intermezzo.*

Georges s'amuse aussi sur les montagnes russes de Luna Park ou à canoter sur la Marne. 1931 est l'année de l'Exposition coloniale, au bois de Vincennes, dont Lyautey a fait la fête de « la plus grande France », née de « la sanglante fraternité des tranchées ». Comme trente-quatre millions de visiteurs, il admire tatas africaines et palais rougeâtres du Soudan. Mais, tandis que les autres traitent les indigènes avec amusement et moquerie, dans le genre « Y'a bon, Banania », Georges s'intéresse tout autant à l'art nègre qu'au catholicisme. D'ailleurs, depuis qu'il est à Paris, loin de sa mère, il cesse pratiquement d'aller à la messe.

« Nous nous asseyons au bord du lac, raconte Claude Mauriac. La fontaine de Lalique fait jaillir vers le ciel déjà noir de longs jets d'eau lumineuse qui retombe en panaches et s'éparpille dans l'air. Là-bas, les ponts d'eau changent de couleur à tous les instants, taches multicolores dans la nuit. À dix heures, le théâtre d'eau s'allume. "C'est féerique", disent avec une banalité effrayante les provinciaux et les étrangers qui nous entourent... Nous nous levons, suivons le lac, nous nous faufilons à travers la foule bigarrée et bruyante. Nous voici sur l'un des ponts qui relient les rives du lac à l'île. À droite et à gauche, les grands arcs d'eau, tour à tour jaunes, bleus, rouges, orangés, que sais-je encore, retombent en fines gouttelettes qui s'éparpillent dans la nuit où peu à peu elles perdent leurs couleurs et disparaissent.

« Bientôt, au fond d'une longue allée, le temple d'Angkor, tout lumineux, tout doré, tout irréel, se dresse dans le ciel noir que des projecteurs bleus zèbrent de rayons obliques. Toutes les merveilleuses sculptures de cette étonnante reconstitution prennent une valeur encore inconnue. Nous nous approchons. Dans l'eau noire qui l'entoure, le temple se reflète nettement. L'eau sombre et immobile, la foule remuée se tait devant les proportions ravissantes de ce monument fabuleux dont le modèle est encore là-bas, très loin, dans un pays sauvage. Le pavillon de l'A.O.F. est plus mystérieux encore. Vaguement éclairé, sa forme rouge se confondant avec le ciel embrasé, se mêlant aux arbres sombres, il nous fait penser aux palais des sultans cruels et tout-puissants[39]. »

L'École laisse aussi davantage de temps pour participer tant soit peu à la vie politique. « Le quartier Latin se prenait pour le nombril de l'univers, se souvient François Mitterrand. Les futures élites de la nation, quelques milliers de jeunes bourgeois, y paradaient, s'y toisaient, s'y affrontaient, étudiaient à l'occasion et tournaient en rond à l'intérieur d'un quadrilatère d'un kilomètre carré. »

L'extrême droite connaît alors un développement puissant et il semble qu'il soit parfois arrivé à Georges de manifester contre l'Action française, au coude à coude avec d'autres militants de la LAURS, Maurice Schumann, Georges Albertini[40], Léo Hamon, Roger Ikor, Robert Marjolin[41], Maurice Papon ou Jacques Soustelle. Il aurait même en une ou deux occasions fait le coup de poing contre les commandos des Camelots du roi de Georges Calzant, l'ennemi public n° 1. Au moindre appel téléphonique, ce géant au pied bot et au courage impressionnant lance ses escouades armées de matraques, les chapeaux bourrés de papier journal, remonter le boulevard Saint-Michel aux cris de « À bas les youpins ! Les bolchos, à la porte ! » avant de se regrouper au café d'Harcourt, à l'angle de la place de la Sorbonne. Quand ça chauffe, les policiers parisiens du préfet de police Jean Chiappe, très à droite, dispersent les gars de la LAURS à grands coups de pèlerines.

Comme son ami Pierre Pujol, Georges s'inscrit un moment au Cercle d'études pour la Société des nations, fondé par René Billères, et assiste à des conférences-débats sur « la Paix par le Droit », où interviennent des notables comme Georges Bonnet, Pierre Cot ou Bertrand de Jouvenel. Il se contente d'écouter, mais il manque une fois de se faire matraquer à la sortie d'une manifestation salle Wagram. Sans doute suit-il aussi, le 12 mars 1932, l'enterrement d'Aristide Briand, l'apôtre de la paix, un idéaliste dont la politique a échoué, ce qui n'est pas une raison pour le dénigrer.

Mais Georges préfère s'attabler avec des camarades à la terrasse du Palais du café, boulevard Saint-Michel, et discuter tranquillement des heures avec eux. D'ailleurs, il ne tarde pas à déchanter de la politique. En décembre 1932, un congrès sur la paix et le désarmement se tient à Amsterdam. Le journal radical *La République*, auquel, grâce à René Billères, il donne de temps à autre quelques articles, publie le 23 décembre le point de vue opposé de deux jeunes normaliens. L'un, Roger Porcherot, approuve ce congrès. L'autre, Georges Pompidou, est contre. « On fait un congrès internationaliste pour la paix, écrit-il. Il en sort guerre et nationalisme – guerre au capitalisme ! Toute guerre me paraît bête, même révolutionnaire. Aujourd'hui, défense de l'URSS. Pourquoi donc ? L'effort russe est énorme, mais si je renonce à défendre ma patrie ce n'est point pour en choisir une autre, même socialiste. Je ne subordonne la paix à rien, je n'aime pas qu'on en fasse le monopole d'une classe ni d'un pays, ni qu'on me dise "Défense de la paix et de l'URSS !" Poincaré parlait ainsi : "Pour la France et pour la paix !" La paix n'a pas de patrie, même si le prolétaire en a une aujourd'hui. Elle est aux hommes, pourvu qu'ils soient de bonne volonté. Qu'ils se groupent, qu'ils parlent haut. Qu'ils la crient, mais qu'ils ne prennent pas le train pour Amsterdam. C'est un train surprise qui les mènerait à Moscou. »

Ses convictions pacifistes s'effritent encore davantage au contact de la réalité fasciste et nazie. En juin 1933, Georges accompagne René Billères à Turin, à un congrès des jeunesses étudiantes organisé par les Italiens. « De congrès, il n'y eut qu'un simulacre. Ce n'était que le piège d'une propagande totalitaire. Ni ordre du jour, ni réunions, ni thèmes, ni travaux, ni même échanges de vues, ni conclusions. Nous ne trouvâmes en face de nous que des fonctionnaires fascistes intarissables et des nazis grisâtres et butés. Nous repartîmes tous amers et profondément inquiets[42]. »

À la différence de Mussolini, Hitler est arrivé au pouvoir légalement, grâce aux voix de la bourgeoisie et d'une grande partie du peuple, mais son avènement fait l'effet d'un coup de tonnerre. En août, Georges profite des vacances pour aller avec Pierre Pujol visiter le Tyrol et la Bavière. En sortant de la Pinacothèque de Munich, où ils ont admiré les Dürer et les Bruegel, ils tombent sur une gigantesque manifestation hitlérienne. Depuis six mois, les nazis organisent dans tout le pays des retraites aux flambeaux et brûlent en autodafés les livres de tous les auteurs communistes, socialistes ou juifs. Dans Munich pavoisée de drapeaux à croix gammée, les deux amis assistent effarés au défilé des cohortes nazies au milieu d'une foule en délire, hypnotisée par une mise en scène magistrale, qui acclame le chef suprême. Hitler appelle à l'*Anschluss*, à l'annexion de l'Autriche. Ces rassemblements de ces milliers de militants marchant en musique au pas cadencé, le bras tendu, quel choc ! La révélation d'un vent de folie prêt à se déchaîner sur l'Europe entière.

Georges est atterré. Quel contraste entre le potentiel agressif de l'Allemagne et la faiblesse défensive de la France pagailleuse ! Tout lui paraît fichu. Jusque-là, comme beaucoup de ses camarades étudiants, il croyait au rapprochement franco-allemand, à la SDN, à Locarno, au désarmement, à la liquidation financière de la guerre, à la révision des traités. Devant la propagande et la logistique nazies, tout semble s'écrouler. La SDN est bien morte. Et le désarmement, une blague.

« Le pacifisme de la gauche nous conduit à l'abîme », confie Georges. Dégoûté, il boude les réunions des Étudiants socialistes. S'il lui arrive encore de lire *Le Populaire,* il n'adhère à aucun des groupes de pensée représentés à l'École : chrétiens militants – les talas –, Action française, cercle radical de Billères, cercles de gauche animés par Soustelle. À aucun.

Son père, au fond de sa province, demeure au contraire engagé. Depuis 1924 et la victoire du Cartel des gauches, beaucoup, au pays albigeois, votent socialiste : mineurs et verriers de Carmaux, peaussiers de Graulhet et de Mazamet, paysans des hauts plateaux, vignerons de Gaillac, bergers de la montagne Noire et du Sidobre. Dans la foulée, Léon Pompidou, déjà secrétaire de la fédération socialiste du Tarn, est devenu conseiller municipal d'Albi, où il s'occupe des écoles. Il est assez lié avec le ministre de la Guerre, Joseph Paul-Boncour[43], ancien député de la circonscription et l'une des rares personnalités politiques clairvoyantes de l'époque : contre la menace commune, l'Allemagne nazie, il a travaillé activement au rapprochement avec l'URSS. De temps à autre, le ministre fait envoyer à Georges des billets pour la Comédie-Française ou des places pour la tribune de la Chambre des députés. Occasion pour Georges d'assister en direct à la séance dramatique du 6 février 1934.

Ce jour-là, tandis qu'Édouard Daladier présente aux députés le gouvernement qu'il vient à peine de former, l'Action française, l'Union nationale des combattants, les Jeunesses patriotes et les Croix de feu organisent ensemble une manifestation monstre contre les ministres et les députés soupçonnés de compromission dans l'affaire Stavisky. Aux cris de « À bas les voleurs ! », ces quatre ligues convergent dans la soirée vers la place de la Concorde, séparée du Palais-Bourbon par la Seine. Malgré l'ordre de dispersion donné par le colonel de La Roque, des milliers de manifestants, certains armés, tentent de franchir le pont. Pour se dégager, les forces de l'ordre tirent. Il y a dix-sept morts et plus de mille blessés. À la Chambre, la droite tente de profiter de l'émeute pour faire refuser l'investiture au gouvernement. Dans l'hémicycle, des députés en viennent à échanger des coups de feu. La gauche fait bloc derrière le président du Conseil et vote la confiance mais, le lendemain, Daladier démissionne. Jamais Georges, aux premières loges ce jour-là, n'oubliera ce spectacle. Quelle leçon, ce sang versé et cette démission !

Quatre mois plus tard, en juillet, il se présente à la fois à l'agrégation de lettres et au concours pour le diplôme de Sciences Po. Il attend l'affichage des résultats de l'écrit de l'agrégation dans le jardin de Sainte-Clotilde jusqu'au moment d'aller rue de Grenelle, au ministère de l'Instruction publique, consulter l'affreuse liste alphabétique piquée au mur par une punaise. Hurlement de joie : Pompidou ! Son nom y est. Admissible ! L'oral a lieu à Louis-le-Grand. Seul dans la bibliothèque avec tous les livres qu'on peut demander, on dispose de six heures pour préparer l'épreuve capitale, la *leçon,* un exposé d'une heure, simulacre de classe. Pour Georges, le travail se mesure non au temps mais à l'intensité de la réflexion. Au bout de cinq heures, il quitte la salle et s'en va dans la cour fumer une cigarette.

Reçu premier, Georges estime être enfin à sa juste place, la première. Il l'avait manquée à Normale, où, contre toute attente, il n'avait été reçu que huitième. Cette fois, il la récupère, c'est une revanche. La « réception » des nouveaux agrégés se déroule selon un véritable rite : « Cela tient du confessionnal ou du salon de dentiste, mais c'est une intronisation en bonne et due forme. La cérémonie se déroule au parloir de Louis-le-Grand. Gastinel, le président du jury, lit les notes des types qui défilent devant lui, puis s'enquiert de la région où ils souhaitent obtenir un poste.

"Pompidou, que souhaitez-vous ?

– Marseille, monsieur, répond Georges, avide de soleil, de Provence.

– Bon, vous êtes premier, alors va pour Marseille.

– Et vous, Pouget ?

– Marseille, monsieur, répond aussi Pouget, reçu troisième.

– On ne peut pas donner Marseille à tout le monde. Que diriez-vous de Tunis ?

– Très bien, monsieur."

« Et Pierre Pouget qui, comme Georges, souhaite le Midi, va faire une carrière heureuse de professeur et d'attaché culturel sous des cieux enchanteurs, la Tunisie, le Maroc, Rome, Athènes. Une vie de rêve[44] ! »

Non seulement Georges est premier à l'agrégation, mais il est également diplômé de Sciences Po, où il s'est contenté de feuilleter ses cours quinze jours avant l'examen pour finir quand même treizième sur soixante. Un doublé, donc.

Pourtant, il a le cafard, le spleen. Sa jeunesse finie, il faut maintenant entrer dans la vie. La gagner. Sans joie, il s'apprête à débuter sa carrière dans l'enseignement. À son camarade René Brouillet, il confie : « Je me sens foutu : faire décliner *rosa, rosa, rosam,* traduire peut-être Cicéron, avec un peu de chance expliquer Platon, voilà désormais mon lot ! »

Le coup de foudre

Soudain, le vent se lève. Au jardin du Luxembourg, au hasard d'une rencontre avec un groupe d'amis, Georges fait connaissance d'une belle jeune fille, grande et mince. Elle a de beaux cheveux blonds et bouclés, l'air volontaire, naturel, le regard franc, décidé, vraiment beaucoup d'aplomb. Il apprend qu'elle s'appelle Claude Cahour, qu'elle est en première année de licence, mais que le droit l'ennuie ; aussi suit-elle également des cours de lettres à la Sorbonne. Sportive, elle aime la natation et le tennis.

Sous le charme, Georges lui fait aussitôt une cour assidue. « J'ai eu un coup de foudre dans ma vie, un seul. Le jour où j'ai rencontré ma femme. À partir de quoi toute ma vie fut changée[45]. » Sensible à ses attentions, la jeune fille ne tarde pas à être subjuguée par ce beau ténébreux au vaste front et aux sourcils charbonneux, par sa bouche large et gourmande, ses yeux de diamant noir au regard pénétrant, énigmatique. Un regard qui ne la lâche pas, qui plonge au fond d'elle-même. Elle y lit de la malice mais aussi de la droiture. Le haut du visage fait penser à un chasseur aux aguets et contraste avec le bas, qui dénote un grand appétit de vivre. L'intelligence de ce garçon, sa mobilité intellectuelle, sa volonté lui font très forte impression.

Les deux jeunes gens se revoient. Chacune de leurs rencontres, chacune de leurs conversations en tête à tête leur révèle une intime, une inlassable communion d'esprit qui les enchante. Ensemble, ils parlent littérature, Tolstoï et Dostoïevsky surtout. Georges récite à merveille Racine, Baudelaire, Mallarmé. Elle aime sa façon méridionale de prononcer les « o » et sa voix de gorge, un peu voilée. Éblouie, elle lui demande : « Et vous, écrivez-vous ? – Non, les poètes n'aiment pas les poésies des autres. »

Claude est une provinciale, comme Georges, mais d'un milieu plus huppé. Son père, médecin-chef à l'hôpital et à l'hospice de Château-Gontier, en Mayenne, a la plus belle clientèle de la ville. Les Cahour sont apparentés à des industriels de Brest, à des universitaires de Nantes et d'Angers. Un oncle, Alfred Houssay, est directeur de la Compagnie générale transatlantique, un autre, Frette Daudicourt, procureur général à la Cour de cassation. Si son père l'a envoyée à Paris faire son droit, c'est parce qu'il souhaite voir Claude reprendre un jour l'étude d'avoué de son grand-père.

Avec elle, Georges oublie son milieu d'instituteurs pour s'évader dans un monde différent qui l'émerveille. Leurs séparations et leurs retrouvailles sont pour lui un perpétuel va-et-vient entre le rêve et la réalité. Il s'enflamme pour son élégance, son mystère. Elle lui rappelle Yvonne de Quievrécourt, alias Yvonne de Galais, l'héroïne du *Grand Meaulnes.* Mais, à défaut d'avoir le talent littéraire d'Alain Fournier, il se montre plus résolu, plus intrépide. Pas question pour lui de laisser s'échapper cette chance de bonheur. Ayant goûté au paradis, il n'est pas disposé à s'accommoder ensuite des horizons étroits du milieu paternel. Alors il s'accroche.

Claude le trouve ironique, brillant, spirituel, mais gentil, toujours prêt à écouter les autres, à rendre service. Heureusement, elle n'a aucun préjugé de classe et, quoique bonne catholique, elle ne voit aucun mal à fréquenter un incroyant comme Georges. Elle trouve même très sympathiques ses deux amis de couleur, Léopold Senghor et Pham Duy Khiem. Plus les deux tourtereaux approfondissent leur relation, plus ils se trouvent faits l'un pour l'autre.

Cependant, Georges doit maintenant accomplir son service militaire. Depuis une loi de 1923, une loi Paul-Boncour justement, les normaliens sont astreints à deux ans de préparation militaire, le *bomvoust*[46] en jargon de l'École. Une corvée où on leur apprend la marche au pas cadencé, le maniement du fusil et le port du masque à gaz.

À cette époque, Normale Sup est une serre pacifiste. La grande inquiétude est la répétition des massacres de 1914-1918 où, sur deux cent quatre-vingt-treize élèves, les promotions 1911 à 1918 ont eu cent neuf tués et quatre-vingt-neuf blessés. En février 1933, le journal étudiant *Les Libres Propos* applaudit le serment prêté par des étudiants d'Oxford « de ne combattre pour la patrie en aucune circonstance ». La plupart des normaliens montrent le moins de zèle possible pour tout ce qui est militaire. « Un jour, les artilleurs amènent un canon dans la cour de l'École pour nous en faire une démonstration ; le lendemain, ils le retrouvent peint en rouge, c'est, leur dit-on, le canon de l'Armée rouge[47]. » Pendant les exercices à la caserne de Lourcine, boulevard du Port-Royal, certains font exprès d'ignorer le pas cadencé et de semer la perturbation. D'autres restent le cul par terre au lieu de monter à la corde ou, tout simplement, sèchent les séances. Ceux-là, et ils sont nombreux, échouent au brevet militaire et doivent, à la sortie de l'École, effectuer dix-huit mois comme simples soldats.

Les reçus, au contraire, ne servent qu'un an, d'abord six mois en qualité d'élèves officiers de réserve, EOR, puis six autres mois dans une unité. Homme d'ordre, Georges Pompidou obtient le brevet et part pour l'école militaire de Saint-Maixent. Il y retrouve trois normaliens de sa promotion, Julien Gracq, Raymond Polin et Pierre Pouget, et plusieurs de promotions voisines, Jacques Soustelle – entré à Normale à dix-sept ans et reçu premier à l'agrégation de philosophie –, René Maillard et René Brouillet. « Pompidou, raconte ce dernier, évoluait comme un poisson dans l'eau, parfaitement à l'aise avec les instituteurs, les séminaristes, les artistes, les inspecteurs des finances, même avec les officiers. Avec tous, il bavardait, évitant les jugements tranchés, et terminait toujours avec le sourire. »

Selon son habitude, Georges ne se fatigue pas trop. Avec Pierre Pouget, dont il partage la chambre, il se débrouille pour faire le plastron, un moyen de discuter tranquillement à un kilomètre du pas de tir, pendant que leurs camarades font l'exercice. Et ils sont les premiers à pouffer de rire lorsque le lieutenant instructeur explique savamment, avec son air d'archange : « On ne comprend la situation que couché. »

En dehors de quelques bridges chez des camarades mariés, la principale distraction est l'organisation d'une pièce de théâtre devant toute l'École et la population de Saint-Maixent. Pierre Pouget, qui a eu l'idée de *Tovaritch,* la pièce à la mode, reçoit une permission de quatre jours pour monter à Paris voir jouer Elvire Popesco et glaner des idées de mise en scène. Si Pouget tient l'un des rôles principaux, celui de commissaire du peuple, Georges, plus paresseux, se contente de jouer le cuisinier. Cela consiste à dire, à intervalles réguliers : « Madame est servie. » Le spectacle connaît un succès faramineux. À tel point que l'élève officier qui joue le premier rôle, un fort beau garçon, ravit sa femme à un capitaine de tirailleurs.

Six mois plus tard, envoyé en garnison à Clermont-Ferrand, Georges se plie mal à la discipline militaire. Un jour, il rattrape en taxi sa section déjà en manœuvres sur les pentes du puy de Dôme. C'est que, dans cette bonne ville, il a de tendres occupations. Car, chez son ami Jean-Michel Flandin, encore un camarade de khâgne, il se fiance avec Claude, de plus en plus amoureuse et ravie à l'idée d'épouser un professeur : elle aura trois mois de vacances avec son mari pour elle seule.

Le mariage est célébré le 29 octobre 1935 à la chapelle de l'hospice Saint-Joseph de Château-Gontier devant un parterre de sœurs en cornettes. Georges, toujours libre-penseur, attendra d'être Premier ministre pour remettre les pieds à l'église, ce qui n'empêche pas Claude de pratiquer sa foi catholique. Léopold Senghor et Pierre Pujol sont de la fête. M. Cahour n'aime pas être photographié, mais comme Claude insiste pour avoir un portrait de son père, un invité artiste et plein d'humour prend son crayon et le croque en faune avec des cornes, souvenir d'un moment de bonheur qu'elle gardera pieusement.

Au soleil de Provence

Après un voyage de noces en Grèce, les jeunes mariés habitent Marseille, où Georges vient d'être nommé professeur de français, latin, grec en troisième au lycée Saint-Charles. Ils y restent trois ans. La chance voulant que Georges passe successivement de la troisième à la seconde puis à la première, il garde ses élèves, qu'il épate par sa coiffure « à l'embusqué », ses gants beurre frais, son allure calme, détendue, désinvolte. « C'était un dandy habillé à la dernière mode, costume couleur rouille ou bleu marine avec une cravate à larges rayures crème et marron[48]. »

Marqué d'humour, de distance, d'insouciance, son enseignement surprend puis captive. « Pour accrocher ses élèves par un effet comique, il avait commencé par leur lire *Les Copains,* de Jules Romains », raconte Pierre Guiral, un de ses collègues[49]. Généralement, il va et vient dans la classe, les mains dans les poches, présente l'auteur et l'œuvre, parle à bâtons rompus de Racine ou Ronsard, de Diderot, Baudelaire, Laclos ou Giraudoux. « Puis il s'assied sur un banc et invite un élève à prendre sa place dans la chaire pour faire un exposé. » Occasion pour les jeunes, auxquels on donne alors rarement la parole, d'apprendre à s'exprimer, d'acquérir de l'assurance. En revanche, il ne tolère aucun manque de respect. Un de ses élèves, croisé trente ans plus tard à l'Assemblée nationale, lui rappela qu'il l'avait traduit en conseil de discipline pour avoir joué en classe à la bataille navale. Georges termine généralement le cours en lisant des textes de sa voix sourde, rythmée comme une psalmodie, souvent des scènes de pièces de théâtre au répertoire de Louis Jouvet.

À la sortie du lycée, Claude vient souvent chercher son mari en voiture, une Renault Celtaquatre offerte par son père pour leur mariage et baptisée Dalila le jour où elle s'est essoufflée à vouloir rattraper une Salmson. Claude, qui a passé son permis très jeune, est souvent au volant : d'ailleurs, chez les Pompidou, personne n'a encore jamais eu d'auto. Une auto, ce n'est pas si courant pour un professeur débutant ! La belle jeune femme et la voiture font beaucoup pour la popularité de Georges auprès des élèves, en grande majorité des fils de bourgeois. « Claude est si belle, ce serait faire injure au Créateur de ne pas l'habiller chez les meilleurs couturiers[50]. » « Il est si amoureux qu'il lui offre un ensemble – chapeau, sac et chaussures – qui lui coûte presque la totalité de son traitement[51]. »

À la maison, Georges corrige rapidement les copies des élèves, allongé dans un fauteuil, en écoutant de la musique. Les volets clos de leur appartement rue de Sébastopol, en centre-ville, procurent une pénombre et une fraîcheur bienfaisantes, contraste appréciable avec la chaleur et l'éclat du dehors. Le jeune professeur passe à l'enseignement juste le temps qu'il faut. Il ne se porte pas volontaire pour encadrer les loisirs dirigés et accompagner les élèves à des visites de sites et, lorsqu'il corrige les copies, il ne s'embarrasse pas trop d'annotations, de demi ou de quarts de points pour un contresens ou un faux-sens. Il préfère garder tout son temps libre pour sortir avec Claude, courir avec elle les brocanteurs, écouter Fernandel au Pathé-Palace ou Louis Armstrong, le roi du jazz, à l'Odéon.

Au moins une fois par semaine, les Pompidou se retrouvent avec quelques collègues pour écouter un concert de musique de chambre au Salon Massilia, et aller au Catalan ou au cours Belsunce se régaler d'une bouillabaisse, car Georges aime la bonne cuisine. Ces camarades, ce sont l'inséparable Pierre Pujol, qui enseigne au lycée Thiers, Pierre Colotte, Pierre Guiral, avec qui Georges projette d'écrire un livre sur *Paris à travers la littérature,* de Christine de Pisan à Jules Romains en passant par Victor Hugo, tribut à leurs années de jeunesse et à l'éblouissement de provinciaux découvrant la capitale[52]. Et surtout l'inénarrable Jean-Paul de Dadelsen, le professeur d'allemand, un original qui jette les copies de ses élèves dans les poubelles pour avoir le temps de traduire pour Bernard Grasset les œuvres de romanciers allemands contemporains. Un jour, ils font ensemble leur entrée aux *Cahiers du Sud,* un cercle snob de Marseille, en singeant le salut fasciste et en arborant des masques grotesques d'Hitler et de Mussolini achetés dans un magasin de farces et attrapes...

Georges commence une thèse sur Barbey d'Aurevilly, effectue des recherches, rédige quelques fiches, mais laisse tout tomber à la belle saison pour partir avec sa femme à la découverte de la Provence. Arles les enchante, mais aussi la campagne des Baux, Saint-Maximin et les trois abbayes cisterciennes, Silvacane, Sénanque et Le Thoronet. Ils ont leurs habitudes à Saint-Tropez, encore un petit port tranquille, aux calanques de Cassis, où Claude aime se baigner. Et surtout à Aix, une sorte de Versailles provençale, où Georges monte à cheval et où elle le verrait bien poursuivre sa carrière comme professeur d'université. Ils reçoivent Madeleine, la sœur de Georges, et Jackie, celle de Claude. « Avec Georges, dit cette dernière, je croyais perdre ma sœur et j'ai gagné un frère. »

Les vacances de Pâques et d'été se passent généralement en Mayenne, chez les Cahour, où ils invitent des amis, Pierre Guiral, qui s'essaie à peindre le portrait de Claude, ou Léopold Senghor, qui danse à merveille et a un béguin pour Jackie. Senghor, qui vient de fonder avec Césaire, un camarade martiniquais, la revue *L'Étudiant noir,* affirme et défend la négritude. Il proclame à satiété que les Africains ont en commun une culture, des valeurs, des comportements propres méritant reconnaissance et respect, et il se sent des devoirs envers ses frères sénégalais ou simplement noirs. « Tu nous casses les pieds avec ta négritude », soupire Georges. Mais, en humaniste, il le comprend.

En mai 1936, Marseille, comme les autres grandes villes, est paralysée par les grèves. Georges approuve le programme de justice sociale du Front populaire. Les campagnes de presse contre « le Juif Blum » le révoltent. La décolonisation aussi lui paraît inévitable : est-ce l'influence de Senghor ou de Pham Duy Khiem ? « Les colonies, on les perdra », dit-il à Pierre Guiral[53]. Il vote socialiste. Mais pour autant il a horreur de voir flotter le drapeau rouge sur les mâts des bateaux, les défilés incessants sur la Canebière au son de *L'Internationale* et la pendaison en effigie des principaux armateurs. Il s'inquiète de la réduction des crédits militaires. Et la suffisance intellectuelle des communistes lui déplaît autant que leur prétention à disposer d'une clef universelle pour ouvrir toutes les portes de l'Histoire. Pourtant, il est surpris d'entendre Maurice Thorez lancer, à Marseille, son fameux appel : « Camarades, il faut savoir terminer une grève. »

En tout cas, comme beaucoup de Français, il participe à l'euphorie de l'été 1936. Au souffle des conquêtes du Front populaire, chacun semble retrouver ses vingt ans. Ivre de grand air et de liberté, la jeunesse découvre les vacances, l'auto-stop, le sac à dos, le bronzage et les bains de mer.

Aux environs de Manosque, dans la montagne de Lure, Giono organise justement des randonnées pour des groupes d'universitaires et d'enseignants auxquels il fait partager son amour de la nature et des gens de la campagne. Georges a bien aimé *Angèle* et *Regain,* l'histoire du village abandonné qui renaît grâce au travail d'un couple de déshérités ; ces hymnes à la vie remuent sa fibre terrienne. Alors, il emmène Claude sur le chemin de Ginasservis, le village bien connu des chasseurs et réputé pour ses pâtés de grives. Ils poussent jusqu'à Manosque, la ville des arbres et des fontaines. Giono, Jean plutôt, les laisse monter dans son « phare », toucher ses pipes, ses masques, ses bouquins, il les écoute, leur raconte des histoires de Mexicains de Barcelonnette et leur fait lire le manuscrit de ses *Batailles dans la montagne.* Le romancier essaie sans grand succès de leur faire partager son rêve fou de fraternité et de paix universelles, mais il touche un point sensible et creuse un sillon en délivrant son message d'individualisme : « Ne suivez personne. » Un message qui va influencer profondément Georges jusqu'en 1944 et sa rencontre avec de Gaulle.

Bientôt éclatent comme deux coups de tonnerre la guerre de Chine et celle d'Espagne. À Marseille, les syndicalistes organisent l'acheminement d'armes à destination des républicains espagnols.

À la fin de l'été 1938, grâce à l'appui de Joseph Paul-Boncour, l'ami influent de la famille, Léon Pompidou est nommé à Paris professeur au lycée Lavoisier. Soucieux de se rapprocher de ses parents, surtout de sa mère, de plus en plus souffrante, Georges effectue également une démarche auprès de Paul-Boncour et obtient à son tour un poste à Versailles, puis à Henri-IV. Il y est chargé d'enseigner le français aux élèves de troisième et de seconde. On lui confie également, en alternance avec son collègue Audibert, l'enseignement de la littérature à la classe préparatoire à l'École coloniale. À vingt-sept ans, il devient le plus jeune professeur titulaire de lycée parisien. Son père le félicite. « J'aurais préféré être décorateur ou critique d'art, répond-il. – Tu ne seras jamais content ! Professeur de lycée, le métier le plus noble qui soit au monde ! Tu y réussis et tu n'es pas satisfait ! »

C'est vrai, Georges est insatisfait, inquiet même, car, quelques semaines plus tard, à Munich, dans la nuit du 29 au 30 septembre 1938, Daladier, Chamberlain et Mussolini autorisent Hitler à annexer le territoire des Sudètes, partie intégrante de la Tchécoslovaquie. « Ah ! les c... ! » murmure Daladier en voyant la foule venue l'accueillir au Bourget à son retour.

Le jeune ménage a d'autant moins l'esprit à aller l'acclamer qu'ils sont occupés à emménager dans un appartement de trois pièces en location, rue José-Maria de Heredia. René Maillard, qui travaille chez Hachette, va aider Georges à compléter son modeste salaire de professeur en lui faisant préfacer et annoter quelques textes d'une collection de classiques. D'abord

Britannicus, que suivront plus tard *Les Origines de la France contemporaine* et des *Pages choisies* de Taine, puis de nouveau des *Pages choisies,* mais de Malraux cette fois, prix Goncourt 1933 pour *La Condition humaine.*

« La guerre autour de la France se rapproche, note Claude Mauriac[54], et, soudain réveillé d'une longue torpeur, je la regarde avec effroi devenir chaque jour plus menaçante. Quelle anxiété en présence de cette foule aveugle qui, dans les cinémas de quartier, applaudit Staline ou Mussolini ! Les actualités jettent aux spectateurs leur tumulte de mort sans que personne ne songe à s'effrayer. Cette distraction devant l'imminence du massacre me remplissait de terreur. Car la guerre existait, elle était déjà tout près de nous. Ciel de Chine, ciel d'Espagne, traversés du sillage de ces mêmes escadrilles au vol chantant et rapide d'insectes. »

Le baptême du feu

Le 1er septembre 1939, jour de la mobilisation générale, Georges rejoint le 141e régiment d'infanterie alpine, auquel il est affecté depuis son séjour à Marseille. Il vient juste de terminer une période de réserve à Sospel. Sentant venir la guerre et s'estimant mal préparé par un service militaire trop nonchalant, il a jugé utile de se remettre dans le bain.

Intégré à l'armée des Alpes chargée de défendre la frontière du Sud-Est contre Mussolini, son régiment fait aussitôt mouvement sur Grasse. Il compte 84 officiers, 354 sous-officiers et 3 066 hommes, avec, pour tout bagage, 55 camions et camionnettes, 24 motos, 13 side-cars et 529 mulets. N'est-ce pas un régiment d'infanterie alpine ? D'ailleurs, les simples soldats ne s'y appellent pas soldats, fusiliers ou voltigeurs, mais tout bonnement « *alpins* ».

Cependant, le Duce ne bombarde encore les Français que de fanfaronnade. Il attendra de voir la France définitivement écrasée, le 10 juin 1940, pour déclarer la guerre. Dans ces conditions, l'état-major allège le front du Sud-Est et transfère à la frontière allemande la 30e division d'infanterie, dont fait partie le 141e.

À la mi-octobre 1939, après un concert donné à Grasse par la musique du régiment, le 141e rejoint de nouveaux cantonnements sur le plateau de Rohrbach, au nord de Sarrebourg, en avant de la ligne Maginot. Le premier jour, il est rassemblé dans la cour d'une caserne, rangé par bataillons, compagnies et sections. Sac à terre, le fusil dessus, les hommes attendent, engourdis de sommeil ou de Pernod. Personne ne parle. Un aumônier, monté sur des bottes de paille entassées au milieu de la cour, exhorte la troupe : « Mes enfants, dans les prochains jours, plusieurs d'entre vous donneront sans doute leur vie pour la patrie. Mettez-vous à genoux. Ceux qui ne sont pas chrétiens, leur sacrifice vaut pour la vie éternelle devant Dieu. Je vais vous donner à tous l'absolution. » Puis il trace aux quatre points cardinaux le signe de la croix. Plus d'un soldat, en regardant le dos du camarade devant lui, se dit sans doute : « Ce sera peut-être lui ou moi[55]. »

Le sous-lieutenant Pompidou, qui parle couramment l'allemand, est nommé officier de renseignements auprès du colonel. On compte sur lui pour collationner les renseignements des patrouilles, détecter positions et mouvements de l'ennemi, ses travaux de terrassement, l'emplacement de ses batteries, de ses observatoires. Cela implique de repérer la circulation de ses véhicules, les lueurs de phares, les bruits de moteurs, les signaux lumineux. Mais aussi de faire quelques coups de main en Sarre pour ramener si possible des prisonniers à interroger.

Pendant un mois, il ne se passe à peu près rien. On se contente d'essayer un nouveau type de masque à gaz et d'échanger quelques coups de feu entre patrouilles ennemies. Un avion français survole la Blies, la rivière le long de la frontière. Deux bolides blanc argenté foncent sur lui à toute vitesse ; le combat dure deux minutes et l'avion français s'écrase dans le bois avec un fracas épouvantable ; un petit point blanc descend, une mitrailleuse tire et le parachutiste s'abat dans un pré. De temps à autre, cependant, surtout lorsque l'ennemi est alerté par le bruit de nos chenillettes de ravitaillement, on essuie un tir d'artillerie. Ainsi le 21 novembre, jour où le lieutenant Lavaux est tué par un éclat d'obus.

Enfin, on se risque à envoyer une section tâter le terrain par quelques incursions en territoire ennemi. « À Gersheim, on ne trouve plus un seul écriteau. Avant de se ruer sur la Pologne, les Allemands ont tout escamoté pour compliquer la tâche des Français. Le village est vide. Personne nulle part, tout est calme et gênant. Les habitants ont dû se sauver précipitamment, laissant tout en plan. En voyant des poupées, des jouets, des photos, des habits d'enfants, certains d'entre nous restent un moment immobiles, pensifs. Parfois, on trouve la table mise, mais, curieusement, des fils partent de chaque assiette pour aller on ne sait où. Attention, chaque porte poussée peut faire éclater un chapelet de grenades. Chaque portrait d'Hitler, dès qu'on y touche, peut déclencher une bombe[56]. »

À la fin de décembre 1939, la division, qui a quand même subi quelques pertes, est mise au repos à l'arrière, entre Laon et Soissons. Nommé lieutenant le 21 janvier 1940, Georges suit pendant une semaine un stage de renseignement au camp de Sissonne. L'incompétence, l'arrogance des officiers supérieurs qu'il y rencontre contraste avec le courage tranquille de la plupart de ses camarades de régiment.

À la mi-mars 1940, le 141e est ramené en première ligne, près de Niederbronn cette fois. Au flanc des ravins boisés, on voit, sous l'humus, des tranches de grès rouge empilées comme des assises de pyramides. La troupe renoue avec les patrouilles et les gardes de nuit. Le silence effraie dès que les grenouilles cessent de coasser ; on s'inquiète de tout ce qui bouge, le vent, les oiseaux. « La chouette, surtout, dont les Boches, paraît-il, imitent bien le cri. » À chaque fausse alerte, plus d'un prennent peur et s'enfuient en courant au risque de se coincer dans les barbelés et d'y déchirer leur capote. Vie lugubre où la seule distraction est le passage épisodique de l'aumônier de division, venu apporter des cigarettes et un message de sérénité.

Pour éviter à ses hommes d'être débilités par l'inaction, le colonel confie à trois jeunes officiers déterminés l'organisation de corps-francs, avec mission de neutraliser les patrouilles allemandes et de leur rendre la pareille. Au cours d'une incursion en territoire ennemi, le sous-lieutenant Coste saute sur une mine. Le 13 avril, à Ingviller, Georges, qui assiste à ses obsèques, pense à la femme et à la petite fille de ce camarade, à la veuve et à l'orpheline, au mal que Coste s'est peut-être donné pour ses études. Tout ça pour en finir là ! Ça le laisse pensif.

Le même jour, le 141e est désigné pour faire partie du corps expéditionnaire franco-britannique en Norvège. L'Allemagne importe alors 90 % de la production de la mine de fer de Kiruna, en Laponie suédoise. En cet hiver particulièrement rigoureux, la mer Baltique gèle, ce qui incite Hitler à envahir le Danemark et la Norvège afin d'expédier le minerai par le port norvégien de Narvik, au nord du Cercle arctique mais libre de glaces. Pour lui couper la route, Churchill a alors l'idée d'organiser deux débarquements alliés, l'un à Narvik, l'autre plus au sud. Les Français sont chargés de réunir près de Brest deux divisions, dont la 3e division légère d'infanterie, qui reçoit l'appoint du 141e. Le 25 avril, le régiment de Georges arrive par train à Landivisiau où, pour cette nouvelle mission, il reçoit quelques chars et un armement antichars.

Le 14 mai 1940, lorsque la division se trouve enfin prête à embarquer, contre-ordre[57]. Quatre jours plus tôt, les Allemands ont envahi trois autres pays neutres, la Belgique, les Pays-Bas et le Luxembourg. De toute urgence, il faut parer au plus pressé, voler au secours de ces trois petits États. Le 141e remonte en direction du front de l'Est par voie ferrée. Le transport est interminable, coupé d'attentes prolongées dans les gares, au milieu d'un désordre innommable. Entre-temps, l'ennemi fait une percée à Sedan et prend déjà position sur la rive droite de la Somme, encerclant l'armée française du Nord dans la poche de Dunkerque, la coupant du reste de nos forces. En catastrophe, avec toutes les unités disponibles, le commandement essaie d'improviser une ligne de défense sur la rive sud de la Somme et de l'Aisne. Georges, qui s'attendait à aller au plus près de la frontière, est stupéfait, le 17 mai, de débarquer près du Bourget pour être acheminé en autobus jusqu'à Ham.

Cela lui rappelle les taxis de la Marne, en 1914. Cette fois, c'est encore plus grave, l'aviation allemande a la maîtrise complète du ciel. Un bataillon du 141e, descendu du train en gare de Chaulnes, un peu plus loin, est accueilli par un bombardement d'enfer ; bilan : huit tués et quarante-trois blessés. Néanmoins, le régiment se regroupe rapidement. Il se porte sur une ligne Ham-Tergnier, le long de la Somme, pour empêcher à tout prix l'ennemi de faire passer ses blindés sur la rive sud.

Pendant deux semaines, le secteur reste relativement calme, à part les bombardements incessants de la Luftwaffe. La défense française contre-avions, la DCA, inexistante à basse comme à très haute altitude, est inefficace contre les attaques en piqué des avions allemands. Des réfugiés venus de Belgique et du nord de la France déferlent sans arrêt, les uns en auto, des matelas attachés sur le toit, les autres à pied, poussant des voitures d'enfants. Ils ne savent ni où ils sont ni où aller. Mêlées aux civils, des colonnes de soldats refluent en camion ou sur des chenillettes camouflées de branchages légers. Des canons et des caissons de munitions se traînent, tirés par des attelages de chevaux. L'aviation ennemie survole sans arrêt cette débandade et, de temps à autre, s'offre le plaisir de la mitrailler.

Le 24 mai, le 141e, appuyé par une section de chars Renault, parvient à rejeter au nord de la Somme une unité allemande qui a franchi le fleuve et qui s'est fortifiée à l'intérieur d'une sucrerie. Le régiment réussit même à faire quarante-sept prisonniers. Chargé de les interroger, Georges, pas plus que les autres, n'apprend l'imminence de la deuxième phase de la bataille. Il ignore qu'Hitler a décidé de déclencher le 5 juin une attaque générale sur l'ensemble du front, d'Abbeville à Saint-Gobain. Cette nuit-là, où, sans interruption, les cloches sonnent dans toute l'Allemagne, l'artillerie lourde ennemie déchaîne un vacarme assourdissant.

À l'aube, hébétés, nerveusement épuisés par le fracas des bombes et les hurlements des blessés, les Alpins affrontent les premières vagues d'assaillants. Au-dessus de leur tête, dans une infernale sarabande aérienne, une multitude de Stukas et de Messerschmitt lâchent leurs bombes avec un bruit de sirène. L'après-midi, le bombardement reprend sans interruption, la terre tremble, les explosions font un boucan infernal. La fumée aveugle, on voit juste tomber les arbres, tandis que, sur une multitude d'engins amphibies et de canots pneumatiques, les Allemands passent la Somme et le canal latéral. Dans les abris de fusils-mitrailleurs, des réduits de deux mètres sur trois, les Alpins tirent sans arrêt, leurs boîtes de chargeurs défilent à toute allure. Une contre-attaque du 141e et du 140e réussit pourtant à rejeter l'ennemi sur l'autre rive, comme le 24 mai. Mais pour combien de temps ?

Weygand[58] a placé les divisions de réserve trop loin derrière le front. Le temps qu'elles le rejoignent, la première ligne risque de se trouver complètement encerclée. Déjà, à l'est comme à l'ouest, les autres éléments de la 3e division légère sont submergés par les panzers. Pris en tenaille, le régiment risque de se laisser envelopper. Le colonel tient le plus longtemps possible mais, au dernier moment, pour éviter l'encerclement, il donne l'ordre de décrocher. Il est grand temps : la section d'éclaireurs motocyclistes ne réussit à s'échapper qu'en fonçant avec ses side-cars au milieu de la route encombrée d'Allemands. En voulant repasser sur l'autre rive chercher un groupe en passe d'être encerclé, Georges agace l'un de ses chefs. Perdant tout contrôle, celui-ci menace de le faire fusiller.

Le 7 juin au soir, l'ordre de retraite est donné à la division. Après avoir enterré ses soixante-dix morts dans les cimetières de Ham et des environs, le régiment se replie en bon ordre. « Le lendemain, à travers les villages en flammes, on rattrape sur la route des attelages de huit chevaux qui tirent des canons. À bout de forces, ces braves bêtes, après les derniers pas en tremblant sur leurs jambes, s'arrêtent debout, les jambes écartées. Les chevaux ne tombent pas facilement. On les jette dans le fossé pour dégager le chemin et laisser passer les suivants. Sous la chaleur, leurs cadavres, innocentes victimes de la bêtise humaine, s'enflent, puent, finissent par éclater. On compte parfois soixante épaves de chevaux sur quelques kilomètres. Cela fait mal au cœur. Nous, les hommes, nous tombons aussi, mais pour repartir un peu plus tard. Nous sommes plus résistants qu'eux[59]. »

Les jours suivants, ce ne sont qu'ordres et contre-ordres. Tantôt il faut tenir un pont, tantôt battre en retraite. Le PC de Weygand ne dispose d'aucun moyen radio. À chaque déplacement, ses communications sont interrompues. Le généralissime se trouve à plus de cent kilomètres des commandements d'armées et ceux-ci à trente kilomètres des PC des divisions.

Le 10 juin 1940, après un combat où se fait tuer l'un des officiers les plus appréciés de Georges, le chef de bataillon de Buyer, le régiment atteint Crépy-en-Valois. Les rues sont impraticables, les carrefours détruits par les bombardements. Une imposante barricade construite et abandonnée en l'état par l'unité qui l'a précédé à Crépy obstrue le seul chemin resté carrossable. « Il faut faire vite, note Georges dans le journal de marche du régiment, l'ennemi nous talonne, ses bombardiers nous jettent sans arrêt des bombes sirènes qui créent un climat de panique[60]. » Sous le bombardement, il garde son calme. Avec ses camarades de l'état-major régimentaire, il retrousse ses manches et aide les chauffeurs, les ordonnances et les secrétaires à démolir la barricade. Enfin, le passage est libre. Mais, tout au long du chemin, les avions ennemis continuent à bombarder, à mitrailler.

« Le 14 juin, le transport par camions est très lent. Il fait grand jour lorsqu'on arrive à la Seine. Au pont d'Héricy, extraordinaire embouteillage. L'aviation ennemie survole le convoi mais ne semble pas le remarquer. À l'horizon, Melun brûle. Enfin, la Seine est passée, le 141e parvient à Ury, au sud de la forêt de Fontainebleau, pour apprendre qu'il doit continuer vers la Loire.

« Le lendemain, les routes sont couvertes de voitures de réfugiés, sur deux files, parfois trois. Tous ces gens qui pleurent, tous ces pauvres vieillards, tous ces visages harassés[61]. » Parmi eux, une jeune fille des Ardennes, Anne-Marie Dupuy, future chef de cabinet de Georges Pompidou, témoigne : « On était poussés par la foule qui vous suivait, on marchait sur les chevaux et sur les morts[62]. » « Beaucoup de ces voitures sont en panne, poursuit le lieutenant Pompidou dans son Journal, les autres ne peuvent avancer, certaines font cinq cents mètres en vingt-quatre heures. Les convois militaires arrivent cependant à passer, lentement, longeant un spectacle d'une horreur indicible. Il y a là des femmes qui accouchent, des enfants qui meurent faute de lait, des vieillards épuisés. Au moment où le régiment arrive à Sully-sur-Loire, l'aviation ennemie, italienne surtout, évolue au-dessus du pont et commence un bombardement qui se répète plusieurs fois. » Le 11 juin, l'Italie, à son tour, est en effet entrée en guerre. Le coup de poignard dans le dos.

« Le groupe hippo reçoit l'ordre de se mettre en batterie. Toute la journée, malgré la faiblesse de ses moyens, il protégera la retraite de la division. Faute de tireurs, les muletiers servent les mitrailleuses, même les canons. Finalement, l'ennemi réussit à les encercler et à les faire prisonniers[63]. »

Le 16, les avions italiens s'acharnent de nouveau sur Sully-sur-Loire embrasé, qui offre un spectacle horrible. Chargés sur des camions, les morts sont évacués hors de la ville. Les médecins militaires opèrent toute la nuit les blessés à la lueur des bougies. Le pont sur la Loire est battu par des canons de 75. Le lendemain est plus calme, les réfugiés s'en vont peu à peu, le régiment creuse des abris et installe des fusils-mitrailleurs. Mais les hommes sont épuisés ; tout nouvel effort semble impossible.

Le 18 juin, Georges n'entend pas l'appel lancé depuis Londres par de Gaulle, cet inconnu. Ce qui l'occupe, c'est l'apparition, de l'autre côté du pont de Sully, de cinq parlementaires ennemis, précédés d'un trompette et d'un prisonnier français porteur d'un drapeau blanc. Amenés devant le chef de bataillon Peraldi, ils lui remettent une mise en demeure signée de leur général de « rendre aux troupes allemandes le pont sur la Loire intact, une tête de pont suffisante sur la rive sud, et d'enlever mines et barrages. À défaut d'une réponse favorable dans les deux heures, trois cent cinquante canons ouvriront le feu ».

On comprend les Allemands : la veille, d'une voix chevrotante, Pétain a annoncé à la radio qu'il fallait cesser le combat, alors même que les négociations d'armistice n'étaient pas engagées. Les Français, persuadés que la guerre est finie, vont se rendre par centaines de milliers. Peraldi, lui, n'est pas dupe. « Eh bien ! dit-il aux parlementaires, mettons d'abord nos montres à l'heure. » Puis il ajoute : « Je vais en référer à mon colonel. Si aucune réponse ne vous parvient dans deux heures, vous pourrez ouvrir le feu, nous saurons vous répondre. »

À l'heure dite, l'ennemi a beau agiter de nouveau le drapeau blanc, Peraldi, pour toute réponse, fait sauter le pont, le beau pont suspendu de Sully-sur-Loire, qui s'effondre dans le fleuve. Les Allemands déclenchent alors un déluge de fer et de feu. Malgré les vides creusés dans ses rangs, le 141e tient bon. Mais l'ennemi a franchi la Loire à Cosne : menacée une fois de plus d'encerclement, la division reçoit un nouvel ordre de repli. De fil en aiguille, le 25 juin, date où l'armistice entre finalement en vigueur, le régiment se trouve à Saint-Hilaire-les-Places, près de Limoges, au terme d'une retraite de quatre cents kilomètres. Lui, au moins, ne s'est pas rendu. Les Allemands, eux, sont déjà arrivés à Saint-Jean-de-Luz. Trois jours plus tard, Georges, découragé, ému, assiste à une messe à la mémoire des morts du 141e.

Il lui faut encore supporter pendant six semaines les rodomontades de certains officiers favorables au gouvernement de Pétain, installé à Vichy, leurs tralalas, leurs prétentions à toutes les vertus. En les entendant traiter de Gaulle de « vaniteux à l'esprit faux » et se féliciter que « le Maréchal expulse enfin de l'armée d'armistice des camarades qui ne sont pas nés français », il explose : « Bien, cela nous débarrassera de Weygand [64] ! » Paroles sacrilèges aux yeux de cette société d'admiration mutuelle qui impute tous les malheurs de la France aux communistes, aux juifs et aux francs-maçons.

Pour avoir vécu le drame de l'invasion, de l'exode, et vu tant de malheurs, Georges, comme beaucoup de Français en 1940, ne reproche pas à Pétain sa demande d'armistice. Peut-être le vieux maréchal était-il le mieux placé pour négocier avec l'ennemi les conditions les moins dures ? Peut-être allait-il réussir à sauvegarder un minimum de souveraineté nationale ? Mais Georges n'approuve pas le suicide de la République le 10 juillet 1940. Cette grande majorité de députés et de sénateurs qui, sans la moindre pression de l'envahisseur, ont abdiqué à Vichy leurs pouvoirs entre les mains de Pétain. D'ailleurs,

Paul-Boncour, l'ami de la famille, est l'un des quatre-vingts parlementaires à avoir eu le courage de dire « non ».

Enfin, le 5 août 1940, Georges, démobilisé, retrouve Claude, qui a réussi à le rejoindre à Limoges. Après une si longue séparation, ces retrouvailles sont une nouvelle lune de miel. Mais que faire maintenant ? Depuis la fin de juillet, il a pu entendre la radio de Londres et reconnaître la voix de Maurice Schumann, son camarade du Concours général et de la LAURS, dans l'émission *Les Français parlent aux Français.* Sait-il que d'autres, et des meilleurs, Jean-Paul de Dadelsen, René Brouillet, Jacques Soustelle, partent s'enrôler dans la France libre ? Ce n'est pas sûr.

Un moment, il hésite sur le parti à prendre. Mais, la guerre, il sait ce que c'est, il l'a faite, il n'a aucune envie de revivre le cauchemar de Ham, de Crépy-en-Valois, de Sully-sur-Loire. Et il en a assez d'être embrigadé, de subir des ordres, c'est contraire à sa nature. Il garde en horreur le culte de la personnalité, les défilés de partisans le bras levé ou le poing tendu. Il ne partage pas l'esprit d'aventure, d'improvisation dont procède la Résistance naissante. C'est un homme d'ordre. La sagesse, pour lui, consiste à résister à tous les entraînements, à garder son libre arbitre, son esprit critique. Comme Montaigne, comme Giono. Et puis, s'il quitte la métropole, il craint de ne plus jamais revoir sa mère, gravement malade. Surtout, il est trop amoureux de Claude pour envisager sérieusement une nouvelle séparation. D'ailleurs, à quoi bon ? Jusqu'à ce que la RAF gagne la bataille d'Angleterre, en novembre 1940, tout le monde ou presque est persuadé que Hitler ne fera qu'une bouchée de la Grande-Bretagne.

Alors, Georges écoute Claude. Elle veut garder son mari pour elle. Elle n'a pas envie de le laisser courir des aventures. D'ailleurs, elle déteste la politique. Sans doute lui a-t-elle fait remarquer qu'il n'était plus un jeune homme, qu'il valait mieux rester en dehors du coup, ne pas s'en mêler pas. De toute façon, là, ils ne pouvaient rien faire. Mieux valait rentrer à Paris. Il se laisse convaincre.

Des Français comme les autres

Alors tous deux reprennent, en Celtaquatre, la route de la capitale. Ils la trouvent bien changée. « Paris semble morte, écrit Jean Guéhenno, un collègue du lycée Henri-IV. La chaussée est presque vide. Rien que des voitures militaires allemandes. Le Français est piéton et cycliste... Ces hommes gris que je commence à croiser dans les rues, c'est l'invasion des rats. Il semble que les Parisiens ne les voient et ne les entendent pas, comme s'ils croisaient des chiens et des chats[65]. » Place du Panthéon, la statue de Corneille a disparu, on a fondu son bronze pour en faire des armes. Dans les rues, des panneaux sont rédigés en allemand. Mais il y a pire : le drapeau à croix gammée flotte sur le Sénat, « ce drapeau qui a toujours été pour moi une araignée noire noyée de sang », dira François Mauriac. Ce crève-cœur, on fait un détour pour l'éviter. « Je suis plein de douleur, de colère et de honte, note encore Jean Guéhenno, je ne savais pas que j'aimais tant mon pays. Tout cela n'est arrivé que parce que nous n'étions pas assez fiers. Sois fier ! » La Ville Lumière est plongée, le soir, dans l'obscurité. En revanche, au cinéma, c'est toujours dans une salle éclairée qu'on projette les actualités, afin de repérer les éventuels protestataires.

À son retour à Henri-IV, Georges est choqué d'apprendre qu'il ne sera autorisé à reprendre ses cours qu'à condition de signer, comme tous les fonctionnaires, une déclaration sur l'honneur qu'il n'est pas juif, qu'il n'a jamais été franc-maçon ni appartenu à une société secrète. Quoi ! Carcopino, le ministre de l'Éducation nationale, son ancien directeur de Normale, l'historien de la Rome antique, impose une chose pareille ! Qu'est-ce qu'il s'imagine ! Que les descendants des Gaulois sont supérieurs à ceux des Juifs ou des Romains ? Et qu'est-ce que les Juifs ont de différent des autres Français ? Mais il n'y a pas à discuter, si Georges veut toucher son traitement en fin de mois, il doit signer comme les autres. Et tous les autres signent. Même Tersen, Maublanc et Bruhat, ses collègues communistes. Même Camp, François et Handrich, qui seront résistants et déportés. Alors, il signe aussi.

Georges reprend donc tranquillement ses cours. Le mot d'ordre est la discrétion, le travail. Par prudence, les professeurs évitent tout commentaire, toute allusion à la guerre. « Nous nous efforcions de deviner ce que pensaient nos professeurs, mais nous étions incapables de percer les opinions politiques de Pompidou », dira Gérard Athias, un de ses élèves [66]. Chacun affecte de ne penser qu'aux examens, aux versions grecques, aux thèmes latins, à la littérature. À croire qu'on vit dans une bulle. Jean Guéhenno, professeur de khâgne, aurait souhaité trouver des élèves plus vibrants, plus inquiets. « Les miens, un peu amorphes pour tout dire, paraissaient ne penser qu'à leur concours. Je leur ai dit que je leur enseignerais la France, une chose qui me semblait aussi solide que les Alpes ou les Pyrénées. Qu'il ne dépendait de personne que la France fût autre que ce qu'elle était. Qu'on ne pouvait heureusement pas changer son histoire, Montaigne, Pascal, Voltaire, Michelet, Hugo, Renan [67]. »

André Fanton, futur secrétaire d'État à la Défense de Pompidou, fut son élève en seconde à Henri-IV de 1942 à 1944. Deux années de suite, car, pour avoir trop paressé, il redoubla dans la classe de Raoul Audibert, l'autre professeur de lettres, avant d'obtenir, à force d'insistance, sa réintégration dans celle de Pompidou, plus amusante.

« Nous trouvions Pompidou très chic, raconte-t-il, extraordinairement bien habillé, en complet bleu marine, et avec de *vraies* chaussures. Il avait de l'humour et beaucoup de repartie. Son approche de la littérature était originale. Aimant la civilisation grecque plus que César et Cicéron, il réduisait l'horaire du latin pour nous faire étudier davantage la langue d'Homère. “Même si on ne vous interroge pas là-dessus, ça vous servira plus tard”, disait-il. Ses cours étaient comme des pièces de théâtre, il faisait revivre les auteurs en plantant le décor, les textes ne servant que d'illustration.

« Il se promenait dans nos rangs, allumant cigarette sur cigarette – lui seul, bien sûr, avait le droit de fumer – et, à brûle-pourpoint, interrogeait tel ou tel d'entre nous, au hasard. Pour mieux nous faire participer, il avait inventé un système d'amendes : cinq centimes par réprimande. Un jour il me demanda comment était mort Gérard de Nerval, et il se trouva que j'eus la bonne réponse : “Il est mort fou, Monsieur.” Alors, il me répliqua : “ C'est exact, Fanton, pour cette lueur d'érudition je vous mets un crédit de trois amendes”, puis, avec une touche d'humour, il ajouta : “mais je suis sûr que vous l'épuiserez rapidement”.

« Plusieurs de mes camarades allaient le soir à la bibliothèque Sainte-Geneviève distribuer des tracts ou des journaux de la Résistance. En soulevant son pupitre, mon voisin dévoila par mégarde une liasse de *Défense de la France* qu'il y avait cachée. Après la classe, Pompidou le prit à part. Le lendemain, je lui demandai s'il lui avait confisqué les journaux. “Pas du tout, me répondit-il, il m'a simplement dit : ‘Je vous comprends, mais faites attention. Vous rendez-vous compte des risques que vous prenez[68] ?’ ” »

Pris au jeu de ce maître hors du commun, le jeune Fanton rattrape le temps perdu l'année précédente et se retrouve dans les premiers. Il demande alors à Pompidou l'autorisation de se présenter au baccalauréat à l'issue de cette seconde. « Si vous voulez, Fanton. Si vous faites un effort, ce qui va vous changer, rien n'est impossible. » Et Fanton passe l'examen avec succès.

Un autre élève, Guy Dupré, se souvient de Pompidou « ganté de pécari, coiffé d'un chapeau à bords roulés, l'œil brillant sous les sourcils moustachus, distant mais attentif, nonchalant, narquois. Par sa jeunesse, sa séduction, son dandysme, il nous flattait. Un jour, il me céda sa place en chaire pour lire à sa place la pièce de Labiche dont il semblait d'avance se pourlécher, *Le Chapeau de paille d'Italie*[69]. »

Tout autant que son collègue Jean Guéhenno, Georges se mure résolument dans les gloires littéraires de la France. Dans le rôle de l'enchanteur qui cherche à préserver ses élèves des maléfices de la défaite. En 1943, il réussit à se procurer des exemplaires qui circulent sous le manteau de deux livres inédits, publiés par un éditeur clandestin, Les éditions de Minuit. Ce sont *Le Silence de la mer,* de Vercors[70], et *L'Honneur des poètes,* un recueil de poèmes rassemblé par Éluard. Des textes émouvants qui changent agréablement des ouvrages publiés sous le contrôle de l'occupant. Et, à la fin de son cours, pour faire partager son émotion sans compromettre personne, Georges lit lui-même quelques pages de ces textes interdits. Alors seulement certains de ses élèves comprennent qu'il est aussi un patriote.

Le 28 avril, Georges et Claude doivent faire la queue plusieurs heures à la mairie pour changer leur carte d'alimentation. Seuls les professeurs de gymnastique reçoivent la carte T, qui donne droit à trois cent cinquante grammes de pain. « Ceux, comme Georges, qui ne soulèvent que des mots, n'ont droit qu'à la carte A, qui vaut deux cents grammes de pain[71]. »

Pendant ces années noires, les Pompidou vivent comme tout le monde, comme ils peuvent. On n'a plus de beurre, plus de viande, plus de chaussures. Les provisions de savon s'épuisent. La grande affaire, c'est le charbon, pour ne pas mourir de froid. Au lycée, par exemple, les classes ne sont chauffées qu'une heure le matin, de huit à neuf, et les deux premiers hivers sont particulièrement rigoureux. Autre souci : le ravitaillement. Un gourmet comme Georges n'a souvent à se mettre sous la dent que des rutabagas et de la soupe de carottes. Pas étonnant que Claude lui trouve les joues creuses, une maigreur de chat sauvage. Alors, il trompe sa faim en fumant, prenant ainsi l'habitude de fumer jusqu'à trois paquets par jour. En juin 1941, comme il fait la queue devant le tabac du Mahieu, à l'angle de la rue Soufflot et du boulevard Saint-Michel, il sent une tape sur l'épaule : « Bonjour, qu'est-ce que tu fais là ? » Georges reconnaît Julien Gracq. Les deux anciens camarades se racontent leurs parcours respectifs depuis l'École, puis Gracq[72] lui murmure à l'oreille : « Sais-tu que les Allemands sont entrés en Russie ce matin ? Hitler commet la même erreur que Napoléon. Il va s'enfoncer, s'enfoncer, puis il s'enlisera. Il est foutu ! »

Le 7 août 1941, pour la quatrième fois, Georges doit déclarer sur l'honneur qu'il n'est ni juif ni franc-maçon. Comme plusieurs de ses collègues, il hésite à donner sa démission, mais finalement, il a besoin des dix mille francs gagnés au lycée et, comme presque tout le monde, il se résigne à signer. Puis, le 5 septembre, étant fonctionnaire, il doit prêter serment au Maréchal.

Quelques semaines plus tard, coup de sonnette à la porte de leur appartement. Claude ouvre. Elle se trouve nez à nez avec un officier de la Wehrmacht qui ne parle pas un mot de français. Elle non plus ne sait pas l'allemand. Affolée, elle redoute le pire, car les Pompidou abritent dans la chambre de service un camarade de régiment engagé dans l'Armée secrète. Ça y est ! se dit Claude. Elle monte prévenir le camarade et, au passage, elle appelle son mari. De retour au salon, quelle n'est pas sa surprise de voir l'Allemand retirer de ses bottes des tablettes de chocolat puis une liasse de papiers qu'il remet à Georges. Ces papiers, ce sont *Les Hosties noires,* des poèmes écrits par Senghor dans son camp de prisonniers en hommage aux tirailleurs sénégalais venus combattre en France. Et cet officier est en réalité un Autrichien, Walter Piehl, dans le civil professeur de chinois à l'université de Vienne. Affecté à la garde du stalag où Senghor est détenu, il est devenu son ami et communique avec lui en grec ou en latin. Profitant d'une permission, il s'est chargé de cette commission pour les Pompidou.

Dans le Paris de l'Occupation, les deux seules distractions sont le théâtre et le cinéma. La meilleure façon de fuir les difficultés du quotidien consiste à y aller passer la soirée bien au chaud, en prenant garde toutefois de ne pas manquer le dernier métro. Jamais les salles de cinéma n'ont fait autant recette : plus de trois cents millions de spectateurs en 1943, moitié plus qu'en 1938. On va voir *Les Enfants du paradis, Les Visiteurs du soir, Les Inconnus dans la maison, Goupi mains rouges, Pontcarral colonel d'Empire, L'Éternel Retour, Le Ciel est à vous, Le Corbeau.* Quant au théâtre, jamais il n'a été si brillant ni si populaire. En quatre ans, près de quatre cents pièces sont jouées à Paris, la *Jeanne d'Arc* de Bernard Shaw, *Richard III* de Shakespeare, *L'Étoile de Séville,* de Lope de Vega, mais aussi des créations, *La Reine morte,* de Montherlant, *Le Soulier de satin,* de Paul Claudel, *Les Mouches* et *Huis clos,* de Jean-Paul Sartre. Car Sartre, le professeur de philosophie du lycée Pasteur, est indifférent à l'idée de faire jouer sa pièce devant des Allemands, d'occuper le poste d'un professeur juif chassé de sa khâgne à Condorcet, ou de publier des articles dans la revue *Comœdia.* « Sartre, dira plus tard Pierre Pouget, m'indigne par sa sottise. Il a traité un jour Pompidou de "mélange de Petit Chose et de Rastignac". Petit Chose ? Nous étions tous des Petit Chose, et Pompidou, lui, au moins, fumait des Lucky Strike. Rastignac ? Non vraiment, Pompidou ne pensait qu'à une seule chose : vivre heureux, tranquille, jouir de la vie. Il n'est venu en politique que par hasard, par le Général. Sans le Général, il ne serait jamais entré en politique. Sartre manque de psychologie et de discernement sur les personnes. Il met à côté de la plaque, complètement[73]. »

Cependant, pour Georges et Claude, qui avaient tant envie d'avoir un enfant, le grand bonheur, c'est l'arrivée à leur foyer, en 1942, d'un garçon adopté nouveau-né, Alain. Désormais, tout leur intérêt, ils le mettent dans cet enfant si attendu. Pierre Pujol, le parrain, vient de Marseille pour le baptême.

Tout à la joie de l'événement qui change leur vie, les heureux parents ne prêtent pas assez attention aux persécutions antisémites. Au début, on ne sait pas tout ce qui se passe, mais, au fil des mois, le drame est de plus en plus visible. Quand le port de l'étoile jaune devient obligatoire, le jeudi 7 juin 1942, les élèves de plusieurs classes d'Henri-IV découpent des étoiles de papier jaune pour manifester leur solidarité avec leurs camarades juifs et défiler en monôme jusqu'à la statue de Montaigne, place de la Sorbonne. De peur que les élèves ne soient raflés pendant la manifestation, Jolibois, le proviseur, pourtant loin d'être proche de Vichy, supprime ce jour-là l'après-midi de sortie.

Six semaines plus tard, les 16 et 17 juillet, assis sur leurs valises devant le commissariat de la place du Panthéon, entourés de policiers français en armes, les enfants juifs attendent leur départ vers l'inconnu. Ce commissariat n'est vraiment pas loin du lycée Henri-IV. Mais, ces deux terribles jours, les Pompidou ne sont-ils pas déjà partis en vacances à Château-Gontier ?

La Résistance se fait dans l'ombre. On fait bien parfois circuler des tracts qui vous parviennent mystérieusement, mais, même avec ses voisins, on se montre discret. Respectueux du cloisonnement, on ne parle pas de ses activités, c'est seulement à certains plissements des yeux qu'on peut s'en douter. Georges ne sait certainement pas que Pastor, le surveillant général du lycée, fait partie du réseau Bourgogne, qu'il entasse des armes et des munitions dans les caves du lycée. Mais, à la rentrée d'octobre 1942, forcément, comme tout le monde, il apprend que ses collègues François et Handrich sont incarcérés à Fresnes, où leurs élèves leur font parvenir une partie de leur ration de biscuits vitaminés. Et, l'année suivante, il n'ignore pas non plus que Jolibois, le proviseur, a été révoqué pour « laxisme ». Que Jorge Semprun, élève au lycée depuis 1939, et deuxième prix de philosophie au Concours général, a été arrêté en octobre 1943.

Certainement, il a entendu parler de la rafle de trente-sept étudiants alsaciens-lorrains à Clermont-Ferrand, en représailles du meurtre de deux agents de la Gestapo, le 24 juin 1943, devant le domicile de Jean-Michel Flandin. Et appris à cette occasion que son ami était l'un des chefs de la Résistance locale. Georges sait aussi que son propre beau-père, le docteur Cahour, passe une partie de son temps à signer des certificats médicaux de complaisance pour éviter aux jeunes requis par le STO [74] le travail forcé en Allemagne dans les usines d'armement. Claude se doute bien que sa propre tante, Mme Baudin, qui l'a tendrement élevée après la mort de sa mère, et qui enseigne au lycée d'Angers, est une résistante active. Surtout depuis un message lancé du train qui l'emmenait vers les camps de la mort...

Sans nul doute, Georges ressent alors un malaise, un sentiment d'indéfinissable culpabilité de n'avoir pris aucun risque, ou si peu. Un jour, justement, l'occasion semble se présenter. Par hasard, à la sortie du métro Duroc, il rencontre Jean Cavaillès, un normalien de la promo 1923, un camarade éblouissant qui a tenu dès 1933 des propos prophétiques sur le nazisme et le réarmement allemand. C'était aussi, comme lui, un non-conformiste, et c'est sans doute pour cela que l'histoire l'a oublié. Il est notoire que Cavaillès a été révoqué et interné par la police de Vichy pour activités gaullistes. Mais Georges ne sait certainement pas qu'il est, avec Lucie Aubrac et Emmanuel d'Astier de La Vigerie, l'un des fondateurs du mouvement Libération, qu'il s'est évadé deux fois et a rencontré à plusieurs reprises le général de Gaulle, qu'il dirige un réseau de neuf cents agents qui espionnent les Allemands et transmettent à Londres des renseignements militaires. Ni qu'il distribue des fonds secrets à la Résistance. Mais Georges peut se douter de quelque chose car Jean Gosset, qu'il a bien connu à Normale, est le bras droit de Cavaillès. Alors il lui offre ses services.

Mais Cavaillès, redoutant qu'un de ses agents ait pu être retourné par l'Abwehr, se sent traqué. Ne voulant pas être reconnu, il se borne à jeter quelques mots à Georges : « Bien, bien, je te ferai signe » et, sans donner suite, il s'enfuit précipitamment. Effectivement, il sera arrêté le 28 août 1943 par la Gestapo. Sous la torture, il tiendra bon, ne donnera aucun nom. Mais il sera condamné à mort et exécuté dans la citadelle d'Arras le 17 février 1944[75]. En suivant Jean Cavaillès, Georges aurait peut-être, lui aussi, été fusillé. Ou, comme Jean Gosset, serait-il mort en déportation. Par son silence, Cavaillès lui a sans doute sauvé la vie. Devant de telles tragédies, toute sa vie Georges gardera le regret ou le remords de ne pas s'être engagé. En tout cas, une blessure. Plus tard, chaque fois que quelqu'un se hasardera à évoquer devant lui les années de l'Occupation, on le sentira crispé. Vite, il abrégera la conversation, agacé[76].

« Ce qui me frappe aujourd'hui, témoigne Jean d'Ormesson, c'est que nous étions, nos professeurs et nous, très étrangers à tout ce qui se passait dans cette période, à la résistance comme à la collaboration. J'ai très bien compris, après coup, comment Georges Pompidou avait vécu sous la Résistance. Nous étions en khâgne comme nous y aurions été en 1920 ou en 1930. Nos professeurs ne parlaient pas de ce qui se passait en France et dans le monde. Il faut dire que pour ceux des enseignants français qui avaient des activités de résistance, n'en pas parler était évidemment obligatoire pour des raisons de prudence. On n'imagine pas Cavaillès criant sur les toits ce qu'il faisait. Après la Libération, en revanche, beaucoup se sont découvert des vocations rétroactives. J'avoue avoir toujours été choqué par l'attitude d'extrême violence épuratrice et résistantialiste de Jean-Paul Sartre après la guerre. Car la guerre, Sartre l'avait passée tranquillement, lui aussi, entre le poêle du Flore et son cours à Condorcet, sans le moindre signe de révolte, et faisant même représenter *Les Mouches* en pleine épuration. Il y a un monde entre cette attitude humaine et l'héroïsme discret de Cavaillès qui l'a conduit à la mort[77]. »

Les derniers mois précédant la Libération, les alertes aux bombardements se multiplient. Lorsqu'on entend mugir la sirène, on court aux caves-abris. À Henri-IV, chaque classe a la sienne. « La nôtre était dans un immeuble en face du petit lycée, raconte André Fanton. Mais un escalier extérieur et une passerelle permettaient de monter sur le toit. "On va plutôt aller voir là-haut, disait Pompidou, insouciant du danger", et nous montions regarder les forteresses volantes, entendre bourdonner leurs moteurs et crépiter la DCA[78]. »

Quelques élèves de prépa Colo se précipitent, après les heures de cours, pour distribuer de la presse clandestine, éliminer en mairie des fiches du STO, ou servir d'agents cyclistes de liaison entre d'authentiques résistants. Pour autant, ils n'ont pas encore renoncé à poursuivre leurs études. Or les colles, qui complètent le travail de classe, ont lieu précisément en dehors des heures de cours. Il faut donc demander aux professeurs des dispenses de colles. André Casati, chef de classe des internes, et Claude Ducreux, son *alter ego* des externes, s'y emploient discrètement. Tous deux sont d'ailleurs affiliés l'un au réseau Ceux de Libération-Vengeance, l'autre à Essor et Liberté. Claude Ducreux[79], le seul survivant des deux, témoigne qu'Audibert, Pompidou et Tersen se sont montrés chaque fois très *compréhensifs*.

À la nouvelle du débarquement, cinq élèves de cette prépa Colo, Casati, Maenbaut, Le Meec, Stephant et Schmandt, rejoignent avec des camarades de Sciences Po et de Saint-Louis un maquis en Sologne. À peine arrivés à l'orée de la forêt de La Ferté Saint-Aubin, les malheureux sont surpris par l'ennemi en compagnie de FFI. Alignés par groupes de cinq près de la ferme du By, ils sont exécutés le 10 juin à la mitrailleuse. Un seul, Schmandt, réussit à s'en tirer. Placé à droite dans le dernier peloton, il a remarqué que les rafales commençaient par la gauche. Alors il s'arrange pour tomber en même temps que ses camarades, juste avant d'être atteint par les balles, et il a même la présence d'esprit de se couvrir le visage en tombant, de sorte que le coup de grâce se loge dans son poignet. Sous la douleur, il s'évanouit. À peine a-t-il repris connaissance qu'il soulève le drap jeté sur lui en guise de linceul et s'aperçoit de l'absence du peloton d'exécution, sans doute parti chercher des camions pour ramasser les corps. Sans perdre un instant, il trouve moyen de se relever, de déguerpir et de s'enfuir dans les bois[80]. « À leur retour, les Allemands ne trouvent que quarante-sept cadavres au lieu de quarante-huit. Schmandt a détalé, ressuscité[81]. »

À Henri-IV, l'affaire fait du bruit. Tersen, qui est communiste, a des informateurs bien placés. Il avertit discrètement Georges qu'on les a dénoncés tous les trois, Audibert et eux. Jean Charbonnel[82], élève d'hypokhâgne au lycée, membre d'une organisation de résistance et futur ministre de Pompidou, se souvient qu'il y avait dans sa propre classe deux miliciens, dont l'un sera exécuté dans la cour à la Libération ; les ont-ils alors suspectés de complicité avec les fusillés ? Ou bien simplement, à l'annonce des règlements de compte, beaucoup de collaborateurs vivaient-ils dans une sorte de paranoïa ? Quoique ancien normalien lui aussi, Abel Bonnard, le ministre de l'Éducation nationale qui a succédé à Carcopino, a prévenu la Gestapo. On risque d'arrêter Pompidou et ses deux collègues. Comme eux, il prend aussitôt ses précautions. Prétextant la nécessité d'évacuer son petit Alain à la campagne, il envoie une demande de congé anticipé et, sans attendre la réponse, file à Château-Gontier.

Rencontre avec de Gaulle

À la Libération, dans Paris, la joie est grande. Georges n'a jamais pactisé avec Vichy. Tout le porte à communier avec la plupart des Français dans la ferveur pour « le premier des nôtres », comme le dit François Mauriac. Le vent se lève. Autour de Pompidou, des jeunes veulent créer, réformer, inventer des formules nouvelles, donner de nouvelles bases à la vie sociale et à la démocratie. Persuadé de traverser une époque extraordinaire, Georges cherche lui aussi une occasion de prendre part à ce sursaut national. Des événements importants se préparent, il en est convaincu. Cette fois, le dilettante qu'il porte en lui se sent volontaire, plein d'idéal, prêt à tout pour reconstruire et oublier le souvenir honteux et sinistre de l'occupation.

Ses anciens camarades Maurice Schumann, Jacques Soustelle sont dans le coup. S'il ne veut pas rester sur une voie sans issue, il lui faut prendre le train en marche. Il aspire à autre chose qu'au train-train, à la monotonie de la vie de professeur. Se sachant peu d'imagination, donc pas de talent littéraire, il ne se voit pas marcher sur les traces d'un Giraudoux ou d'un Baudelaire. Aussi ne se sent-il pas le goût de retrouver la routine du lycée.

« La plupart des écoles sont des portes sur l'avenir. Pas Normale, écrira-t-il. On ne devient pas, on naît normalien comme on naissait chevalier. Le concours n'est que l'adoubement. Qu'on n'imagine point pour autant que la qualité de normalien prédestine aux situations brillantes. Les exceptions sur ce point ne font qu'illustrer la loi des grands nombres qui veut qu'il y ait fatalement, par le choix du hasard, quelque normalien à chaque étage de notre tour de Babel. Mais, par vocation, le normalien habite l'entresol. C'est qu'en effet son royaume n'est pas de ce monde. De naissance, il appartient, comme l'a confessé Giraudoux, à une société d'ombres. Ses relations ne lui sont d'aucune utilité, qu'elles s'appellent Homère, Platon, Virgile, Descartes, Racine ou Baudelaire[83]. »

Pompidou renoue alors avec Jean-Paul de Dadelsen, rentré de Londres, qui lui parle de le rejoindre au ministère de l'Information. Mais il peut encore trouver mieux. Un normalien ancien de la France libre, René Thibaud dit Trotabas, rencontré par hasard, lui conseille d'aller voir René Brouillet, son ancien camarade de Normale, de Sciences Po et de Saint-Maixent. Il est, paraît-il, directeur du cabinet de Georges Bidault, président du Conseil national de la Résistance, le CNR.

Le 12 septembre 1944, Georges écrit donc à Brouillet : « Mon cher ami, j'espérais un coup de téléphone de toi. Sans trop y compter. Je suis passé au CNR samedi, mais ne t'ai pas trouvé. Je compte chercher, aujourd'hui encore, à te voir et, si je ne réussis pas, je te laisserai ce mot... J'ai cependant autre chose à te dire, plus exactement une demande à te faire : j'aimerais que tu me trouves quelque chose. Dans les circonstances actuelles, je ne me résigne pas à décliner "*rosa* la rose". Il me semble que je puis faire, momentanément au moins, autre chose. Non pour moi : tu sais que je n'ai pas d'ambition et je ne demande rien d'important ni de lucratif. Mais ce pays aura besoin de tout le monde et je me sentirais diminué de ne rien faire. Tu connais mes opinions, ma conviction qu'il n'y a que par l'effort de tous, sans distinction aucune de partis, qu'on peut espérer refaire une France. Si tu estimes que je peux tenir un emploi, pense à moi. »

En réalité, René Brouillet ne travaille pas pour Georges Bidault, il est l'adjoint de Gaston Palewski, directeur de cabinet de De Gaulle. Dans la lettre de Georges Pompidou, le ton lui paraît si juste, si émouvant qu'il la montre aussitôt à Palewski, et tous deux lui donnent rendez-vous rue Saint-Dominique, à l'hôtel du ministre de la Guerre. À sa grande surprise, Georges apprend que c'est justement là que de Gaulle a son bureau. Quel rêve ce serait de participer, même modestement, à l'action du Général, si impressionnant par sa stature ! Par son autorité.

« Qu'as-tu fait sous l'Occupation ? lui demande son camarade.

– Ma foi, j'ai continué d'enseigner Platon aux potaches du lycée Henri-IV.

– On fera sûrement appel à toi, mais je ne sais pas encore à quel poste. »

Au début d'octobre, Brouillet convoque Pompidou et lui offre carrément d'entrer au cabinet du Général. Stupeur et émerveillement ! Le cabinet, il ne sait pas en quoi cela consiste, mais il est fou de joie à l'idée de travailler pour de Gaulle, cet extra-terrestre. Mieux encore, auprès de lui !

« Qui n'a pas connu cette époque, écrira-t-il, ne peut imaginer ce qu'était le général de Gaulle aux yeux de ceux qui l'approchaient pour la première fois. Jusqu'alors, il était une voix qui, à la radio, disait la France, un être de légende, un héros mythique, un personnage hors du commun. Et, tout à coup, l'image se matérialisait d'un homme au physique étrange, trop grand, la tête mal proportionnée au corps, en uniforme de général de brigade, montant les marches qui conduisaient à son bureau en jetant autour de lui un regard altier. Sur son passage, chacun se figeait dans une sorte de garde-à-vous, baissant les yeux comme pour ne pas voir celui qui ne devait pas être vu, n'appartenant pas au monde des humains. Et c'était avec stupeur que l'on entendait les collaborateurs de Londres parler du Général comme d'un homme, de même que les bonnes sœurs parlent de Dieu comme d'un être familier[84]. »

En lui entrouvrant la porte de De Gaulle, René Brouillet met à son camarade le pied à l'étrier. Sans lui, Pompidou ne serait pas entré dans l'Histoire. Le 1er octobre 1944, le Général signe un arrêté : « Article unique : M. Georges Pompidou, agrégé des lettres, est chargé de mission auprès du président du Gouvernement provisoire de la République française. »

De Gaulle n'exige pas de tous ses collaborateurs qu'ils aient été résistants ; il lui suffit qu'ils n'aient pas été compromis avec les Allemands. Mais, au cabinet, Pompidou est seul de son espèce et cette absence d'engagement pendant les années noires sera pour lui une blessure qui ne cicatrisera jamais. Tous ses chefs, tous ses collègues sont soit des résistants, soit des collaborateurs du Général depuis la première heure, Geoffroy de Courcel, Gaston Palewski, Élisabeth de Miribel, le lieutenant Guy, Étienne Burin des Roziers, Louis Vallon, Claude Mauriac, Jean Donnedieu de Vabres, Jean Touchard, Charles-Henri de Lévis-Mirepoix. Leur admiration sans limites pour le Général, l'impression de vivre pour la France et sa résurrection, il les partage avec eux. À la cantine rue de Bourgogne, il entend les récits passionnants des membres du cabinet militaire, tous anciens des combats d'Afrique du Nord, d'Italie ou des débarquements de Normandie et de Provence. « Le soir, on se retrouve dans quelque restaurant spécialisé dans le gaullisme, on se montre les héros, Clostermann, Duperier, Cabanier et tant d'autres. On repart ivre de leur gloire dont un peu rejaillit sur nous. »

Au début, Pompidou ne reçoit que des missions subalternes : préparer des dossiers pour Gaston Palewski et René Brouillet, seuls admis à parler au Général. Pour de Gaulle, il ne rédige encore que ses discours à la séance inaugurale de l'Académie ou à la distribution des prix au Concours général. Son rôle consiste aussi à accueillir des solliciteurs, ce qu'il apprend bientôt à ses dépens. « Deux ou trois jours après mon arrivée, on me fit recevoir une dame en uniforme. Elle se plaignait d'être entravée dans son action humanitaire et demandait mon aide. Immédiatement, je pris une feuille de papier à en-tête de la Présidence, dictai quelques lignes bien senties et signai : "Le chargé de mission, Georges Pompidou." Quelque temps plus tard, un commissaire de police vint me demander si je connaissais cette dame.

Elle avait fait faire des copies de ma note et se répandait partout de façon discutable. J'avouai et me le tins pour dit. Depuis ce jour, je ne crois pas avoir signé un autre papier à la légère. »

Louis Vallon, qui occupe un grand bureau à côté du sien, prend Georges en amitié, mais trouve commode de lui refiler les visiteurs gênants, les plus agressifs. Ainsi, lorsque de prétendues « femmes communistes » viennent exiger l'exécution sommaire du maréchal Pétain, Vallon prétexte d'être appelé brusquement à l'extérieur et prie Pompidou de les recevoir à sa place. Le jeune chargé de mission essaie vainement de leur expliquer le fonctionnement de la justice, le respect qui lui est dû. Cela lui vaut bientôt un article vengeur dans un grand journal sous le titre : « Monsieur Pompidou, êtes-vous le porte-parole du général de Gaulle[85] ? » Ce genre d'incident laissera un malaise durable entre les deux hommes. « Quand j'étais au cabinet du Général, se souviendra plus tard Georges Pompidou, il arrivait très souvent que Vallon passe la tête pour me dire : "Cher ami, je suis obligé d'aller à l'Assemblée, je suis pris pour ceci ou cela, pourriez-vous me rendre le service de recevoir les personnes à qui j'ai accordé une audience ? J'acceptais, bien sûr, et il s'agissait toujours de gens empoisonnants à recevoir. Alors, je recevais les bonnes femmes communistes, je les engueulais, elles m'engueulaient et elles m'engueulaient à nouveau dans leurs journaux. Tout cela était normal, mais Vallon n'a jamais voulu le faire." »

Gaston Palewski confie à Georges la liaison avec deux ministères, l'Information et l'Éducation nationale. Les journaux de l'Occupation sont liquidés, leur matériel saisi. C'est à qui mettra la main dessus. En province, les communistes, qui se sont emparés d'un grand nombre d'imprimeries, exercent une véritable dictature sur l'information. Georges Pompidou fréquente Michel de Boissieu, normalien comme lui et chef de cabinet de Pierre-Henri Teitgen, ministre de l'Information. Celui-ci, en bon MRP, favorise les journaux de son parti ; aussi Pompidou essaie-t-il de donner aussi leur chance aux radicaux, notamment à son ancien camarade Billères qui, rentré de son camp de prisonniers, débute une brillante carrière politique. Il aide ainsi *La Dépêche de Toulouse* à reparaître, tandis que *L'Écho de Paris* revient à Jean-Louis Vigier et au colonel de Chevigné.

Mais la grande affaire[86] est la création d'un grand journal indépendant des partis, capable de diffuser la bonne parole tout en respectant la liberté d'opinion : la quadrature du cercle. *Le Temps,* le quotidien sérieux d'avant guerre, passe pour être trop inféodé au Comité des forges. Ce journal a, comme bien d'autres, intoxiqué l'opinion à l'époque de Munich et ne s'est pas sabordé sous l'Occupation. Il est urgent de lui trouver un successeur capable d'orchestrer, de claironner au monde entier le voyage programmé par de Gaulle à Moscou en décembre 1944 pour sceller une alliance avec l'Union soviétique et asseoir, le moment venu, la France à la table des nations victorieuses. Les Anglais et les Américains sont de fidèles alliés, mais ils interviennent généralement un peu tard, parfois trop tard même. De Gaulle voudrait une alliance franco-russe à déclenchement immédiat, comme en 1914. N'a-t-il pas envisagé un moment, en 1942, de transférer de Londres à Moscou le siège de la France libre ?

Staline accorde trois entretiens au Général. À l'ambassade de France à Moscou, un immense drapeau tricolore flotte au vent d'hiver, le jour où de Gaulle reçoit Ehrenbourg, Prokofiev et autres célébrités aux côtés des vaillants aviateurs de Normandie-Niémen décorés le matin même. Certes, il n'obtient pas tous les résultats escomptés, Staline refuse de le laisser annexer la Rhénanie et ne condescend pas à l'inviter à la conférence qui se tient à Yalta, deux mois plus tard. Qu'importe, le Général piaffe, impatient de voir une nouvelle équipe de direction reprendre les moyens humains et matériels du *Temps*, lui faire peau neuve et célébrer le renouveau de la France.

Ce nouveau journal, ce sera *Le Monde.* Sa direction est confiée à Hubert Beuve-Méry[87] qui s'est bien conduit en 1938. Avec son ami Boissieu, Georges Pompidou accélère le mouvement. Il lui faut vaincre les caprices de Beuve-Méry, un homme qui aime se faire prier, et surtout de Georges Bidault, le ministre des Affaires étrangères, un susceptible enclin à jouer les offensés. Pompidou et Boissieu complètent le tour de table par René Courtin, qui apporte des capitaux, et par Christian Funck-Brentano, proche collaborateur du Général à Londres. Et ils finissent par trouver assez de papier, denrée rare à l'époque, pour permettre au nouveau journal de sortir son premier numéro en décembre 1944 sur une grande feuille recto verso. Deux pages pour commencer, mais dans l'ancien format et l'ancienne typographie du *Temps,* qui font sérieux.

À l'Éducation nationale, Georges Pompidou a affaire à René Capitant, un homme qui prétend réformer son ministère en créant pas moins de vingt directions. Le jeune chargé de mission limite les dégâts, mais s'attire l'inimitié durable du ministre, qui le traite de faux gaulliste, une réputation qui le suivra tout au long de sa carrière. Sans doute Georges intervient-il pour faire nommer inspecteur général son ancien collègue à Henri-IV, Louis François, à son retour de déportation.

Le 6 février 1945, Georges Pompidou apprend que Robert Brasillach, son ancien de la promotion 1928, a été fusillé à l'aube. Mort courageusement, en refusant de se laisser bander les yeux et en criant : « Courage, vive la France ! » Pour Pompidou, cet épisode est occasion de réfléchir à l'exercice du droit de grâce, qui sera pour lui, beaucoup plus tard, une lourde épreuve.

« Cet hiver-là, dira de Gaulle, la guerre continuait, nos soldats tombaient sous le canon des Allemands. Tant de pauvres types ont été fusillés sommairement à la Libération pour s'être laissé entraîner dans la collaboration. Pourquoi ceux qui les ont entraînés, les Darnand, les Déat, les Pucheu, les Henriot, les Brasillach seraient-ils passés entre les gouttes ? Un intellectuel n'est pas moins, mais plus responsable qu'un autre. Il est une incitation. Il est un chef au sens le plus fort. François Mauriac m'avait écrit qu'une tête pensante ne doit pas tomber. Et pourquoi donc ce privilège ? Une grosse tête est plus responsable qu'une tête de piaf. Brasillach était intelligent. Il avait du talent. Ce qu'il a fait est d'autant plus grave[88]. »

Beaucoup d'intellectuels ont signé une pétition pour demander sa grâce. Les uns, comme Mauriac, par esprit de clémence et de réconciliation. D'autres, comme Camus, par opposition à la peine de mort. Certes, Brasillach était coupable, pleinement responsable, ses articles dans *Je suis partout* appelaient à la délation, au meurtre. Mais comment se défendre d'une pensée émue pour ce camarade talentueux, au regard doux, presque efféminé ? Comment oublier les soirées passées ensemble chez les Pitoëff ?

Cependant, Georges Pompidou voit sa mission s'élargir peu à peu. Sa gaieté, sa bonne humeur lui font des amis. S'il souffre du handicap de ne pas avoir servi la France libre, en revanche, il connaît bien le climat politique de la France libérée, la réalité de la situation, les privations. Il sait qu'on a encore moins à manger que sous l'Occupation, qu'il faut huit jours pour traverser le pays en train. Mieux que ses collègues arrivés de Londres ou d'Alger, coupés trois ou quatre ans durant de la métropole, il connaît l'état de l'opinion, la portée réelle de la menace communiste. Aussi est-il particulièrement bien placé pour faire le point de la situation en province.

De plus en plus débordé, René Brouillet charge justement son ami de recevoir les commissaires de la République, équivalents de nos actuels préfets de région. Ainsi Pompidou rencontre-t-il régulièrement Michel Debré, en poste à Angers, Pierre Bertaux, lui aussi ancien normalien, chargé du Sud-Ouest, région menacée par la « République rouge » de Serge Ravenel, Yves Farge, ancien journalise en poste à Lyon, et Pierre Boursicot, un ancien syndicaliste qui manœuvre de son mieux à Limoges. Mais surtout le docteur Henry Ingrand, résistant de la première heure, compagnon de son ami Jean-Michel Flandin et chef du maquis du mont Mouchet, puis commissaire de la République à Clermont-Ferrand, une connaissance qui se révélera très utile par la suite.

Ces rendez-vous réguliers avec les responsables régionaux lui permettent de rédiger à la place de René Brouillet une note quotidienne sur l'état de l'opinion en province, destinée au Général. Pour s'imprégner de sa pensée, il prend soin de lire attentivement *Le Fil de l'épée, La France et son armée* et *La Discorde chez l'ennemi*. Ses notes, fort bien rédigées, mais marquées d'une sorte d'impertinence désinvolte, Gaston Palewski les transmet à de Gaulle, qui les lit avec attention, parfois un froncement de sourcils, mais toujours avec indulgence, avant de lui retourner annotées de sa main.

La première rencontre de Georges Pompidou avec le Général est tout à fait fortuite. Un dimanche où il assure à peu près seul la permanence du cabinet, de Gaulle, mécontent que tous les autres soient absents, lui passe un savon, puis se ravise devant la voix lente et calme de Pompidou, son allure tranquille, sa tête un peu rejetée en arrière, son buste cambré, son front martial, ses sourcils épais. Ce nom de terroir, aussi, le met de meilleure humeur, comme ce long nez de fureteur et cette bouche gourmande.

Alors, il se radoucit et s'intéresse à lui. Bientôt, il lui demande de l'accompagner dans les banlieues déshéritées, puis dans une tournée en Auvergne, en compagnie, bien sûr, du docteur Ingrand, mais aussi, curieusement, du sultan du Maroc et du Glaoui. Occasion pour un brave paysan du Cantal de les apostropher aux cris enthousiastes de : « Bravo, les nègres ! »

À plusieurs reprises, Georges et Claude Pompidou sont même invités à dîner, en bout de table sans doute, chez les de Gaulle, à sa « villa » de Neuilly, l'hôtel particulier réquisitionné près de Bagatelle, en bordure du bois de Boulogne. La première fois, devant le Général, ils se sentent très gênés, surtout Claude, devant son mélange de grandeur et de gouaille. « Je pense n'avoir jamais été aussi intimidée de ma vie, dira-t-elle. Il faut imaginer ce que représentait, à l'époque, une rencontre avec le général de Gaulle. » « Mais, dira plus tard Jean Charbonnel, autant, quand on allait voir de Gaulle, on ne faisait pas le fier, car il ne fallait pas lui faire perdre son temps ni se tromper, autant, quand il s'agissait d'un déjeuner ou d'un dîner où l'on était son hôte, il était d'une gentillesse et d'une attention aux personnes merveilleuses. Quand vous êtes jeune, que le Général vous reçoit à sa table comme un ami, on ferait n'importe quoi[89]. »

Le 25 septembre 1945, les Pompidou se retrouvent à dîner chez les de Gaulle avec André Malraux ainsi que Léon Blum, sa femme, son fils et sa belle-fille. Ce soir-là, le Général informe Léon Blum de son désir de se retirer du pouvoir après la réunion de l'Assemblée constituante, et il lui propose d'être son successeur. Soulignant son grand âge, sa fatigue, Blum décline et suggère le nom de Félix Gouin.

Mais rien ne va plus. Une fois la guerre civile évitée, la condition humaine rendue plus digne, mieux assurée par des réformes capitales, les partis reparaissent aux élections générales d'octobre 1945. Les marchandages recommencent pour doser les portefeuilles. « Le charme était rompu, les jeux anciens allaient recommencer. Une assemblée élue quasi unanimement en se réclamant du Général n'eut plus d'autre pensée que de se débarrasser de lui. Comme toutes les chambres françaises, celle-là non plus ne supportait pas l'idée d'un gouvernement qui gouverne. Chaque député, chaque groupe voulait constamment intervenir dans l'exercice de l'exécutif, lui dicter sa conduite, lui imposer ses décisions. Qui plus est, le fait que le Général fût le chef du gouvernement et en assumât les responsabilités incitait les partis représentés dans son gouvernement à lui laisser porter le poids de mesures impopulaires tout en les combattant avec autant de liberté que s'ils étaient dans l'opposition. Ainsi, pendant le voyage du Général aux États-Unis, un ministre socialiste, pour favoriser la campagne électorale de son parti, avait supprimé la carte de pain qu'il fallut rétablir quelques semaines plus tard par une mesure dont on laissait porter le poids au chef du gouvernement. »

Le courant ne passe plus entre le Général et les politiciens de retour, *les politichiens*. On le voit à l'examen du budget du ministère des Armées. Comme sous la IIIe République, l'Assemblée entend bien contrôler le pouvoir du président. D'ailleurs, même avec de braves gens, il n'y a rien à faire lorsqu'on a de mauvaises institutions. Il faut changer la Constitution.

Georges Pompidou a d'autres soucis, d'autres chagrins. La veille de Noël 1945, sa mère meurt dans ses bras, au petit matin, à l'hospice de Château-Gontier où il lui a réservé une chambre. Désormais, il prend le temps de resserrer ses liens avec son père, des liens jusque-là un peu distants. Ayant suivi de moins près l'actualité, il est assez surpris d'apprendre qu'au conseil des ministres du 20 janvier 1946 de Gaulle, après avoir salué les membres du gouvernement sans même les faire asseoir, leur a, de but en blanc, signifié sa démission. Voilà Pompidou inquiet. Pour assurer son avenir tout en continuant d'apprendre des choses nouvelles, il a récemment postulé[90] pour un poste de maître des requêtes au Conseil d'État. Le décret de nomination est préparé, mais toujours pas signé. Or Claude a pris l'habitude de s'habiller chez les grands couturiers, ce qui coûte cher.

En bon militant socialiste, Léon Pompidou rappelle à son fils : « Je t'ai toujours conseillé de ne pas te lancer dans cette aventure avec de Gaulle. – Il va revenir au pouvoir. C'est une question de jours, de semaines tout au plus. Tu vas voir, Papa. »

Le Général a quitté Neuilly. Provisoirement, il a élu domicile au pavillon de Marly, une maison forestière louée aux Domaines. Les pelouses sont givrées, pas un bruit, pas un souffle, pas un signe de vie. « Alors, que dit-on à Paris ? » demande-t-il d'un air suave à ses visiteurs. Mal remis du départ brutal de son idole, Georges Pompidou fait avec lui quelques pas dans le parc. Le froid pince, mais de Gaulle a négligé de prendre un pardessus.

« Tôt ou tard, lui dit-il, et sans doute plus vite que vous ne pensez, la Chambre m'aurait renversé. Un de Gaulle renversé n'aurait plus été le recours dont la France peut avoir besoin. Je devais partir de mon propre chef et non après avoir été battu. »

De Senghor à Malraux

Dix-huit mois après son arrivée triomphale, de Gaulle connaît donc l'abandon. Sa démission entraîne la dispersion de son cabinet. Georges trouve un point de chute au Commissariat général au tourisme, chez Henry Ingrand, qui vient de coiffer cette sinécure. Il s'agit surtout d'éditer des affiches et des plaquettes publicitaires. Ce sera aussi pour Pompidou l'occasion d'inaugurer l'Oustau de Beaumanière, le prestigieux restaurant des Baux-de-Provence. Puis d'organiser, au musée Galliera, l'exposition *Huit siècles de civilisation britannique,* qui lui vaudra en 1948, la Légion d'honneur lors de la visite du duc d'Édimbourg et de la future reine Elizabeth. Au Commissariat, Pompidou rencontre François Castex, qui deviendra son beau-frère en épousant Jackie, la jeune sœur de Claude. Président de l'Association des anciens combattants du corps expéditionnaire en Italie, l'armée Juin, François Castex prendra bientôt la direction du Comité Vendôme, une association de joailliers et de commerçants de luxe du quartier de la place Vendôme. Il y fait aussi la connaissance de Philippe de Croisset, qui représente à New York le tourisme français. Philippe de Croisset, fils de l'écrivain Francis de Croisset, est un journaliste qui a rejoint en 1942 la France libre et servi brillamment dans l'aéronavale, notamment pendant la campagne de Corse et le débarquement en Provence. Georges et Philippe deviendront très amis, ainsi que leurs enfants.

En septembre 1946, Georges Pompidou devient également maître de conférences à Sciences Po, où il dirige deux conférences de première année, celle d'histoire et géographie et celle de droit et d'économie. « C'était un merveilleux professeur, affable et rigolard, dira Jacques Chapsal, le directeur de l'école. Il citait des anecdotes, mettait à l'aise les élèves, dissipait leurs angoisses. » Signe distinctif : il lui tient à cœur de donner une fois par an, chez lui ou dans un bistrot, une réception réunissant tous ses élèves.

À cette même époque, il reçoit sa nomination de maître de requêtes au Conseil d'État, qui l'astreint, à titre d'initiation, à écouter un professeur communiste exposer le projet Langevin-Wallon de tronc commun de l'enseignement. Cette idée de laisser indistinctement tous les élèves dans l'enseignement primaire, de la sixième à la troisième, soumis à un corps d'enseignants gauchistes qui les formeraient à leur façon, a le don de hérisser Pompidou. D'expérience, il sait qu'à dix ou onze ans on peut parfaitement distinguer les enfants les plus doués, aptes à profiter de l'enseignement secondaire, et les moins doués, qu'il vaut mieux effectivement orienter vers un enseignement de type fin d'études primaires.

Depuis son retour de camp de prisonniers, l'ami Senghor est reçu régulièrement chez les Pompidou. Il leur dédie un de ses poèmes consacrés à la France, *Prière de paix* :

Seigneur, la glace de mes yeux s'embue
Et voilà que le serpent de la haine lève la tête de mon cœur.
Ce serpent que j'avais cru mort,
Tue-le, Seigneur, car il me faut poursuivre mon chemin.
Et je veux particulièrement prier pour la France.
Seigneur, parmi les nations blanches, place la France à la droite du Père.
Oh ! Je sais bien qu'elle aussi est l'Europe,
Qu'elle m'a ravi mes enfants comme un brigand du Nord les bœufs,
Pour engraisser ses terres à canne et coton
Car la sueur nègre est fumier.
Qu'elle aussi a porté la mort et le canon dans mes villages bleus,
Qu'elle a dressé les miens les uns contre les autres
Comme des chiens se disputent un os.
Oui, Seigneur, pardonne à la France qui dit bien la voie droite et chemine par les sentiers
obliques.
Qui m'invite à sa table et me dit d'apporter mon pain.
Qui me donne la main droite, et de la main gauche enlève la moitié.
Oui, Seigneur, pardonne à la France qui hait les occupants et m'impose l'occupation si
gravement.
Qui ouvre des voies triomphales aux héros et traite ses Sénégalais en mercenaires,
Faisant d'eux les dogues noirs de l'Empire.
Qui est la République et livre le pays aux grands concessionnaires.

Le 12 septembre 1946, Georges et Claude assistent à Asnières au mariage de leur ami. Député apparenté socialiste du Sénégal à l'Assemblée nationale française depuis novembre 1945, Senghor y a rencontré

Ginette Éboué, secrétaire du socialiste Marius Moutet, ministre des Colonies. Le père de Ginette, Félix Éboué, gouverneur général de l'AEF, est le premier, en Afrique, à avoir répondu à l'appel du général de Gaulle. Deux de ses frères ont été camarades de stalag de Senghor. Georges et Claude sympathisent tout de suite avec elle. Le grand jour, Senghor monte l'escalier d'honneur de la mairie en donnant le bras à la sculpturale Mme Lamine Gueye, plus belle que jamais dans sa magnifique toilette de lamé doré. Derrière eux, au bras de Marius Moutet, la mariée, en robe de satin blanc avec une traîne de plus de six mètres. Au milieu d'une foule d'amis, on reconnaît, entre autres, Daniel Mayer et Jacques Soustelle. Ginette Senghor deviendra une des meilleures amies de Claude. Quelques années plus tard, lorsque Senghor divorcera pour épouser une Normande, sa propre secrétaire, Claude Pompidou, fidèle à son amitié pour Ginette, considérera la nouvelle Mme Senghor comme une intruse. « Elle a éloigné les enfants de Ginette. Tout pour son fils à elle. Je ne peux pas la voir », confiera-t-elle à Jacques Foccart.

Pendant dix-huit mois, Georges Pompidou n'aura plus l'occasion de voir de Gaulle, qui se morfond à Colombey. Il profite de ses loisirs pour voyager avec Claude dans le Sud-Tunisien, en compagnie de leur ami René Brouillet, devenu entre-temps secrétaire général du gouvernement de la Tunisie. En traversant les villages, il note parfois avec surprise l'hostilité envers leur voiture officielle. On va jusqu'à leur jeter des cailloux. « Pour moi, qui ne connaissais pas l'Afrique du Nord, et qui l'imaginais le prolongement indiscuté de la France, j'en fus profondément troublé. Ce souvenir devait influencer par la suite mes opinions lors de la crise algérienne[91]. »

Le 7 avril 1947, en pleine guerre froide avec l'Union soviétique, de Gaulle crée un nouveau parti, le Rassemblement du peuple français, le RPF. Une mauvaise idée, pense Pompidou. Si le Général ne réussit pas, son prestige en souffrira ; de toute façon, son initiative indisposera les partis politiques en place et ils le lui feront payer cher. De Gaulle confie le secrétariat général du mouvement à une vieille connaissance, Jacques Soustelle, surnommé par ses amis « Gros Matou » pour sa façon d'écouter en silence discours et conversations, presque en ronronnant, jusqu'à l'instant où un mot, une phrase, réveille son attention ; alors, d'un seul coup, Soustelle ouvre l'œil et se lance dans le débat avec ardeur, humour et brio, prenant tout le monde de court.

Aux élections législatives de l'automne, le nouveau parti obtient six millions de voix, 38 % des suffrages exprimés. Désormais, pendant quatre ans, de Gaulle se plonge vraiment dans le RPF, voyageant sans cesse, faisant partout des discours, s'intéressant à chaque aspect du mouvement. Avec véhémence et une pointe de lyrisme, il organise des meetings dans la France entière. Tous les espoirs semblent alors permis. Palewski crée un comité d'études et de réflexion où quelques cerveaux, une demi-douzaine d'initiés, préparent un programme de mesures à mettre en œuvre quand de Gaulle reviendra au pouvoir. « Il y a là Michel Debré, Raymond Aron, Louis Vallon, le général Mast, l'amiral Auboyneau et un jeune homme tiré à quatre épingles, Albin Chalandon[92], qui arrive en tenant un petit chien sous le bras, rappelle Madeleine Négrel, leur secrétaire[93]. »

Sans jamais participer à aucun des meetings du RPF, Georges Pompidou est chargé de mettre en forme les conclusions de ce comité d'études, tâche où il apportera toujours bon sens et simplicité, une prouesse s'agissant d'idéologues. Pour ce travail, on lui propose une rémunération. Il refuse. Réaction de Louis Vallon : « Alors quoi, Pompidou, vous avez peur de vous engager ? » Comme il maintient son point de vue, il s'en fait un ennemi.

Pour bien manifester son indépendance et rédiger tranquillement ses rapports au Conseil d'État, Pompidou, plutôt qu'au siège du RPF, rue de Solferino, préfère installer ce comité d'études dans un bureau cent mètres plus loin, 69, rue de l'Université. Un bureau qu'il partage avec Jacques Foccart et avec Claude Mauriac, un des fils du grand écrivain chargé alors de diriger la revue gaulliste *Liberté de l'esprit*. Georges Pompidou émerveille sa secrétaire, Madeleine Négrel, par la forme parfaite avec laquelle, sans se reprendre, il lui dicte ses comptes rendus. Claude Mauriac, quant à lui, se souvient des dîners dans le nouvel appartement des Pompidou, rue Charlemagne, entre le Marais et l'île Saint-Louis, un logement loué à la Ville de Paris grâce à Pierre de Gaulle, président du Conseil municipal de Paris. Georges et Claude y reçoivent souvent leurs amis Brouillet, Flandin et Pujol, mais profitent aussi de Claude Mauriac, relation « brillante », pour se hisser peu à peu dans le monde.

Simonne Servais, qui deviendra l'attachée de presse de Georges Pompidou, se souvient de sa première rencontre avec lui, à cette époque. « Tel que je l'ai connu en 1947, à un dîner chez Philippe de

Montrémy, tel il est resté, inchangé, jusqu'en 1969. Une intelligence fine et pragmatique, regardant avec calme, sans vaine émotion, tous les aspects d'un problème. Chez lui, l'expression des sentiments était très contrôlée, pas de colère, pas d'appréhension anxieuse des difficultés futures. Une humeur régulière et un grand sens de l'humour. Comme de Gaulle, c'était aussi une personnalité à multiples facettes, s'intéressant à toutes sortes de choses. C'est peut-être aussi pour cela qu'ils s'appréciaient mutuellement[94]. »

Jean Donnedieu de Vabres, un ancien collègue au cabinet du Général, puis au Conseil d'État, s'est pris lui aussi d'amitié pour Pompidou. Nommé en Tunisie, où il succède à René Brouillet, il le recommande à Mme de Gaulle pour administrer à sa place la fondation pour enfants trisomiques qu'elle vient de créer en souvenir de sa fille Anne, infirme de naissance et morte à vingt ans le 6 février 1948. « Madame, lui dit-il en présentant son ami, il vous faut un juriste, mais qui ait aussi un peu de cœur. »

Pour la fondation, Pompidou trouve de l'argent, achète une propriété à Vertcœur, en vallée de Chevreuse, surveille les travaux, fait venir un médecin et une demi-douzaine de religieuses. Mme de Gaulle, fort pointilleuse, apprécie son efficacité autant que ses qualités humaines. Elle le rencontre souvent et fait son éloge devant son mari. Le voilà invité à La Boisserie. Au début, le Général ne se montre pas particulièrement chaleureux, mais elle défend et impose son protégé. Peu à peu, il apprécie à son tour sa capacité à régler rapidement les problèmes pratiques.

Toujours indifférent à une carrière politique, Pompidou décline l'offre que lui fait son ami Senghor de représenter le Sénégal au Sénat. Mais il reçoit du Général, en réponse à ses vœux pour son cinquante-septième anniversaire, une lettre laissant entendre qu'il l'appellera un jour auprès de lui : « L'avenir ne nous appartient pas mais, s'il s'y prête, sachez que je compte sur vous, et avec une entière confiance. » « Une lettre comme ça, personne n'en a jamais reçue », lui dit avec une pointe de jalousie Claude Guy, l'aide de camp qui la lui remet en mains propres.

Pas de surprise donc, le 23 avril 1948, lorsque de Gaulle lui offre le poste de chef de son cabinet en remplacement de Gaston Palewski, élu député de Saint-Denis. D'un cabinet occulte, bien sûr, puisque le grand homme n'occupe plus aucune fonction officielle. Chef de cabinet à titre personnel, voilà qui arrange aussi bien Georges que le Général. Sa mission consistera à organiser ses rendez-vous, à rédiger chaque jour une synthèse de l'actualité politique, mais aussi à mettre au point les notes rédigées par le Général de 1944 à 1946. Cette mission, qui l'oblige à quitter le Commissariat au tourisme, n'est pas rémunérée. En revanche, grâce à la compréhension du vice-président René Cassin, un vieux gaulliste, il conserve ses fonctions de maître des requêtes au Conseil d'État, qui lui « assurent la matérielle ». Il reste également maître de conférences à Sciences Po.

Quel chemin parcouru depuis sa première nomination, à l'aveuglette et sur la recommandation de René Brouillet ! Cette fois, c'est de Gaulle lui-même qui l'a choisi. Et en connaissance de cause. Il sait à qui il a affaire.

Le Général lui précise qu'il doit rester en marge du RPF. Il n'a pas à courir comme Pierre Lefranc, Gaston Palewski ou Louis Vallon chercher des candidats pour les élections, ni à s'occuper de les faire élire. Cela l'arrange bien, car il veut continuer à recevoir des personnalités étrangères au RPF, comme Antoine Pinay, René Mayer ou Robert Schumann. Le cabinet reçoit copie de toutes les notes, circulaires et études, même confidentielles, émises par Jacques Soustelle, le secrétaire général du RPF, mais sans réciprocité. Soustelle n'a pas à être averti des audiences accordées par le Général, ni de toutes les initiatives prises par Pompidou pour son compte.

De Gaulle a besoin d'échanger des idées, d'essayer sur ses interlocuteurs des perspectives nouvelles, de concrétiser, en le formulant, ce qui lui vient à l'esprit. Il déteste l'opposition systématique, l'opposition à courte vue qui stérilise l'idée naissante. Au contraire, il aime qu'on lui pose des questions, qu'on évoque les oppositions qu'il pourrait rencontrer. Qu'on lui suggère les dangers. Ensuite, il faut le laisser réfléchir. Les suggestions qu'on lui a faites, il les reprend parfois à son compte personnel.

En son chef de cabinet, outre le discernement, le Général apprécie la discrétion. « Vous savez, dira Pompidou, il lui arrive de ne pas détester les cancans, mais il méprise celui qui les lui rapporte. Un jour, il finit par ne plus les supporter ; un aide de camp l'a appris à ses dépens. »

Au fil des jours, une véritable connivence s'établit entre le mémorialiste et le normalien. Le Général donne ses Mémoires à lire à Pompidou en avant-première. « Qu'en pensez-vous ? », lui demande-t-il. – On ne voit pas assez la différence entre l'homme avant et après le 18 juin », laisse échapper Pompidou. Aussitôt, il se mord aussitôt les lèvres de n'avoir pas encore tout à fait saisi la transcendance du personnage. – C'est le même », répond de Gaulle, qui se voit dans l'histoire depuis toujours.

Dans l'entourage du patron, Pompidou est toujours le seul à n'être issu ni de la France libre ni de la Résistance. Il n'est pas du sérail. Certains le lui font sentir. Cela finit par l'agacer d'entendre toujours vanter devant lui les faits de Résistance de gaullistes historiques. « Tu n'es pas bien vu de tout le monde au RPF, l'avertit Trotabas, rencontré à une réunion d'anciens normaliens. Rue de Solferino[95], il y a deux camps : les uns se demandent s'il faut te tuer tout de suite, les autres pensent qu'il faut le faire plus tard. » Cela ne l'empêche pas de voir de Gaulle plusieurs fois par jour à chacun de ses passages à Paris, parfois longuement. Pendant six ans, il sera ainsi son collaborateur le plus intime. Loyal, dévoué, prudent, réfléchi, disponible, discret, connaissant les réactions du Général, il est irremplaçable. Ils en arrivent à se comprendre à demi-mot.

En 1952, impressionné par un incident survenu lors de l'enterrement du maréchal de Lattre – son cercueil a failli flamber sur l'engin blindé qui le transporte – de Gaulle rédige en trois exemplaires un testament où il exprime ses volontés quant au déroulement de ses obsèques et il lui remet un des trois exemplaires. Beau témoignage de confiance.

Souvent, de Gaulle lui confie son pessimisme, son découragement devant les intrigues. « J'ai fait ce que j'ai *pou,* mais je n'ai rien *pou* », aime-t-il dire, paraphrasant le curé d'une comédie de mœurs de Robert de Flers et Georges de Caillavet. Ne croyant plus à son destin, il ne retrouve son entrain que pour lui lire des passages de ses *Mémoires* en cours de rédaction ou pour philosopher : « Voyez-vous, il n'y a que deux moteurs à l'action des hommes, la peur et la vanité. Ou c'est la catastrophe, et alors la peur domine, ou bien le calme, et alors c'est la vanité. »

Pompidou n'appartient toujours pas au RPF mais contrôle les finances du mouvement, vérifie sa comptabilité, cherche de quoi payer les secrétaires des permanences, les imprimeurs d'affiches, les loueurs de salles de réunion. Pour financer les campagnes électorales, il faut démarcher des chefs d'entreprise, collecter des fonds, parfois en liquide. Pour éviter de laisser trop de traces, on utilise parfois des intermédiaires et, ces gens-là, il vaut mieux les contrôler. Cette expérience, occasion d'observer bien des faiblesses humaines, ouvre à Pompidou beaucoup de portes et lui permet de nouer des relations étroites avec des industriels. Par exemple Georges Hildebrandt[96], directeur des peintures Valentine, ou Sven Nielsen, le fondateur des Presses de la Cité.

Peu à peu, il se tisse ainsi un réseau. Il se lie également avec deux militants actifs du RPF, Pierre Juillet, fils du directeur de cabinet d'André Tardieu, et dont il fera plus tard un de ses plus proches conseillers, et surtout Olivier Guichard, qui a fait hypokhâgne à Condorcet avant de s'engager dans l'armée de Lattre. L'amitié des Pompidou et des Guichard se conforte au cours d'un voyage à Rome avec les Brouillet, un voyage où il faut parfois se mettre à trois pour pousser la Celtaquatre en panne de démarreur.

C'est aussi l'époque où Pompidou fait la connaissance de Pierre Louis-Dreyfus, patron d'une grande maison de négoce, de transport maritime et de banque. Ancien de la France libre, trésorier de de Gaulle à Londres, puis de l'Ordre de la Libération dont il est compagnon, camarade de guerre de Romain Gary et de Joseph Kessel, Pierre Louis-Dreyfus est un inconditionnel de De Gaulle. Pompidou le fait courtoisement patienter un jour où il arrive en avance à un rendez-vous avec le Général. Captivé par sa gentillesse et sa culture, séduit et amusé par ce provincial encore intimidé par le monde des affaires et la vie parisienne, Pierre Louis-Dreyfus l'invite plusieurs fois par mois à déjeuner[97].

Les Pompidou fréquentent aussi André et Madeleine Malraux, qui les reçoivent souvent à Boulogne dans leur maison décorée de poupées indiennes, de tableaux de Dubuffet ou de Fautrier. Vrai décor de théâtre, où trône le grand piano de Madeleine. Impossible de rester indifférent à André Malraux, à son mystère, son originalité, sa manière de voir les choses. Les deux couples se retrouvent au cinéma, dont ils sont grands amateurs, et dans de célèbres restaurants où André a sa table réservée. Parfois ils passent ensemble leurs vacances. Un été justement où Claude a loué une villa à Ciboure, au Pays basque, André fatigue tellement ses hôtes par son tourbillon de paroles que le jeune Alain Pompidou, alors un garçon de dix ans, se plaint « d'avoir des turbines dans la tête ». Autre ami fidèle, le père Couturier, un dominicain fondateur de la revue *L'Art sacré*, passionné d'art contemporain, qui a fait décorer l'église du plateau d'Assy par Bonnard, Braque, Léger, Lurçat et Rouault, et celle de Ronchamp par Le Corbusier avec une mosaïque de Bazaine et des vitraux de Léger.

À partir de 1950, René Maillard, le directeur de la collection des classiques Hachette, réunit plusieurs promotions de Normale dans un café cantalien, rue Hautefeuille, pour un déjeuner mensuel, le pot Maillard. Pompidou y retrouve, entre autres, trois condisciples devenus des célébrités littéraires, Julien Gracq, auteur du *Château d'Argol*, Henri Queffélec et Roger Ikor. À ces réunions amicales, il participera fidèlement jusqu'à la mort de René Maillard, en 1955, et, plus tard, il ravivera la flamme en recevant lui-même ses camarades une fois par mois à Matignon, puis à l'Élysée.

Indifférent au virus de la politique, Pompidou n'a toujours pas de carte de militant du RPF, mais il aide enfin Jacques Soustelle et ses deux adjoints, Christian Fouchet et Jacques Baumel, à dresser la liste des investitures aux élections de 1951. Pendant la campagne, il tient même la permanence du siège du mouvement, rue de Solferino, et tranche en l'absence de Jacques Soustelle. Cette fois, la marée reflue. Le RPF, qui a refusé toute alliance et tout apparentement, n'est plus le premier parti de France, seulement le troisième, avec cent dix-huit députés, simple appoint aux voix communistes pour censurer le gouvernement et user la IVe République. De Gaulle comprend que le RPF est devenu un parti comme un autre, sans plus, et que sa position assis entre deux chaises, entre la droite et la gauche, lui vaut une désaffection grandissante. Aux élections municipales de 1953, nouveau recul. Bravant les consignes de vote, beaucoup de députés RPF vont « à la soupe du bon Monsieur Pinay ». Deux d'entre eux, Jacques Chaban-Delmas et Christian Fouchet, iront même bientôt jusqu'à participer au gouvernement Mendès France. Les partis se déchirent au jeu des « combinaisons ».

Au cours d'un véritable conseil de guerre à Colombey, Jacques Soustelle et Georges Pompidou s'affrontent. Soustelle tente de persuader le Général de continuer la lutte. Ému, de Gaulle se tourne vers Pompidou : « Enfin, pourquoi me combattent-ils tous ? Je veux que vous me disiez ce que vous en pensez, ce que votre instinct vous dit. » Puis, amical, presque affectueux : « Mais enfin, comment expliquez-vous tout cela ? » Alors, carrément, Pompidou lui conseille de se retirer de la politique et emporte sa conviction. Le 6 mai 1953, face à ce qu'il appelle « la faillite des illusions », de Gaulle dissout le RPF et retourne à sa solitude de Colombey « préparer le recours ». Pendant cinq ans, il connaîtra l'oubli. Olivier Guichard, qui succédera à Pompidou comme chef de son cabinet, en viendra plusieurs fois à lui fabriquer de fausses demandes d'audience lorsqu'il sera de passage à Paris[98].

Le Tout-Paris

Lorsque le Général entame cette nouvelle traversée du désert, pas une seconde Pompidou n'envisage de retourner dans l'enseignement. Il craint trop la routine. Mais ses deux strapontins de maître des requêtes au Conseil d'État, où il joue un rôle effacé, et de maître de conférences à Sciences Po ne constituent pas la panacée. Elles ne nourrissent pas leur homme. Pour Claude, qui aime le bateau, l'équitation, le tennis, les toilettes, sans oublier l'art moderne, la pitance est un peu maigre. Lorsqu'elle offre à son mari un petit tableau de Nicolas de Staël, elle doit le payer en plusieurs fois. Rue Charlemagne, elle continue de donner deux grands dîners par semaine. On y rencontre souvent sa sœur et son beau-frère Castex, Claude Mauriac, les camarades de Normale de son mari, et les Malraux, dont les enfants sont les meilleurs amis de son fils Alain.

Au Conseil d'État, Pompidou s'ennuie ferme. Cette fois, il ne croit plus que les circonstances permettent jamais le retour de de Gaulle au pouvoir. Pour lui, pense-t-il, c'en est fini de la politique. Si le Général l'a chargé de négocier avec Plon le contrat d'édition de ses *Mémoires* et lui a même offert, en remerciement, une montre portant, gravée au dos du boîtier, sa célèbre signature, c'est bien qu'il a tiré un trait sur l'avenir. D'ailleurs, depuis l'échec du RPF, le grand homme a changé. À son scepticisme, s'ajoutent maintenant l'amertume et parfois le soupçon d'une trahison par ses fidèles ; d'ailleurs, supporte-t-il très longtemps ses collaborateurs ? Et puis, comme son téléphone est évidemment sur écoute, le moindre entretien avec lui exige un aller et retour à Colombey, l'affaire d'une journée entière.

Mis en appétit par ses conversations avec les relations qu'il s'est faites dans les milieux d'affaires, Pompidou ronge son frein. Décidé à tenter sa chance dans le privé, il attend l'occasion. Il est contacté alors par un camarade d'agrégation, René Fillon, qui était l'un des financiers du RPF. Après avoir été répétiteur du jeune baron Guy, René Fillon est devenu fondé de pouvoir chez Rothschild. Cette maison de banque a bien déchu depuis les années 1870, où elle avait avancé à la République les cinq milliards requis pour libérer les territoires occupés par l'Allemagne. Les déboires dus à l'Occupation allemande et aux lois de Vichy ont réduit son activité aux opérations courantes de banque et de crédit. Mais la famille a conservé de puissants intérêts dans les transports maritimes – la SAGA, Mory et la SCOA, Société commerciale de l'Ouest africain – ainsi que dans le pétrole – Cofirep, Francarep et une importante participation dans la Shell. Surtout, elle contrôle quatre grandes sociétés minières : la Miferma – le fer de Mauritanie –, le Nickel, le minerai de Nouvelle-Calédonie – Pennaroya et Rio Tinto, le plomb, le cuivre et le zinc espagnols. Et puis, le nom des Rothschild conserve tout son prestige. À Auteuil, à Longchamp, à Deauville, leurs chevaux gagnent tous les grands prix.

À plusieurs reprises, René Fillon a parlé en vain de Georges Pompidou à Guy de Rothschild[99]. « Pompidou, lui dit-il, outre une intelligence capable de dominer n'importe quel sujet, a les pieds sur terre. Dans notre métier, c'est bien utile pour analyser les risques. » Chaque fois, le baron Guy a éludé la question : « Que pourrais-je faire d'un deuxième agrégé ? Je n'ai aucun poste à lui offrir. »

Pris par le démon de la politique, René Fillon rêve de quitter la banque pour devenir parlementaire. Or il n'a aucune attache en province, donc aucune circonscription en vue. Un ami journaliste, Bernard Lefort, lui a déconseillé Paris, où il n'aurait aucune chance, et lui a suggéré une autre voie : « Tâchez plutôt de vous faire élire en Afrique noire, le collège électoral y est réduit. Avec votre expérience chez les Rothschild, vous y rendriez bien des services. » Intéressé, René Fillon s'est renseigné. Pompidou s'est alors entremis pour lui faire obtenir l'investiture du RPF pour un siège de délégué du Gabon à l'Assemblée de l'Union française. Il lui a même fait miroiter celui de sénateur du Soudan[100]. Mais le baron Guy ne laissera partir René Fillon que si on lui propose un remplaçant de qualité. René Fillon revient alors à la charge. À force d'insistance, il réussit à présenter Pompidou à Guy de Rothschild.

« Pompidou, dit celui-ci, avait un physique un peu étrange, pointu, inhabituel. Son visage, assez maigre, rappelait ses photos d'étudiant, rien de commun avec les boursouflures qu'on connut par la suite. À cette première rencontre, il n'a pas cherché à se vendre, d'ailleurs dans notre métier il n'avait aucune référence. Il s'est bien gardé de faire étalage de compétences. Moi-même, je ne pratiquais pas le management, d'ailleurs cela n'existait pas à l'époque. Je naviguais aux étoiles. Fillon m'a dit que c'était un homme de valeur. Alors, je l'ai pris en me disant : un homme de valeur, on verra toujours ! Ca s'est passé comme ça[101]. »

Pour commencer, Rothschild offre à Pompidou un strapontin, un poste dans une filiale, la Société des Chemins de fer du Nord. Aussitôt, il se fait mettre en disponibilité au Conseil d'État. Reste à prévenir de Gaulle. Embarrassé, il propose au Général de rester en contact, d'aller le voir une fois par semaine et de demeurer à sa disposition pour toute mission exceptionnelle qu'il souhaiterait lui confier.

Mais de Gaulle, toujours aussi indépendant à l'égard des pouvoirs d'argent, ne se paie pas de mots. « Très bien, je ne vous retiens pas. Au revoir ! » C'est bien dans sa manière, franche, directe. Ce qui ne l'empêche pas, quelques mois plus tard, de lui adresser sa photo, avec cette dédicace : « À Georges Pompidou, mon collaborateur depuis dix ans, mon compagnon, mon ami pour toujours. »

Voilà comment, le 1er février 1954, Pompidou franchit le Rubicon et entre dans le secteur privé. Ce saut dans l'inconnu l'inquiète un peu, à vrai dire. Dans *Pour rétablir une vérité,* il dira que c'est l'une des trois grandes décisions de sa vie, avec son mariage et son départ de l'enseignement pour le cabinet du Général. Les autres virages, son entrée au gouvernement, par exemple, seront le fait du destin : il les acceptera, mais sans les avoir recherchés.

Chez Rothschild, on lui donne d'abord un bureau sinistre. Pour mettre une note de gaieté sur les sombres boiseries, il amène un petit tableau de Survage, un jardinier en son jardin. Sa secrétaire, Madeleine Négrel, qu'il a fait venir de la rue de l'Université, ajoute un bouquet de fleurs qu'elle remplace chaque semaine.

Après quelques mois d'apprentissage, où il n'a guère pu rencontrer son nouveau patron, Pompidou saisit l'occasion d'un déplacement en sa compagnie pour établir des relations personnelles. Il s'agit d'un tour de quinze jours en Afrique noire, afin d'y développer les affaires de la

SAGA. L'organisateur du voyage, Pasteau, personnage haut en couleurs, a joué un rôle dans le chemin de fer de Djibouti à Addis-Abeba, puis sauvé le Négus et rejoint la France libre. À son contact, Georges apprendra beaucoup.

Ce périple en trois étapes, au Sénégal, en Guinée et au Liberia, sera une véritable lune de miel entre Georges Pompidou et Guy de Rothschild. Toujours respectueux des anciens dans le métier, Pompidou se montre curieux de tout. Il observe, pose des questions, écoute, enregistre, recoupe discrètement ses informations afin de voir si ce qu'on lui dit tient la route. Il s'abstient de tout étalage, évite de se mettre en avant. Mais, si on lui demande son avis, ses suggestions paraissent toujours pleines de bon sens. Son absence de jugements *a priori*, la cohérence de ses raisonnements, son indépendance d'esprit séduisent le baron. Mais aussi sa conversation, empreinte de naturel, de modestie, de gentillesse, de culture.

Au retour, il l'invite avec Claude à un week-end de chasse à Ferrières, sa vaste propriété en Seine-et-Marne. À vrai dire, Pompidou a beau s'exercer au ball-trap, il ne sera jamais un excellent tireur. Du moins chez les Rothschild prend-il goût à la chasse. Il n'aime pas tant tuer le gibier que regarder les gens. Il y a ceux qui tirent avec précipitation et ceux, plus posés, plus réfléchis, qui attendent que les animaux soient à leur portée. De celui qui court après le score, il se dit : « Celui-là est sans doute un tueur. »

Une longue allée bordée d'arbres immenses conduit au château. À chaque fenêtre de la façade scintille un lustre de cristal. Un escalier d'honneur à double révolution donne accès aux salons qui évoquent les réceptions brillantes où ont défilé les personnages d'*À la recherche du temps perdu*. À sa grande surprise, Marie-Hélène, la nouvelle épouse de Guy, qui redoute de rencontrer un collaborateur rasant de son mari, découvre un homme passionnant, bien qu'encore timide et gauche en société. Elle ne sait pas que cet homme-là lit un livre par jour, qu'il connaît aussi bien l'histoire de l'Espagne ou de l'Italie que l'histoire de France. Elle le voit seulement curieux de tout, de l'art, de la poésie, de la mode, de la haute couture, des personnes auxquelles il est présenté. Aussitôt, elle s'entiche de lui, et aussi de Claude.

Un week-end en appelle un autre. Bientôt, les Pompidou sont invités presque chaque semaine. Toujours sérieux au travail, réservé, carré, Georges se découvre dans la vie privée gai, rieur, enjoué, blagueur, taquin même. Les deux couples deviennent intimes. Marie-Hélène veut absolument que les Pompidou s'intègrent à leur groupe d'amis. À Ferrières, elle leur apprend plusieurs jeux de cartes. Arthur Rubinstein vient jouer du piano. C'est un va-et-vient d'altesses et de célébrités, Grace de Monaco, les Agnelli, Ould Daddah, le futur président de la Mauritanie, si précieux pour le chemin de fer et la mine de bauxite de la Miferma. À ce jeu, Georges et Claude se laissent éblouir, Claude surtout. Dans le cercle des jeunes femmes élégantes qui papillonnent autour d'elle, elle triche un peu avec son âge, ce qui la mettra en fureur le jour où, son mari devenu une célébrité, le *Who's Who* révélera sa date de naissance. Coquetterie féminine !

Les Rothschild tiennent un de ces albums de confessions si répandus au siècle dernier, où chaque invité doit noter ses réponses à des questions indiscrètes sur ses préférences. À la demande de Marie-Hélène, Pompidou se prête au jeu de bonne grâce. Voici quelques-unes de ses répliques :

« Quelle est votre vertu favorite ?
– La pudeur.
– Quelle qualité préférez-vous chez l'homme ?
– La noblesse.
– Et chez la femme ?
– La grâce.
– Quelles sont vos occupations préférées ?
– La lecture et la musique.
– Quelle est votre principale caractéristique ?
– L'obstination.
– Votre idée du bonheur ?
– Une soirée au coin du feu, avec des êtres chers[102]. »

En septembre 1954, de plus en plus impressionné par les facultés de jugement de Georges, Guy de Rothschild lui confie la cogérance de la Société commerciale Transocéan, une affaire de compensation créée au lendemain de la guerre pour parer au manque de devises dont souffrent les importateurs de biens d'équipement. Condamnée à brève échéance par la prochaine suppression du contrôle des changes, sa raison d'être, l'affaire doit reconvertir son personnel en douceur. Pompidou va devoir recaser tel ou tel à la banque ou dans d'autres filiales. Tâche délicate. Pour cela, il a besoin de quelques personnes de confiance, efficaces, discrètes.

À cet effet, il recrute une femme déterminée, Anne-Marie Dupuy, une juriste dont lui a parlé son beau-frère Castex. Elle a rejoint Londres en 1942 après une rocambolesque odyssée *via* le Portugal. Difficile pour une femme de trouver sa place dans les Forces françaises libres ! Elle a quand même réussi à devenir chef d'un peloton de cinquante-cinq conductrices d'ambulances et participé à ce titre à toute la campagne d'Italie, puis au débarquement de Provence. C'est à l'Association des anciens d'Italie, dont elle est une des animatrices, puis au Comité Vendôme, qu'elle a connu François Castex. Les Pompidou, Anne-Marie ne les a aperçus qu'une fois dans sa vie, il y a six ou sept ans, dans les couloirs du Théâtre-français, en compagnie des Castex. Un jour, elle reçoit un appel de Claude Pompidou : « Mon mari voudrait déjeuner avec vous. »

Rendez-vous est pris chez Pierre, un restaurant de la place Gaillon. Anne-Marie est un peu surprise de voir arriver Georges sans sa femme. Il la rassure en lui expliquant ce dont il s'agit. Il lui offre de venir à Transocéan. Elle sera chef du personnel, elle devra interviewer chaque membre de la société, faire une fiche sur leurs affaires, mais aussi les confesser, tâcher de savoir comment on pourrait les recaser. Une phrase de Georges Pompidou la frappe, car elle montre bien son caractère : « En tout état de cause, je ne vous mettrai jamais dans une situation où, moralement ou financièrement, vous auriez quelque chose à redouter [103]. »

Guy de Rothschild est stupéfait de la rapidité avec laquelle le néophyte réussit à régler l'affaire Transocéan. Si bien qu'en 1956, lorsque René Fillon, devenu sénateur, quitte le groupe, Pompidou, qui a su se faire apprécier, lui succède et passe à la holding Rothschild frères dont il devient l'un des directeurs. Quand il ne sait pas, au lieu de se faire passer pour celui qui sait, il n'hésite pas à questionner ; puis, une fois qu'il a compris, il tranche sans jamais cependant prendre de risques disproportionnés au résultat escompté. Il va donner du poids à la maison, l'aider à passer à la dimension supérieure, lui rendre une ambition. Souvent, on l'entend dire : « *Too little, too late* [104]. »

Dès lors, les Pompidou peuvent louer un bel appartement dans l'île Saint-Louis, cinq vastes pièces au 24, quai de Béthune, dans le même immeuble que Claude Mauriac. C'est au deuxième étage d'un hôtel particulier construit en 1642 par Le Vau et restauré après la guerre par Helena Rubinstein, fondatrice de la célèbre affaire de produits de beauté. Aux murs, ils accrochent quelques tableaux contemporains. Ils ont maintenant les moyens d'acheter des œuvres d'Atlan, Braque, Manessier, Nicolas de Staël, Fernand Léger ou Delaunay. Ils descendent dans les meilleurs hôtels de Venise. Ils ont une gondole à leur disposition pour aller visiter les églises ou les musées. Georges peut même offrir à Claude une superbe Porsche blanche.

Ce ne sont pas pour autant des égoïstes. Claude soulage bien des misères dans le quartier de la rue Mouffetard et, chaque année, à Noël, le gendre de De Gaulle, Alain de Boissieu, colonel en Algérie, reçoit un chèque de Pompidou avec ces mots : « Cher Alain, j'ai la chance, en raison de mon âge, de ne pas servir en Algérie comme ces jeunes que vous avez sous vos ordres. Il y a certainement, autour de vous, des difficultés, des misères. Vous saurez faire le meilleur usage de cet argent. » « Pompidou était un homme de cœur », commente Boissieu[105].

Les Pompidou et les Rothschild ne se quittent plus. Marie-Hélène ne jure que par Georges. Tantôt c'est un séjour ensemble à Deauville, où les Rothschild ont leurs chevaux, ou aux sports d'hiver, tantôt un voyage à New York et Washington, à la découverte du Metropolitan Museum et de la National Gallery. Au cours de leurs conversations à bâtons rompus, Guy délivre peu à peu Georges de l'esprit étroit de tant de gaullistes à l'encontre des Anglo-Saxons. Il lui rappelle qu'en 1940, loin d'abandonner la France, l'Angleterre a sauvé ce qui pouvait l'être. Et, de son ami, il fait un Européen convaincu. Ce n'est pas son moindre mérite.

Grâce à ce nouveau cercle, voilà les Pompidou admis dans le tout-Paris. Au Georges Pompidou des premiers jours, un peu effacé, timide, maladroit, succède un homme sûr de lui, très à l'aise même. Les Pompidou reçoivent non seulement Julien Gracq et Henri Queffélec, les camarades de Normale, mais aussi les danseurs Roland Petit et Zizi Jeanmaire, les comédiens Madeleine Renaud et Jean-Louis Barrault, les sculpteurs Niki de Saint-Phalle et Jean Tinguély, l'historien Maurice Druon.

Ravi d'être admis dans ce milieu parisien, Georges n'aime pas qu'on lui rappelle ses origines et sa carrière d'enseignant. Pour se démarquer du milieu des professeurs, sa femme et lui se font passer pour d'avant-garde. D'où peut-être leur goût pour les artistes et les discothèques new look. Régine en a ouvert une, le *Whisky à gogo*, rue de Beaujolais, derrière le Palais-Royal. Sous les lampes peintes de couleurs différentes, Jacques Charron et Robert Hirsch viennent depuis la Comédie-Française danser le tcha-tcha-tcha. C'est le rendez-vous de Jean Marais, de Jean Cocteau, de Sacha Distel et de ses conquêtes. On y voit aussi Bernard Buffet et Annabel, Jean d'Ormesson, Juliette Greco, parfois même Ava Gardner et Frank Sinatra. Tout ce que Paris compte de snob veut en être. Les Rothschild se montrent bientôt les plus assidus, et avec eux, naturellement, Georges et Claude Pompidou. Membres à part entière de « la bande à Rothschild », ils sont de toutes les fêtes. Par la suite, on émigre avec Régine au *Jimmy's*, à Montparnasse, où l'on danse le rock n'roll, et au *Régine*, rue du Four, où la maîtresse de céans enseigne le twist. Ces soirées projettent les Pompidou hors de leurs origines. « Pour moi, qui venais d'une famille bourgeoise de province, confiera Claude, ce fut une sorte de tourbillon. Pour parler franc, je faillis devenir snob. Mon mari, lui, conservait ses distances et ne se laissait pas épater. » C'est vrai, son bon sens paysan ne le quitte pas. Sa paupière se plisse et, à travers la fumée de sa cigarette, son œil critique observe ses interlocuteurs.

Les Pompidou deviennent aussi familiers de Pierre et Hélène Lazareff, les patrons de *France-soir* et de *Elle*. Chez eux, à Louveciennes, ils retrouvent Guy Béart, rencontré en 1947 chez Audibert, un ancien collègue, à l'occasion d'une conférence de Pompidou sur Baudelaire au lycée Henri-IV. Le chanteur, dont *L'Eau vive* tient depuis cinquante-deux semaines le hit-parade de la chanson, était alors un adolescent de dix-sept ans qui préparait le concours de l'école des Ponts et Chaussées. Il avait posé au conférencier des questions si pertinentes qu'Audibert avait eu l'idée de le garder à dîner avec lui. Depuis ces retrouvailles, les Pompidou se lient vraiment d'amitié avec Guy Béart qu'ils iront souvent écouter au Vieux Colombier chanter *Qu'on est bien*, *Le Quidam*, *Chandernagor*, ou *Allo, tu m'entends ?* De fil en aiguille, ils l'invitent à une partie de cartes ou d'échecs ou encore à réciter ensemble des poèmes. Ils se tutoient et veulent même lui faire épouser une de leurs nièces. Drôle d'idée, Béart, cet homme à femmes, dont les histoires d'amour finissent toujours mal !

En limousine avec le Général

Malgré son passage chez Rothschild, la fidélité de Georges Pompidou au Général ne se dément pas. Pendant la traversée du désert, il reste le plus proche de ses confidents. Il a toujours ses entrées à Colombey, comme à l'hôtel Lapérouse où, chaque semaine, de Gaulle reprend contact avec la capitale. Il ne manque pas non plus les déjeuners du mercredi où, depuis 1950, Émilien Amaury, un grand patron de presse, chaleureux, enthousiaste, réunit à la Maison de l'Amérique Latine des amis gaullistes, « les barons » comme les appellera Jean Daniel, de *L'Observateur.* Il y a là Jacques Foccart, le colonel de Bonneval, Olivier Guichard, Xavier de Beaulaincourt, André Malraux, Edmond Michelet, Jacques Soustelle, Jacques Chaban-Delmas ou Louis Terrenoire. Tous ont des situations différentes, mais tous attendent un jour ou l'autre comme le Messie le retour du Général. Ces réunions amicales, où ils ne se retrouvent pas toujours au grand complet, mais au moins une demi-douzaine à chaque déjeuner, n'ont d'autre but que de garder le contact, de débattre de l'actualité. Pompidou y est toujours très écouté, car on connaît ses relations exceptionnelles avec le Général. Mais il ne faut pas compter sur lui pour une quelconque indiscrétion, le Général ne l'aurait d'ailleurs pas toléré.

Pour le moment, le grand sujet, c'est l'Algérie. Pourtant, Georges ignore ce qui se trame dans l'ombre, car les conjurés le tiennent à l'écart. Le 6 mai 1958, dînant chez Pierre Moussa, un normalien haut fonctionnaire au ministère de la France d'Outre-mer, en compagnie d'un banquier, Ludovic Tron, d'un parlementaire MRP, Robert Buron, et de leurs épouses, on parle de cette guerre interminable. Pour Moussa, seul de Gaulle pourra régler l'affaire. « Vous vous trompez complètement, réplique Pompidou, il ne reviendra jamais. Vous ne le connaissez pas, moi je le connais. Aujourd'hui, seule compte pour lui sa silhouette historique. »

Soudain, le téléphone sonne. On annonce à Moussa qu'à Alger la révolte gronde. Robert Buron quitte précipitamment le salon pour se rendre à l'Assemblée, toute proche. Les autres restent, y compris les Pompidou.

Le 13 mai 1958, à Alger, une manifestation de partisans de l'Algérie française s'empare en effet du gouvernement général et crée un comité de salut public. En quelques jours, une poignée de gaullistes, parmi lesquels Roger Frey et Olivier Guichard, persuadent le général Salan, commandant en chef en Algérie, de lancer un appel à de Gaulle.

Une semaine plus tard, sur le trottoir de l'avenue Marigny, Georges Pompidou rencontre Michel Debré et Olivier Guichard, qui l'a remplacé en 1954 comme chef de cabinet de de Gaulle. « J'espère que ni l'un ni l'autre vous n'appartenez à cette race de fous qui travaillent pour le retour du Général, leur dit Pompidou. Je vous dis qu'il ne reviendra pas. Ne vous faites pas d'illusions, les milieux d'affaires ne veulent pas de lui ! Écoutez, les enfants, ne vous embarquez pas dans un truc aussi incertain, aussi dangereux ! »

Les événements vont vite démentir ses prévisions. « Je ne suis pas le Général, avouera-t-il. Ne me demandez pas d'anticiper, de prédire, de surprendre. Cette fascination, je l'ai vécue, je comprends bien qu'on en éprouve le besoin, mais l'art n'en appartient qu'à lui. »

Effectivement, le 19 mai, le Général donne sa célèbre conférence de presse, et, le 24, les parachutistes débarquent en Corse.

Ce même 24 mai, à sa demande, Pompidou est reçu à Colombey. Au cours du déjeuner, de Gaulle lui offre de diriger son cabinet pour le cas, désormais très probable, où il reviendrait au pouvoir.

Pompidou demande vingt-quatre heures de réflexion. Il en parle aussitôt à sa femme, lui explique que, pris au dépourvu, de Gaulle n'est sûrement pas prêt à constituer un gouvernement responsable devant l'Assemblée. Il ne doit pas avoir en poche une réserve d'hommes ministrables comme en possèdent les vieux partis politiques. C'est sans doute pour cela qu'il l'a fait venir, pour l'aider à prendre des contacts. L'affaire de quelques semaines, de quelques mois tout au plus. « Tu ne peux pas refuser cela au Général, lui répond Claude, mais jure-moi que ce ne sera que pour un temps. »

Puis Pompidou va voir Guy de Rothschild et lui confirme le retour de De Gaulle, dont tout le monde parle maintenant. Dans la foulée, il lui annonce que le Général lui offre de diriger son cabinet. Il assure n'avoir aucune intention d'embrasser une carrière politique, seulement d'aider de Gaulle à former un gouvernement viable et à préparer une nouvelle constitution. Ce passage à Matignon, voire à l'Élysée, ne sera qu'un intermède, qu'il estime devoir à de Gaulle. C'est tout. « Si vous voulez revenir chez nous, lui dit alors Rothschild, et vous savez combien je le souhaite, le Général ne vous en laissera pas la possibilité. » Pompidou le rassure : « Voyez-vous, je ne me considère pas l'égal du Général. Sauf sur un point : je suis aussi entêté que lui. » Dans ces conditions, Guy pense que Pompidou reviendra peut-être. Alors, il lui conserve ses émoluments et ne cherche pas à le remplacer.

Le lendemain, Pompidou retourne voir de Gaulle : « Mon Général, je n'ai pas l'intention de renoncer définitivement au monde des affaires. Mais je puis me dégager six mois de la banque, le temps d'organiser votre cabinet. Une période militaire, en somme. »

Le 1er juin 1958, Pflimlin remet effectivement sa démission de président du Conseil à René Coty, président de la République, qui le remplace par de Gaulle, devenu de ce fait le dernier président du Conseil de la IVe République.

Pompidou se retrouve à l'hôtel Lapérouse, dans une chambre voisine du petit salon occupé par le Général. Là, assis sur le lit, une assiette de jambon sur les genoux, il essaie, avec Olivier Guichard et Pierre Lefranc, de constituer le gouvernement selon les instructions que lui donne de Gaulle. « Ce n'est pas toujours facile de joindre les personnes, se souvient Pierre Lefranc, et de leur expliquer qu'elles doivent se rendre à l'hôtel Lapérouse. » Quelques grands noms s'imposent, Pierre Pflimlin, le président du Conseil toujours en place, Guy Mollet, indispensable pour contenir les communistes, qui représentent encore près du quart de l'électorat.

Après les représentants des groupes parlementaires, Pompidou convoque quelques experts, met à l'aise les arrivants, calme la déception des « oubliés ». Cherchant un MRP d'esprit indépendant, il se souvient du dîner du 6 mai et évoque le nom de Robert Buron, qui reçoit ainsi le ministère des Travaux publics et des Transports. « Ce dîner chez Moussa, d'où Buron est sorti ministre », rappellera un jour Pompidou en souriant.

Lorsque de Gaulle fait connaître la composition de son gouvernement, les députés sont soulagés. Des représentants de tous les partis politiques, sauf les communistes, y figurent en proportion à peu près équilibrée. Socialistes, MRP, radicaux, modérés reçoivent chacun trois portefeuilles. Les gaullistes également, à commencer par Michel Debré, garde des Sceaux, pour préparer la nouvelle Constitution. S'y ajoutent neuf ministres techniciens, qui ne sont inscrits à aucun parti.

Conciliant prudence politique et efficacité technicienne, Georges réserve les ministères d'État à des parlementaires, comme Guy Mollet, Pierre Pflimlin, Louis Jacquinot et Félix Houphouët-Boigny, et offre les ministères spécialisés à des techniciens, tels Pierre Guillaumat et Maurice Couve de Murville. Une exception : afin de rassurer les épargnants, il confie à Antoine Pinay les Finances, refusées par Wilfrid Baumgartner, gouverneur de la Banque de France, et par François Bloch-Lainé, président de la Caisse des Dépôts. D'ailleurs, il connaît personnellement Raymond Arasse, l'un des principaux collaborateurs de « l'homme au petit chapeau ».

Appréciant le jugement sûr, la capacité de travail et la discrétion de Pompidou, de Gaulle lui fait aussi rédiger un long message destiné au président Coty.

Quelques jours plus tard, Pompidou rejoint de Gaulle à Matignon, où il occupe le bureau voisin de celui du Général. Outre Olivier Guichard, il nomme Pierre Lefranc chef de cabinet et Jacques Foccart, le seul de l'équipe à venir du secteur privé, chargé de mission. Roger Goetze va aux Finances, Jean-Marc Boegner aux Affaires étrangères, Raymond Janot à la Réforme constitutionnelle, René Brouillet et Bernard Tricot aux Affaires algériennes. La seule femme du cabinet, Simonne Servais, aux relations avec la presse, veillera avec tact à protéger de la curiosité des journalistes les travaux confidentiels de préparation et d'accompagnement de la dévaluation du franc.

Pompidou laisse constamment ouverte la porte de son bureau. Ses collaborateurs peuvent y entrer à tout instant. Ce qui frappe au premier abord, c'est la rose dans le soliflore, changée tous les jours par Mlle Négrel, puis la cigarette au coin des lèvres de Pompidou et l'humour au coin de l'œil. « Le seul problème avec lui, dit Olivier Guichard à un néophyte, Jean Méo, c'est de le mettre au travail, il n'aime pas cela. Mais s'il décide de prendre un dossier, il le comprend et le règle plus vite que quiconque. »

De Gaulle, qui n'a cessé de vouer aux gémonies la IVe – « le Système » disait-il –, en devient le dernier président du Conseil. Le paradoxe n'est qu'apparent. Le Parlement est ajourné *sine die*. Le gouvernement dispose des pleins pouvoirs accordés début juin par l'Assemblée nationale et, pour la première fois depuis 1849 (excepté la peu glorieuse parenthèse de 1940), du pouvoir constituant. « Outre la gestion des affaires quotidiennes, il doit, explique l'historien Serge

Berstein, résoudre la question algérienne, redresser les finances du pays et rédiger la Constitution de la Ve République. Or cette œuvre considérable est confiée à un gouvernement dont le chef doit effectuer de fréquents déplacements en France, outre-mer et à l'étranger. »

En effet, le traité de Rome a prévu que la France ouvre, le 1er janvier 1959, ses frontières à la concurrence internationale, ce qui, même à Pierre Pflimlin, pourtant ardent partisan du Marché commun, paraît hors de portée. « Messieurs, c'est un défi, alors nous le relèverons, répond de Gaulle. Cela implique de préparer, dans le plus grand secret, une dévaluation du franc, afin de rendre nos productions plus compétitives, d'en choisir le taux et la date les plus appropriés et de préparer toute une série de mesures d'accompagnement indispensables pour qu'elle réussisse et dope notre industrie. »

Or pendant cette période cruciale, ces six mois qui ne sont pas sans rappeler la période glorieuse du Consulat de Bonaparte, de Gaulle est souvent absent. Il se rend en Algérie, où il entreprend une tournée de douze jours pour prendre la température de l'armée et, plus encore, des populations musulmanes. En Afrique noire, dont il visite tous les territoires français sitôt après l'adoption de la Constitution, afin de vanter les mérites de la Communauté et de s'assurer de leur adhésion. À La Boisserie, il reçoit dans son intimité familiale le chancelier Adenauer.

Chaque fois qu'il rentre en France, le Général peut constater que tout s'est bien passé en son absence, sans fausse note, et il peut s'absorber dans la rédaction de ses discours. Pompidou, dont il est le seul à pouvoir pousser la porte à n'importe quelle heure du jour, lui prépare tous ses dossiers avant qu'il reçoive un visiteur et lui explique les malentendus qui peuvent survenir avec tel ou tel. Le plus souvent, d'ailleurs, il s'est employé à les éviter.

Inégalable dans l'art d'étouffer les incidents, Georges réconcilie les rivaux brouillés, arrondit les angles, règle les faux problèmes. Il sait faire travailler ensemble les gens de milieux, de formations différentes.

André Malraux a retrouvé le portefeuille de l'Information, comme en 1945. Personne mieux que lui ne sait marier l'action et le verbe, les enrichir l'un par l'autre. Mais, en cet été 1958, vis-à-vis d'une Algérie et d'une armée en ébullition, l'action demande une prudence qui n'est guère dans son style. Le jour où ce prestigieux porte-parole du général de Gaulle reconnaît l'usage de la torture en Algérie et affirme que le président va y mettre un terme, il déclenche un véritable tollé. Aussi, un lundi matin, dès son arrivée de Colombey, le Général appelle-t-il Georges Pompidou :

« Il ne faut plus qu'André Malraux s'occupe de l'Information, trouvez-lui autre chose, ça ne lui va pas, ce n'est pas son affaire.

– Par qui voulez-vous le remplacer, mon Général ?

– Par Soustelle.

– Et quand voulez-vous qu'on le dise à Soustelle ?

– Je l'ai fait convoquer par l'aide de camp. Il vient dans une heure[106]. »

À peine une heure pour arranger l'affaire avec André Malraux, qui risque de ne pas trouver à son goût ce remplacement impromptu. Comment lui présenter l'affaire ? Pompidou le connaît bien : trois ans plus tôt, il a rédigé pour Hachette une présentation des *Pages choisies d'André Malraux*. Il allume une cigarette, réfléchit un moment, puis quitte son bureau, traverse la cour de Matignon et se rend de l'autre côté de la rue, au petit hôtel particulier où est installé André Malraux.

« André, le Général a prévu pour vous quelque chose de grandiose. Il voudrait que vous donniez au génie français du panache, du rayonnement. La IIIe et la IVe République n'ont prévu qu'un misérable secrétariat d'État aux Beaux-Arts, sans moyens, sans allure. Il faut aller beaucoup plus loin, en faire une haute fonction de l'État. Peut-être créer un grand ministère de la Culture, un ministère qui puisse insuffler une tout autre dimension à l'action de l'État. À une telle entreprise, vous êtes bien le seul capable de donner le ton et la grandeur qui s'imposent. Il n'y a que vous. D'ailleurs, l'Information, c'est trop étriqué pour vous. Soustelle pourrait s'en charger. »

Pompidou s'arrête, attend avec inquiétude, car il se fait un long silence. André Malraux rêve déjà de l'horizon qui s'ouvre. Enfin, il s'anime, parle avec enthousiasme comme s'il voyait l'avenir... et le voilà ministre des Affaires culturelles.

De la part de Pompidou, ce n'est pas seulement de l'astuce, mais aussi une de ces intuitions fulgurantes si appréciées du Général. André Malraux est bien l'homme idéal pour transfigurer ce modeste secrétariat d'État aux Beaux-Arts.

« Que de Gaulle ait deviné que Pompidou saurait quoi proposer à Malraux, que Pompidou ait pensé à cela presque instantanément, qu'il ait su tout de suite l'expliquer à Malraux, après avoir fumé une cigarette, et que Malraux ait accepté de Pompidou cette idée, qu'il l'ait immédiatement adoptée, cela montre que ces trois hommes se connaissaient admirablement l'un l'autre, qu'ils se faisaient une totale confiance[107]. »

Un jour, Guy Mollet, ministre d'État chargé de la Fonction publique, amène chez Pompidou un député socialiste des Pyrénées-Orientales, Arthur Conte. Ce Catalan à la voix rocailleuse se rappelle cette première rencontre avec Pompidou : « L'entretien porta exclusivement sur les problèmes constitutionnels et je n'ouvris pas la bouche. Je découvris un homme ouvert, connaissant ses dossiers. Son astuce, sa finesse paysanne rappelaient le petit-fils du vendeur d'almanachs du Cantal. Il avait de l'humour, beaucoup d'humour, mais, comme Guy Mollet était grave, il savait se montrer grave lui aussi, ton sur ton[108]. »

Cette nouvelle Constitution, justement, plutôt que d'accompagner le Général dans ses voyages, Pompidou s'est attelé à la préparer avec Michel Debré, Raymond Janot et les quatre ministres d'État, qui représentent les partis politiques. Souvent ils se réunissent le soir, tous les sept en petit comité, autour d'un dîner très court. L'humeur égale, souriant, aimable, parfois narquois, mais jamais en colère, Pompidou rapproche les points de vue. Ensuite, seulement lorsqu'il y a constat de désaccord, il va seul discuter des arbitrages en tête à tête avec de Gaulle. Grâce à cette façon d'arrondir les angles, en deux mois à peine, le texte peut être soumis à un référendum et, le 28 septembre 1958, la Constitution de la Ve République est approuvée par 78 % des suffrages exprimés.

Les élections législatives ont lieu dans la foulée, trois semaines plus tard. Pompidou supervise les candidatures du nouveau parti gaulliste, l'Union pour la nouvelle République, l'UNR.

Pendant ces six mois où, dans l'ombre, totalement inconnu du grand public, il a joué le rôle d'un vice-président du Conseil et même d'un second consul, d'un Cambacérès, Pompidou a appris à maîtriser un nouveau métier et gagné la profonde et sincère affection du Général, homme sensible sous une écorce rude.

Élu président de la République le 21 décembre 1958 par le collège de notables institué par la Constitution, de Gaulle prend ses fonctions le 8 janvier 1959 et nomme Michel Debré Premier ministre. Celui-ci s'installe rue de Varenne, dans le bureau jusqu'alors occupé par le Général. Il y est accueilli par Olivier Guichard et Georges Pompidou, qui lui parlent de quelques dossiers en instance et lui recommandent certains collaborateurs qui, n'ayant pu suivre le Général à l'Élysée, se retrouvent sans affectation. Sans se hasarder à l'interroger sur ses intentions, Pompidou ajoute quelques mots sur ses rapports personnels avec tel ou tel ministre puis, en le quittant, lui remet une somme prélevée sur les fonds secrets : « Au cours des premières semaines, vous aurez des frais importants. »

Georges rejoint ensuite de Gaulle à l'Élysée, pour formaliser la transmission des pouvoirs. Le Général est en civil, jaquette et pantalon rayé. Le président René Coty l'accueille sur le perron avec ces mots aimables : « Je salue le premier des Français qui va être le premier en France. » Dans la cour, joue la fanfare de la garde républicaine, puis, dans la salle des Titres, le général Catroux, grand chancelier de l'ordre, lui remet le collier de grand maître de la Légion d'honneur.

Après un déjeuner rapide, de Gaulle se met en uniforme pour remonter les Champs-Élysées et ranimer la flamme à l'Arc de Triomphe. Sitôt terminée la cérémonie à la tombe du Soldat inconnu, il serre la main de René Coty et entre dans la foule, puis abandonne son prédécesseur pour regagner l'Élysée debout en limousine découverte. À sa gauche, ce n'est plus René Coty qu'il fait asseoir, ni le président du Sénat, son successeur éventuel, ni le Premier ministre désigné, mais un inconnu, Georges Pompidou. Un inconnu tout ému de partager avec lui les applaudissements. Un mystère pour les non-initiés. « Mon mari, dira Claude trente ans plus tard, en a eu un choc. »

Les élèves de Normale Sup célèbrent l'événement par une de leurs facéties habituelles. Le soir même, le squelette de girafe de la collection du Muséum, affublé d'une grande couverture en guise de manteau et d'un képi de carton à deux étoiles, sort de l'École par la grande porte, juché sur un chariot de cuisine. Le joyeux cortège emprunte la rue Soufflot en évitant le commissariat de police du Ve, descend le boulevard Saint-Michel et tourne à gauche au boulevard Saint-Germain. Arrivé devant le Palais-Bourbon, il est repéré par la police, ce qui ne l'empêche pas de passer le pont et de contourner l'obélisque... dans le sens réglementaire.

Une place se trouve bientôt à prendre, celle de ministre des Finances. Entre de Gaulle et Antoine Pinay, le courant ne passe vraiment plus. Pinay n'approuve pas le plan concocté par Jacques Rueff et Georges Pompidou pour accompagner la dévaluation. Mais il y a plus grave. En recevant du ministre une lettre lui coupant les crédits demandés pour la capitale, Pierre de Gaulle, président du Conseil municipal de Paris, pris d'une crise cardiaque, est mort le 26 décembre dans le bras de son frère.

Antoine Pinay démissionne. Le Général offre son poste à Georges, mais celui-ci décline en invoquant des raisons personnelles : « Après quatre ans d'activité privée, je suis déterminé à poursuivre une carrière qui me convient par l'intérêt des tâches assumées, par la liberté de mouvement et la part laissée à la vie personnelle, alors que la vie publique n'offre aucun poste de responsabilité réelle sans servitudes de toutes sortes intolérables pour un homme sans grand destin... Je n'ai pas d'ambition politique. J'aime bien la politique, mais de loin. Je suis entré dans les affaires, j'en suis sorti pour vous aider, maintenant j'y retourne. »

Pompidou est-il trop orgueilleux pour servir sous Michel Debré, trop inquiet d'insinuations malveillantes colportées par Raymond Aron dans *Le Figaro* à propos des circonstances de la dévaluation ? Trop jaloux de son indépendance pour renoncer à se promener incognito dans Paris ? Ou tout simplement heureux de profiter à nouveau pleinement de la vie avec Claude, de retrouver le temps de vivre ? De relire à sa guise Baudelaire, Apollinaire, Éluard ou Mauriac ? Finis les week-end gâchés, les vacances supprimées ! Il retourne chez Rothschild.

De Gaulle ne s'en formalise pas, puisqu'ils étaient convenus dès le départ que sa mission de service public ne durerait que six mois. Cependant, il lui fait une remarque étrange : « Chez Rothschild ! Avec cette carte de visite comme couverture, vous pourrez vous déplacer sans éveiller l'attention et rendre des services exceptionnels[109]. » Curieux...

En témoignage d'amitié et d'estime, le Général le fait nommer au Conseil constitutionnel, un honneur dont on ne voit pas très bien la justification. Pompidou le remercie, mais précise : « Je souhaite pour ma part renoncer à mon traitement en totalité. Le cumul, même partiel, avec mes émoluments privés m'apparaîtrait excessif et serait critiqué. Je pense, mon Général, que vous voudrez bien m'autoriser à exercer ces fonctions à titre purement bénévole. »

La tradition veut que, la première année de son mandat, le président de la République préside le bal annuel de Normale Sup. En février 1959, René Brouillet et Georges Pompidou rappellent au Général cette coutume et lui proposent de l'accompagner. Le jour dit, devant la Sorbonne, le directeur de l'École, Jean Hyppolite, entouré du ministre de l'Éducation nationale, André Boulloche, du recteur Jean Sarrailh, et du secrétaire perpétuel de l'Académie française, Maurice Genevoix, accueille l'invité d'honneur. Sur la place, la foule applaudit le chef de l'État, qui s'arrête un instant pour saluer : « Que vous êtes nombreux ! Que vous êtes jeunes ! Que vous êtes aimables ! »

Puis le Général monte le grand escalier de la Sorbonne. Se produit alors un incident. Des élèves forment autour de lui une sorte de cercle qui le sépare de l'assistance. Selon son habitude, il va droit à eux, la main tendue. Aucune main ne prend la sienne. Ceux vers lesquels il s'avance croisent les bras derrière le dos, arrimés solidement les uns aux autres, formant une chaîne qui les protège de la tentation de saisir la main qui se tend. « Nous nous regardâmes consternés, raconte Alain Peyrefitte. De Gaulle n'insista pas. Impassible, il fit un rapide tour de la salle de bal, puis se retira comme si rien ne s'était passé. » Après le départ du Général, Alain Peyrefitte interroge ces jeunes contestataires : « Pourquoi cet affront au premier magistrat de la République ? – On ne serre pas la main d'un dictateur. C'est un homme du passé. Nous n'avons que faire de ces vieilles badernes. »

Et, montrant la haie des gardes républicains en grande tenue : « On ne peut tout de même pas tolérer les flics à l'École. – Vous êtes communistes ? – Cela n'a rien à voir, répondent les uns, qui doivent l'être. – Pas question, disent les autres, Moscou, on s'en fout. Marxistes, naturellement ; staliniens, jamais[110]. »

De retour chez Rothschild, Georges Pompidou est nommé directeur du groupe. Il n'y a pas, à proprement parler, de directeur général, car, dans une société en nom collectif, seuls les associés sont responsables. Mais, tandis que Gérard Froment-Meurice dirige les affaires bancaires proprement dites, l'octroi de crédits et la trésorerie, Georges a en charge toute la partie financière du groupe, les fusions, acquisitions, prises de participations, augmentations de capital, la création de nouvelles sociétés.

À ce titre, au cours de dîners et surtout de déjeuners d'affaires, Pompidou voit régulièrement Ambroise Roux, l'intrigant président de la Compagnie générale d'électricité, l'armateur Francis Fabre, des

Chargeurs réunis, qui connaît à fond toute l'industrie marseillaise, Raoul de Vitry, président de Pechiney et ami très proche de Guy de Rothschild, Roger Martin, patron de Pont-à-Mousson, Pierre Guillaumat, des Pétroles d'Aquitaine, François Sommer, Jean-Claude Roussel, des laboratoires pharmaceutiques du même nom, ou encore Jean Prouvost, président de la Lainière de Roubaix. Beaucoup deviendront de vrais amis. Ils l'initieront à l'industrie non seulement à l'occasion de ces repas, mais aussi au cours de parties de chasse en Alsace, en Sologne, son seul sport et un de ses loisirs préférés. Grâce à ces contacts, Georges Pompidou deviendra un jour le seul chef d'État français réellement intéressé par le monde industriel. Du moins le seul avec Napoléon III.

Guy démissionne de la présidence de la Société d'investissement du Nord pour la laisser à Georges et lui offre en outre des sièges d'administrateur à Pennaroya, Francarep – Compagnie franco-algérienne de recherches pétrolières –, la SAGA, la Banque de l'Afrique occidentale et chez Rateau. Profitant de son expérience au Commissariat au tourisme, Georges Pompidou fait participer le groupe à la fondation de Super-Megève et du Club Méditerranée.

Cependant, au moins une fois par mois, de préférence le soir, il continue d'aller voir le Général, en s'efforçant, la plupart du temps, de calmer son agacement contre tel ou tel. Contre Michel Debré surtout qui, sans jamais s'en rendre compte, indispose de plus en plus de Gaulle par son manque de réserve, ses emportements. Georges calme le jeu, trouve les mots qui apaisent de Gaulle et fait accorder au chef du gouvernement un nouveau sursis.

Se sentant « dans le vent », Georges et Claude Pompidou retournent à Saint-Tropez, devenu très à la mode, et y louent la villa Le Nonchaloir. Ils ont plaisir à retrouver Juliette Greco, Sacha Distel, Annabel et Bernard Buffet. « Les étoiles filantes du cinéma ou du scandale, il arrive souvent à Pompidou et à sa bande d'en trouver à Saint-Tropez. Il les considère avec le même plaisir badaud et la même supériorité ironique qu'il écoutera plus tard, à sa table de l'hôtel Matignon, des champions olympiques [111]. » Les Pompidou font aussi un tour à Gordes pour déjeuner avec Vasarely et à Saint-Paul de Vence pour visiter une rétrospective à la fondation Maeght.

On les sent parfaitement à leur aise au milieu du Tout-Paris, en décembre 1961, à la générale des *Violons parfois,* de Françoise Sagan :

les Rothschild, Melina Mercouri et Jules Dassin, Sophie Desmarets, Sacha Distel, Marie-Laure de Noailles, Edwige Feuillère, Maurice Druon, René Clair, Valéry Giscard d'Estaing, Edgar Faure. Tout ce beau monde se retrouve ensuite chez Guy et Marie-Hélène de Rothschild, dans leur ancien hôtel de Beaumont, pour une fête qui dure toute la nuit.

Mais c'est à Orvilliers, près de Houdan, dans les Yvelines, que les Pompidou préfèrent recevoir leurs intimes. Une belle maison de village, toute blanche, une ancienne auberge acquise à la Libération par l'oncle Alfred Houssay, qui l'a offerte à Claude. Parmi les habitués, Guy Béart, les frères Jacques et François Gall, scénaristes et infatigables globe-trotters, la tête toujours pleine des singularités des peuples du monde entier, de la Corée à la Patagonie. Mais aussi Raymond Cordier, connaisseur averti de la peinture d'avant-garde, qui aide les Pompidou à constituer leur collection, Jacques Chazot, danseur et organisateur de réceptions, Jean Wetzel et son harmonica. Il y a aussi les deux sœurs Sagan, Françoise et Suzanne, et leurs maris respectifs, l'éditeur Guy Schoeller et Jacques Defforey, cofondateur des magasins Carrefour, Jacques Schoeller, le frère de Guy et ami de longue date des frères Gall. Tous forment une bande de copains un peu bohèmes, auxquels s'agrègent François et Jacqueline Castex, ainsi que l'armateur Francis Fabre et sa femme Misstou. De quoi discutent-ils ? De littérature, de chansons, de musique, de cinéma, de l'endroit où ils aimeraient finir leur vie, l'Italie pour Pompidou. D'art, souvent, et ils opposent l'art contemporain, qui doit se faire contestataire, à l'art de l'Antiquité, du Moyen Âge et de la Renaissance, exclusivement nourri d'émerveillement. Jamais ils ne parlent politique ni religion. D'ailleurs, Claude est croyante et, si Georges est agnostique, il se veut tolérant, respectueux de la foi des autres. Dans ce petit groupe, on se tutoie et on suit une règle d'or : on ne cherche pas à intriguer, à se pousser, à profiter de ses relations pour en retirer un avantage, on est entre amis, voilà tout.

À Orvilliers ou quai de Béthune, les Pompidou reçoivent aussi le romancier Jean d'Ormesson, un normalien, agrégé de philosophie, fervent de livres, de femmes et de bains de mer, avec qui on parle de Saint-Simon, de Chateaubriand et de Proust. Ou encore Jean-Paul Binet, un éminent chirurgien, auteur des premières greffes de valves animales et humaines, qui guide les études de médecine du jeune Alain

Pompidou et partage la passion de ses parents pour l'art contemporain. Étonnante ouverture aux milieux les plus divers. Mais ces deux-là, davantage bon chic bon genre, ne font pas vraiment partie de la bande de copains, Georges Pompidou n'aime pas mélanger les genres.

Mission secrète

En janvier 1960, Wilfrid Baumgartner, qui a remplacé Antoine Pinay aux Finances, prend sa retraite. De nouveau, la place est libre, Michel Debré la propose à Georges Pompidou. Cette fois encore, il se récuse : « Un banquier aux Finances, venant de chez Rothschild, de surcroît ! Vous n'y pensez pas ! » Mais, l'année suivante, lorsque Pompidou fait porter au Général un exemplaire de l'*Anthologie de la poésie française*[112] qu'il vient d'achever, celui-ci le remercie en ces termes : « Je vous remercie de m'avoir transporté dans un autre monde, celui de la poésie. Quant aux affaires, la perspective que je vous ai indiquée récemment se précise dans mon esprit. Tenez-vous prêt. »

Plus encore que de l'Algérie, de Gaulle s'inquiète de la menace soviétique. « La mort viendra par là ! » estime-t-il[113]. Et, dit Jean Foyer, « il se forge une certitude : prolonger la guerre en Algérie retarderait la mise sur pied de la force de frappe, et ces opérations de contre-guérilla et de quadrillage du terrain par des troupes d'infanterie ne préparent en rien l'armée française à l'éventualité d'un affrontement technologique avec l'URSS et ses satellites sur un théâtre d'opérations européen. Il opte donc pour la négociation[114]. »

Avec qui négocier ? L'adversaire semble multiple, insaisissable. Pour tâter le terrain, il faut un émissaire de toute confiance, à la fois intelligent et discret, qui ne risque pas d'être pris en filature par des journalistes en quête de scoop. À aucun prix, il ne faut risquer de démoraliser les officiers qui mènent le combat. De les démotiver, de les révolter. De Gaulle les sent mécontents et ce serait pris pour de la provocation. Georges Pompidou, l'homme de l'ombre, semble tout indiqué.

Déjà, à Pâques 1959, sous couvert d'une mission pour le compte de Rothschild, il s'est rendu en Algérie. Le gendre du Général, Alain de Boissieu, alors directeur du cabinet militaire du délégué général Delouvrier, le croisant dans les couloirs du gouvernement général, ne s'est douté de rien. D'autant que, pour lui donner le change, Pompidou lui a emprunté une secrétaire pour taper des papiers sur le pétrole, le liège et les pâtes alimentaires. En réalité, après avoir rencontré le cardinal Duval, archevêque d'Alger, et Jacques Chevalier, maire d'Alger, Georges Pompidou est entré secrètement, par l'intermédiaire de deux avocats, Morinaud et Popie, en rapport avec Ferhat Abbas et Abderrahmane Farès, les chefs des deux organisations rebelles et rivales, le FLN et le MNA. Morinaud a été camarade de lycée de Ferhat Abbas, Popie sera plus tard assassiné par l'OAS.

Persuadés que de Gaulle est le seul à pouvoir régler la situation, les Algériens apprécient de rencontrer quelqu'un qui le touche de près. « L'Algérie de papa, celle des colons, c'est terminé, leur promet Pompidou. Nous allons vous donner progressivement de plus en plus d'autonomie, et dans vingt ans, l'indépendance. Alors, nous retirerons notre armée, nous la replierons au Sahara, où le Général a l'intention de poursuivre les expériences nucléaires. Quant au pétrole, nous en partagerons les produits avec vous, comme avec les autres États riverains. »

À la rigueur, de Gaulle veut bien quitter l'Algérie, mais il tient à conserver le Sahara, du moins l'usage du Sahara. À cause du pétrole pour lequel la France a réalisé à grands frais les installations d'Hassi Messaoud et d'Edjelé, mais surtout en raison du champ de tir de Reggane, cette cité futuriste en plein désert, où vivent six mille techniciens et militaires. Une base indispensable pour expérimenter la bombe atomique sans risquer de provoquer une hécatombe. Du moins sans alerter l'opinion publique internationale.

Aujourd'hui, il paraît évident que le Sahara fait partie intégrante de l'Algérie, mais en 1959 on pouvait fort bien se poser la question, les Mzabites et les Touareg n'ayant guère de points communs avec les peuples de l'Atlas et du littoral, pas plus que les Irlandais avec les Anglais ou les Espagnols avec les Portugais. Les propositions de De Gaulle étaient donc jouables.

Effectivement, les premiers contacts de Georges Pompidou avec Ferhat Abbas ou son représentant sont bons. « Dès cette première tentative, il a bien failli réaliser le cessez-le feu, et à des conditions infiniment préférables à celles que nous avons eues ensuite, révèle

Alain de Boissieu[115]. Qu'est-ce qui a cassé tout ça ? Les barricades ! Parmi ses interlocuteurs, il y a eu une fuite. Des jeunes officiers agités de l'entourage de Massu ont subodoré des négociations en cours. Argoud, le chef d'état-major de Massu, a monté toute une machination pour l'entraîner à faire à un journaliste, allemand de surcroît, une déclaration compromettante. Une déclaration qui a immanquablement entraîné son rappel en métropole, lequel a servi de prétexte pour inciter tous les Algérois à descendre dans la rue. »

Quelques jours plus tard, au cours d'une promenade autour de la pelouse de l'Élysée, le Général confie à son gendre : « Ceux qui ont monté cette affaire sont des criminels. Grâce à Pompidou, j'étais en pleine négociation avec les nationalistes. Maintenant, ils disent : "Qui est-ce qui commande à Alger ? C'est Paris ou c'est Alger ?" »

C'est à cette époque que Pierre Pouget, l'ancien camarade de Normale, alors en poste à Rabat, où il est conseiller culturel, vient dîner chez les Pompidou, comme à chaque passage en France. Pouget, l'Africain, Pouget le Maghrébin, comme on le surnomme en raison de ses séjours prolongés en Afrique du Nord. C'est toujours un repas en famille et Claude n'aime pas qu'on parle politique. Ce jour-là, pourtant, Pierre Pouget se laisse aller à évoquer la question brûlante, l'Algérie. « Fais pas l'andouille, répond Pompidou, tu sais bien comment cela finira[116]. »

Après le rappel de Massu et la semaine sanglante des barricades, de Gaulle annonce son intention de rechercher le dialogue avec « les dirigeants de l'insurrection ». Ferhat Abbas envoie alors à Paris en juin 1960 deux émissaires, Mohamed Ben Yahia et Ahmed Boumendjel, mais Michel Debré, Premier ministre, traîne des pieds et s'arrange pour les faire recevoir par deux fonctionnaires subalternes de la préfecture de Melun. Mal reçus, les deux Algériens rompent les pourparlers après quatre jours de dialogue de sourds.

Six mois plus tard, la situation semble se retourner. Le 8 janvier 1961, les Français approuvent par référendum le principe du droit des Algériens à déterminer eux-mêmes leur avenir. De son côté, Ferhat Abbas, inquiet de se faire déborder par les chefs militaires des wilayas et par ses compatriotes d'inspiration nassérienne ou maoïste, cherche à renouer. Un Suisse de bonne volonté, Olivier Long, s'entremet alors entre Taieb Boulharouf, du FLN, et Louis Joxe, ministre français des Affaires algériennes. D'habitude méfiant envers les intermédiaires douteux qui l'importunent tous les jours, Joxe a davantage confiance en Olivier Long, cousin du professeur Jean Bernard, dont la femme est amie d'enfance de la sienne. Il en parle à de Gaulle, qui répond sur-le-champ : « Dites à ce M. Long de continuer. »

Le Général propose une nouvelle conversation officieuse avec les Algériens. Pour cette mission confidentielle, Georges Pompidou accompagnera Bruno de Leusse, directeur des Affaires politiques du ministère des Affaires algériennes. On perd encore du temps, cette fois, il faut attendre que Ferhat Abbas rentre d'un tour du monde diplomatique. Finalement, le FLN donne son accord pour que Boulharouf, accompagné de Boumendjel, le négociateur frustré de Melun, rencontre en Suisse Pompidou et Leusse. Souhaitant disposer d'instructions écrites, Pompidou se rend un soir, discrètement, à Matignon, afin de mettre au point avec Michel Debré un projet à soumettre au Général. À partir de leur texte, de Gaulle rédigera trois pages en style clair, directif, raturées trois ou quatre fois, témoignant ainsi du progrès de sa pensée.

À Lucerne, en hiver, il y a peu de monde, donc pas grand risque d'indiscrétions. Le 19 février 1961, à la faveur de la nuit, comme il convient à des conspirateurs, Pompidou arrive, les *Mémoires de Talleyrand* à la main. Leusse et lui sont logés dans un hôtel, les deux émissaires algériens dans un autre. Le lendemain matin, les intermédiaires suisses réunissent les quatre négociateurs dans un troisième hôtel, parfaitement sûr. Les présentations faites, les deux Suisses se retirent dans une salle voisine, laissant les protagonistes face à face.

La rencontre dure sept heures, plus l'interruption du déjeuner, pris séparément par les deux délégations. De Gaulle, expliquent Pompidou et Leusse, n'est pas opposé à ce que les Algériens décident de leur sort par des élections tenues librement sous le contrôle de toutes les forces politiques du pays, sans ingérence de l'armée française, ni à ce que, le cas échéant, l'Algérie devienne un État souverain indépendant de la France. Il ne s'agit plus d'une évolution sur vingt ans, mais en quelques années, voire quelques mois. Toutefois, il pose trois conditions : qu'un cessez-le-feu intervienne avant les pourparlers de paix, que la France garde, outre Mers el-Kébir, quelques zones à déterminer pour protéger les populations qui voudraient rester françaises. Enfin, et c'est là l'essentiel, que l'avenir du Sahara, cette mer intérieure avec ses archipels et ses trésors, soit négocié plus tard entre la France et l'ensemble des États riverains.

À l'exposé de ces conditions, pourtant bien plus favorables que les précédentes, Boumendjel répond par des propos outranciers. Il prétend que pour tout Algérien qui se respecte le Sahara fait partie de l'Algérie et que tout gouvernement algérien revendiquera la souveraineté sur le grand Sud.

La séance continue néanmoins. Pompidou rappelle les autres questions : statut de la minorité française, situation de l'armée, Mers el-Kébir. Cette première entrevue se termine par un constat d'échec. Boumendjel et Boulharouf se montrent inflexibles à propos du Sahara et ne répondent clairement à aucun autre sujet.

Les conversations vont cependant reprendre. Mais comment éviter fuites et indiscrétions ? Pour percer le secret des pourparlers, la presse va redoubler d'efforts. Et si les organisations clandestines opposées à un accord apprennent l'existence d'un premier contact en Suisse, elles risquent de fomenter un attentat. Afin de brouiller les pistes, on fixe un autre lieu pour la deuxième rencontre, Neuchâtel.

Cette fois, Leusse et Pompidou ont mission de voir comment les dirigeants de la rébellion imaginent les relations futures entre la France et l'Algérie nouvelle. Ils doivent se déclarer prêts à discuter les conditions d'une association. Au cas où l'adversaire n'accepterait que la sécession, l'indépendance sans l'association, des garanties doivent être données aux ressortissants français. La France entend toujours conserver Mers el-Kébir et laisser le Sahara en dehors de la négociation qui, en toute hypothèse, ne pourra commencer qu'après la cessation des violences.

Lorsque la discussion reprend, le 5 mars à Neuchâtel, Boumendjel se montre encore plus vindicatif qu'à Lucerne. Alors Georges lui réplique : « Tout cela est bien inutile entre quatre murs, personne ne nous entend. » Quoi qu'il en soit, deux points essentiels de désaccord subsistent : la souveraineté sur le Sahara et la trêve. Les deux Algériens refusent de mettre bas les armes pendant les pourparlers, de laisser « les couteaux au vestiaire » : si la conférence traîne en longueur sans aboutir, ils craignent en effet de ne plus avoir les moyens de mobiliser à nouveau les esprits, de reprendre le combat.

Rendant compte à Michel Debré de sa mission, Pompidou écrit : « La partition fait certainement peur au FLN. Dans la discussion, c'est un atout considérable. D'autre part, ce que le FLN appelle "l'opinion publique internationale" joue un grand rôle dans ses réactions. Si donc nous prenons des positions qu'il puisse exploiter devant l'opinion, il le fera sûrement. Par contre, quand nos propres positions sont susceptibles d'être approuvées par ladite opinion, nous pouvons obtenir ce que nous voulons. Ce qui revient à dire notamment qu'en ce qui concerne les garanties pour la minorité européenne ou pour les musulmans francophiles nous pouvons aller très loin [117].

« Pour le maintien de l'armée, si nous le présentons sous l'angle d'assumer l'ordre, d'éviter l'anarchie, les massacres, les représailles, etc., nous sommes très bien placés... Pour les bases, c'est évidemment plus délicat... En fait, notre délégation doit avant tout s'abstenir de toute politique qui pourrait être dénoncée publiquement par nos adversaires. L'importance de l'opinion internationale est telle, aux yeux du FLN, que l'on peut dire que tout se passe comme si nous négociions avec l'ONU. »

Devant de Gaulle, Georges se montre plus pessimiste : « Nous avons rencontré des interlocuteurs très en retrait par rapport à notre précédent entretien, cherchant sans cesse des faux-fuyants pour se replier et éviter toute discussion ouverte et franche. Boulharouf et Boumendjel ont manifestement pour consigne de prendre du champ, de se soustraire à tout engagement, de gagner du temps. Ils jouent les figurants.

« Aucune concession n'est possible sur le Sahara. Pour eux, le Sahara appartient à l'Algérie, il en est une partie intégrante. Seule la République algérienne pourra procéder éventuellement à des rectifications de frontières. Tout ce que la France pourrait faire à ce sujet à titre de "pourboire" serait nul et non avenu. Dans cette perspective, il faut exclure toute solution internationale de ce problème, toute solution notamment appelant les riverains à partager de près ou de loin la souveraineté politique et qui, en fin de compte, aboutirait à transformer le Sahara en Katanga [118] ou en Vietnam du Sud. »

Commentaire de Michel Debré : « En somme, si je comprends bien ce que Pompidou en a retenu, les rebelles algériens sont prêts à un accord. À condition que nous leur lâchions tout. »

Désireux d'en finir, de Gaulle finit en effet par lâcher. Le 17 mars 1961, il renonce au préalable du cessez-le-feu. Il est temps. Une indiscrétion de *France Soir* dévoile les négociations qui se trament dans l'ombre. « J'avais invité Pompidou à déjeuner avec Charles Gombault, raconte Jean Ferniot [119]. Pompidou était toujours très ponctuel. Or, ce jour-là, il n'arrivait pas. Les bruits commençaient à courir que le Général désirait connaître les intentions du FLN. Peut-être leur avait-il envoyé un émissaire. Devant le retard insolite de Pompidou, j'en arrivai à me demander si, par hasard, ce ne serait pas lui, l'émissaire. À 13 h 30, il a fini par arriver, en s'excusant. À brûle-pourpoint, je lui ai demandé : "Comment avez-vous trouvé les gens du FLN ?" Il en a eu le souffle coupé : "Comment le savez-vous ?" C'est comme ça que j'ai pu écrire mon article, qui a fait un scoop. »

Le 30 mars 1961, un communiqué officiel annonce l'ouverture des pourparlers. Après sept ans de guerre, la France et le FLN vont se rencontrer, s'efforcer de mettre fin au conflit et décider du sort de l'Algérie. Plus rien ne s'oppose à ce que la négociation démarre à Évian le 7 avril 1961.

DEUXIÈME PARTIE

La métamorphose

Premier ministre

Le 19 mars 1962, Louis Joxe, Robert Buron et Jean de Broglie signent avec le Front de libération nationale, le FLN, les accords d'Évian. En prenant connaissance du texte, Georges Pompidou ne peut réprimer un mouvement d'humeur : « Comment ? Abandonner le Sahara ! Si le Général l'avait dit plus tôt, j'aurais pu conclure avec Boumendjel, mais alors, souvenez-vous, il m'avait interdit de céder sur ce point. »

Ces accords, 91 % des Français les approuvent le 8 avril, par référendum. La voilà donc finie, cette nouvelle guerre de Sept Ans. La métropole pousse un soupir de soulagement. Déjà, beaucoup ne pensent plus qu'à leurs vacances.

Sur l'autre rive de la Méditerranée, au contraire, l'inquiétude grandit, surtout depuis qu'une manifestation de recueillement a viré au drame : à Alger, rue de l'Isly, l'armée française a tiré sur les Européens, faisant soixante morts. Un groupe de *desperados*, l'Organisation armée secrète, l'OAS, constitué depuis un an par deux pieds-noirs, Jean-Jacques Susini et Pierre Lagaillarde, multiplie sauvagement les attentats aveugles dans le vain espoir de torpiller le processus qui conduit à l'indépendance. Il assassine, mitraille les occupants des autobus, tire au mortier sur des quartiers musulmans, fait exploser des voitures piégées sur les marchés ou dans les ports. C'est horrible, on dénombre sept mille victimes civiles, deux mille morts et de cinq mille blessés.

Et, bien sûr, le FLN riposte. Partout, un vent de folie meurtrière répand le sang.

La recrudescence du terrorisme rend caduques les garanties négociées à Évian sur les personnes et les biens des Européens. L'acharnement de l'OAS détruit toute espérance chez ceux-là même qu'elle prétend défendre. La vie devient intenable. Ceux qui, malgré les bombes, avaient gardé leur calme frôlent maintenant la dépression nerveuse. C'est « la valise ou le cercueil », l'affolement général, la fin du monde.

Précipitamment, les Européens désertent le bled, les petites villes, et affluent dans les ports. Devant les commissariats de police, les files d'attente s'allongent pour obtenir les papiers nécessaires. Ces Français d'Algérie, pour la plupart, ont perdu le contact avec leurs origines, l'Alsace-Lorraine, la Corse, la huerta de Valence ou d'Alicante, Malte ou la campagne de Naples. Mais tous tournent leurs yeux vers la France, dont de Gaulle est venu en 1958 leur rappeler qu'elle est généreuse. Beaucoup des leurs n'ont-ils pas servi sous Juin et de Lattre, payé un lourd tribut à la bataille de Cassino, au débarquement de Provence, à la libération de la métropole ?

Pour de Gaulle, la page est tournée : « Nous voilà dé-bar-rassés ! » confie-t-il à un proche. En Algérie, dira-t-il une fois l'émotion retombée, les Français n'étaient pas chez eux, pas plus qu'au Maroc et en Tunisie. « On leur a fait croire que l'Algérie c'était la France. Ils ont voulu se bercer de cette illusion. Mais elle n'était pas plus une réalité que dans le reste du Maghreb. Jamais l'Algérie n'a été française. Elle l'était dans les fictions juridiques et dans la tête des colonels braillards. La masse des Européens d'Algérie avait fini par s'en persuader. Elle l'était dans les slogans, pas dans les faits. C'était une colonie. »

Déchargé du poids économique et politique des guerres coloniales, le Général, la tête toujours débordante de projets, veut lancer la France dans une ère nouvelle, rebondir vers d'autres ambitions, la force de dissuasion, la modernisation de l'agriculture, de l'industrie, des transports, l'aménagement du territoire, la création de villes nouvelles. Pour prendre un nouveau souffle, il lui faut des hommes nouveaux.

Envers Michel Debré, Premier ministre, de Gaulle éprouve de l'amitié, même, semble-t-il, de l'affection. Il le tient certainement pour le fidèle entre les fidèles. Mais il le fatigue. Tout au long des négociations, ou plutôt des essais de négociation avec la rébellion, Michel

Debré n'a servi sa politique algérienne qu'à contrecœur. De ses discours, il n'a retenu que le « Je vous ai compris », il a oublié le reste ou n'a pas voulu l'entendre et il l'a accablé de lettres longues et répétées. Dans tous les domaines, sur le Sahara, sur le pétrole, il a tenté de freiner concessions et abandons.

Aussi contrarié que lui par l'intransigeance des Algériens, le Général s'est agacé de voir toujours surgir cette statue de Commandeur. « C'est le Mur des lamentations », laisse-t-il échapper, excédé. « Debré avait trop souffert de l'affaire du putsch, explique Alain de Boissieu. Plusieurs de ses collaborateurs avaient été dans le coup. Et le Général le jugeait bien trop nerveux pour lui succéder un jour à la présidence de la République, il l'aurait bien vu plutôt comme président du Sénat[1]. » D'ailleurs, la présence de Debré à la tête du gouvernement ravive chaque jour les rancœurs et les haines. Pour ses nouveaux desseins, de Gaulle veut un lieutenant aussi fidèle, mais plus tranquille. Il lui demande alors sa démission, et Michel Debré, sans sourciller, s'efface. C'est le 14 avril 1962.

Par qui le remplacer ? La Ve République permet au président de désigner le gouvernement sans avoir à marchander avec les partis politiques. Pour le poste de Premier ministre, il hésite entre Louis Joxe et Georges Pompidou. Louis Joxe a davantage de titres de Résistance, mais il semble difficile de le retirer du ministère des Affaires algériennes, domaine encore trop sensible. Alors ce sera Georges Pompidou, qui paraît mieux doué pour l'apaisement. Debré était tout en nerfs, Pompidou est tout en placidité. Debré un accusateur né, Pompidou un conciliateur né, dont de Gaulle apprécie le sens du concret, la prudence, mais aussi la culture.

« Bien sûr, à nous voir tous les deux, on ne va pas manquer de dire que c'est don Quichotte et Sancho Pança, déclare le Général à ses proches. On va nous croquer, moi sur mon destrier, la lance en avant, et lui freinant derrière, assis sur son âne. Les caricaturistes vont se délecter. » En famille, il lui arrive de l'appeler « Pomp'idou ». Comme le raconte son fils : « Le nom de Pompidou amusait mon père. Il lui rappelait un personnage haut en couleurs, ce Méridional, pilote de la France libre, qui s'appelait Jean Pompéi ; descendu en flammes au cours de la bataille de Libye et porté disparu, il était réapparu sain et sauf pendant l'office célébré en sa mémoire ; tout cela avait un air de galéjade. » Et Mme de Gaulle a beaucoup de sympathie pour Claude.

En désignant un homme neuf, sans attache avec aucun parti, un homme qui n'a jamais essayé de grenouiller, un homme à qui il ne doit rien et qui lui devra tout, de Gaulle marque au passage sa volonté de n'être prisonnier de personne. Pas même de ses compagnons d'épopée. « Voilà donc, écrira-t-il dans ses *Mémoires*, que ce néophyte du forum, inconnu de l'opinion jusque dans la cinquantaine, se voit soudain, de mon fait et sans l'avoir cherché, investi d'une charge illimitée, jeté au centre de la vie publique, criblé par les projecteurs concentrés de l'information. Mais, pour sa chance, il trouve au sommet de l'État un appui cordial et vigoureux et, dans le pays, une grande masse de gens disposés à approuver de Gaulle. »

Courant mars, Pompidou avait bien entendu quelques vagues allusions au fait que le Général aurait probablement à nouveau besoin de lui[2]. Mais il n'en avait soufflé mot ni à sa femme ni à sa secrétaire, Madeleine Negrel, qu'il avait même chargée de leur préparer un voyage privé en Italie. À Positano, un voyage en amoureux, avec Claude, bien sûr[3]. Soudain, il est convoqué à Colombey. Le Général lui demande formellement de devenir son Premier ministre. En a-t-il vraiment envie ? Rien n'est moins sûr, cela ne va sûrement pas faire plaisir à Claude. Mais de Gaulle le met au pied du mur, le voilà pris au dépourvu. « Le Général m'a coincé, avoue-t-il. Je ne m'attendais pas à être nommé Premier ministre. Et je vous jure que je n'ai rien fait pour me placer, comme on dit. Les journalistes ont la maladie de croire que tout le monde calcule. En réalité, les événements s'enchevêtrent. Nous sommes tous les spectateurs plus ou moins ahuris de notre propre histoire[4]. »

« La nature de Pompidou, dira Raymond Marcellin, n'était pas la politique, ce n'était pas avec elle qu'il pouvait être heureux et il s'est toujours forcé pour en faire. » C'est vrai, il n'était heureux que dans sa vie privée. Au lieu de sauter sur l'occasion, comme auraient fait un Malraux ou un Giscard, il hésite, demande vingt-quatre heures de réflexion.

Déjà, trois mois plus tôt, en janvier 1962, Georges Pompidou avait refusé le portefeuille des Finances, laissant le poste à Valéry Giscard d'Estaing, jusque-là simple secrétaire d'État au Budget. À la différence d'un Napoléon III, d'un Churchill ou d'un de Gaulle, jamais il n'a cru en son étoile, jamais il ne s'est pris pour un homme indispensable, marqué par le destin, un messie. Chez lui, rien d'un Mitterrand, d'un

Giscard ou d'un Chirac, bien au contraire ; un caractère tranquille, amoureux de sa femme, de la lecture, des poètes. « Vivre et laisser vivre », telle semble être sa devise. « Et Dieu sait que Pompidou n'avait pas d'ambition au départ, déclarera de Gaulle à Jacques Foccart en avril 1969[5] ! » C'est vrai, depuis son entrée chez Rothschild et dans le tout-Paris, s'il a pris de l'assurance, il ne se sent aucune vocation à jouer l'un des deux premiers rôles. Sous son air goguenard perce l'ironie, non la morgue. Ce n'est pas un jeune loup, plutôt un gros chat.

Anne-Marie Dupuy se souvient de son trouble : « Ce jour-là, chez Rothschild, M. Pompidou était comme un ours en cage. Il monologuait devant moi. Cette fois, il se sentait obligé de dire "oui" au Général. C'était son devoir d'accepter, mais il redoutait que cela ne provoque des drames familiaux[6]. » En effet, chez les Cahour, les femmes détestent la politique. Jacqueline, par exemple, le jour où son mari, François Castex, a voulu briguer un mandat de député, l'a menacé de divorcer. Et cette Claude qui ne sait pas tenir sa langue ! Avec la franchise qui fait son charme, elle ne peut s'empêcher, en toute circonstance, de dire ce qu'elle pense. Lorsqu'elle met son grain de sel dans la conversation, quelle spontanéité, mais aussi parfois quelle naïveté ! « Avec une femme pareille, j'aurai du mal à arriver, confie-t-il un jour[7]. » Toujours amoureux, loin de s'en irriter, Pompidou s'en amuse. Car ce qui compte pour lui, c'est Claude, elle seule, et pas le démon de l'ambition.

Cependant, aujourd'hui, la seconde fois que le Général lui offre un poste élevé, Pompidou est ébranlé. Il est toujours curieux d'apprendre. Tout l'intéresse, le professorat, le renseignement militaire, la façon de monter un journal, le secrétariat d'un grand homme, le Conseil d'État, le tourisme, le financement des partis politiques, les affaires de banque, de négoce, d'armement maritime, de compensation, les entreprises minières... Avec une étonnante capacité d'adaptation aux métiers les plus divers, il déploie au fur et à mesure des événements des potentialités insoupçonnées. Mais, chez Rothschild, il a fait le tour de la question. Un passage à Matignon semble une occasion inespérée de se frotter à des problèmes nouveaux, à un monde différent. D'apprendre à monter à la tribune, à passer à la radio. Autant de défis qui méritent d'être tentés. Et puis Pompidou se souvient de M. Gadrat, son professeur au lycée de Toulouse, l'homme à la gueule cassée, qui lui a inculqué la passion du service public et de la grandeur. On ne refuse pas au Général une offre pareille. Devenir Premier ministre, mieux encore, le Premier ministre d'un grand homme, c'est une promotion, un honneur. Impossible de se dérober.

« Pour Pompidou, tout a été préparé par le destin, dira Arthur Conte. Il figure un cas unique dans toute l'histoire de nos républiques : arrivé sans s'y acharner. Il n'a eu aucun obstacle sérieux ou odieux à surmonter. Il a glissé sur un gentil tapis jusqu'au pouvoir[8]. »

Bouleversée en pensant à la vie qui l'attend désormais, Claude comprend son mari. Elle s'incline. La plus désemparée est encore Marie-Hélène, son autre admiratrice. Les femmes sont souvent fascinées par les hommes de pouvoir et, sans s'en douter, son amitié pour Pompidou se transforme insensiblement en admiration, en amitié amoureuse, alors même qu'il va lui échapper. À peine a-t-il donné son accord au Général que Georges Pompidou emmène Claude dîner chez leurs amis Rothschild, pour leur annoncer la nouvelle. Marie-Hélène est souffrante, le repas est pris dans l'intimité, au pied de son lit. Au cours de la conversation, l'amie de cœur laisse échapper un soupir : « Je ne sais pas pourquoi, j'ai le pressentiment que nous ne serons plus jamais ensemble comme aujourd'hui. » Les larmes aux yeux, Pompidou ne trouve rien à répondre. Tout en finesse, Guy comprend que, pour éviter les critiques et marquer qu'il ne leur doit pas sa carrière politique, leur ami espacera ses rendez-vous avec eux.

Pompidou sait aussi qu'il devra rompre avec le monde de l'argent, car on ne manquera pas de lui reprocher son passage dans la banque. Par prudence, il liquide aussitôt son portefeuille de valeurs mobilières. Peine perdue. *L'Humanité* écrit : « Debré était un serviteur docile, mais c'était un homme politique. Son remplacement par "un commis de la haute finance" confirme que de Gaulle est décidé à réduire encore le rôle du Parlement au profit de la méthode plébiscitaire. » *Le Canard enchaîné* titre : « Pompidou, de l'écurie Rothschild, gagne le grand prix Matignon. » Encadrée, à droite et à gauche, des initiales RF, la légende précise d'un côté : « République française » et de l'autre : « Rothschild frères ». Et la nomination au rang de Premier ministre d'un homme du sérail fait crier la classe politique au pouvoir personnel : « Son Pompidou n'est même pas conseiller municipal ! » s'exclame Edgar Faure. Même à l'UNR, on rouspète très fort. Louis Joxe s'attendait tellement à être l'heureux élu qu'en apprenant la décision du Général ses cheveux, paraît-il, blanchissent en une seule nuit.

Chargé de former le nouveau gouvernement avant même que Michel Debré ait quitté Matignon, Georges Pompidou consulte tantôt au Quai d'Orsay, où l'appartement réservé au ministre des Affaires étrangères se trouve inoccupé, tantôt chez son ami Pierre Guillaumat, au siège des Pétroles d'Aquitaine. Les gaullistes ne pouvant à eux seuls conquérir ou conserver durablement la majorité parlementaire, il souhaite ratisser large. Plus large que son prédécesseur. L'ouverture, il la recherche du côté des modérés, des MRP, des radicaux, même des socialistes. Si, conformément aux règles de la Ve République, le Premier ministre n'a pas formellement à soumettre son gouvernement à l'investiture de l'Assemblée nationale, en revanche, il lui faut l'assentiment du président de la République. En tout cas, les visiteurs se pressent dans une antichambre où Olivier Guichard les fait patienter. Voici tout d'abord Guy Mollet, le leader socialiste : « Il y a de belles choses à faire, lui dit Georges Pompidou. Moi-même, j'ai été dans le temps aux Jeunesses socialistes. Ne me laissez pas prisonnier de forces insensibles à la vraie vision de l'avenir. Ce pays a besoin d'un vaste parti de gouvernement comme le fut avant guerre, avec souplesse, le parti radical. » Peine perdue.

« Vous avez ma sympathie personnelle, répond Guy Mollet, sauf que, cette jeunesse-là, ce ne sont que des souvenirs. Nous ne pouvons pas avoir les mêmes vues, des socialos ne peuvent être les ministres des barons Rothschild. J'aime trop mon parti pour le laisser s'enliser dans un marécage aux boues trop troubles. »

Paroles peu aimables. Du moins le nouveau Premier ministre a-t-il davantage de succès auprès du MRP et des indépendants. En fin de compte, si l'UNR reçoit dix portefeuilles de ministre et cinq de secrétaire d'État, cinq MRP reçoivent un maroquin : Pierre Pflimlin, Joseph Fontanet, Roger Bacon, Robert Buron et Maurice Schumann. Trois indépendants, Valéry Giscard d'Estaing, Louis Jacquinot et Raymond Marcellin, plus deux ministres sans étiquette, Pierre Sudreau et Edgard Pisani, complètent le tour de table.

Pour l'Éducation nationale, Pompidou avait pensé à Edgar Faure. Mais celui-ci s'est récusé sous la pression de ses amis radicaux qui l'ont dissuadé d'entrer dans « un gouvernement dirigé par un banquier ». Pompidou a alors appelé Pierre Sudreau, un grand résistant : « Bien entendu, il faut que vous acceptiez l'Éducation nationale », lui a-t-il dit, en ajoutant avec sourire et ironie : « Bien sûr, je choisis le plus intelligent. » Le lendemain, Sudreau est de nouveau convoqué à Matignon. « Je rentre de l'Élysée, lui dit Pompidou. Le Général veut à tout prix avoir deux polytechniciens. Il n'a que Valéry Giscard d'Estaing. Je lui ai dit que vous l'étiez aussi ; alors, vous êtes polytechnicien. Si le Général vous pose une question sur la date de votre promotion, tâchez de réfléchir à l'avance. Il n'ira pas plus loin. Vous comprenez, j'en ai assez de former ce gouvernement. Je ne vais pas tout recommencer pour cette histoire idiote de polytechniciens[9]. »

La passation de pouvoirs a lieu le 16 avril 1962. Sans joie. Simonne Servais se souvient que ses collègues du cabinet ont trouvé à Matignon les tiroirs vides, et les cheminées pleines de cendres. Michel Debré, qui ne digère pas son éviction – elle lui restera longtemps comme une couleuvre en travers de la gorge –, converse vingt minutes avec son successeur, puis lui donne une longue poignée de mains devant la cohue des journalistes.

« Je ne ferai pas aussi bien que lui », se contente de leur déclarer Georges.

Puis il préside le premier conseil des ministres, vingt et un ministres et sept secrétaires d'État, qu'il autorise à aller à l'occasion entretenir directement de Gaulle de tel ou tel problème. Un de Gaulle rasséréné : « Avec Pompidou, vous allez pouvoir travailler paisiblement. Après Debré, quel repos ! »

Au début, Georges Pompidou ne se prend donc pas très au sérieux. Bonhomme, il confie à Alain Peyrefitte, un jeune normalien tout frais promu à un ministère : « Je ne suis qu'un amateur. Je n'ai aucune idée à moi, je n'ai que les idées du Général. Je serai un Premier ministre de transition. D'ici onze mois au plus, je laisserai la place à un professionnel de la politique. » Comme si son rôle essentiel consistait simplement à élargir la majorité parlementaire du gouvernement ! Au fond, une belle mais brève aventure, une sorte d'accident de carrière, du genre de l'agrégation.

« Mon premier souvenir, dira-t-il à propos de cette période, est mélangé de fierté et de goût de l'action, mais aussi d'accablement. Certes, j'avais, pendant dix-huit ans, travaillé presque constamment aux côtés du général de Gaulle, certes, j'avais des affaires de l'État une assez bonne connaissance, mais aucune habitude du Parlement, des servitudes de l'homme public, de la presse, de la radio, de la télévision, aucune, surtout, des responsabilités. Une chose est d'étudier un dossier, de donner un avis, de suggérer une solution, autre chose de décider et de porter la responsabilité des décisions... Gouverner, c'est contraindre. Contraindre les individus à se plier à des règles dont chacune, à tout moment, va contre l'intérêt immédiat de tel ou tel. Les contraindre à payer des impôts, à donner à l'armée un temps de leur jeunesse et, parfois, de leur vie. Les contraindre à obéir à des autorités administratives dont le poids leur apparaît aussi lourd que les motivations incompréhensibles. Les contraindre à accepter la loi de la majorité qui veut que le citoyen puisse critiquer mais non contester la légitimité du pouvoir contre lequel il s'est personnellement prononcé... Ce qui m'a demandé le plus d'efforts, c'est de m'armer de patience, d'obstination, d'indifférence aux attaques [10]. »

Georges Pompidou charge Jean Donnedieu de Vabres, l'homme qui l'a fait entrer au Conseil d'État et à la fondation Anne de Gaulle, de diriger son cabinet. Par la suite, François-Xavier Ortoli lui succédera. Michel Jobert est directeur adjoint. Ceux-là, avec Pierre Juillet, sont les seuls à pouvoir entrer sans rendez-vous dans son bureau, après s'être assurés, bien sûr, qu'il n'a pas de visiteur. Lorsqu'ils viennent lui parler d'une affaire, Georges Pompidou s'assied généralement dans un fauteuil, près de la fenêtre, les bras croisés, totalement immobile, dans une attitude de grande concentration, pour bien les écouter, mettre en ordre ses idées, les accorder avec les faits.

Un chargé de mission, Olivier Guichard, complète le cabinet, ainsi que neuf conseillers. Il y a là Pierre Lelong à l'Agriculture, René Montjoie puis Bernard Esambert à l'Industrie, Pierre Juillet et Jean-Luc Javal aux Affaires politiques, Simonne Servais aux relations avec la presse, Édouard Balladur et Jean-Philippe Lecat aux Affaires sociales. Un jeune, plein d'allant et d'enthousiasme, Jacques Chirac, s'occupe de la Construction et des Transports. Henri Domerg, professeur agrégé des lettres et mari de Madeleine Pompidou, est chargé de l'Éducation nationale. Simonne Servais, qu'il apprécie depuis quinze ans, reçoit les relations avec la presse : « Simonne, je vous connais, je vous donne carte blanche, mais ne laissez pas interviewer ma femme. » De tous les membres du cabinet, le plus influent est sans doute Pierre Juillet, un avocat, courtaud, les cheveux en brosse, le regard droit, la mâchoire forte, qui ne mâche pas ses mots. Ce personnage secret, tour à tour éleveur de moutons, chargé de mission au RPF et chef de cabinet d'André Malraux, fin connaisseur de la carte électorale française, non content de contrôler les relations avec les députés UNR, scrutera le passé des hauts fonctionnaires avant de soumettre les nominations à l'agrément du Premier ministre. C'est lui qui fera et ruinera les carrières.

Cette petite équipe se réunit une fois par semaine pour assurer une parfaite cohésion et donner à tous une vue d'ensemble. Elle a pour règle de contrôler parfaitement ses nerfs, d'autant que Georges Pompidou a en horreur l'agitation, l'inquiétude, le stress. « Ne vous agitez pas ainsi. Vous avez le pouvoir, jouissez-en », dit-il un jour à un chargé de mission qu'il voit près de s'énerver.

Ne voulant à aucun prix laisser la politique envahir sa vie privée, Claude Pompidou coupe les ponts avec les collaborateurs de son mari qui étaient des amis, comme Olivier Guichard, ou des connaissances, comme Simonne Servais. Pas de mélange des genres. Et, pour échapper aux contraintes de Matignon, elle obtient que leur couple continue d'habiter quai de Béthune, où elle adoucit les lambris du salon par des tentures bleu tendre, et accroche, à côté du Nicolas de Staël, un Ernst et un Fautrier.

C'est là que Georges Pompidou commence sa journée de travail vers huit heures, en dépouillant la presse et le courrier. Dans la DS qui l'amène rue de Varenne, il continue de lire les journaux. Dès son arrivée à Matignon, vers neuf heures et quart, il appelle une de ses secrétaires, Madeleine Négrel ou Josette Hirigoyen, pour examiner avec elles le programme de la journée. Le chef de cabinet protège son emploi du temps, filtre les visiteurs, le libère de la paperasse, lui laisse le loisir de réfléchir, de se consacrer à l'essentiel.

Le bureau du Premier ministre donne sur le parc. À côté d'un Fragonard et d'une tapisserie du XVIIe siècle, il a fait accrocher au mur une grande abstraction grise et noire de Pierre Soulages, qu'il est allé choisir avec André Malraux au Musée d'art moderne. Des bandes obscures, comme pour évoquer l'inquiétude de l'homme perdu dans le vide, le tourment de l'homme sans Dieu. André Malraux y voit l'angoisse ressentie depuis qu'il a perdu la foi, cette angoisse qui l'a entraîné dans sa quête de fraternité, de raisons de vivre ou de mourir. Mais les autres, les visiteurs admis pour la première fois à Matignon, que pensent-ils de ce Soulages ? Georges Pompidou prend un malin plaisir à guetter leurs réactions.

Sur son bureau, rien ne traîne. Juste un paquet de cigarettes, un cendrier, un briquet, et un dossier, un seul. Il travaille beaucoup le stylo à la main, adore écrire et aime qu'on écrive. Mais ce doit être concis, jamais plus d'une page et demie. Il retourne à ses collaborateurs leurs papiers avec quelques mots en marge qui vont droit à l'essentiel, réorientent le sujet, marquent une approbation, une réserve motivée, demandent une précision. « Nos notes devaient conclure par une proposition concrète, une mesure à prendre, se souvient Jean-Philippe Lecat [11]. Pompidou les retournait annotées d'un "oui", d'un "non" ou, ce qui était très nuancé, d'un "soit". » « Parfois, ajoute Bernard Esambert, il se contentait d'un "vu", pas très encourageant. Une fois, il s'est même laissé aller, comme par une réminiscence de professeur, à me coller un "zéro pointé", pour me signaler une faute de raisonnement. Ce jour-là, je me suis senti cloué au poteau d'infamie, j'ai juré de ne plus me laisser prendre [12]. »

Stratégiquement installé dans la rotonde, face au bureau du Premier ministre, le directeur de cabinet rend le matin aux conseillers, annotées de la main du patron, les notes qu'ils lui ont remises la veille au soir. Leur est alors précisé s'il souhaite ou non les recevoir. Bernard de Villemejane, un proche de Georges Pompidou du temps de la banque, se souvient de son étonnante capacité d'écoute. De son ouverture, de sa simplicité dès lors qu'il se sent en confiance. « Il marche de long en large, une cigarette entre les lèvres, la main dans la poche arrière gauche de son pantalon, réfléchissant à ce qui vient d'être dit. Un peu sans doute comme dans sa classe de Marseille ou d'Henri-IV. Retournant l'idée dans tous les sens, examinant toutes les différentes possibilités. « Est-ce la bonne décision ? Est-ce que ça va marcher ? Soudain, comme frappé d'une évidence, il s'arrête en disant : "Non, c'est une c... !" Puis il reformule autrement la question et l'on repart ensemble à la recherche d'une meilleure solution [13]. » Souvent, il montre de l'humour, mais il y a des moments où il ne faut pas plaisanter. Il lui échappe même des jugements abrupts, véritables coups de griffes sur les gens envers lesquels il se sent une allergie, sur les opportunistes, François Mitterrand par exemple.

Chaque mardi, puis vingt minutes avant le conseil des ministres du mercredi, Georges Pompidou va à l'Élysée voir le Général. Les autres jours, il a un déjeuner de travail, puis, sauf lorsqu'il s'accorde deux heures de liberté pour visiter avec sa femme une galerie d'art, des antiquaires ou la salle des ventes, il reçoit députés, sénateurs, préfets, industriels ou syndicalistes. André Bergeron, l'un des plus assidus et des plus écoutés, vient généralement assez tard, discrètement.

Le 26 avril 1962, Georges Pompidou présente son gouvernement à l'Assemblée nationale. Ce n'est pas encore complètement la Ve République, le chef de l'État n'est toujours pas l'élu direct de la nation. En 1958, de Gaulle n'avait pas réglé la question algérienne, il devait encore composer avec les partis, moyennant quoi la nouvelle Constitution avait dû maintenir un certain caractère parlementaire. De ce fait, tout nouveau gouvernement devait, comme sous la IIIe et la IVe République, se faire adouber par les députés. Ce ne sera plus vraiment le cas par la suite.

Ce jour-là, donc, le Palais-Bourbon connaît la foule des grands jours. Chacun est venu en avance guetter cet inconnu. Ce Premier ministre du général de Gaulle dépourvu d'expérience de parlementaire et même d'avocat. Comment va-t-il se tirer de son examen de passage, de sa première allocution ? Va-t-il se révéler à la hauteur ?

Se sachant maladroit à s'exprimer devant une assemblée, il a le trac. « Je n'y allai pas sans quelque appréhension », dira-t-il plus tard. D'ailleurs, en montant pour la première fois à la tribune de l'Assemblée nationale, comment ne pas être impressionné par l'hémicycle, d'autant que, ce jour-là, tous les bancs sont occupés ? Personne ne veut manquer le spectacle. Lui, se sent Daniel dans la fosse aux lions.

Son discours d'investiture n'est pas un modèle du genre. Il ne cherche pas à plaire. Il se contente de lire laborieusement sa déclaration, sur un ton uniforme, sans lui donner l'accent d'un plaidoyer, sans chercher réellement à convaincre ou à persuader, sans se battre pour gagner quelques voix supplémentaires. Un texte sans éclat, beaucoup trop long, où il a repris tous les papiers préparés par ses collaborateurs. On en retient seulement qu'il promet de donner la priorité budgétaire à l'Éducation nationale et d'augmenter le salaire des fonctionnaires. Il paraît mal à l'aise. Dans ses réponses au cours du débat, il se montre emprunté, peu convaincant. Même dans les rangs de l'UNR, sa prestation est jugée médiocre. Celle d'un débutant, pas d'un chef. Qu'importe, « il se fera », grommelle de Gaulle en haussant les épaules.

Pompidou est accueilli avec scepticisme, voire avec animosité. La presse ne comprend pas l'arrivée de cet inconnu à Matignon. Elle raille sa nonchalance, ses attaches avec la banque, son côté provincial, ébloui par le clinquant du tout-Paris. Mais surtout son apparente passivité passe pour faciliter le pouvoir personnel du Général. Une caricature de *L'Express* le montre, une brosse à la main, prêt à « cirer les pompes » du président, devant une rangée de soldats de plomb au garde-à-vous. Il fait figure d'homme de paille. « Pompidou, écrit Henri Frenay dans *Le Monde,* a conservé le réflexe de directeur de cabinet, c'est-à-dire la simple obéissance. Ainsi, par le simple changement d'un homme, s'accomplit un pas décisif. En choisissant pour Premier ministre un simple exécutant, de Gaulle abandonne son rôle constitutionnel d'arbitre et prend en fait tous les pouvoirs. » Edgard Pisani, pourtant ministre de l'Agriculture, se demande s'il faut maintenir l'existence du Premier ministre : « Il ne peut jouer qu'un rôle de doublure falote, et ce ne doit pas être un plaisir pour lui. »

Certains pensent qu'il n'est là que pour assurer une transition et qu'il retournera chez Rothschild dans cinq ou six mois avec simplement sur sa carte de visite ce nouveau titre d'« ancien Premier ministre ». « C'est un bon gros venu au gouvernement en rigolant pour détendre son monde à la sortie de la guerre algérienne et disposé à amuser le tapis seulement le temps que lui dira le président de la République », écrit *La Gazette de Lausanne*[14].

Ce dénigrement agace Pompidou et laissera en lui une cicatrice. Heureusement, il a en Simonne Servais une remarquable attachée de presse qui va s'employer à redresser cette image dans la presse. Et puis François Mauriac vole à son secours : « Un inconnu, cela fait pourtant du bruit dans le Landerneau de la politique. Toutes les passions, toutes les manies des vieux parlementaires d'autrefois à la langue bien pendue bourdonnent comme un essaim de guêpes dérangées et furieuses, note-t-il sur son *Bloc-notes.* Quelqu'un a changé la règle du jeu, de ce jeu que les professionnels dénonçaient, qu'ils adoraient, qui était leur vie. Que vont-ils devenir dans l'État nouveau ? Ils seront, je le crains, d'une opposition irréductible, celle qui, en apparence, tient à des convictions, mais en fait à un intérêt vital lésé, et plus que lésé. Oui, il y va pour eux de la vie. »

Bon connaisseur d'hommes, François Mauriac poursuit : « Pompidou n'appartient pas à la faune des mares stagnantes. C'est un universitaire, issu de la meilleure race française, celle des instituteurs, et qui a lu et aimé les mêmes livres que vous et moi, les mêmes poètes... Il n'est entré que d'hier dans la carrière, sans se presser, en allumant son cigare. Il n'était pas de la partie, il ne faisait pas peur, ce banquier. Le type même de l'amateur : on ne se méfiait pas. On avait tort. Il a le coup de patte à la fois mesuré et efficace. Il pourrait casser les reins s'il voulait. Il ne veut pas. Il a beaucoup plus de culture que la plupart, et pas seulement l'usage du monde, mais celui de l'université, des grandes affaires, du plaisir, des loisirs [15]. »

À l'Élysée, le Premier ministre dispose de bons amis, René Brouillet, Étienne Burin des Roziers, Jacques Foccart, Georges Galichon, Gaston Palewski, mais les parlementaires, encore pour la plupart des anciens de la IVe République, il les connaît mal. Certes, son passage au cabinet du Général lui a ouvert des contacts avec quelques ministres ou collaborateurs de ministres, comme Raymond Arasse, un normalien conseiller d'Antoine Pinay, mais il lui manque encore l'expérience d'un politicien chevronné. Aussi cherche-t-il à rencontrer régulièrement René Mayer et Maurice Schumann. Peu à peu, à l'aide de son petit groupe de collaborateurs, il repère le terrain, reçoit, écoute, explique, cherche à décrypter. Prompt à apprendre son nouveau métier, il devient vite un connaisseur du monde politique, tisse sa toile, développe ses propres réseaux. Les rapports avec le Parlement deviennent sa priorité. Il dit volontiers : « Je ne suis pas monsieur Matignon, je suis monsieur Palais-Bourbon. » Attentif aux questions de personnes, il se demande chaque fois si tel ou tel « fera des histoires », si l'on peut vraiment compter sur lui.

Outre les parlementaires, il y a les électeurs et ceux qui forment leur opinion, les journalistes de la presse écrite et de la radio. Georges Pompidou comprend très vite leur pouvoir. À ses yeux, la presse, écrite en particulier, outre son rôle d'information, a un rôle d'éducation, d'explication, de justification ou de critique. « Ce qui est écrit paraît vrai, dit-il, ce qui est écrit convainc, ce qui est écrit impressionne. De là ce rôle incontournable de formation et d'impression de l'opinion publique qui est celui des journalistes. » Au Premier ministre de s'expliquer devant eux ; libre à eux, ensuite, de tenir compte ou non de ses explications.

Non seulement Georges Pompidou accepte les invitations de journalistes, mais encore, grande nouveauté, il demande à Simonne Servais d'organiser à Matignon des déjeuners avec eux, par petits groupes d'une dizaine. Du jamais vu dans l'histoire de toutes les Républiques. Jacques Fauvet, chef du service politique du *Monde,* les éditorialistes Jean Ferniot, de *France Soir,* Pierre Viansson-Ponté, du *Monde,* Pierre Charpy, de *Paris-Presse,* Bernard Lefort, de *Paris-Jour,* sont parmi les habitués, mais il n'y a aucune exclusive.

L'atmosphère est bon enfant. Pompidou fait parfois des farces, comme de faire servir des tripes et d'ironiser sur les grimaces. « Il connaissait humainement les principaux journalistes, raconte Simonne Servais. Homme de contact, homme de dialogue, il aimait la discussion, il n'aimait pas qu'on soit béni-oui-oui [16]. » Les journalistes posent leurs questions avec respect mais franchise et ont l'impression d'être entendus. À condition de rester courtois, on peut dire des choses très critiques. Dans ces rencontres, l'information n'est pas à sens unique. Le Premier ministre demande à son tour ce qui se dit à Paris ou dans les rédactions à propos de telle ou telle question d'actualité. Il écoute, s'informe, tente parfois de glaner des tuyaux sur l'opposition.

« On assistait aux déjeuners pas du tout pour nouer des amitiés, on ne devenait pas intimes, mais c'était un échange de bon ton, se souvient Jean Ferniot. Sa personne avait cet aspect puissant, de bon sens dont on crédite généralement les paysans. Mais il était aussi séduit par le clinquant, les lumières, la vie mondaine de Paris. Au fond, c'était un terrien et un provincial fasciné par Paris. »

Georges Pompidou entretient une relation privilégiée avec Pierre Lazareff. *France Soir,* le quotidien qu'il dirige, est tiré à plus d'un million d'exemplaires et vendu aussi à la criée : ce n'est pas encore le journal de faits divers qu'il deviendra plus tard, sa chronique de politique étrangère est très appréciée. « Les potins de la Commère », de Carmen Tessier, y donnent des échos de première main sur le monde politique et la vie des artistes, Joseph Kessel et Philippe Labro y signent des chroniques de talent. Aussi Georges Pompidou se le fait-il régulièrement apporter à seize heures pour parcourir les gros titres, voir ce qui intéresse les Français.

Réfugié aux États-Unis pendant l'occupation, comme par exemple Antoine de Saint-Exupéry, au lieu de rejoindre Londres et la France libre, Pierre Lazareff fait partie des Français mal vus de De Gaulle. Mais il aime « être dans le coup » ; aussi, faute de pouvoir l'approcher, il n'est pas mécontent de fréquenter son bras droit. De son côté, Georges Pompidou apprécie le bon sens et la connaissance des choses du journaliste de la ville. Il déjeune avec lui en tête à tête tous les premiers lundis du mois et, avant chaque conférence de presse, il lui demande à quelles questions embarrassantes il doit s'attendre de la part des journalistes d'opposition. Entre ces deux hommes, qui partagent la même conception de l'humanité, des liens d'amitié s'instaurent peu à peu et ils en viennent à se parler d'égal à égal, en toute simplicité. Si Lazareff ne tutoie pas Pompidou, en revanche il l'appelle par son prénom et il est régulièrement invité quai de Béthune.

Le week-end, en fin d'après-midi, les Pompidou font souvent un saut chez les Lazareff, à Louveciennes, qui n'est pas si loin d'Orvilliers. Hélène Lazareff, une toute petite femme à la voix douce et persuasive, aime beaucoup Claude, « son grand boy-scout adorable ». « Lazareff et sa femme, se souvient Jean d'Ormesson, avaient un art de réunir tout ce qui brillait dans l'instant à Paris. Cela ressemblait à une bijouterie. Pas une célébrité nouvelle qui ne soit accrochée, que ce soit dans les arts, les spectacles, la littérature ou la politique. Milieu intéressant, mais un peu dangereux, avec quelques têtes grisées, voire brûlées. »

Parmi les habitués, les Pompidou rencontrent René Floriot, l'avocat rendu célèbre par sa défense du docteur Petiot [17] et par ses bons mots : « N'avouez jamais est un conseil néfaste en justice mais toujours excellent en amour » ou (à ne pas répéter devant les Pompidou) : « La peinture abstraite fait très souvent braire les ânes, se pâmer les poules et bailler les singes. »

Un dimanche, au lieu de monter dans leur Porsche blanche, les Pompidou empruntent une 2CV pour tromper la vigilance des motards et se rendre à Louveciennes. Lorsqu'ils prennent congé de leurs hôtes pour retourner incognito à Orvilliers, le maître de maison [18] les raccompagne jusqu'à la grille, qui ouvre en plein sur le dangereux carrefour du Cœur-Volant. Georges Pompidou attend un long moment que les gendarmes fassent signe à sa petite voiture. « Au bout de cinq minutes, comme rien ne vient et que la route est momentanément dégagée, il s'engage dans le carrefour. Coup de sifflet rageur. « Pouvez pas faire attention, espèce d'imbécile ! Je ne vous ai pas fait signe de passer... »

Sagement, Pompidou se gare sur le bas-côté, sort de sa 2CV, présente spontanément ses papiers. Stupeur de la maréchaussée, qui se confond en excuses : « Oh ! Pardon, monsieur le Premier ministre, on ne pouvait pas savoir ! » Mais lui, ravi de l'embarras des gendarmes, insiste avec un gros sourire et sur un ton bonhomme pour qu'on lui dresse procès-verbal : « Vous m'avez sifflé, j'ai droit à une contravention ! »

L'affaire Jouhaud

La fin de la guerre d'Algérie n'a pas pour autant mis un terme au drame des objecteurs de conscience dont une cinquantaine restent sous les verrous, certains depuis plus de trois ans. Un militant pacifiste et libertaire, Louis Lecoin, fait de temps à autre la grève de la faim pour réclamer leur libération et l'octroi d'un statut qui permette d'effectuer un service civil de remplacement à la place du service militaire. Michel Debré et le ministère des Armées s'y sont opposés résolument, craignant qu'une telle mesure n'incite toute la jeunesse à se dispenser de payer l'« impôt du sang ». Malgré une campagne active du *Canard enchaîné* et l'intervention de personnalités influentes telles que l'abbé Pierre, Albert Camus, Bertrand Russell, le professeur Kastler, les leaders syndicalistes André Bergeron et Eugène Descamps, rien ne bouge et les objecteurs se morfondent toujours en prison.

Alors, début de juin, Louis Lecoin entame un nouveau jeûne. Au vingtième jour, Robert Buron, accompagné de deux religieux, se présente à Matignon et demande à voir le Premier ministre. C'est Simonne Servais qui les reçoit. Lecoin, âgé de soixante-quatorze ans, est paraît-il très affaibli. Sans un engagement écrit du président de la République ou du Premier ministre, il va se laisser mourir dans les tout prochains jours. Il faut faire quelque chose.

Aussitôt informé, Georges Pompidou estime impossible d'en parler au Général : en pleine campagne du *Canard enchaîné,* il va droit à une rebuffade. Impossible également d'en parler au ministre des Armées. Cependant, devant cet appel au secours d'un homme courageux et non violent, il ne peut se montrer insensible. Il adresse aussitôt à Louis Lecoin une lettre, où il lui promet de mettre le statut des objecteurs de conscience à l'ordre du jour du conseil des ministres du 4 juillet.

Enfin rassuré, Lecoin interrompt sa grève de la faim : il est sauvé. Le statut des objecteurs de conscience sera effectivement promulgué le 22 décembre 1963 et les derniers objecteurs libérés deux jours plus tard. Mais l'affaire a exaspéré les militaires et failli faire éclater le groupe parlementaire UNR.

Autre difficulté : une semaine après la conclusion des accords d'Évian, le général Edmond Jouhaud, instigateur, avec les généraux Zeller, Challe et Salan, du putsch d'Alger en avril 1961, a été arrêté sur le sol algérien, sa terre natale. Le 13 avril, tandis que l'OAS organisait attentat sur attentat et que s'amplifiait l'exode des Français d'Algérie, la Cour de sûreté de l'État l'a condamné à mort. Son sort ne dépend plus que de la grâce présidentielle. De Gaulle hésite à l'accorder mais un autre procès vient brouiller les cartes. Celui de Salan, chef de l'OAS, arrêté le 20 avril, s'ouvre en effet le 15 mai. Grâce à une plaidoirie éblouissante de Tixier-Vignancour et au témoignage à décharge de François Mitterrand, le tribunal accorde les circonstances atténuantes à Salan, qui sauve sa tête et n'écope que de la détention à perpétuité. Ulcéré par cette décision de justice qu'il traite de « mauvais coup », le Général ne décolère pas contre les juges : « Au lieu de faire le procès de Salan, ils ont fait celui de de Gaulle. » Voyant qu'on a épargné Salan, il rejette le recours en grâce de Jouhaud. Il exige qu'on le fusille dans le plus bref délai.

Cette exécution sera mal comprise de l'opinion, pense Georges Pompidou. C'est une injustice de faire fusiller le moins coupable des deux. Cela risque d'aggraver les tensions en métropole comme en Algérie, d'autant que Jouhaud est pied-noir. De rallumer la discorde entre métropolitains et rapatriés, ces écorchés vifs qui chantent comme l'un des leurs, Enrico Macias :

> *J'ai quitté mon pays, j'ai quitté ma maison*
> *Ma vie, ma triste vie se traîne sans raison*
> *J'ai quitté mon soleil, j'ai quitté ma mer bleue,*
> *Leur souvenir se réveille bien après son adieu.*
> *Soleil, soleil de mon pays perdu.*

Qui sait si cela n'entraînera pas une nouvelle spirale de violences ?

Jean Foyer, garde des Sceaux, partage son avis et l'informe que l'avocat de Jouhaud vient d'introduire un recours en révision auprès du président de la Cour de cassation. Le prétexte est fallacieux mais permet de gagner un répit, quelques jours, le temps que la cour l'examine avant de le déclarer irrecevable. Le 26 mai, tandis que l'administration pénitentiaire fait fabriquer un cercueil à la mesure du condamné – un colosse –, Jean Foyer se prépare à aller informer le Général de cette demande en révision. « Vous allez vous faire eng..., lui dit Georges Pompidou, je vous accompagne. » D'habitude, fin psychologue, il se garde de contrarier le Général et préfère tourner la difficulté. Mais cette fois, il ne veut pas se dérober.

Devant eux, de Gaulle ne décolère pas, mais il laisse à la Cour de cassation le temps de statuer sur le pourvoi. Un répit dont Jouhaud profite pour adresser à l'OAS, de sa cellule de la Santé, l'ordre de cesser le combat : « On ne peut plus revenir en arrière, il faut être réaliste. On doit arrêter les attentats aveugles contre les musulmans. Parmi eux tombent sous nos armes des anciens combattants, peut-être des amis. » Effectivement, le 17 juin, Jean-Jacques Susini conclut avec un représentant du FLN, le docteur Chawki Mostefaï, un accord permettant aux commandos de l'OAS de quitter tranquillement le territoire algérien pour l'Espagne juste avant le référendum sur l'indépendance de l'Algérie.

Quelques semaines passent. Mais de Gaulle, qui a fait fusiller le 7 juin et le 6 juillet trois tueurs de l'OAS, Albert Dovecar, Charles Piegts et Roger Degueldre, s'impatiente de nouveau. Il exige qu'on exécute Jouhaud comme les autres condamnés à mort, sans plus tarder. À court d'arguments, Pompidou et Foyer retournent à l'Élysée, dans le plus grand secret, présenter ensemble leur démission. Pour une fois, le Général cède. Après avoir traîné des pieds cinq mois, il finira par gracier Jouhaud.

Alain de Boissieu, dans un entretien accordé à l'Association Georges Pompidou, apporte cependant un autre éclairage. De Gaulle aurait reçu une lettre de Christian Fouchet lui disant respectueusement « qu'il ne se grandirait pas en faisant fusiller Jouhaud, qui avait été un grand résistant ». Le Général aurait montré cette lettre à son gendre : « Et vous, Alain, qu'en pensez-vous ? – Mon père, il n'est pas envisageable de le faire exécuter. – Alain, regardez-moi, est-ce que j'ai une tête à faire fusiller Jouhaud ? » Et Boissieu ajoute : « Salan, lui, aurait été fusillé. »

Alors, qui faut-il croire ? Ou bien n'est-ce pas cet art de la dissimulation, du secret, dont de Gaulle avait la maîtrise ?

Deux semaines seulement après que Georges Pompidou a péniblement constitué son gouvernement d'union, une petite phrase de De Gaulle sur l'Europe l'a gravement touché. Le jour même de l'ouverture du procès Salan, le 15 mai, face à huit cents journalistes réunis dans la salle des fêtes de l'Élysée, le Général a tenu une conférence de presse où il a caricaturé les partisans de l'union européenne. Il les a accusés « de rêver à la lampe merveilleuse d'Aladin, qu'il lui suffisait de frotter pour voler au dessus du réel ». Puis, assurant n'avoir lui-même « jamais condamné l'Europe des patries », il a déclaré que « Dante, Goethe et Chateaubriand appartiennent à l'histoire dans la mesure où ils étaient respectivement italien, allemand et français, mais n'auraient pas beaucoup servi l'Europe s'ils avaient été apatrides et pensé ou écrit dans quelque espéranto ou *volapuk* intégré ».

Volapuk ! Le mot fait mouche. S'il déclenche l'hilarité de Georges Pompidou, il met la classe politique en émoi. Le MRP ne jure que par l'Europe. La supranationalité est le principal élément de son fonds de commerce électoral. Dans le terme employé par de Gaulle, il voit une gifle, une gifle qu'il estime imméritée et il retire aussitôt ses ministres. Commentaire de Georges Pompidou, en aparté : « Il suffirait que le Général me montre, à moi ou un autre, le texte de ses conférences de presse, puisqu'il les écrit et réécrit quatre ou cinq fois. Nous repérerions aussitôt ce qui va faire un drame. Mais il est trop orgueilleux pour nous soumettre un texte. » En effet, pas une seule fois jusqu'à mai 1968, de Gaulle ne le consultera avant de faire une déclaration officielle.

Cet incident, Georges Pompidou le regrette d'autant plus que, sous l'influence de Guy de Rothschild, il est peu à peu devenu un européen convaincu. Son premier voyage officiel à l'étranger, en 1962, est pour Londres. Très intimidée de rencontrer la reine Elizabeth et intriguée par les coutumes anglaises, Claude se renseigne auprès d'un ami élevé en Angleterre. Celui-ci la prévient que les Anglais sont très à cheval sur la politesse. Or, à peine assise à un dîner à Downing Street, le secrétaire au Foreign Office, George Brown, lui pose la main sur les genoux, lui demande son numéro de téléphone personnel à Paris et l'invite à l'appeler par son prénom, ajoutant : « Ça ne vous sera pas difficile, vous y êtes habituée. » Plus tard, Claude apprendra qu'avec un coup dans l'aile George Brown est coutumier du fait.

Le but du voyage est de construire ensemble *Concorde,* un avion commercial supersonique équipé d'un réacteur semblable à celui des avions de chasse. Les deux pays signent effectivement un accord prévoyant deux chaînes de montage, l'une à Toulouse, l'autre en Angleterre, chacune produisant une moitié de l'avion, formule originale et astucieuse. Pendant plus de trente ans, de 1969 à 2000, ce bel oiseau blanc traversera l'Atlantique en 3 h 40, deux fois la vitesse du son.

Le drame des harkis

Mais il y a pire que les mots d'esprit du Général. Le 1er juillet 1962, dans un calme total, les Algériens se prononcent massivement par référendum sur la question suivante : « Voulez-vous que l'Algérie devienne un État indépendant coopérant avec la France dans les conditions définies par la déclaration du 19 mars 1962 ? », 99 % des votants répondent « oui ». Il n'y a que 10 % d'abstentions. Deux jours plus tard, le gouvernement français reconnaît solennellement l'indépendance de l'Algérie.

Depuis un mois, l'exode des Français d'Algérie s'accélère. À Oran, Bône, Alger, les quais sont envahis par une marée humaine. Ceux qui ne peuvent embarquer voitures et bagages les brûlent sur place, des colonnes de fumée noire s'élèvent sur la ville. On se rue vers la passerelle de bateaux surchargés, le *Ville de Bordeaux,* le *Ville de Tunis,* le *Kairouan,* l'*El-Djezair,* avant de jeter en pleurant un dernier regard au pays auquel on tourne le dos et qu'on ne reverra jamais.

À Marseille, Port-Vendres, Sète, Toulon ou Nice, la foule des réfugiés, accoudée au bastingage, regarde la terre d'accueil, le refuge, puis débarque dans un enchevêtrement de valises, de poussettes et d'enfants désemparés. La plupart ne savent où aller, ni comment ils seront reçus, mais tous s'attendent à être acceptés. Or, sauf la Croix-Rouge, le Secours catholique et une minuscule antenne du secrétariat d'État aux Rapatriés, rien ou presque n'est prêt pour les accueillir. Le gouvernement n'a pas prévu un exode si massif et soudain.

À défaut de chambres d'hôtel, beaucoup sont hébergés dans des lycées jusqu'à la rentrée scolaire ou dans des baraquements construits à la hâte. Dans le meilleur des cas, on leur réserve des places dans des HLM en voie d'achèvement. Beaucoup ont perdu la trace de leur père, de leur mari, de leur sœur, embarqués quelques jours plus tôt ou plus tard sur un autre bateau dérouté vers un autre port. Alors, ils tentent de les retrouver en passant une petite annonce dans *Le Méridional* ou *L'Aurore.*

Facilement reconnaissables à leur prononciation, les rapatriés sont rejetés, marginalisés, traités en étrangers, en intrus. Ces *sales pieds-noirs*, les Français de la métropole les regardent comme des bêtes curieuses. À ces *profiteurs*, ils reprochent *la sale guerre*, d'avoir *volé leurs terres aux Arabes* et *fait suer le burnous. C'est bien fait, ce qui leur est arrivé !* À Marseille, les chauffeurs de taxi profitent de la situation pour augmenter leurs tarifs, les loueurs de meublés exigent des pas-de-porte éhontés. Beaucoup de Marseillais, de crainte sans doute qu'il n'y ait pas de travail pour tout le monde, traitent les pieds-noirs en boucs émissaires. On leur colle tout sur le dos : la vie chère, les embarras de la circulation en ville, les hold-up, les fréquents contrôles policiers. Des réactions agressives traduisant chez certains Français de métropole une mauvaise conscience, un sentiment de culpabilité refoulée, le désir d'en finir avec des souvenirs gênants.

Pourtant, après la peur, le désarroi, la psychose de persécution, loin de constituer une force de contestation tournée vers l'extrémisme comme le redoutait le gouvernement, les pieds-noirs s'intégreront très vite dans la population des régions où ils se fixent, le Midi, la vallée du Rhône et l'Île-de-France.

Beaucoup plus grave est la question des combattants musulmans recrutés par la France en leur jurant qu'elle ne les abandonnera jamais. Ce sont d'abord les harkis, les commandos de chasse mobiles dans un périmètre déterminé, attirés par une solde pourtant bien maigre ou par la vengeance, si un cousin, un frère ou un père est tombé sous les balles du FLN. Selon les sources, ils sont entre 40 000 et 70 000. Mais aussi les 15 000 militaires sous contrat, engagés volontaires dans les tirailleurs, par exemple, et dont certains ont servi glorieusement sous Juin dans la campagne d'Italie et sous de Lattre dans la campagne de France. À ceux-là s'ajoutent 30 000 appelés, domiciliés en territoire algérien sous contrôle français et donc astreints au service militaire tout comme leurs camarades de métropole, plus les moghaznis, membres de groupes d'autodéfense qui protègent leurs douars ou leur SAS avec des armes de fortune ; là encore, selon les sources, entre 20 000 et 80 000. Au total, 140 000 hommes selon les uns, 200 000 selon les autres. Avec leurs familles, plus d'un demi-million de personnes.

Rendant compte à Michel Debré des négociations secrètes de Lucerne et de Neuchâtel, Georges Pompidou semble s'être intéressé à leur sort : « Si le FLN se montre intraitable pour refuser toute partition et pour réclamer l'intégralité du territoire, en revanche nous pouvons aller très loin en ce qui concerne la minorité européenne et les musulmans francophiles[19]. » Effectivement, un article des accords d'Évian stipule que « nul ne peut être inquiété, poursuivi, condamné ni faire l'objet de sanctions disciplinaires ou de discriminations quelconques en raison d'actes commis en relation avec les événements politiques survenus en Algérie avant le jour de la proclamation du cessez-le-feu ».

Mais, sitôt après l'indépendance, les passions s'exacerbent entre combattants algériens de l'intérieur et l'armée des frontières. Le GPRA éclate et les chefs de l'état-major refusent de ratifier les accords du 19 mars 1962, notamment cette clause de sauvegarde. Au moment le plus grave, on ne sait plus qui exerce effectivement l'autorité sur telle ou telle partie du territoire.

Pour comble, dès la fin du putsch d'avril 1961, les Français ont commencé à désarmer les harkis de manière individuelle et discrète. En les déplaçant, ou en leur promettant, en échange de leurs fusils de chasse, des armes automatiques qu'on se garde bien de leur livrer. Au fur et à mesure du repli des troupes françaises vers les grands centres, ces hommes se retrouvent isolés, offerts les mains nues à la vindicte de leurs adversaires. À la gendarmerie, où ils demandent des papiers pour passer en France, on les fait attendre en leur promettant qu'on ne les abandonnera pas, qu'on les emmènera en métropole. Mais ces papiers, la plupart ne les recevront jamais. Que faire alors ? Retourner dans leur douar d'origine, au risque d'être rapidement mis à mort par le FLN, ou bien chercher à gagner Alger ou Oran pour tenter de se perdre dans la foule ? Cruel dilemme.

Les moins malchanceux, restés en unités constituées jusqu'au dégagement final, s'accrochent à l'armée comme à une bouée de sauvetage. Par milliers, ils rôdent avec femmes et enfants autour des camps militaires français, se nourrissant de presque rien, blottis la nuit dans des couvertures. Leur unique chance de salut se résume à un seul nom, celui du capitaine ou du lieutenant qui les reconnaîtra. En effet, grâce à l'initiative de certains officiers, beaucoup, malgré les gendarmes chargés d'appliquer scrupuleusement les consignes, réussissent à embarquer sur les navires en partance pour la France. En métropole, leur arrivée n'étant pas prévue, on les interne dans des camps improvisés entourés de barbelés. À Bourg-Lastic, dans le Puy-de-Dôme, au Larzac, dans l'Aveyron, à La Rye, dans la Vienne, à Bias, en Lot-et-Garonne, à Rivesaltes, dans les Pyrénées-Orientales.

Les autres, les plus nombreux, restent en Algérie. Robert Boulin, secrétaire d'État aux Rapatriés, ne pense pas qu'ils veuillent quitter leur terre natale. Il espère que l'octroi d'une prime de démobilisation suffira à les maintenir sur place. Il n'imagine pas les sévices auxquels ils sont exposés. Et lorsque, en avril 1962, les pieds-noirs prennent d'assaut les ports et les aéroports d'Algérie, on leur donne la priorité sur les musulmans.

Pour le ministre des Affaires algériennes, Louis Joxe, les ordres sont les ordres. Une circulaire aurait, paraît-il, fixé le quota de harkis que l'on pouvait admettre d'intégrer définitivement dans l'armée française. Une fois ce nombre atteint, Joxe interdit aux chefs de SAS, les officiers des affaires indigènes, tout nouvel envoi vers la France. Directive réitérée le 23 mai : « Les supplétifs débarqués en métropole en dehors du plan général de rapatriement seront en principe renvoyés en Algérie. Je sais que ce renvoi peut être interprété par les propagandistes de la rébellion [*sic*] comme un refus d'assurer l'avenir de ceux qui nous sont restés fidèles. Il conviendra donc d'éviter de donner la moindre publicité à cette mesure. »

Au conseil des ministres du 24 mai, Louis Joxe déclare que « les harkis veulent partir en masse » et dénonce « une infiltration qui, sous prétexte de bienfaisance, aurait pour effet de nous faire accueillir des éléments indésirables ». Le 15 juillet, il récidive et enjoint de « faire rechercher tant dans l'armée que dans l'administration les promoteurs et les complices des entreprises de rapatriement et de les sanctionner ». Raison invoquée : la métropole est saturée et de Gaulle s'inquiète de l'arrivée de dizaines de milliers de musulmans encadrés par des officiers en colère susceptibles de grossir les rangs de commandos OAS. Allusion aux rescapés du maquis harki de l'Ouarsenis, qui se réclament autant du colonel Gardes, un des chefs de l'OAS, que du bachaga Boualem.

Difficile de vérifier les chiffres. On estime cependant entre 20 000 et 80 000 harkis ou assimilés le nombre de ceux qui, officiellement ou clandestinement, auraient réussi à passer en métropole. Délaissés de longs mois dans les camps dans des conditions lamentables, ayant tout perdu, sans salaire, sans espoir de jamais revoir leur pays, la plupart seront finalement reclassés dans des hameaux forestiers édifiés dans les forêts domaniales, loin de l'atmosphère politisée des grands centres urbains.

Au conseil des ministres du 25 juillet 1962, Pierre Messmer, ministre des Armées, évoque les menaces qui pèsent sur les harkis et les moghaznis : « Il faut prendre position », dit-il. De Gaulle répond : « On ne peut pas accepter de replier tous les musulmans qui déclarent ne pas s'entendre avec leur gouvernement. Le terme de rapatriés ne s'applique pas aux musulmans, ce sont des réfugiés, et on ne peut les recevoir comme tels que s'ils courent de réels dangers. »

À en croire Alain Peyrefitte, Georges Pompidou aurait alors déclaré : « Deux camps sont installés en métropole, ils sont submergés. Ces gens-là ne veulent pas travailler. » Et de Gaulle aurait conclu : « Il faut les mettre en demeure de travailler ou de repartir[20]. »

Le 24 août 1962, le général Ailleret, commandant supérieur des troupes françaises restées en Algérie, reconnaît que tout supplétif algérien peut s'estimer menacé, mais suspend toute nouvelle admission dans les camps d'hébergement installés en Algérie. De Gaulle ne veut pas indisposer le gouvernement algérien dont il a encore besoin pour ses essais nucléaires au Sahara, en attendant la construction d'un nouveau site d'expérimentation sur un atoll du Pacifique. D'ailleurs, ce qui reste d'armée française en Algérie n'est plus en mesure d'assurer la protection des harkis et leur acheminement en métropole.

Alors, ces Algériens bloqués avec leurs familles dans un pays aux mains de leurs vainqueurs, que vont-ils devenir ? Leur seul crime est d'être restés fidèles à la France. Une cinquantaine de mille réussiront à survivre en traînant une vie de parias ; pour continuer d'exister, ces sans-papiers, parfois mutilés, travailleront comme des esclaves à la merci d'une dénonciation à la police. Soixante-dix mille autres seront massacrés, égorgés le plus souvent, parfois même, comme les cent cinquante harkis du commando Georges[21], bouillis vivants dans des marmites. Un massacre dont les Français de métropole ne se sont guère préoccupés, encore moins que des pieds-noirs.

« Les harkis, confie Pierre Messmer, ministre des Armées à l'époque, sont plus qu'un regret. Quand le drame a commencé, j'ai proposé de faire quelques opérations coup de poing pour récupérer des harkis dans des villages où ils étaient menacés d'être massacrés. Mais le ministre n'était pas le commandant en chef, il me fallait l'autorisation du général de Gaulle. “Ah ! Messmer, m’a-t-il répondu, vous voulez recommencer la guerre d’Algérie ?” Personne ne voulait plus en entendre parler. » Le Général savait qu’il y aurait de la casse, mais il l’a certainement sous-estimée. Et puis, cynisme ou réalisme, il ne voulait pas courir le risque de rallumer une guerre qui s’éteignait enfin[22].

Ce déshonneur, sur lequel Georges Pompidou, comme bien d’autres, semble avoir gardé le silence, quelques têtes brûlées ne l’acceptent pas. De nombreux officiers se sont engagés individuellement vis-à-vis de la population algérienne à laquelle ils se sont sentis intimement liés. Pour certains, c’est devenu une question de conscience. La rupture brutale, la séparation de l’Algérie avec la France malgré les promesses si souvent répétées provoque chez eux un désarroi complet allant jusqu’à l’insubordination.

Les tueurs aux trousses

Les commandos OAS ont quitté l’Algérie fin juin. La plupart de ses membres cherchent l’oubli en Espagne. Mais une poignée d’irréductibles se cachent en France ou juste de l’autre côté de la frontière. Ils organisent des attentats ciblés qui feront soixante-dix morts et quatre cents blessés sur le territoire national. Au risque de plonger le pays dans la guerre civile, quelques-uns en arrivent même à comploter contre la vie du chef de l’État et de son Premier ministre.

« Le 22 août 1962, à la fin de l’après-midi, une Citroën DS se range devant le perron de l’Élysée. Le général de Gaulle prend place sur la banquette arrière, à gauche, et Mme de Gaulle, à droite. Leur gendre, le colonel de Boissieu, s’assied à l’avant, à côté du chauffeur. Venu le matin présider le Conseil des ministres, le chef de l’État rentre à Colombey pour une dernière semaine de vacances. À Villacoublay, l’équipage est déjà rangé au pied du bimoteur du GLAM[23] prêt à décoller pour Saint-Dizier. Dans la cour d’honneur de l’Élysée, les portières claquent, les pneus crissent sur le gravier, la voiture présidentielle s’engage sous la porte cochère. Une seconde DS suit, occupée par deux policiers de la garde présidentielle et un médecin militaire. Deux gardes motocyclistes, sur leurs grosses Triumph, ferment la marche.

« Respectant toutes les priorités, s'arrêtant aux feux rouges, le petit cortège se faufile de son mieux, coupe les Champs-Élysées au carrefour Marigny, passe la Seine au pont des Invalides, traverse l'esplanade, remonte le boulevard, bifurque à droite dans l'avenue du Maine, franchit la porte de Châtillon, s'engage sur la nationale 306. Les deux DS et leur escorte roulent maintenant librement. Très vite.

« Peut-être le Général pense-t-il à ce qu'a dit tout à l'heure au Conseil Roger Frey, le ministre de l'Intérieur. Il a réclamé un renforcement des moyens de police et une stricte réglementation du port d'armes, sur la foi de renseignements indiquant qu'un attentat imminent se préparait contre le chef de l'État. Tous les indices, tous les rapports semblent malheureusement concorder.

« Voici en effet venir des assassins à bord de trois voitures, une Estafette Renault, une camionnette 403 Peugeot et une ID 19. Dans l'Estafette, trois exilés hongrois, Varga, Marton et Sari, et deux Français, Bernier et Buisine. Varga est armé d'une carabine américaine, Sari et Buisine, de fusils-mitrailleurs, les deux autres ont chacun un pistolet-mitrailleur. Une malle contient une réserve de munitions : des grenades, un kilo de plastic, du cordeau détonant, des feux de bengale au phosphore. À bord de la 403, trois hommes : deux pieds-noirs, Magade, Bertin, et un métropolitain, Louis de Condé, tous trois armés de pistolets-mitrailleurs et de revolvers. Au volant de la Citroën ID 19, Alain Bougrenet de La Tocnaye, un officier d'active, déserteur depuis la fronde des généraux d'avril 1961, qui s'est évadé de la prison de la Santé en janvier 1962. Avec lui, outre Georges Watin dit "la Boiteuse" et Jacques Prévost, deux Algérois, un véritable arsenal : trois pistolets-mitrailleurs, des revolvers, des grenades défensives, des cocktails Molotov, du plastic, des grenades fumigènes au phosphore.

« Un complice, Naudin, patrouille aux alentours en 2 CV. Enfin, sans arme, seul dans sa Simca 1000, le chef, Jean-Marie Bastien-Thiry. Cet ingénieur en chef à la direction des Constructions aéronautiques a déjà organisé un premier attentat contre le général de Gaulle, à Pont-sur-Seine, qui a échoué de peu. Cette fois, trois voitures de recueil ont été disposées tout près, pour servir au repli du commando[24]. »

À 20 h 05, le dispositif – pas moins de treize tueurs et huit véhicules – est en place autour du Petit-Clamart, au débouché de la N 306. Prévenu depuis vingt minutes par le coup de fil d'un guetteur en faction près de l'Élysée, Bastien-Thiry surveille la route, un journal à la main ; il doit le déployer largement dès qu'il apercevra le cortège. À deux cent cinquante mètres, dans l'Estafette, Bernier observe son chef avec des jumelles.

C'est bientôt le crépuscule. Bastien-Thiry a noté l'heure du coucher du soleil dans un journal de juillet, mais oublié qu'en août le jour raccourcissait. Aussi a-t-il mal calculé la distance et s'est-il posté un peu trop loin en avant de ses hommes.

« La circulation est dense, une voiture toutes les deux secondes, à peu près. Un autobus passe, puis un gros camion de déménagement. Soudain, Bastien-Thiry aperçoit les deux DS avec leur petite escorte. Les voilà ! Il brandit son journal. Mais la nuit commence à tomber. Bernier, qui distingue mal son geste, hésite. Ne voyant personne réagir, Bastien-Thiry répète le signal. Cette fois, Bernier comprend, plus aucun doute n'est permis. Mais cinq à six secondes ont été perdues. Quand Sari et Buisine bondissent de l'Estafette et ouvrent le tir, aussitôt imités par Bernier et Marton, le convoi est déjà à moins de trente mètres. Plus question de se mettre en batterie de face comme prévu, mais seulement de côté. »

À la première rafale, l'ID de La Tocnaye surgit d'une rue latérale pour barrer la route à la voiture présidentielle. Mais le camion de déménagement masque son arrivée. Trop tard ! Cependant, en regardant dans la lunette arrière, de Gaulle s'aperçoit que la voiture de sécurité ne suit plus. Les deux policiers et le médecin ont dû prendre peur. L'ID vire sur les chapeaux de roues et s'intercale entre les deux voitures officielles. Elle est juste derrière. Watin n'a pas eu le temps de refermer la portière, sa jambe traîne sur la chaussée, il réussit pourtant à tirer et voit s'étoiler la glace latérale arrière gauche de la DS présidentielle, du côté où est assis le général. Il a fait mouche. La Tocnaye, qui le retient d'une main et conduit de l'autre, n'aperçoit que la silhouette du chauffeur courbé sur son volant : sur l'ordre de Boissieu, ses beaux-parents se sont couchés comme lui sur les banquettes. Voyant son arme s'enrayer à la huitième balle, Watin change de chargeur, tire en arrière sur les motards, en avant sur la voiture d'escorte. Au risque de heurter une Panhard et de tuer ses occupants, une famille avec trois enfants, la DS présidentielle franchit le carrefour à cent à l'heure. À peine déséquilibrée malgré trois pneus crevés par balles, elle gagne du terrain sur l'ID. C'est fini, le commando n'a plus qu'à décrocher et à se disperser.

« À toute allure, la voiture présidentielle continue sa route vers Villacoublay, pénètre en trombe sur l'aéroport, s'immobilise enfin au pied de la passerelle. Le Général se déplie, aide sa femme à descendre, puis regarde l'auto. Une balle a percé la carrosserie à onze centimètres au-dessus du dossier de la banquette arrière ; une autre a traversé le coffre et s'est fichée dans la partie gauche de cette même banquette ; une troisième a déchiré la portière avant et buté contre le montant, côté charnière ; un quatrième projectile, enfin, a transpercé le volet du bouchon d'essence et pénétré dans le coffre avant d'être dévié par la garniture de cette fameuse banquette arrière. Il s'en est fallu de quelques centimètres que chacune de ces balles atteigne de Gaulle. Sur la voiture d'escorte, quatre impacts aussi. Les deux motards ont été touchés, l'un à l'arrière droit de sa Triumph, l'autre au casque, percé de part en part.

Le Général s'enquiert de ses compagnons : "Personne n'a rien eu ? Bon ! Quels maladroits !"

Puis : "Cette fois, c'était tangent !"

Et, précédant comme à son habitude Mme de Gaulle à peine émue, il franchit la passerelle. L'avion s'ébranle. Dans une heure et demie, les grilles de la Boisserie se refermeront derrière les rescapés[25]. »

Le lendemain, bien sûr, Georges Pompidou se rend à Colombey. Alain va le chercher à l'héliport : « Alain, j'ai été voir la voiture hier. C'est incroyable, tous ces impacts. Mais où étiez-vous donc pour vous en être tous sortis indemnes ? – On n'est pas resté comme des "I" jusqu'au bout. J'ai réussi à les faire coucher sur la banquette, et moi aussi. – Quand même, vous l'avez échappé belle ! » Et de Gaulle ajoutera : « Vous savez, Pompidou, ils ont tiré comme des cochons. »

Quatorze jours après l'attentat, six membres du commando sont arrêtés. Le 26 septembre, Bastien-Thiry et deux autres sont capturés à leur tour. Réunie au fort de Vincennes, la cour militaire de justice juge les détenus et leurs complices en fuite. Le 4 mars, le procès s'achève par six condamnations à mort : Bastien-Thiry, La Tocnaye, Prévost, et, par contumace, Watin, Bernier et Marton, tous trois en fuite.

De Gaulle n'a guère d'estime pour Bastien-Thiry. Ce lâche s'est contenté de lever un journal sans prendre de risque. La course-poursuite qu'il a organisée a failli provoquer une collision fatale avec une autre voiture dans laquelle se trouvaient trois enfants. Enfin, plus impardonnable encore, il a fait tirer sur une voiture dans laquelle il savait qu'il y avait une femme, la sienne. Pourtant, en recevant son avocat, venu présenter un recours en grâce, le Général lui tend la perche : « Est-ce que votre client n'a pas été dans une maison de santé ? Ne lui a-t-on pas mis la camisole de force pendant quarante-huit heures ? »

Non, la famille n'autorise pas son défenseur à plaider la folie, elle veut en faire un martyr. Alors, le Général reconduit l'avocat et refuse de lui serrer la main, puis la justice suit son cours, Bastien-Thiry est exécuté le 11 mars. La Tocnaye et Prévost, eux, sont graciés, ils seront libérés en juillet 1968.

Ce même été 1962, trois chefs de l'OAS, le colonel Argoud, les capitaines Sergent et Curutchet, font poser un pain de plastic au rez-de-chaussée de la maison des Malraux, à Boulogne. André et Madeleine sont indemnes, mais une fillette de quatre ans, blessée au visage, perd la vue. Comme cela ne leur suffit pas, les tueurs commanditent alors l'assassinat de Georges Pompidou. Leur but : achever de décapiter l'exécutif. Un pied-noir exilé en Belgique, Gilles Buscia[26], est chargé d'abattre le Premier ministre en septembre. Un informateur, un certain Quidor, les renseigne sur ses allées et venues. Matignon paraît trop risqué, mieux vaut frapper à Orvilliers, où Georges Pompidou passe tous ses week-ends en famille à lire, jardiner et écouter de la musique. Vaut-il mieux le samedi, en fin de matinée, lorsqu'il arrive de Paris après avoir fait le point de la politique étrangère avec Maurice Couve de Murville, une règle à laquelle il ne fait jamais exception ? Ou bien le dimanche, à la sortie de la messe ?

Les deuxième et quatrième dimanches du mois, les Pompidou vont à l'office à Houdan, à une quinzaine de kilomètres. En revanche, les premier et troisième dimanches, ils suivent à Orvilliers la grand-messe de onze heures. Ces jours-là, deux gardes du corps ouvrent la grille du parc, deux autres sortent à pied en même temps que M. et Mme Pompidou et les escortent jusqu'à la place de l'Église, chacun d'un côté, l'un légèrement en avant, l'autre un peu en arrière. Pendant l'office, les deux hommes font les cent pas entre la maison et l'église. À la sortie de la messe, le Premier ministre serre des mains, mêlé, comme ses gardes, à la foule des paroissiens. Un court instant de confusion dont on peut profiter pour commettre un attentat.

Buscia recrute trois complices, deux légionnaires, Hussendorffer et Burn, ainsi qu'un élève de classe préparatoire à Saint-Cyr, Moritel.

Les quatre hommes gareront place de l'Église leur 11CV Citroën, la légendaire voiture des tueurs. Buscia distribue les rôles : « Dès que Pompidou apparaîtra sur le parvis, nous sortirons tous de voiture, sauf Moritel, qui restera au volant et mettra le moteur en marche. Toutes les vitres de la voiture seront baissées, les portes resteront ouvertes. Burn, vous êtes un as du revolver, c'est vous qui tirerez sur Pompidou. Hussendorfer et moi ferons notre affaire des gardes du corps. Vous, Hussendorfer, occupez-vous à la mitraillette des deux types qui font le va-et-vient entre la place et la maison. Pour éviter de faire trop de carnage dans la foule, je tirerai au revolver sur les gorilles qui pourraient sortir de l'église.

« Burn et Hussendorfer, vous prendrez chacun une grenade avec vous. Moi aussi. Les réactions d'une foule sont imprévisibles. En principe, ce sera la panique, mais il pourrait y avoir des policiers non repérés. L'opération terminée, nous remonterons en voiture. Si une poursuite s'engage, Hussendorfer et moi nous larguerons derrière l'auto les planchettes à clous et les pots fumigènes. Deux kilomètres plus loin, on mettra la Citroën en travers de la route et on giclera vers la voiture de repli[27]. »

Le coup est bien monté. Buscia n'a rien laissé au hasard. Seulement voilà, le jour dit, les tueurs ne voient pas Georges Pompidou sortir de l'église. Stupéfaits, vaguement inquiets, ils entrent, après la dispersion de la foule, voir si par hasard il ne se serait pas attardé. Non. Rien. Georges Pompidou n'est pas venu.

Le fin mot de l'affaire, Buscia le connaîtra beaucoup plus tard. Son indicateur, le fameux Quidor, est un bavard qui a un oncle au SDECE, le Service de documentation et de contre-espionnage. Culot ou inconscience, il est allé se vanter du coup auprès de lui, ce qui en dit long sur le climat empoisonné qui règne alors dans cette officine. Pris entre deux scrupules ou craignant des représailles, l'oncle en question a cherché à faire capoter le projet sans pour autant mouiller son informateur. Jeu difficile ! Sachant le Premier ministre friand de parties de chasse, il a eu l'idée de le faire inviter, ce jour-là, à une chasse en Sologne chez Jean Prouvost, le propriétaire de la Lainière de Roubaix, de *Paris Match* et du *Figaro.* Le stratagème a si bien marché que, pour ne pas manquer la battue, Georges Pompidou, exceptionnellement, est allé à la première messe, celle de 7 h 30, avant de partir tranquillement chez Prouvost. Le gibier était à la chasse, et cela lui a sauvé la vie. Apprenant, l'année suivante, les dessous de l'affaire[28], Georges Pompidou en concevra une certaine méfiance envers les gens du SDECE. Une méfiance légitime.

En voulant frapper l'État à sa tête, les tueurs, bien malgré eux, vont le conforter et contribuer à enraciner la Vᵉ République. Jusque-là, le parti radical n'était pas, à proprement parler, dans l'opposition. Début juillet 1962, Georges Pompidou avait convié secrètement son tout nouveau président, Maurice Faure, au domicile de Marc Jacquet, le ministre des Travaux publics. Au dessert, celui-ci s'était discrètement éclipsé et Georges Pompidou avait invité Maurice Faure à passer au salon. Après lui avoir offert un cigare, il avait abordé l'éventualité d'une entrée des radicaux au gouvernement.

« Reparlons-en à la rentrée, avait répondu Maurice Faure. En attendant, je voudrais vous dire une chose. J'ai entendu parler d'une réforme de la Constitution pour élire le président de la République au suffrage universel. Sur le fond, notre parti n'a pas encore pris position. Mais, sur la forme, tout projet de révision doit être entériné par un vote des deux Chambres, et non par un référendum, c'est clair. »

Georges Pompidou avait acquiescé. Malheureusement, six semaines plus tard, c'est la fusillade du Petit-Clamart et, saisissant l'occasion au vol, de Gaulle lance sur-le-champ une offensive politique longtemps méditée. En moins de trois mois, il va achever la réforme de la Constitution qu'il a fait voter quatre ans plus tôt et donner aux futurs présidents de la République française, quels qu'ils soient, les moyens de conduire le pays d'une main ferme.

Le Général voit sa vie menacée : « Il y a des exaltés qui veulent m'abattre, confie-t-il à ses proches. Ils sont vraiment décidés à me tuer. » Or, avec sa vie, la stabilité de la République se trouve aussi en danger. De Gaulle se sait mortel, mais n'est pas disposé à voir son œuvre s'effondrer après son départ. Alors, comment garantir sa pérennité, empêcher la France de s'avachir à nouveau dans le régime parlementaire, à moins de conforter la position de son successeur et son autorité face aux tiraillements, aux combinaisons des partis ?

« Il faut assurer la continuité de l'État, dit-il. Ces salauds de l'opposition me reprochent toujours de ne rien prévoir pour ma succession. Eh bien, on va voir ce qu'on va voir. »

« Sous la IIIᵉ et la IVᵉ Républiques, l'élection du président de la République par un corps électoral très restreint, un millier environ de députés et de sénateurs réunis en congrès, aboutissait dans les faits à l'élimination des personnalités de premier plan. Ce fut, par exemple, le cas de Clemenceau, battu en 1919. Elle donnait lieu à des intrigues, des combinaisons de couloirs déshonorantes. Celle de René Coty, après huit ou neuf tours, avait donné une impression désastreuse et enlevé au président de la République toute autorité[29]. »

La Constitution de 1958, qui était un compromis, avait élargi le corps électoral à quelques dizaines de milliers de notables, les grands électeurs. C'étaient les députés, les conseillers généraux, les maires de toutes les communes de France et les conseillers municipaux de grandes villes qui élisaient le président de la République. De Gaulle a ainsi été élu, en 1958, par 62 000 voix contre 10 000 au communiste Georges Marrane et 7 000 au démocrate-socialiste Albert Châtelet. On échappait ainsi aux combinaisons de couloir, mais on restait dans une sorte d'aristocratie politique.

De Gaulle sait que sa légitimité – pour employer un grand mot – n'est pas contestée. Mais il pense à ses successeurs et veut leur donner une autorité aussi forte que la sienne. Il rêve d'un président de la République au-dessus des partis et craint que celui qui lui succédera, notable choisi une clique de notables, ne devienne leur otage impuissant. Faute d'avoir, comme lui, hérité son prestige de circonstances historiques exceptionnelles, il faudrait au moins qu'il le tienne du peuple entier, du suffrage universel direct. Un président élu par la France entière, et seul dans ce cas, en retirera une supériorité évidente sur les élus d'une caste ou d'une simple circonscription. Seul il sera le dépositaire de la souveraineté populaire dans sa totalité, chaque député n'en incarnant au contraire que la 1/500e ou 1/600e partie.

« Quand le peuple est consulté dans les élections législatives ordinaires, explique de Gaulle, les enjeux ne sont pas nationaux. Les électeurs ne se préoccupent alors que d'intérêts locaux, c'est le plus démagogue qui gagne, celui qui promet de mieux défendre la viticulture quand il s'agit de vignerons, ou l'ostréiculture quand il s'agit de ramasseurs d'huîtres. Mais quand vient le jour d'élire le chef des Français, on sent bien que le problème n'est pas dans les huîtres ni dans la vigne, dans la défense des intérêts d'une catégorie contre une autre. Le problème est alors de faire appel au plus capable de rassembler tous les Français, d'assurer l'État, d'assurer le salut du pays. » Ainsi le Général cherche-t-il à combiner avec le scrupule démocratique et la pérennité républicaine la notion de chef. Voire une certaine nostalgie de la monarchie.

Pour modifier la Constitution, la voie habituelle serait la réunion des députés et des sénateurs en Congrès et le vote à la majorité des trois cinquièmes. Mais il se doute bien que tous les partis seront contre, sauf bien sûr l'UNR, le parti gaulliste, qui sera en minorité. La seule référence connue d'élection au suffrage universel du président de la République, celle de Louis-Napoléon Bonaparte, en 1848, constitue un fâcheux précédent : trois ans seulement après son serment de fidélité à la République, le prince président lui a tordu le cou par le coup d'État sanglant du 2 décembre 1851. Alors, plutôt que d'aller droit dans le mur, de Gaulle choisit de contourner l'obstacle, de passer par-dessus la tête des parlementaires, de soumettre son projet à la nation tout entière, par référendum. Le 20 septembre 1962, dans une allocution radiodiffusée et télévisée, il s'adresse directement au pays en ce sens : « Je crois que, quoi qu'il arrive, la nation doit avoir le moyen de choisir elle-même son président, afin que cette investiture directe lui donne les moyens et l'obligation d'assurer le destin du pays... Quand sera achevé mon propre septennat ou si la mort ou la maladie l'interrompaient avant le terme, le président de la République sera dorénavant élu au suffrage universel. Par quelle voie la réforme sera-t-elle décidée ? Par la plus démocratique, la voie du référendum. »

À l'évidence, cette procédure ouvrira une crise. Déjà le Conseil d'État la déclare inconstitutionnelle. Dans un concert de récriminations, on crie au plébiscite, au césarisme, au boulangisme. *L'Humanité* titre : « De Gaulle marche sur les traces de Napoléon III. » Les anciens partis politiques supportent mal qu'il réduise encore l'influence du Parlement. Jusque-là, ils ont évité un conflit, le sachant seul capable de faire la paix en Algérie. Maintenant qu'elle est conclue, pensant n'avoir plus besoin de lui, ils ont hâte de revenir au bon vieux temps.

Avant d'annoncer sa décision, de Gaulle a fait un tour de table au Conseil des ministres et appelé chacun des ministres à donner son avis sur le projet, pas seulement le ministre concerné par les questions constitutionnelles. Un tour de table dans le sens des aiguilles d'une montre, en commençant par sa gauche et en finissant par sa droite, de façon que Malraux, à sa droite, donne son avis le dernier[30]. Beaucoup plus que d'une simple réforme constitutionnelle, il s'agit en effet d'un changement en profondeur de l'esprit de la Ve République. La question est grave. Chacun des ministres a conscience d'être en présence d'un choix essentiel qui engage l'avenir, au-delà du mandat du général de Gaulle. Tous se déclarent favorables au projet, les uns pour des raisons d'opportunité politique, les autres pour des considérations juridiques. Un seul, celui de l'Éducation nationale, Pierre Sudreau, marque résolument sa désapprobation : « Cette réforme, dit-il, modifie l'équilibre des pouvoirs. » Et, peu après, il remet sa démission. « Après moi, Sudreau, personne n'aura jamais le culot de faire ce que je fais », se contente de lui répondre le Général.

Sur ces entrefaites, survient justement le congrès du parti radical, qui se tient à Vichy. Contestant violemment la validité du mode de révision annoncé par le Général, une quinzaine de congressistes y encouragent un des leurs, Gaston Monnerville, à dénoncer ce qu'ils ressentent comme une violation : « Tu es le président du Sénat, c'est à toi de dire quelque chose. »

Le lendemain, Monnerville monte en effet à la tribune de ce congrès et fait le discours de sa vie : « À la tentation du plébiscite, qui est en train de se développer, s'écrie-t-il, je réponds "non". Je réponds "non" pourquoi ? Parce qu'il y a une violation délibérée, réfléchie, de la Constitution de la République. Laissez-moi vous dire que la motion de censure m'apparaît comme la réplique directe, légale, constitutionnelle à ce que j'appelle une "forfaiture". » « Forfaiture » ! Le mot est lâché, qui vise Pompidou autant que de Gaulle. À ce mot, tous les congressistes se lèvent pour applaudir l'orateur. Quelques jours plus tard, Monnerville recevra la même ovation, au Sénat cette fois, où il répète son discours.

L'idée de recourir directement au référendum n'emballe pas Georges Pompidou. Par respect pour les députés, il préférerait que la procédure commence par une discussion devant l'Assemblée nationale[31]. « Lorsque j'étais conseiller du Général, confie-t-il à Bernard Lefort, il m'écoutait. Maintenant, c'est à peine s'il tend l'oreille lorsque je lui parle des dangers d'une démocratie directe[32]. » Mais, s'étant déjà heurté de front à de Gaulle quelques semaines plus tôt à propos de l'affaire Jouhaud, il souhaite éviter un nouvel affrontement et préfère soutenir carrément son projet.

Lors du débat à l'Assemblée nationale, cela lui vaut des attaques de toutes parts : « Je vous défie, lui lance Paul Reynaud, de trouver dans tout le monde libre un citoyen qui accepte un régime aussi extravagant, aussi dangereux que celui qu'on nous propose... Allez dire à de Gaulle que le respect pour lui reste entier, mais que cette Assemblée n'est pas assez dégénérée pour renier la République ! »

Avec indignation, Georges Pompidou proteste, à croire qu'il a déjà retrouvé de l'aisance dans sa nouvelle peau : « Je regrette que des voix se soient élevées pour parler de forfaiture. Et le deuxième personnage de l'État, je veux dire le Premier ministre, récuse avec fermeté de pareilles outrances. Comment traiter le général de Gaulle de forfaiture ? Vous lui devez tout, Messieurs, vous lui devez que la République ait été rétablie en 1944. Vous lui devez qu'elle ait été sauvée en 1958. Vous lui devez qu'elle ait été sauvée en 1960, lors des barricades. Vous lui devez qu'elle ait été sauvée en 1961, lors du putsch d'Alger. Vous lui devez qu'ait été surmontée, il n'y a pas six mois, l'offensive de l'OAS en Algérie. Hier encore, hier encore, lors de l'attentat du Petit-Clamart, il n'est personne qui n'ait senti qu'avec lui, la liberté était en danger[33]. »

Cette fois, on ne sent plus en Georges Pompidou un Premier ministre d'occasion, un intrus, mais déjà un bel animal politique, un ténor. Lui, si mauvais le premier jour à la tribune de l'Assemblée, il en est devenu l'un des meilleurs orateurs. Il s'est pris au jeu, cela l'intéresse, cela l'empoigne.

L'opposition dépose néanmoins une motion de censure, qui vise la procédure plus encore que le fond, le recours au référendum plus que le mode d'élection du président. Le 5 octobre 1962, par deux cent quatre-vingt voix contre deux cents, l'Assemblée nationale renverse le gouvernement. Cinquante MRP sur cinquante-sept ont lâché Georges Pompidou. Pour lui, l'échec est d'autant plus cinglant que c'est la première fois sous la Ve République, qu'un Premier ministre est censuré.

Comme le prescrit en pareil cas la Constitution, il remet au Général la démission de son cabinet. Qu'importe, de Gaulle double la mise, annonce son intention de dissoudre l'Assemblée et de garder son Premier ministre jusqu'au résultat des prochaines élections. « Quoi qu'il arrive, lui confie-t-il, je quitterai le pouvoir dans six mois et vous prendrez ma succession. »

Ainsi maintenu en fonctions, le cabinet va-t-il se contenter d'expédier les affaires courantes, comme le conseille l'assemblée plénière de la section du contentieux du Conseil d'État ? Pas du tout. De Gaulle passe outre. Il maintient au gouvernement la plénitude de ses fonctions. Pompidou insiste du moins pour garder une attitude discrète : « Je viens d'être renversé. Mes apparitions ne feraient qu'aviver les polémiques. L'effet en serait néfaste. – Vous n'êtes pas renversé, puisque je vous garde. C'est votre scrupule qui serait néfaste. En politique, il faut sans cesse garder la tête haute et le verbe haut. » « De là à tenir son Premier ministre pour quelque peu fragile, il n'y a qu'un pas », note Arthur Conte[34].

Communistes, socialistes, radicaux, cléricaux, nostalgiques de Vichy comme de l'OAS, anarchistes galonnés se liguent contre le projet. Tous les pronostics lui sont défavorables.

« À cette époque, raconte Julien Gracq, je reçus un petit mot de Pompidou : "Je ne suis pas sûr de garder mon poste. Je serais content, avant de le quitter, de te donner la Légion d'honneur, cela me ferait plaisir. Viens donc déjeuner à Matignon." Je lui répondis que je n'aimais pas les décorations. Il insista : "On peut être allergique au ruban rouge et pas au cordon bleu." J'acceptai et nous nous retrouvâmes à quatre, les Pompidou, Daniel Cordier et moi. Un déjeuner amical où, plutôt que politique et littérature, nous avons surtout parlé de peinture[35]. » Cordier, qui avait une galerie de tableaux rue Guénégaud, était alors en train de créer, à la demande de Francis Fabre, la Factorerie, boulevard Malesherbes, à côté des Chargeurs réunis. C'était une sorte de magasin ou de musée exotique où se promenaient deux guépards.

Même son de cloche chez Anne-Marie Dupuy, l'ancienne collaboratrice de chez Rothschild, qui brûle de rejoindre son patron à Matignon. « Moi-même, lui dit alors Georges Pompidou, je pense que je ne resterai pas longtemps ici. Restez donc chez Rothschild. C'est moi qui, probablement, vais bientôt chercher du travail[36]. »

Cependant, tandis que « le cartel des non » s'enferme dans un juridisme qui passe au-dessus ou à côté de la tête des électeurs, Georges Pompidou conduit à la perfection, *mezzo voce*, l'orchestre des gaullistes. Jacques Chaban-Delmas répond adroitement à toutes les objections, Michel Debré le relaie sur le mode dramatique. Quant à lui, toujours sur le ton du bon sens, il réduit le projet soumis aux électeurs à une question claire, intelligible par tous : « Je vous demande simplement de décider que, dorénavant, vous élirez votre président au suffrage universel. » Et, chose non négligeable, il veille à ce que, sans partage, radio et télévision ressassent les raisons de voter « oui ».

À la surprise générale, le 28 octobre 1962, le « oui » obtient 62 % des voix. Les Français adoptent le principe de l'élection du président de la République au suffrage universel. C'est l'acte fondateur de la Ve République. Il bouleverse l'équilibre des pouvoirs, non pas tant au profit de De Gaulle qui, depuis 1958, gouverne déjà en souverain, qu'au bénéfice de ses successeurs.

Dans la foulée, Georges Pompidou dirige de nouveau la campagne pour les élections législatives. Le succès se transforme en triomphe. Le 25 novembre 1962, les Français envoient au Palais-Bourbon une marée gaulliste. L'opposition est laminée, l'UNR et ses alliés gagnent la majorité absolue. Georges Pompidou, qui, pendant deux mois, n'a tenu que par la grâce du chef de l'État, est confirmé dans ses fonctions de Premier ministre. Cette fois, il dispose d'une majorité qui fera de lui le Premier ministre d'un système vraiment majoritaire. Et de Gaulle confie à Edmond Michelet que « quoi qu'il arrive, il se sent tranquille quant à l'avenir du pays, puisque Pompidou est là[37] ».

Pompidou, regardez donc devant vous !

Il aura fallu la lutte contre l'OAS, l'attentat du Petit-Clamart, la motion de censure, la dissolution de l'Assemblée, les campagnes du référendum et des élections législatives, pour que Georges Pompidou admette que son sort soit désormais scellé. Rude école ! Il a pris de l'épaisseur, de la distance, car se sont écoulés les trois ou quatre ans sans lesquels on ne peut acquérir vraiment la maîtrise des dossiers. Désormais, il est devenu prisonnier de la politique, plus question pour lui de revenir dans le secteur privé. Sa voie est dorénavant tracée. Son destin personnel ne se séparera plus de celui du Général. « On dit souvent que le pouvoir est une drogue, écrira-t-il, mais il me semble qu'il y a tout autre chose. Le pouvoir pour le pouvoir, pour les honneurs, pour les facilités qu'il offre, ne m'intéresse pas. J'aurais pu vivre autrement. Mais ce qui est sans prix, c'est la conviction d'être associé à une tâche historique, de participer immédiatement aux côtés d'un homme exceptionnel à une œuvre sans précédent de rénovation nationale. » Dès lors, Georges Pompidou prend son vol, le dilettante se mue en travailleur acharné, en homme au visage concentré, qui connaît et maîtrise parfaitement ses dossiers.

Pour lui, l'unité de vues et d'action entre l'Élysée et Matignon doit être parfaite, l'exécutif avoir le pas sur le Parlement, le chef de l'État sur le chef du gouvernement. La décision doit appartenir à un seul, sinon c'est le désordre et l'incohérence. Le président de la République oriente la politique, le Premier ministre la coordonne sous son contrôle. Il n'en est que le lieutenant, il veille à faire éviter aux ministres et hauts fonctionnaires toute maladresse d'exécution. C'est cela, la Ve République. Georges Pompidou joue le jeu et se plie à la règle sans broncher, sans état d'âme. Lors de l'affaire Jouhaud, il a osé tenir tête à de Gaulle et obtenu gain de cause ; il ne s'y risquera plus. À cette seule exception, l'harmonie entre le président et le Premier ministre est totale, elle le restera jusqu'en 1965.

« Les rapports entre mes beaux-parents et les Pompidou étaient beaucoup plus détendus qu'avec les Debré, témoigne Alain de Boissieu [38]. Le Général était content. Les événements étaient toujours aussi graves, mais M. Pompidou, tellement plus calme, les prenait avec une certaine philosophie. Intelligent comme il était, il avait beaucoup appris. D'ailleurs, bien que Premier ministre, il trouvait encore le temps de s'occuper de la Fondation et de venir à Vertcœur. Il avait pris mon frère pour trésorier, mais en restait secrétaire général. Non, je ne lâcherai pas Mme de Gaulle, avait-il dit. »

Une anecdote illustre cette connivence, cette complicité : un jour, à l'entracte d'une pièce de théâtre, de Gaulle et Georges Pompidou se retrouvent aux toilettes, côte à côte. Pompidou commente le spectacle : « Belle pièce, mon Général ! Celui-ci se contente de lui répondre : « Pompidou, regardez donc devant vous ! »

Certes, avec les gaullistes, il manque encore et toujours à Georges Pompidou cette espèce de complicité fraternelle qui existe entre ceux qui, sous l'Occupation, ont pris le dangereux chemin de la clandestinité. Du moins n'a-t-il jamais pactisé avec Vichy, à la différence de François Mitterrand auquel il reproche « de se déshonorer en écrivant dans *La Dépêche du Midi,* le journal de son ami Bousquet, l'homme qui a livré aux nazis des milliers de juifs rassemblés par ses soins au Vél' d'Hiv' [39] ». En tout cas, Georges Pompidou fait l'éloge du gaullisme, « ce grand film à épisodes qui se confond avec les succès et les joies de la France, tandis que l'histoire de l'antigaullisme se confond, elle, avec les revers et les humiliations de notre pays[40] ».

Son adhésion au gaullisme est particulièrement évidente en politique étrangère. En serrant ses puissantes mâchoires, il martèle : « Nous sommes les seuls à défendre l'Europe contre l'invasion américaine. Nous avons décolonisé l'Empire français, il nous reste à secouer la colonisation anglo-saxonne. Si l'Angleterre entre dans le Marché commun, rien n'empêchera plus les firmes américaines d'envahir le continent. La parenté de langue, de culture, d'esprit entre Anglais et Américains forme un consortium anglo-saxon d'un pouvoir écrasant en affaires. »

Qu'il s'agisse de barrer la route aux États-Unis ou de resserrer les liens avec l'Allemagne, l'entente est parfaite entre les deux hommes. Leur première divergence en ce domaine n'apparaîtra qu'en 1966, lorsque de Gaulle, agacé de voir les Américains monopoliser les quatre commandements intégrés de l'OTAN[41] et s'ingérer parfois dans les affaires françaises[42], leur fera évacuer leurs vingt-neuf bases et dépôts en France. Ce sera une décision unilatérale du Général, qui donnera lui-même ses instructions au ministre des Affaires étrangères, au ministre des Armées et au chef d'état-major des armées. Son Premier ministre la désapprouvera discrètement.

Georges Pompidou s'inquiète cependant de l'influence de Valéry Giscard d'Estaing, ministre des Finances ambitieux qui saisit toutes les occasions de se bâtir l'image d'un personnage à la Poincaré et de s'attirer les faveurs du Général. De Gaulle, qui l'apprécie, l'appelle « ce grand jeune homme qui sait tout », et lui dit gentiment : « Allons, ne soyez pas trop impatient, dans quelques années, vous serez aux affaires. » Ce qui ne l'empêche pas, au moment du lancement de l'emprunt Giscard, de jeter ce mot cruel : « C'est un beau nom d'emprunt. » Pompidou a toutes les peines du monde à empêcher Giscard de le court-circuiter pour présenter à la presse son plan de stabilisation, en 1963. Il est obligé de le remettre à sa place avant de convoquer les journalistes pour leur expliquer lui-même les enjeux et les décisions. Il se rend bien compte qu'il ne sera pas pleinement Premier ministre tant que Giscard restera aux Finances. Tous deux se savent rivaux, mais chacun doit ménager l'autre.

Depuis la menace de l'OAS, les Pompidou espacent leurs week-ends à Orvilliers. Ils se lassent aussi de Saint-Tropez, devenu un petit milieu où les échotiers, les chroniqueurs de faits divers jasent sur leurs fréquentations un peu excentriques, pas toujours du goût du Général. Désormais, Georges et Claude passent les vacances d'été à Fouesnant, une plage bretonne épargnée par la foule.

Mais c'est plutôt dans le Massif central qu'ils cherchent un point de chute, où Claude puisse monter à cheval et Georges lire en toute tranquillité. Pas question cependant de Montboudif, si sombre et si froid dès que l'on monte à travers les sapins, et que déteste Claude. À l'occasion, Georges questionne son ancien camarade François Ceyrac, numéro deux du patronat : « Toi qui es de Collonges-la-Rouge, ce village ravissant, pourrais-tu nous trouver quelque chose dans le coin ?
– À Collonges, il n'y a plus rien à vendre. Par contre, mon ami Lobard, le président de la chambre de commerce de Paris, pourrait peut-être te dénicher une maison dans les Causses, à Cajarc, son village natal[43]. »

Autre version de l'affaire, que Pompidou aurait relatée à Georges Suffert : « Un jour, ma femme est partie du côté de Cajarc accompagner une amie qui voulait s'offrir la demeure de ses rêves. Tout y était, l'escalier de pierre, les grandes cheminées, la vue imprenable sur le pré et la rivière. Je ne sais si cet achat se fit, en tout cas, ma femme revint, elle aussi, avec une maison. Bien entendu, je m'y suis attaché. Et, depuis cette date, je paie, je paie[44]. »

Claude se plaît dans cette vieille ferme qu'elle transforme bientôt en confortable maison de campagne. La citerne alimente une petite piscine et, dans l'écurie, ils ont trois chevaux, dont un pur-sang offert à Claude par Hassan II, le roi du Maroc. Georges aime écouter de la musique en faisant du feu dans la cheminée ou travailler dans le bureau qu'il a aménagé dans un ancien pigeonnier. Même dans le bruit, il réussit à s'isoler, à se concentrer. De la fenêtre, il peut voir le Lot. C'est la nature, la liberté, la vraie vie. Souvent, Claude et lui vont en amoureux se promener dans les Causses. « Les Causses, c'est un berger ou une bergère qui passe ses journées solitaires avec ses moutons, et dont le visage est gris, de la couleur de la pierre, à force de solitude. C'est aussi quelques fermes où l'on débarque, les soirs de chasse, et où l'on boit un vin nouveau, généralement imbuvable. C'est l'extraordinaire tranquillité d'esprit. » Ainsi les ressent une enfant de

Cajarc, Françoise Sagan[45], que les Pompidou ont plaisir à voir avec son mari, l'éditeur Guy Schoeller, sa sœur et son beau-frère Jacques Defforey, co-fondateur des supermarchés Carrefour. Georges aime aussi réciter des poèmes avec Raymond Cordier, qui a acheté une maison dans les environs ; l'un commence, l'autre enchaîne, comme en canon. Ainsi va le temps.

De la tranquillité, Georges Pompidou a grand besoin. Certes, depuis la victoire électorale de l'automne 1962, il a nommé Anne-Marie Dupuy chef de son cabinet, lui a confié son agenda et l'a chargée de filtrer les visiteurs. Gardienne de son temps, elle le protège désormais avec efficacité.

Mais une longue grève des mineurs a dégradé le climat social. Tout a commencé le 16 janvier 1963, lorsque les fédérations CGT et Force Ouvrière ont déclenché dans les mines une grève du rendement. À l'époque, le charbon est très important, tant pour l'industrie que pour le chauffage, et les mineurs de fond marquent encore très profondément l'imagerie populaire. Le 28 janvier, ceux du Nord et du Pas-de-Calais ont voté l'arrêt complet du travail et la CFTC s'est jointe au mouvement. Après l'échec de négociations, le conflit est reparti de plus belle. S'imaginant pouvoir compter sur le gaullisme des mineurs lorrains de Forbach et de Merlebach, bons catholiques réputés voter gaulliste, Maurice Bokanowski, ministre de l'Industrie, a poussé le Général à passer en force. Et de Gaulle, réagissant en militaire, a signé un décret de réquisition.

Or, contre toute attente, non seulement les mineurs chtimis ont refusé d'obéir, mais leurs camarades lorrains se sont solidarisés avec eux. La grève s'est durcie, elle a fait tache d'huile. La réquisition a soulevé un tollé général et ajouté aux revendications existantes celle de la liberté syndicale. La cote de De Gaulle a chuté, il y a perdu pour toujours une partie de son électorat populaire, et les députés UNR du Nord et de la Lorraine se sont sentis coupés de leur base.

Le mécontentement a gagné les cheminots et le personnel d'EDF. Cette grande grève de trente-quatre jours, culminant avec une spectaculaire marche des gueules noires jusqu'à Paris, a suscité une immense sympathie dans tout le pays. Partout, se sont constitués des comités de soutien aux grévistes. Les curés s'en sont mêlés.

Pompidou porte le chapeau. Il est très attaqué. « Pensez donc ! Le chef de gouvernement qui fait appliquer cette réquisition scélérate vient de chez Rothschild ! Pas étonnant ! » C'est clair : en l'occurrence, Pompidou n'a pas été bon, il n'a pas prévu l'événement, il a trop fait confiance à Maurice Bokanowski et pas assez aux leaders syndicaux. Il n'a pas su tenir tête au Général.

Mais, au lieu de s'entêter, il reconnaît rapidement son erreur : « Maintenant, je vais donner un coup de pied au fond. Je vais remonter », confie-t-il à Simonne Servais[46]. Il faut savoir reculer, bien que ce soit tout à fait contraire à la philosophie du Général. Résolu à rattraper ce faux pas, à transiger, Pompidou réagit aussitôt et monte au créneau. Sur un ton bonhomme, tout en rondeur, il prononce le 8 mars 1963 à la télévision une allocution conciliante : « C'est l'hiver, on ne peut pas laisser s'éterniser la grève, les stocks vont s'épuiser, toute l'activité économique va en pâtir, l'inflation galoper. Allons, allons, c'est vrai, les salaires des mineurs ont du retard, mais si nous sommes tous raisonnables, tout deviendra plus facile et le malentendu pourra être dissipé… » Pour sauver la face, il charge Pierre Massé et deux autres « sages » de comparer les salaires des mineurs à ceux des travailleurs des secteurs public et privé.

Plus tard, il reconnaîtra que la réquisition était une faute. Longtemps, il se reprochera de n'être pas intervenu auprès du Général pour tenter de l'en dissuader. Difficile de manœuvrer de Gaulle, surtout quand il vous adresse des lettres comme celle-ci, en date du 18 mars 1963 :

« Mon cher ami,

« Chaque jour, chaque heure qui passe montre plus clairement que l'affaire des grèves est une entreprise politique dirigée contre "qui vous savez" avec le concours de toutes les oppositions. Il est essentiel, pour le présent et pour l'avenir, que l'issue soit l'échec complet de ceux qui ont monté cet assaut. Cela exige que, du côté du gouvernement, aucune concession ne soit faite par rapport à ce qui avait été dit. Cela exige aussi que le gouvernement se décide à informer le public sur les réalités en ce qui concerne le progrès du niveau de vie des agents de services publics depuis 1958 et la nécessité de l'équilibre. S'il en est ainsi, le succès final est assuré. Sinon tout y passera.

Amicalement. »

À *Paris-Match,* Georges Pompidou confiera : « Je ne crois pas que l'objet principal de ce régime et de l'action du général de Gaulle soit d'apporter la prospérité aux Français. Le premier objet, à mon avis, a été de leur rendre la dignité. Une des dominantes de notre politique sociale est d'aboutir à ce que, véritablement, les catégories sociales, et en particulier les plus modestes, ne se sentent pas, comme disait Dostoïevski, des « humiliés et offensés ».

Heureusement, « les sages » s'entendent avec les représentants des syndicats des mineurs. Sur la base de leurs conclusions, tout en sachant les houillères condamnées à terme à la fermeture, Georges Pompidou accepte, le 2 avril 1963, un rattrapage de 11 % des salaires et la quatrième semaine de congés payés.

Le pouvoir a reculé. Grisés par ce succès, les syndicalistes de la RATP provoquent une grève surprise dans le métro. Appuyé sur la colère des usagers, le Premier ministre fait alors voter une loi imposant un préavis aux grèves dans les services publics.

Le 14 février 1963, en pleine grève des mineurs, on apprend l'échec d'une nouvelle tentative d'attentat contre de Gaulle. À l'École militaire, cette fois.

« C'est quand même étrange, observe Alain Peyrefitte. Six mois après le Petit-Clamart, les conjurés essaient encore d'abattre le régime.

– Abattre le régime ? répond Georges Pompidou. Assassiner le Général n'est qu'une forme de vengeance, c'est la vendetta à l'état pur : “On a perdu, on aura sa peau !” Ce n'est pas une menace sur le régime.

– Mais abattre le fondateur du régime, n'est-ce pas abattre le régime ?

– Pourquoi voulez-vous ? Les Français tiennent au régime, laissez-les se débrouiller tout seuls. »

La relève serait-elle assurée ? Le Petit-Clamart a entraîné le succès du référendum, un attentat réussi garantirait-il l'élection d'un successeur ? Georges Pompidou a confiance dans l'avenir. En moins d'un an, il s'est habitué non seulement à sa fonction de Premier ministre, mais aussi à sa propre stature de « présidentiable ». Songe-t-il à la succession ?

En tout cas, il faut en finir avec l'OAS. Ces gens-là ne jouent pas le jeu. Pour avoir la vie sauve, le général Jouhaud avait ordonné à ses hommes de mettre bas les armes. Il a obtenu sa grâce, mais un de ses séides, le colonel Argoud, dirige depuis l'étranger plusieurs centaines de terroristes basés en métropole et continue à préparer des attentats. Pierre Messmer, ministre des Armées, propose de le faire enlever en Allemagne, où il s'est réfugié. Georges Pompidou donne son accord. Argoud, c'est l'homme qui a fait capoter les négociations de paix avec les Algériens en montant de toutes pièces l'affaire des barricades. C'est un incorrigible et un danger permanent. Le 22 février, deux civils d'allure inoffensive, coiffés d'un chapeau tyrolien, abordent Argoud dans le hall de son hôtel de Munich : « *Deutsche Polizei !* » Argoud les suit. On le pousse sur la banquette arrière d'une voiture, puis dans le coffre d'une camionnette, et on le ramène en France ligoté comme un saucisson. Ce sera le dernier épisode de l'OAS.

Bizarrement, en mai, *L'Express* publie un long article, très documenté, intitulé « Le Successeur ». Son auteur, Jean Ferniot, prétend que de Gaulle a choisi le comte de Paris, et il avance des raisons. Georges Pompidou sursaute. « Le comte de Paris, pourquoi pas la reine des gitans ? Cela ne ressemble pas au Général de prendre des engagements. Il lui aura, à sa manière, prodigué de bonnes paroles, et l'autre les aura prises pour argent comptant. » Même si la Ve République ressemble à une monarchie, il s'agit d'une monarchie élective. Rien à voir avec la monarchie héréditaire d'Ancien Régime ni avec celle des Bonaparte.

Convié justement à déjeuner en juin par le comte de Paris à son manoir du Cœur Volant, près de Louveciennes, Alain Peyrefitte demande à Georges Pompidou s'il peut accepter l'invitation. « Mais bien sûr, allez-y, si vous avez du temps à perdre. Le comte de Paris se voit déjà rétablissant la monarchie. Cela supposerait seulement que le Général le désigne comme dauphin. – Vous pensez que le Général se moque de lui ? – Je ne dis pas ça. Je dis que le Général tient les gens en leur laissant entendre, sans jamais préciser, qu'il compte sur eux pour l'avenir : "Préparez-vous aux tâches qui vous attendent !" Cela marche à tous les coups. »

Le genre de promesses dont Georges Pompidou lui-même fera les frais cinq ans plus tard. En tout cas, ni de Gaulle ni lui n'interrogent Alain Peyrefitte sur ce qu'a pu lui dire le comte de Paris, le premier parce qu'il le devine, le second parce qu'il s'en moque.

De Gaulle n'est pas toujours facile. De temps à autre, entre Georges Pompidou et lui, surgit l'étincelle d'une irritation. Par exemple en avril 1963, lorsque, à la recherche d'une troisième voie entre le capitalisme et le socialisme, « la participation », « l'association capital-travail », le Général semble séduit par une suggestion d'Albin Chalandon. Le président de la Banque commerciale de Paris, surnommé parfois « le banquier rouge » pour ses idées qui dérangent, propose un prélèvement annuel sur les bénéfices non distribués aux actionnaires. Ces sommes, mises en réserve, resteraient placées dans l'entreprise pour financer son expansion ou sa modernisation, mais deviendraient la propriété des caisses de retraites complémentaires. Une forme ingénieuse de participation des travailleurs atténuant du même coup une des conséquences du vieillissement de la population.

Ces belles idées, Georges Pompidou s'en méfie. Lorsqu'on lui propose des changements, d'instinct, avant d'en voir les avantages, il en discerne les inconvénients. « Puisque cela marche comme cela, pourquoi agiter les choses ? » Dans l'entreprise, à son avis, la décision doit demeurer à la direction. « Il y a une limite à tout, cette limite, c'est le moment où l'on instaurerait dans l'entreprise un régime d'assemblée, où l'on déciderait en quelque sorte à main levée si l'on achète une machine IBM, une Bull ou une machine d'une autre marque. Alors vraiment, ce serait la fin de toute autorité, de toute efficacité, et cela se retournerait contre les travailleurs. »

Le projet Chalandon l'agace : « Il a inventé une formule dangereuse de participation. Il veut utiliser l'argent deux fois. On ferait un prélèvement sur les bénéfices non distribués, investissement, autofinancement. Les sommes resteraient à la disposition de l'entreprise, mais seraient versées à un Fonds national du travail pour alimenter les retraites complémentaires. Des fonds, on en a dans tous les coins, ça ne donne rien, ça ne supprime pas le problème des vieux et des actifs. Tous ceux qui n'auront pas cet avantage en exigeront autant. Les salariés demanderont des augmentations de salaires tout autant, ça ne va nullement les calmer. Et puis, c'est inflationniste. » Et il ajoute : « Les problèmes sociaux, c'est autre chose que le problème ouvrier. C'est une perversion intellectuelle du XIXe siècle que de les confondre. La question ouvrière est virtuellement réglée depuis que les ouvriers deviennent des bourgeois. Aujourd'hui, la question sociale, ce n'est plus les ouvriers, mais les paysans. »

En août, il revient à la charge : « Naturellement, le Général a enfourché ce dada. Le système de Chalandon pour la participation est absurde, dangereux même. Que se passera-t-il si, pour supprimer l'inflation, on bloque les salaires ? C'est du Capitant ! Les salariés se révolteront. Les salaires différés, les comptes d'épargne, l'emprunt forcé, c'est bon pour Moscou ! Ça suppose un régime totalitaire, ça y conduit ! Les ouvriers veulent récupérer leur plus-value par le salaire, un point c'est tout. »

En novembre, nouveau sujet d'irritation. Georges Pompidou s'agace de voir le Général, en conseil des ministres, se mêler de détails comme la question des droits de douane sur le coprah et déclarer : « On n'a pas de politique sur le coprah. C'est une perpétuelle improvisation. – Si, il y a une politique, rétorque-t-il. Elle ne mérite pas d'être évoquée ici, mais elle existe. – Au prochain conseil des DOM-TOM, il faudra qu'une politique soit élaborée, reprend de Gaulle, parce que je ne crois pas qu'elle le soit. »

L'air excédé de voir le président lui manquer de confiance, Georges Pompidou glisse à Alain Peyrefitte, en quittant la séance : « Le Général n'a pas compris qu'il ne doit pas trancher sur tout. D'abord, nous ne devons pas lui compliquer la vie, mais la lui simplifier. Ensuite, il y va de l'équilibre entre l'Élysée et Matignon et, finalement, de l'équilibre du régime. Il ne faut pas évoquer en Conseil des ministres ce qui peut être réglé dans une petite réunion autour de moi[47]. »

En entrant au gouvernement, occupé à apprendre son métier et à parer aux tâches les plus urgentes, Georges Pompidou ne s'est guère soucié de l'Éducation nationale. Après la démission de Pierre Sudreau, il a nommé à ce ministère Christian Fouchet, sur une idée du Général. Un homme auquel il n'aurait pas pensé, mais une fois là, il fallait bien l'y laisser un bon moment, ce poste ayant déjà trop souvent changé de titulaire. Très vite, cependant, Georges Pompidou se rend compte qu'il doit s'en mêler de près. Alors, il s'en mêle.

Lors d'une intervention à l'Assemblée nationale, en juin 1963, il fait remarquer que, si la IIIe République a démocratisé l'enseignement primaire en dotant chaque village d'une école, en revanche, pour le secondaire, l'éloignement des lycées et collèges continue de défavoriser les enfants de milieu rural. Aussi s'emploie-t-il à multiplier CES (collèges d'enseignement secondaire) et CEG (collèges d'enseignement général), si bien qu'en 1968 la France comptera six fois plus de lycéens et de collégiens qu'avant la guerre.

Pour Georges Pompidou, fils et petit-fils d'instituteurs, les concours et les examens demeurent les moyens les plus efficaces de promotion sociale. Pendant ses six années à Matignon, de 1962 à 1968, il remonte de 9 % à 17 % la part de l'Éducation nationale dans le budget de l'État, alors que, dans le même temps, la part des dépenses militaires est ramenée de 30 à 17 %. On imagine sa patience et son obstination pour parvenir à arracher une telle décision au Général !

Ce n'est pas lui, en revanche, qui a poussé à multiplier par huit les effectifs de l'Université, beaucoup plus que partout ailleurs en Europe. Tout en se montrant incapable de former assez de techniciens pour l'industrie en plein essor, elle regorge maintenant d'étudiants en sociologie et en psychologie sans aucun débouché. « Les années 1960, dira Raymond Polin, son camarade devenu professeur de philosophie, ont été des années de massification de l'Université. En 1961, douze mille étudiants en lettres à la Sorbonne ; en 1968, quarante-deux mille. Vous imaginez l'engorgement ! Et cela avec de moins en moins de qualification. Ce sera une cause essentielle de l'éclatement de Mai 1968[48]. »

Georges Pompidou voudrait au contraire renforcer la difficulté du baccalauréat, empêcher l'arrivée dans l'enseignement supérieur d'élèves inaptes à en profiter. Sélectionner les meilleurs et non les plus fortunés. La sélection est tout à fait compatible avec la démocratisation. Au lieu d'admettre systématiquement tous les enfants de bourgeois, élargissons le recrutement pour intégrer des éléments de valeur issus de milieux populaires.

À ses yeux, l'école doit rester au service de la nation, non au service d'enseignants souvent aussi conservateurs, aussi réactionnaires que les épiciers ou les petits cultivateurs. « Ces gens-là, dit-il, se croient tenus de dispenser une culture humaniste et gratuite, sans s'occuper des débouchés et autres soucis mercantiles de la société capitaliste[49]. »

Démocratisons l'enseignement, ouvrons l'accès à l'information, assurons l'égalité des chances, sans lesquelles il ne saurait y avoir ni véritable liberté d'opinion ni vraie société démocratique. Brisons le monopole des privilégiés sur la culture, sans pour autant créer de nouvelles castes de mandarins. Adaptons aussi cet enseignement aux besoins économiques de la nation. Que chacun puisse apprendre jusqu'à seize ans, d'accord, mais ne laissons pas des enfants poursuivre des études interminables sans débouchés s'il s'agit seulement de satisfaire les désirs de leurs parents. Recrutons les étudiants en fonction des places disponibles selon les prévisions du Plan, seul repère valable pour assurer la croissance du pays. La France a besoin de techniciens, d'ingénieurs pour construire des immeubles, pour imaginer des avions, dessiner des paquebots, tracer des autoroutes, elle n'a que faire de bataillons de sociologues ou psychologues enfermés dans le carcan d'abstractions. D'ailleurs, Georges Pompidou a horreur de la psychanalyse : il estime que la volonté doit être la seule arme pour surmonter une difficulté émotionnelle. À ses yeux, les analysés aiment trop s'écouter. Une activité manuelle, un exercice physique lui paraissent de bien meilleurs remèdes qu'un comportement passif.

Si l'école a vocation d'assurer à tous le minimum d'instruction pour exercer pleinement ses droits et devoirs de citoyen, elle ne doit pas servir de rouleau compresseur pour niveler les connaissances, comme le voulait le projet Langevin-Wallon. Georges Pompidou aimerait au contraire qu'elle ambitionne d'éveiller, de valoriser les enfants les plus doués issus, comme lui, de milieux modestes. Les plus doués et pas seulement les fils à papa. Or il a le tort de laisser en place un ministre rebelle à toute idée de sélection, Christian Fouchet, qui allonge les études sans aucun souci des réalités économiques.

Georges Pompidou se méfie aussi des chercheurs. Parmi ses condisciples à Normale, il en connaît trop qui sont douillettement installés dans leur univers et leurs idées. « La première fois que je l'ai rencontré, raconte Jean d'Ormesson, la conversation était venue, je ne sais plus comment, sur un de mes livres que j'avais alors publié. Il m'avait regardé et, d'un ton indéfinissable, qui traduisait une familiarité un peu lassée avec les écrivains, leurs rêves, leurs illusions, il avait murmuré : “Ah !... Parce que vous écrivez !...” »

Pour lui, la dichotomie entre industrie et recherche freine le développement. Aussi regarde-t-il avec méfiance croître les grands offices de recherche, le CNES, Centre national d'études spatiales, le CEA, Commissariat à l'énergie atomique, et surtout le CNRS, Centre national de la recherche scientifique. Effet sans doute de son esprit pragmatique, terrien, toujours tourné vers les résultats concrets. Curieux quand même, pour un grand amateur de poésie et d'art abstrait !

Vis-à-vis du CNRS, surtout, Georges Pompidou cache mal sa méfiance. Ses boutades parviennent aux oreilles de Laurent Schwartz et de François Jacob et ne leur font pas particulièrement plaisir.

Qu'importe ! Il affirme sa conviction : « Je voudrais que les chercheurs ne soient pas d'éternels étudiants. Au bout de quelques années, il faudrait les reverser à l'enseignement, sauf si l'importance de leurs découvertes justifie de les prolonger pour leur permettre d'en tirer tous les fruits. Je suis hostile à ce qu'on fasse carrière au CNRS. »

Si les Pompidou ont déserté Saint-Tropez pour la solitude de Cajarc, ils demeurent néanmoins très parisiens. Ils sont toujours aussi assidus chez les Malraux, par exemple. Georges et Claude restent en très bons termes avec Madeleine, d'avec qui André a divorcé, mais fréquentent aussi, à Verrières-le-Buisson, la maison de famille de Louise de Vilmorin, sa nouvelle compagne. Ils deviennent des habitués du grand salon bleu, aux fauteuils et aux rideaux bleus à fleurs blanches, avec les deux grandes glaces qui font face au piano et les guéridons encombrés de petits chats en ivoire, en argent ou en verre. Le nouveau couple Malraux tient table ouverte. André prend la parole au début du repas et ne la quitte plus. Le vertige des mots l'emporte au-delà de la réalité. On sait d'où il part, mais on ne voit pas où il veut en arriver. Son visage est de plus en plus souvent secoué de tics. Personne n'ose l'interrompre, on ne le comprend pas vraiment mais tout le monde se pâme. Quand il juge son monologue terminé, il lui arrive de se lever et de sortir brusquement, avant même la fin du dîner. À Verrières, on rencontre le danseur Jacques Chazot, un mondain plein d'esprit dans la tradition des salons du XVIIIe siècle[50], les acteurs Paul Meurisse et Michel Bouquet, l'écrivain Maurice Genevoix, le cinéaste René Clair, le chanteur Maurice Chevalier...

Au-delà des relations, les Pompidou ont un cercle intime de vrais amis, une bande de copains qui se réunissent régulièrement autour de plats gourmands, tantôt chez l'un, tantôt chez l'autre, pour discuter de la vie, de peinture, de cinéma ou de théâtre, de lectures ou de civilisation. Outre Raymond Cordier, le marchand de tableaux, il y a là Francis Fabre, l'armateur, les frères Jacques et François Gall, deux fils de tripier engagés dans la Résistance dès 1940 comme agents de l'Intelligence Service puis membres de commandos, et finalement globe-trotters et grands reporters. Les récits de leurs voyages de par le monde et de leurs rencontres avec des personnages aussi étonnants que Gandhi, leurs films enchantent la compagnie. On y trouve aussi Guy Béart et sa guitare :

Changer les couleurs du temps,
Les couleurs du monde
Le long d'une larme
Et tout l'océan.
Je suis né dans un arbre
Et l'arbre, on l'a coupé
Il me faut respirer
Mes racines vont sur le pavé.

Avec eux, loin de la politique, le Premier ministre goûte de vrais moments de détente, il se délivre, il se ressource. Cela ne l'empêche pas, après une conférence de presse, de leur demander leur avis sur sa prestation. « Difficile de le critiquer, avoue François Gall. L'amitié doit-elle avoir le tranchant d'une épée ? D'abord, nous n'étions pas sans deviner qu'il attendait, plus ou moins, une confirmation. Mais ce n'était pas un simple ami, un copain. Comment ne pas ressentir le privilège de nous trouver dans l'intimité d'un des grands de ce monde, un des seuls capables de déclencher l'enfer atomique ? Les lieux chargés d'histoire comme l'hôtel Matignon ou le palais de l'Élysée en imposaient, nous en imposaient. Indéniablement, nous nous sentions tenus à une certaine réserve. L'un de nous se contentait de risquer : “Tu crois que c'était nécessaire de pousser si loin ?”. Alors il écoutait, il hochait la tête[51]. »

Georges Pompidou n'oublie pas pour autant ses anciens condisciples de Normale. Une fois par mois, il les reçoit à Matignon. Ce jour-là, tous se tutoient[52]. « On se retrouve en général une quinzaine, raconte Pierre Pouget[53]. On demande d'abord ce qu'est devenu Untel ou Une telle. Puis c'est une conversation à bâtons rompus, excluant tout aparté. Personne ne cherche à s'imposer, à faire de la propagande. On oublie qu'on est reçu par le Premier ministre. On est seulement chez un camarade qui a réussi. Seule compte la camaraderie. Pompidou ne veut pas donner l'impression de mépriser ceux qui stagnent dans un emploi subalterne. Il est là pour écouter et entendre un autre son de cloche que celui des politiciens de son entourage. S'il lui arrive d'intervenir, c'est toujours avec humour, sans jamais se vanter ni donner de directives. Il aime entendre parler de nos années de jeunesse et de liberté. »

Georges Pompidou garde aussi au fond du cœur le souvenir de ses anciens élèves de Colo. À chaque anniversaire de la fusillade de la ferme du By, il reçoit les camarades des suppliciés, évoque avec eux cette époque, leur demande ce qu'ils sont devenus et, à l'occasion, donne un petit coup de pouce à leur carrière[54].

Se souvenant d'avoir été reçu, jeune attaché de cabinet, à la résidence privée du général de Gaulle, il s'inspire de cet exemple pour traiter ses propres collaborateurs. Toujours fervent du septième art, il les emmène de temps à autre voir un film dans une petite salle, à l'abri des indiscrétions de la presse. De préférence au Centre national du cinéma, rue de Lubeck, ou encore à l'hôtel de Clermont, juste en face de Matignon ; la censure cinématographique y projette les tout nouveaux films avant leur diffusion, voire, à l'occasion, un film interdit. La pudeur n'implique pas forcément d'être puritain.

Georges Pompidou sait aussi prendre le temps d'emmener Claude dans de petits restaurants à la mode ou à la Comédie-Française. Mais leurs distractions favorites restent les expositions et les galeries d'art moderne. Jean-Louis Prat se souvient : « Lorsque j'ai rencontré Georges Pompidou, j'étais jeune stagiaire dans une étude de commissaire-priseur, celle de Maurice Rheims. On me charge, un samedi après-midi, d'accueillir le Premier ministre qui venait voir les œuvres exposées pour une vente au palais Galliera. Bien sûr, à l'idée de le recevoir et de le guider, j'étais très ému. À son arrivée, je lui signalai que nous étions originaires du même pays, l'Auvergne. Il me répondit en me souhaitant bonne chance et une réussite dans un métier où peu d'Auvergnats avaient tenté l'aventure. Il ajouta : "Qu'y a-t-il dans cette expo ? Qu'y a-t-il à voir et peut-être à acheter dans cette vente ?"

« Je lui indiquai un tableau qui me paraissait intéressant et me semblait correspondre à ses goûts. Arrivés devant la toile en question, la conversation s'engagea :

"– Voilà, je vous conseille cette œuvre.

– Vous voulez vraiment que je l'achète ?

– Je ne sais pas. Non. Néanmoins, je vous la propose.

– Vous voulez vraiment que j'achète ça ?

– Non, mais je trouve que c'est un bon tableau.

– Je ne vais quand même pas acheter le tableau que je suis en train de vendre."

« Je fus stupéfait, Maurice Rheims ne m'avait pas précisé que M. Pompidou vendait un tableau. Malgré mon embarras, je lui demandai pourquoi il le vendait. Il me répondit que c'était en effet “un bon tableau” et qu’il appréciait mon goût. Mais il expliqua qu’il en avait épuisé tous les plaisirs et qu’il désirait le remplacer par un autre. Le fait est qu’il acheta quelques petites aquarelles de Rodin, de très belle qualité et à un prix moyen. “Vous savez, dit-il, un Premier ministre n’a pas une grosse situation. C’est pourquoi j’ai toujours acheté des œuvres à des prix bas. Je ne peux pas faire autrement. Alors, j’essaie d’acheter des jeunes artistes.” Cette fois, cependant, il achetait des Rodin[55]. »

Mais Georges Pompidou surveille-t-il sa santé ? On pourrait en douter, car une première alerte le 21 novembre 1963, lors d’un dîner au quai d’Orsay, avec le chancelier Ehrard, passe inaperçue. Pourtant, ce jour-là, il a le teint verdâtre depuis le début de la soirée et, juste après avoir présenté son toast, il s’effondre la tête dans son assiette ; on l’emporte sans connaissance. Or, huit jours plus tard, à une réception à Matignon, l’incident, pourtant impressionnant au dire des témoins, semble complètement oublié. « Presque tous les invités sont là, note Claude Mauriac : les Maurice Rheims, les Edmond de Rothschild, les Étienne Burin des Roziers, les Olivier Guichard, les Francis Fabre, Maurice Leroux, Maurice Druon. Manque celle dont le plan de table m’indique qu’elle sera ma voisine. Je demande à Georges : “Qui est cette demoiselle Fonda à côté de qui je suis placé ?” Non sans orgueil, il me répond : “Mais, c’est Jane Fonda.” Une jeune Américaine dont on parle beaucoup en ce moment, et dont la beauté est célèbre. La voici qui arrive la dernière, coquette, pétillante et charmeuse, tutoyant Georges qui, au cours de la soirée, lui fera des frais aussi souvent qu’il le pourra, heureux, flatté, une des vraies récompenses de la réussite. »

Si Georges Pompidou est un mari fidèle, il sait en effet regarder les jolies femmes. À un dîner à l’hôtel Ritz, pour le quatre-vingtième anniversaire de François Mauriac, il néglige l’épouse du romancier, placée à sa droite, et n’a d’yeux que pour sa voisine de gauche, une jeune et ravissante blonde, probablement l’épouse de l’ambassadeur de Suède.

L'avenir n'est pas aux fantômes, monsieur Mitterrand

De Gaulle, de vingt et un ans l'aîné de Pompidou, semble mieux suivre sa propre santé. Il est vrai que ses problèmes sont plus classiques. Le 17 avril 1964, il entre à Cochin pour se faire opérer d'un adénome de la prostate. Par pudeur, il a tenu à garder le secret, ne supportant pas de mettre les questions intimes sur la place publique. Mais une indiscrétion s'est produite à l'hôpital. Déguisés en infirmiers, des journalistes et des photographes ont découvert le pavillon où il se trouve et sont tombés sur ses gorilles, eux aussi en tenue d'infirmiers. Cette rencontre inopinée confirme la nouvelle, qui se répand comme une traînée de poudre et fait le tour du monde. Seuls cependant quelques initiés connaîtront aussitôt le mot du Général, à son réveil : « Avant, j'étais la France, maintenant, je suis incontinent. »

En tout cas, pour la première fois sous la Ve République, le conseil des ministres se déroule sans de Gaulle et à Matignon. Se sentant sur la sellette, Pompidou prend soin de rester modeste, tout en montrant qu'en son absence il tient la barre sans faiblir. Attention à la conférence de presse hebdomadaire, d'usage après chaque conseil ! Il met bien en garde Alain Peyrefitte, porte-parole du gouvernement : « Vous allez marcher sur des œufs. Faites attention à ne pas donner l'impression qu'on puisse très bien se passer du Général. Vous n'aurez pas de téléspectateur ou de lecteur plus attentif. Dites bien aux journalistes que ce conseil s'est déroulé comme à l'ordinaire, que les ministres ne se sont pas conduits en écoliers dissipés. N'oubliez pas de préciser que le Premier ministre a agi en vertu d'une délégation exceptionnelle. Je ne suis pas président de la République par intérim, j'exerce seulement des pouvoirs normaux et provisoires qu'il m'a délégués et sous son contrôle. Un mot de trop, et on dira : "Pompidou veut prendre la place". »

Le 24 avril[56], l'empêchement du président de la République incite François Mitterrand à interpeller Georges Pompidou sur le fonctionnement des institutions. Se fondant sur un décret du 10 janvier 1964 qui a confié au président le pouvoir de décider de l'emploi de la force de dissuasion, de déclencher la guerre atomique, il fait remarquer que le Premier ministre a abdiqué ses compétences constitutionnelles en matière de défense. De ce fait, la responsabilité du gouvernement devant le Parlement est vidée de sa substance, c'est un régime de pouvoir personnel.

Avec talent et insolence, il reproche à Georges Pompidou les empiètements qu'il accepte de la part du Général : « Monsieur le Premier ministre, en vertu de l'article 20 de la Constitution, le gouvernement détermine et conduit la politique de la nation ; il est responsable devant le Parlement. Si je constate que ces formules sont, dans la réalité, vides de sens, n'ai-je pas le droit de vous demander à vous, Premier ministre qui, d'après l'article 21 de la Constitution, dirigez l'action du gouvernement, non seulement comment et pourquoi, par le transfert continu de vos attributions au président de la République qui, lui, est irresponsable devant le Parlement, vous abandonnez l'essentiel de vos prérogatives, mais encore comment et pourquoi, ce faisant, vous vous autorisez à priver progressivement le Parlement du droit fondamental de contrôle et de décision politique, hors duquel ce régime ne serait plus que l'alibi d'un pouvoir personnel ?... Nous pourrions, après tout, marquer quelque indifférence quant aux péripéties entre l'homme fort et l'homme faible de l'exécutif, qui ne serait d'ailleurs pas toujours le même. Mais nous ne pouvons demeurer indifférents au fait que si le Premier ministre renonce aux compétences que lui accorde la Constitution, il n'engage pas que lui-même, il nous engage nous, Parlement, et, avec lui et nous, le peuple tout entier. Car il fait passer de la responsabilité à l'irresponsabilité présidentielle. »

Inquiet de voir les questions d'affaires étrangères et de défense devenir un domaine réservé, échappant à tout contrôle parlementaire, l'orateur ajoute : « Votre régime n'est qu'un régime d'autorité et d'irresponsabilité ! » Puis il propose soit le retour au régime d'assemblée, soit un vrai régime présidentiel, à l'américaine, avec élection simultanée de l'Assemblée et du président et suppression du droit de dissolution.

Georges Pompidou n'a aucune estime pour François Mitterrand : « Ce n'est pas un vrai socialiste. Les vieux, ceux qui croient à la bonté, au progrès de la société, ce sont les anciens socialistes ; Mitterrand, lui, ne croit à rien de tout cela, il se sert du parti socialiste. » Il le trouve sournois, comme beaucoup de besogneux de la politique. Alors, au lieu de l'appeler « monsieur le ministre », eu égard à ses fonctions sous la IVe République, il lui jette à la figure un méprisant « Monsieur

Mitterrand » et lui répond : « Par l'élection au suffrage universel et la possibilité de faire appel au peuple par le référendum ou la dissolution, le chef de l'État est à même d'enrayer le mal d'où naquirent l'instabilité et la faiblesse d'hier, je veux dire l'absence de majorité ou le risque de majorités composites ou incertaines.

« Je considère comme un devoir élémentaire pour un Premier ministre de ne jamais révéler publiquement les divergences qui, en telle ou telle circonstance, pourraient surgir entre le chef de l'État et lui. L'unité de direction et de politique domine à mes yeux toute autre considération. Mais je puis affirmer qu'il n'y a pas de domaine réservé, dans aucun sens. »

Puis, de la défensive, Georges Pompidou passe à l'offensive. Sa vigueur inattendue surprend et ravit une partie de l'auditoire : « Sur les rives paisibles de l'opposition, comme les émigrés de l'Ancien Régime sur les rivages de l'Angleterre, s'écrie-t-il, vous attendez impatiemment l'heure de rentrer dans l'État, sans avoir rien appris ni rien oublié. Eh bien, je vous le dis, l'avenir n'est pas à vous, l'avenir n'est pas aux fantômes ! »

Sur sa lancée, il traite François Mitterrand de « personnage du passé », d'« ombre », de « type d'homme de la IVe République que les Français ne veulent pas revoir ».

Il s'exprime avec autorité, sans pathos, sans envolées lyriques à la Herriot ou à la Blum. Nul ne peut plus douter qu'il soit désormais l'héritier du Général. Cette joute oratoire manque de courtoisie, mais – et c'est là le but recherché – elle subjugue les parlementaires UNR et consacre comme un patron de choc cet intrus que, depuis deux ans, ils ont du mal à tolérer. Elle l'a lancé, elle l'a révélé.

D'ailleurs, depuis quelque temps, Georges Pompidou se montre excellent dans les débats. Sourd aux théories, aux utopies, il improvise des réponses pleines de mordant, qui vont droit aux faits [57]. La cuisine parlementaire, il la délègue à Jacques Chaban-Delmas, président de l'Assemblée nationale et admirable connaisseur du Parlement. Chaque semaine, il le rencontre au déjeuner des barons du gaullisme et lui indique les sujets à régler la semaine suivante avec les députés ou les sénateurs. À Dinard, devant les parlementaires UNR réunis en congrès, Jacques Chaban-Delmas lui fait publiquement allégeance : « J'attends beaucoup de vous pour demain et après-demain. » La formule est très remarquée.

Estimant que « le rôle essentiel d'un Premier ministre de la Ve République consiste à se tenir en liaison constante, étroite et confiante avec la majorité qui soutient le président, à l'associer à sa politique, à lui en faire comprendre la nécessité puisqu'elle en partage la responsabilité[58] », Georges Pompidou charge Pierre Juillet de contrôler l'UNR et de placer également des hommes sûrs aux postes clés de l'État, de l'information et des entreprises publiques.

Au conseil des ministres, il prend aussi de plus en plus d'ascendant par sa façon de préciser, de corriger ses collègues, parfois de les remettre à leur place. Alain Peyrefitte en fait les frais au retour d'un voyage d'inspection en Polynésie. Comme il signale maladroitement que les pasteurs protestants de Polynésie s'opposent aux essais nucléaires à Mururoa, de Gaulle pique une colère. Aussi, à la fin du conseil, Georges Pompidou lui passe-t-il un savon : « Épargnez au Général ces coups de sang. J'avais gommé le sujet. On ne le sert bien qu'en lui cachant certaines choses. Il n'a pas besoin d'excitants. Ne vous conduisez pas avec lui comme Debré. Faites comme moi, calmez-le. »

Même assurance devant la presse. À la télévision, les débuts ne sont pas aisés : « C'est difficile de parler en direct, ébloui par les flashes, sans voir le public. Mon regard est tourné vers l'intérieur. J'essaie de deviner, de sentir la présence des Français qui m'écoutent. » Peu à peu, cependant, il excelle dans ses « causeries au coin du feu ». Même lorsqu'il traite de sujets aussi arides que le Marché commun ou la force multilatérale, à croire qu'il prépare l'après-gaullisme, on admire sa belle voix au timbre grave, rocailleuse et chaleureuse. « Il est bon que vous vous déplaciez de par le monde, pour prendre stature, lui dit de Gaulle. Et que vous vous fassiez connaître dans un coin où vous puissiez vous faire élire. »

Ces paroles ne tombent pas dans l'oreille d'un sourd. Pas à pas, le Premier ministre sort de son effacement et commence à se montrer. Déjà en juillet 1963, il était allé avec le Général dans le Pacifique vérifier l'avancement des travaux du Centre d'expérimentations nucléaires appelé à remplacer celui du Sahara. Cette fois, il va seul en Suède, en Inde, au Japon représenter la France.

Mais c'est surtout en province qu'on le voit rechercher les bains de foule, comme le faisait si bien de Gaulle. Dans cette France rurale où l'agriculture fait encore vivre dix millions de personnes. La paysannerie, c'est son affaire, il s'y sent à l'aise, mieux que chez les ouvriers. Avec l'aide de son père, il écrit une lettre en langue d'oc qu'il fait publier par la presse auvergnate. Il y affirme que « les enfants d'Auvergne qui l'ont quittée se souviennent de leur terre maternelle toute leur vie » et ajoute qu'il fera « tout ce qu'il pourra pour faire du Cantal un département de plus en plus riche et heureux ».

Le voici, en mai 1964, à Albi, la ville où il a passé son enfance. Inaugurant le nouveau lycée, il s'amuse à jouer un tour à sa façon à l'inspecteur d'académie, Fieu, l'ancien camarade qui lui a souvent disputé les premiers prix : « Monsieur l'inspecteur d'Académie, c'est avec beaucoup de joie que j'ai visité les établissements scolaires dont vous avez la charge. Cependant, j'ai remarqué que vous n'étiez pas généreux... » Stupeur générale. Fieu devient écarlate. On échange des regards embarrassés. Des instants que Georges Pompidou goûte avec délectation. Puis il poursuit : « parce que tu aurais pu quand même donner un jour de congé aux élèves, comme cela se faisait de notre temps ».

Le jour de congé est accordé sur-le-champ, sous les vivats des élèves. Georges a réussi à se faire acclamer devant son ancien rival.

Dans la foulée, visitant le Cantal, il inaugure le centre thermal de Chaudes-Aigues, pose la première pierre de l'usine de Centre-Lait, applaudit la Sanfloraine qui danse la bourrée sur la place d'armes de Saint-Flour et survole en hélicoptère les forêts de châtaigniers, les sommets dénudés du plomb du Cantal et du puy Mary, les pentes du Lioran couvertes de sapins, les châteaux au bord des lacs. À Vic-sur-Cère, il invite cent soixante-cinq personnes à déguster la truite meunière arrosée de pouilly-fuissé et la pièce de Salers forestière.

Cette tournée dans le Lot et le Cantal lui offre une connaissance du terrain et des problèmes des zones rurales en difficulté. Elle le raccroche à ses racines paysannes et l'aide à gommer l'image de banquier mondain qui le desservait auprès de l'opinion.

Pourtant, en août 1964, l'irrésistible ascension de Georges Pompidou risque de se terminer en tragédie, dans un bain de sang, lorsqu'il accompagne à Toulon de Gaulle et tout un groupe de militaires pour une grande revue navale dans la rade. Jacques Chaban-Delmas, qui a été de la fête, se souvient de cette journée : « Dans le bleu confondu du ciel et de la mer, il y avait juste assez de vent pour faire frissonner les pavillons, dans une gloire de soleil et de musique. Après un déjeuner de trois cents couverts, le programme prévoyait de grimper au fort du mont Faron inaugurer un mémorial consacré au débarquement de Provence, dont c'était le vingtième anniversaire, et à la libération de la ville. Nous voilà tous partis en cortège de voitures officielles le long de la route en lacets. Au sommet, la terrasse était fleurie pour la circonstance[59]. »

Or, à l'insu des services de sécurité, des terroristes ont dissimulé la veille des bombes de fort calibre dans les vasques à géraniums. Heureusement, quelques heures avant la cérémonie, un jardinier, jugeant les fleurs un peu souffreteuses, les a copieusement arrosées, ce qui n'arrange pas forcément les explosifs. Et surtout les cordons de gendarmerie disposés pour écarter les curieux obligent au dernier moment les tueurs à télécommander la mise à feu depuis un point en contrebas. Ce ne sont pas des experts artificiers, la configuration escarpée du terrain fait écran, empêche l'onde de passer et les bombes n'explosent pas. Ce jour-là, comme à Orvilliers, Pompidou frôle la mort sans se douter de rien.

La métamorphose

Les premiers bruits commencent à circuler en octobre 1964 d'un départ possible du Général, l'année prochaine, au terme de son premier mandat présidentiel. Des rumeurs que semblent confirmer quelques indices, son effort systématique pour créer des situations irréversibles, la loi de programmation militaire ou le financement du Marché commun agricole. Comme pour mettre son successeur, quel qu'il soit, devant un fait accompli.

Georges Pompidou ne sait que penser : « Ceux qui connaissent de Gaulle le savent bien, confie-t-il à Alain Peyrefitte. À chaque retour de novembre, il a le spleen, à cause de l'année de plus qu'il est obligé de compter[60]. Il a toujours eu peur de la vieillesse, jamais de la mort. Novembre est le mois des hésitations douloureuses, mais il les surmonte. Un homme avec son tempérament ne décline pas. À soixante-dix-sept ans, mon père est toujours aussi lucide. Pourquoi le Général, qui ne montre aucune baisse d'acuité ni d'activité, ne garderait-il pas tous ses moyens jusqu'à quatre-vingt-deux ans ?

« Rien ne l'empêche d'ailleurs d'en faire beaucoup moins dans son second septennat. Le premier aura été extraordinairement difficile, avec une multitude de problèmes dramatiques à régler, de précédents à créer. Le second serait un septennat de maintenance. Il pourrait laisser davantage la bride à son Premier ministre, à condition d'avoir confiance en lui. Pourquoi s'obstiner à vouloir régler lui-même le prix du lait ? Il pourrait diminuer son activité de moitié, tout en continuant de diriger l'essentiel, de donner les grandes impulsions[61]. »

Le 14 octobre, à une réunion avec la presse, un journaliste lui pose la question piège : « Si le Général vous demandait de lui succéder, accepteriez-vous ? » Georges Pompidou esquive adroitement : « J'ai le bonheur d'avoir mon père en vie et je n'ai pas pour habitude de m'intéresser à sa succession. Aussi bien, la succession du général de Gaulle n'est pas ouverte et elle n'est pas près de l'être. Mais si la question se posait, croyez-moi, j'y songerais[62]. »

Il n'est plus un inconnu. Ses causeries télévisées au coin du feu ont imposé l'image d'un Premier ministre très au fait de ses dossiers et proche des préoccupations des Français. Se sentant reconnu, il accepte la contradiction. La mention « au coin du feu » disparaît et les entretiens ont lieu désormais avec un ou deux journalistes de la presse écrite, qui ne sont plus de simples faire-valoir. Il leur répond de manière détendue, et n'hésite pas à allumer une cigarette. Jamais il n'aborde les questions de politique extérieure ou de ses rapports avec le président : « Le Général, c'est spécial », répond-il si on le pousse dans ses retranchements, et le journaliste n'insiste pas. Cependant, il se tient prêt pour le cas, improbable, où de Gaulle se retirerait, comme en témoigne cette confidence à Alain Peyrefitte : « La classe politique considère de Gaulle comme une parenthèse. Elle pense qu'après lui, on retournera à la IVe, c'est-à-dire à la IIIe, et que le président n'aura plus qu'à inaugurer les chrysanthèmes. Cette machine infernale, son successeur devra absolument la bloquer et appliquer sans faiblesse les règles institutionnelles voulues par le Général. Faire plier, dompter la classe politique jusqu'à ce qu'elle se rallie, gauche comprise, à la pratique de la Ve, et donner enfin à la République sa stabilité. Peu d'hommes en sont capables.

« Il faudra faire prévaloir l'unité de l'exécutif, c'est-à-dire la prééminence du président. Le premier ministre doit coller au président, rester dans la ligne arrêtée avec lui. Depuis que je suis à ce poste, je respecte ce principe. Jamais je ne fais état en public, ni même devant deux personnes, de mes éventuels désaccords avec le Général. Au maximum devant une personne, et encore très rarement, afin, en cas de fuite, de pouvoir en déterminer l'origine. Cette doctrine de la prééminence du président, je l'ai rappelée en avril dernier dans mon débat avec Mitterrand, qui, lui, la juge antirépublicaine. Le successeur du Général devra à tout prix la faire respecter. Si Mitterrand gagne un jour l'élection présidentielle, on verra bien s'il fait prévaloir ce point de vue, ou l'inverse.

« Mais il faut aussi dépersonnaliser le régime, éviter que le président ne lie trop souvent son sort à l'issue d'un référendum. La majorité présidentielle doit s'incarner dans la majorité parlementaire, les deux ne doivent faire qu'un. Le Général a voulu une pratique brutale de la Constitution. C'était peut-être nécessaire pour changer les habitudes. Mais, après lui, les institutions de la Ve République doivent se faire adopter définitivement par une pratique apaisée, sinon la greffe sera rejetée. »

Des élections présidentielles sont prévues pour fin 1965. Grande nouveauté, car ce sont les premières au suffrage universel depuis 1848. Cependant, le général de Gaulle ou son dauphin semblent assurés d'une victoire facile, car, bien à tort, on se fie aux résultats des scrutins précédents, ceux sur l'indépendance de l'Algérie ou sur le mode d'élection du président. Aussi, à gauche, personne ne se sent le courage d'aller à l'abattoir. Personne, sauf François Mitterrand. Gaston Defferre renonce. Pierre Mendès France, quant à lui, estime que le moment n'est pas venu. Devant le vide, François Mitterrand saisit l'occasion, mais il n'inspire guère confiance, on lui reproche d'avoir collaboré à la politique coloniale de Guy Mollet. On ne croit guère à ses chances, *L'Express* ne pense pas qu'il puisse dépasser les 20 %. De l'avis unanime, de Gaulle l'emportera haut la main s'il se représente. Ce sera une simple formalité, les sondages le créditent de 66 % des voix dès le premier tour. Mais s'il ne se représente pas ? Dans ce cas, Georges Pompidou se sait le seul recours. Cependant, le Général lui cache ses intentions. Est-ce pour le tâter ou le tenter, tantôt il évoque sa lassitude, son désir de partir, lui répétant qu'il sera le dauphin, tantôt il s'amuse à jouer sur ses nerfs.

« En somme, jusqu'à nouvel ordre, nous connaissons six candidats, lui dit de Gaulle un jour de septembre. – Six ? – Oui, Mitterrand, Marcilhacy, Tixier-Vignancour, un inévitable candidat centriste, et puis... » Très léger suspense. L'œil du Général se plisse, écrit Jean-Raymond Tournoux[63]. Visage serein et cœur anxieux, Pompidou demeure stoïque... « Et puis, conclut de Gaulle, monsieur le Premier ministre, il y a nous deux ! »

Ce manque de confiance met Georges Pompidou de plus en plus mal à l'aise. S'il attend le dernier moment pour se lancer dans la mêlée, il risque de partir avec un handicap difficile à remonter. Au fil des jours, il finit par croire que de Gaulle se retirera et qu'il appellera à voter pour lui. Aussi Georges Pompidou occupe-t-il l'été 1965 à se préparer discrètement.

Par une extraordinaire coïncidence, Fayard sort juste à ce moment-là une biographie de Georges Pompidou. À croire que ce soit un travail sur commande, ce qui n'est pas le cas, bien au contraire. Au mois de février, un journaliste, Philippe Bernet, a publié dans *L'Aurore* neuf articles truffés d'anecdotes sur le thème de *Qui êtes-vous, monsieur Pompidou ?* Les titres étaient particulièrement évocateurs : « Déguisé en femme, il s'introduit dans un collège de jeunes filles d'Albi » ou « Même pour les moutons de Cajarc, le Premier ministre demeure mystérieux ». Malgré l'absence de sources, ces récits avaient révélé aux Français un homme comme eux. Pressentant l'intérêt commercial du sujet, Fayard avait alors confié le soin d'écrire une véritable biographie à un autre journaliste, Merry Bromberger, qui s'est enthousiasmé pour son personnage. Malheureusement et contre toute attente, soit par pudeur, soit pour éviter de porter ombrage au Général, les Pompidou ont refusé obstinément de lui ouvrir leur porte. Il a fallu toute la gentillesse de Simonne Servais pour lui donner quand même quelques tuyaux[64], mais elle a eu toutes les peines du monde à refréner son ardeur. En voulant faire passer Pompidou pour plus résistant qu'il ne l'a été, il ne réussit qu'à agacer son héros tout autant que les authentiques résistants. Malgré de nombreuses coupures, son livre apparaît comme une hagiographie et n'apporte pas grand-chose par rapport aux articles amusants et sympathiques de *L'Aurore*.

Pour compliquer encore les choses, depuis deux ans, rien ne va plus entre Georges Pompidou et son ministre des Finances. Il rend son programme de stabilisation responsable de la détérioration du climat social. Responsable aussi du défaut de compétitivité industrielle de la France : pour lutter à armes égales avec les Allemands, les industriels ont besoin d'investir, or le blocage des prix et l'encadrement du crédit les en empêchent.

À la décharge de Valéry Giscard d'Estaing, il faut bien reconnaître que, depuis 1944, et jusque dans les années 1980, la France, pour n'avoir pas eu le courage d'opérer la ponction sur la masse monétaire préconisée par Pierre Mendès France en 1945, vit en permanence sous la menace d'une pression inflationniste.

Quoi qu'il en soit, Georges Pompidou envisage même un moment de se séparer de son ministre des Finances. Albin Chalandon l'en dissuade : « Le renvoyer maintenant risquerait d'être interprété comme l'échec de la politique financière et économique du gouvernement. » Et, comme nécessité fait loi, en octobre 1965, Georges Pompidou en vient à inviter Valéry Giscard d'Estaing à un tête-à-tête : « Je ne sais pas si le Général va se représenter. S'il ne se représente pas, je serai candidat. Puis-je compter sur votre soutien ? » Prétextant la nécessité de consulter son parti, Giscard demande huit jours de réflexion, et finit par lui donner une réponse favorable. « Il m'a semblé qu'il en était touché, humainement[65] », dira-t-il plus tard.

De Gaulle meurt d'envie de se représenter, mais, à soixante-quinze ans, est-il raisonnable de briguer un mandat qui, en principe, doit durer sept ans ? Depuis que son médecin de confiance, le docteur André Lichwitz, n'est plus en état de lui prodiguer ses soins, il se méfie de ce qu'on lui dit sur sa santé. Sa femme redoute pour lui les voyages fatigants. Il hésite. « Voyez-vous, confie-t-il à Jacques Foccart, d'un côté, je suis excité par le combat, mais, de l'autre, je pense que je dois me retirer. Si j'attends trop, les conditions pour mon successeur seront moins bonnes que maintenant. J'ai hésité entre Debré, Chaban et Pompidou. À mon avis, Debré est meilleur pour la polémique et Chaban pour le Parlement. Mais, dans cette période où il faudra se battre, Pompidou réussira le mieux. Il le fera avec pondération et courage. Je l'ai d'ailleurs interrogé à ce propos et il m'a dit qu'il était prêt à lutter. D'ailleurs, entre nous, je crois qu'il a pris goût au pouvoir, et c'est normal[66]. »

Quelques jours plus tard, de Gaulle convie à déjeuner Debré, Couve et le journaliste Georges Suffert, qui en a laissé un compte rendu mémorable[67]. « Jusqu'au fromage, il ne fut question de rien. Puis, sans fioritures, le Général nous demanda notre avis : devait-il ou non se représenter ? Il ne nous fit grâce ni de son âge, ni de sa lassitude, ni de divers scrupules. Rien, c'était une simple question. Je crois que Debré parla le premier. Ce fut un speech complet et frémissant. Tout y passa, le 18 juin, la France et les menaces qui pèsent encore sur l'État. Sa voix faisait trembler les verres. Lorsqu'il acheva son discours en forme de plaidoirie ou d'invective, nous étions tous épuisés. Sauf lui. Couve, comme il se doit, fut laconique, de Gaulle devait être content. Ce fut le tour de Malraux. J'ai oublié en partie ses paroles, il lui arrivait d'être assez obscur, vous savez. En tout cas, vers la fin, il dressa ses deux bras vers le ciel et tous, nous observions les tremblements de ses mains et la blancheur du plafond, le geste raisonnait tout. Enfin, de Gaulle me regarda et je me bornai à faire observer que les autres avaient tout dit. D'ailleurs, je partageais leurs convictions. Il n'y avait plus qu'à boire le café, ce que nous fîmes. »

Georges Pompidou ronge son frein. Il est peut-être tenté, mais il a la grande sagesse de ne jamais le dire. Il se garde de toute déclaration, d'avancer la moindre hypothèse. « Un jour, il est venu me voir, raconte Alain de Boissieu.

“Alors, est-ce que le Général se représente ou pas ?” Je me suis contenté de lui répondre : “Dans la famille, il y a une personne qui est contre, ma belle-mère.” Je ne pouvais lui en dire davantage. Le Général nous avait dit : “Ne le dites à personne. Je vais me représenter, car il reste des problèmes nucléaires à traiter, mais je n'irai pas jusqu'au bout de ce nouveau septennat. Je me retirerai à quatre-vingts ans. J'annoncerai mon départ au dernier moment, de façon à surprendre tout le monde et à faciliter l'élection de mon successeur, qui ne peut être que Pompidou[68]. »

Pour annoncer la couleur, de Gaulle attend cependant un mois avant le scrutin. En bon stratège, il ne veut pas se découvrir trop tôt. Au conseil des ministres du 3 novembre 1965, un mercredi, juste avant de lever la séance, il laisse tomber : « Je parlerai demain à la radio télévision. Je m'excuse de ne pas vous confier ce que je vais dire à la nation. Je garde ma décision pour moi-même jusqu'au moment où j'en parlerai à la nation tout entière. » Alain Peyrefitte fait observer que, le lendemain, c'est la Saint-Charles. Cela pourrait faire rire. “Bah, c'est la Saint-Charles ? Je n'y peux rien, ça tombe comme ça.” – Moi, ajoute Georges Pompidou, je pense que la Saint-Charles, c'est un détail. Personne n'y pensera, sauf *Le Canard enchaîné,* et ce ne sera que pour mercredi prochain. – Bien entendu, merci, Monsieur le Premier ministre. »

« La situation est surréaliste, note Alain Peyrefitte. Pompidou est persuadé que de Gaulle prend toutes ces précautions pour annoncer son départ et recommander aux Français de voter Pompidou. Et le Général est persuadé que les ministres, dont le Premier, ont bien compris qu'il se représenterait[69]. »

Le lendemain, à l'heure dite, Georges Pompidou, qui n'a pas de téléviseur dans son bureau, regarde l'allocution chez Michel Jobert, où tous les membres du cabinet sont réunis. Stupeur : de Gaulle est candidat et il l'annonce d'un ton majestueux : « Que l'adhésion franche et massive des citoyens m'engage à rester en fonctions, l'avenir de la République nouvelle sera définitivement assuré. Sinon, personne ne peut douter qu'elle s'écroulera aussitôt et que la France devra subir – sans recours possible – une confusion de l'État plus désastreuse encore que celle qu'elle connut autrefois. » Non seulement de Gaulle n'a pas un mot pour le Premier ministre, mais il fait sentir que sans lui, de Gaulle, tout s'écroulerait.

Dans le bureau du directeur de cabinet, le climat est tendu. À mesure qu'on entend le Général, le visage de Jobert, d'ordinaire impassible, se décompose.

Georges Pompidou se retire sans un mot. Il sait qu'il occupe un siège éjectable et que, pour durer, il faut savoir endurer. Il doit avoir l'habileté nécessaire pour exister sans que de Gaulle se formalise : « Un vizir au sultan fait toujours quelque ombrage », faisait dire Racine à Bajazet. « Ce qu'a dit le Général n'est guère aimable pour Pompidou, s'exclame Jobert. C'est même insultant. En somme, s'il n'avait pas décidé de se représenter, personne n'aurait pu sauver la République à sa place. »

Même réaction chez Gaston Defferre, qui résume en quatre mots cette déclaration de candidature : « Moi ou le chaos. » Reprise par plusieurs journaux d'opposition, ravis de présenter de Gaulle comme un paranoïaque imbu de son ego, la formule fait des ravages.

De Gaulle fait une campagne surréaliste où il n'apparaît dans aucune réunion publique, pas une seule. L'exercice est difficile pour son état-major : comment expliquer aux électeurs l'absence, la bouderie, du principal intéressé ?

Au premier tour du scrutin, le 5 décembre 1965, l'inimaginable se produit : le Général est mis en ballottage. La surprise ne vient pas seulement du succès de François Mitterrand, qui a regroupé sur son nom tous les suffrages de la gauche et séduit beaucoup de femmes en faisant de la pilule anticonceptionnelle un thème de sa campagne ; elle tient aussi au score étonnant de Jean Lecanuet. Personne n'attendait « Dents blanches », l'homme à l'éternel sourire. N'ayant guère fait impression à la présidence du MRP, il en avait démissionné pour se faire, avec l'appui de son parti, des indépendants et d'une partie des radicaux, l'avocat d'une sorte de fédéralisme européen. Un non-sens pour de Gaulle : « Les pays perdraient leur personnalité nationale et seraient régis par quelque aréopage technocratique, apatride et irresponsable. » Mais Jean Lecanuet arbore un style moderne, et cela plaît.

Le désaveu infligé au pouvoir a également deux causes plus profondes. D'abord, pour la première fois, l'opposition peut s'exprimer à la télévision et les Français, passionnés par ces joutes oratoires, se disent : « Si de Gaulle ne fait pas campagne, c'est que ça ne l'intéresse pas ou même que nous ne l'intéressons pas. »

Ensuite, ni le président ni le Premier ministre n'ont vu que les Français aimeraient les voir s'occuper un peu de l'intendance. Pas seulement de la force de dissuasion ou de l'avion supersonique subventionné par les contribuables et réservé à quelques privilégiés, mais aussi du logement et des autoroutes. Surtout du téléphone. Beaucoup sont exaspérés, en cette époque du « 22 à Asnières ». Il faut deux ans d'attente en moyenne pour que l'administration consente à vous raccorder au réseau. Quand on est enfin l'heureux détenteur d'une ligne, on attend un quart d'heure pour avoir la tonalité et l'on doit parfois recomposer le numéro trois ou quatre fois avant d'obtenir une communication. Les tarifs sont deux fois plus élevés qu'à l'étranger, mais les recettes du téléphone sont détournées d'autorité pour combler le déficit des chèques postaux. Pour faire concurrence aux banques : une sottise.

La faute en revient d'abord à Pierre Massé, commissaire au Plan, qui considère le téléphone comme un gadget, mais aussi à de Gaulle, qui s'obstine à maintenir au ministère des PTT Jacques Marette. Lorsqu'on demande au ministre davantage de lignes, celui-ci se contente de répondre : « Ça n'intéresse que les dames du monde, qui se racontent leurs histoires de cœur » ou encore : « Nos parents n'avaient pas le téléphone, ils étaient beaucoup plus tranquilles, on ne les dérangeait pas à toute heure du jour et de la nuit. Le téléphone, c'est le stress permanent et l'infarctus assuré à quarante-cinq ans. »

Le 5 décembre, au soir du premier tour, Georges Pompidou, Louis Joxe et Alain Peyrefitte sont assis avec Anne-Marie Dupuy devant le petit écran. Dès qu'ils apprennent les résultats, Georges Pompidou s'écrie : « Ça va être un coup terrible pour le Général. Il faut que je l'appelle à Colombey ! »

« Georges Pompidou se souvient du référendum de 1962, note Philippe Alexandre. De Gaulle refusera de se maintenir au pouvoir sans l'adhésion massive des Français. Ce soir, la masse est dans le camp des adversaires et des abstentionnistes. La légitimité, mot clé de la philosophie gaullienne, vient de subir un terrible coup. Le Premier ministre est épouvanté. Cette nuit-là, il a vraiment cru que le Général allait abandonner la partie[70]. »

Le Général, justement, a horreur du téléphone, il n'aime pas être dérangé et refuse de le décrocher. Anne-Marie Dupuy finit quand même par obtenir la communication. De Gaulle est au bout du fil. Elle passe l'appareil à Georges Pompidou, qui s'efforce de parler avec douceur : « Mon Général, les résultats, presque au complet, sont là. Vous allez être mis en ballottage avec 44 ou 45 % des suffrages exprimés. Nous sommes déçus, évidemment. Nous espérions vous voir passer au premier tour. Mais ça n'a rien de dramatique. Il est exclu que les 55 ou 56 % qui se sont dispersés entre vos cinq opposants se regroupent sur un seul. Ces oppositions sont trop hétéroclites. Les deux tiers des voix de Lecanuet, de Marcilhacy et de Barbu devraient se reporter sur vous. Les trois quarts peut-être. Seuls, les électeurs de Tixier-Vignancour vous détestent suffisamment pour voter au second tour pour Mitterrand. Jamais celui-ci ne réunira, en plus de ses voix du premier tour, les 17 % qui lui manquent pour atteindre les 50 %. Nous devons nous battre dans les quinze jours qui viennent, mais le résultat ne fait aucun doute. »

Le Général hésite à se retirer purement et simplement. Il ne répond pas. À court d'arguments, Georges Pompidou lui passe Alain Peyrefitte, puis Louis Joxe : « De toute façon, vous n'avez pas d'autre choix que de rester pour le second tour. En vous retirant, vous assureriez l'élection de Mitterrand, qui n'aurait rien de plus pressé que de jeter bas tout ce que vous avez réalisé ou entrepris. » Mitterrand qui, du jour au lendemain, est devenu la figure charismatique de la gauche.

De Gaulle finit par se laisser convaincre : le ballottage n'empêche pas le président proclamé à l'issue du second tour de se comporter comme l'élu de tous les Français, sans exception. Du coup, il accepte non seulement de maintenir sa candidature, mais de se laisser interviewer à la télévision par un journaliste ami, Michel Droit. Cette fois, il ne ménage pas sa peine pour donner de lui une image différente, conviviale. Il émaille sa prestation de formules originales, singulières, de trouvailles pleines de gouaille, qui mettent les rieurs de son côté. Par exemple : « On peut sauter sur sa chaise comme un cabri en répétant l'Europe ! l'Europe ! l'Europe ! ça n'aboutit à rien. » Pompidou monte lui aussi au créneau. Ayant obtenu du Général l'autorisation de puiser dans les fonds secrets, il renforce et diversifie la propagande par tracts et affichettes. Il demande à tous les orateurs UNR de ne plus évoquer Jean Lecanuet et, au contraire, de reprendre dans tous les meetings une formule prononcée par de Gaulle en conseil de ministres : « A-t-on jamais vu un dictateur en ballottage ? » Et, lorsqu'une réunion qu'il tient lui-même à Nantes risque d'être perturbée par quatre cents ouvriers venus protester contre la fermeture de leur usine, Pompidou demande à Jacques Foccart de lui amener un renfort de gros bras et d'anciens de la 2e DB. Finalement, de Gaulle est réélu au second tour avec 55 % des voix, le 19 décembre.

Malgré tout, depuis le 4 novembre, en tout cas, quelque chose a changé entre de Gaulle et Georges Pompidou, qui lui en veut beaucoup de ne pas l'avoir prévenu de sa candidature. Entre le maître et le disciple, c'est la première fêlure. Jusqu'alors, quand parlait le Premier ministre, chacun savait que c'était sur instruction du Général. Nul besoin de faire état de son harmonie avec le président, personne n'en doutait. Lui qui, au conseil des ministres, s'interdisait toujours de laisser paraître la moindre critique, il s'autorise désormais, de temps à autre, une nuance, voire une remarque ironique.

Cependant, sa prudence est rarement prise en défaut. Les confidences dont les journalistes sont friands, il préfère les éviter. Braquant sur lui les projecteurs, elles agaceraient le Général. Son aptitude à la dissimulation frappe le journaliste Michel Drancourt : « Pompidou ressemblait à un paysan qui y regarde à trois fois avant d'acheter une bête et qui n'avoue jamais son désir ardent d'acquérir un lopin de terre convoité depuis toujours. Pas étonnant, ajoute-t-il, qu'on l'ait choisi pendant la guerre pour être officier de renseignements[71]. » Point de vue partagé par Jean-François Deniau : « Du monde rural, Pompidou a gardé la méfiance. Son œil noir reste en permanence aux aguets sous les sourcils. Il se méfie des nouvelles, des faits, des événements, de la météo, des hommes. Ne pas se laisser surprendre. Qui va débusquer qui ? La pluie va-t-elle être bonne pour la récolte, alors ne pas le dire. Attention, le voisin doit être en train de déplacer la borne[72]. » À Matignon, calé dans son fauteuil pour recevoir un visiteur, Pompidou fait penser au chasseur dissimulé dans un buisson, attentif à n'en sortir jamais trop tôt.

Les cactus

Le 8 janvier 1966, de Gaulle charge Georges Pompidou de constituer un nouveau gouvernement. Le Premier ministre réussit à retirer les Finances à Valéry Giscard d'Estaing, le rival tenu pour responsable de ses mauvaises relations avec les salariés et des grèves de fonctionnaires. Il lui en veut d'avoir poussé de Gaulle à maintenir trop longtemps le plan de stabilisation lancé en septembre 1963 pour freiner l'inflation. Il aurait voulu débloquer le crédit avant la campagne présidentielle, libérer les prix industriels et relancer les investissements privés. Mais Valéry Giscard d'Estaing avait persuadé de Gaulle de s'y opposer. Comment lui pardonner de l'avoir court-circuité, de s'être rendu à l'Élysée pour le contrer ? « Ce n'est pas que Giscard n'aime pas la France, dit-il, mais il se croit supérieur. »

« Giscard est tout en longueur, écrit Arthur Conte. Quand il s'assied, croise les jambes, pose son coude sur le bras d'un fauteuil, et prend son menton entre ses doigts comme une pince, on croirait voir se dérouler une liane. Sa stratégie préférée est l'enveloppement. Il ne croit pas aux formules de rudesse, aux divorces secs, aux défis des béliers, c'est pourquoi il ne sait pas partir. Seul un coup de hache, porté par l'ennemi, peut séparer la liane de la branche maîtresse. Cette fois, Pompidou manie la hache, abandonnant l'arbre à Michel Debré. La liane tombe, désemparée[73]. »

Giscard compte beaucoup d'amis au Parlement, des amis dont on peut avoir besoin. Aussi Georges Pompidou lui propose-t-il une compensation : un grand ministère regroupant l'Urbanisme, les Travaux publics, les Transports, le Logement et le Tourisme. Mais l'autre, offusqué, refuse avec éclat cette offre de consolation.

« Ils m'ont congédié comme un domestique, dit-il à un ami. Durant toute la campagne, ils m'ont utilisé à fond, me faisant intervenir vingt fois sur les ondes, me faisant présider de multiples meetings, me faisant signer mille appels pour le grand homme... Jamais plus je n'aurai confiance en Pompidou. Le plus outrageant est que tout cela n'est pas improvisé. Ils ont monté le truc de longue main. Cela commence dès la mi-octobre. Un beau jour, Pompidou me dit qu'il veut me voir en tête à tête pour quelque chose d'excessivement important et m'invite à déjeuner à Matignon. J'y vais. C'est pour entendre, au dessert, que si, aux élections présidentielles, le Général n'est pas candidat, lui-même, Pompidou est décidé à l'être. Et de me demander sans attendre si je suis prêt à le soutenir puis à collaborer avec lui aux tout premiers postes.

« Évidemment, j'en demeure assez abasourdi. Je trouve l'offre assez saugrenue. Je me demande surtout ce qu'en penserait le Général. Je me contente donc de répondre que je tiens à réfléchir quelques jours... Bien entendu, consent Pompidou. De ce pas, je m'en vais voir Mondon et Paquet [deux députés de ses intimes] pour leur poser le problème, naturellement sous le sceau du secret... Il n'y a pas moyen de faire autrement que de le soutenir, me disent-ils. À la réflexion, je m'en suis persuadé aussi.

« Je revois donc Pompidou début novembre, à un nouveau déjeuner à Matignon. Pour un peu, il m'embrasserait quand je lui promets mon soutien. Tu sais comment il sait être chaleureux. De plus, nous sommes cousins de province, moi Auvergnat, lui Cantalou, ce qui n'est pas sans créer des liens, d'ailleurs nous procédons souvent aux mêmes analyses... Mais soudain, patatras, voilà que le Général décide de se représenter[74]. »

Déçu, Valéry Giscard d'Estaing se mue alors en personnage politique de premier plan. Il fonde la fédération nationale des Républicains indépendants et multiplie les petites phrases, les critiques courtoises, les « oui, mais ». Georges Pompidou le tient à l'œil, sans cependant aller jusqu'à la rupture, de peur de scier une des branches sur lesquelles il veut grimper.

Autre gêneur, Louis Vallon, qui a tellement flatté de Gaulle en faisant voter, l'été précédent, un amendement qui donne aux salariés un droit sur une partie des accroissements d'actifs correspondant à l'autofinancement. « Vous n'arrêtez pas de baver sur moi, lui dit Georges Pompidou, il n'est pas question que je vous prenne dans mon gouvernement. J'agis suivant les principes du Général : on ne récompense pas les types qui bavent sur vous, on les tient à longueur de gaffe. Si vous arrêtez, on verra ça. »

Louis Vallon va alors voir de Gaulle et lui joue toute une sérénade pour solliciter un portefeuille ministériel. « Je le voudrais bien, lui répond-il, mais si vous n'êtes pas ministre, c'est que Pompidou ne le veut pas. Il en fait une question de principe. C'est vous ou lui. Vous vous êtes trop mal conduit envers lui, vous avez raconté des histoires sur son compte. Vous ne pouvez pas vous empêcher d'aller toujours bavarder sur les uns et les autres. – C'est faux, assure Louis Vallon, je n'ai jamais rien dit de tel sur Pompidou. – Enfin, reprend de Gaulle, c'est comme cela. Non seulement il en a le sentiment, mais il en a la certitude. Alors, tenez-vous tranquille et, je vous le promets, la prochaine fois, vous serez ministre. » Louis Vallon ne sera jamais ministre. Jamais il ne le pardonnera à Georges Pompidou, qui le tient pour un « zozo ».

Mais si le Général a débarrassé Pompidou de Valéry Giscard d'Estaing et de Louis Vallon, il lui impose Edgar Faure et Edgard Pisani, dont il se serait bien passé, et Michel Debré, l'incorrigible dirigiste, persuadé de pouvoir mener l'économie française comme une armée à la bataille. Un Debré qui voit souvent de Gaulle en tête à tête, ce qui rend Pompidou malade ; aussitôt, il lui téléphone pour savoir ce que lui a dit le Général.

À présent, le principal souci du Premier ministre est de sortir la France de l'archaïsme. De Gaulle a restauré le prestige du pays, il reste à restaurer sa puissance, et Georges Pompidou comprend que la clef de la puissance, c'est l'industrie. Si l'économie française s'intègre progressivement au Marché commun, en revanche, sa production industrielle se développe deux fois moins vite que ses échanges avec l'étranger + 4,5 % par an au lieu de + 9 %. Bien que les entreprises américaines s'implantent en Europe et lui apportent technologies et méthodes de gestion modernes, la France reste arc-boutée sur des métiers vieillissants, des marchés protégés. Trop longtemps, Michel Debré s'est borné à soutenir les industries anciennes, sidérurgie et chantiers navals, laissant la France absente de celles qui montent en puissance : pétrochimie, téléphone, électronique, aéronautique.

« Le problème de l'emploi, explique Georges Pompidou à la télévision, ne doit pas être regardé sous l'angle de la crise. Nous ne connaissions pas le chômage en dehors des périodes de crise, car nous n'étions pas une société industrielle. La mécanisation transforme le phénomène. Maintenant, nous devons considérer l'emploi comme un problème *per-ma-nent*, déclare-t-il en articulant fortement. Ce n'est plus un problème momentané, c'est un problème permanent auquel nous devons apporter une application constante. »

D'abord, il s'attelle à la mise en valeur du « désert français », les zones rurales, les petites villes désertées par l'exode vers les grands centres urbains. C'est la mission qu'il confie à une petite équipe de prospective et d'arbitrage, la Délégation à l'aménagement du territoire, la DATAR, animée par Olivier Guichard et Philippe Lamour, et rattachée directement à Matignon afin de surmonter la mauvaise volonté des Finances et du Commissariat au Plan. C'est bien d'envoyer des usines à la campagne, pour l'empêcher de se désertifier, mais, pour autant, le Premier ministre entend ne pas la défigurer. Tout en revitalisant la France profonde, respectons le paysage, évitons d'abattre les platanes et les peupliers le long des routes. À côté du volet rénovation industrielle, l'aménagement du territoire comporte donc un volet protection des espaces verts. « On ne peut pas faire ça », répond Georges Pompidou à Olivier Guichard venu lui parler de bétonner la pinède derrière la superbe plage de Pampelonne, près de Saint-Tropez ; mais il ajoute : « Il faut quand même permettre aux gens de venir quelque part. » Aussi, un peu plus loin, il autorise la construction, sur un terrain marécageux cette fois, de la belle cité lacustre de Port-Grimaud[75]. C'est d'ailleurs sous son impulsion que démarrent la rénovation des quartiers historiques, le ravalement des immeubles et la création des premiers parcs régionaux.

Voyant le pétrole, dont le prix est alors orienté à la baisse, se substituer au charbon comme source d'énergie dominante, Georges Pompidou, fort de l'expérience acquise chez Rothschild avec les sociétés de recherche au Sahara, s'intéresse à l'industrie pétrolière. Dans ce domaine, les entreprises du secteur public, l'Union générale de pétrole, l'UGP, le Bureau de recherches minières, le BRGM, et les Pétroles d'Aquitaine, n'ont pratiquement qu'un seul pôle de production, les gisements d'Edjelé et de Hassi Messaoud. Et elles sont presque totalement absentes du raffinage et de la distribution.

Convaincu que les précautions prises aux accords d'Évian ne suffiront pas à garantir les approvisionnements sahariens, Pompidou encourage ces sociétés publiques, avec l'aide de Jacques Foccart, à explorer les ressources *off shore* du Gabon et du Congo. De même, il les pousse à construire des raffineries à Grandpuits, Feyzin et Gargenville, et à racheter Caltex France afin de créer, après Total, un second grand réseau français de stations-service. Au grand dam des sept majors, les grandes compagnies pétrolières américaines, anglaises et anglo-hollandaises.

Recevant André Giraud, directeur des Carburants, le 11 décembre 1964, il lui dit : « Avec les majors, soyez souple et courtois pour la forme. Pas de provocation inutile, traitez-les avec objectivité, mais ne lâchez rien qui soit de l'intérêt français. Les compagnies pétrolières françaises, la Compagnie française des pétroles, les Pétroles d'Aquitaine, Antar, Caltex et les petites devront détenir au moins la moitié du marché français. À l'étranger, il leur faut une place équivalente au volume de marché occupé en France par les compagnies à capitaux étrangers. Et elles devront contrôler des sources de pétrole brut équivalant à la totalité des besoins de l'approvisionnement national. »

Reste à donner à ces compagnies françaises une dimension suffisante pour opérer sur le marché international. André Giraud propose de regrouper la dizaine de sociétés autres que la Compagnie française des pétroles en un groupe unique, de taille à prendre place un jour parmi les majors. « Que vous faut-il pour y arriver ? » lui demande-t-il. – Un an et Guillaumat. » Pierre Guillaumat, président d'EDF et de l'Union générale des pétroles, est alors la seule personnalité dont l'autorité puisse être reconnue par les responsables des différentes sociétés à fédérer. Georges Pompidou sourit : « D'accord pour ce regroupement et d'accord pour Guillaumat, s'il accepte. » Ainsi se constitue le groupe Elf, dont la marque est lancée début 1967.

Le Général, lui, ne s'intéresse guère à l'économie. Avec un certain mépris, il déclare : « La politique de la France ne se fait pas à la corbeille. » De plus en plus détaché intellectuellement de Georges Pompidou, il déplore qu'on s'enfonce dans la gestion, domaine où, à ses yeux, on n'a guère besoin de gaullistes. Après la décolonisation, après la reprise en main de l'indépendance militaire, il faut à de Gaulle une nouvelle grande querelle à soutenir. « Les Français sont enclins à la division, dit-il, surtout quand ils ne sont pas soutenus par une grande politique. » Pour lui, cette fois-ci, l'enjeu doit être le social, la participation des travailleurs à l'entreprise, troisième voie entre capitalisme et communisme, comme entre le bloc américain et le bloc soviétique. Le troisième pilier, sans lequel le gaullisme serait une table bancale. Une réforme pour laquelle le Premier ministre ne semble pas l'homme idoine. Louis Vallon et René Capitant, qui le détestent, font le siège du Général. Pour Georges Pompidou, cet acharnement semble sonner le commencement de la fin, d'autant que de Gaulle s'irrite de plus en plus de sa compétence et de son autorité croissantes.

« Pompidou, maintenant, c'est terminé, confie le Général à Jacques Foccart en octobre 1966. Il est trop arrangeant. Je vais le démissionner, je vais le changer. Je ne peux pas continuer comme cela. Il n'exécute pas ma politique, il traficote tout le temps, il négocie, il arrange les choses. Or il n'est pas là pour arranger les choses, il est là pour faire une politique. Mais lui, il aime négocier. Dans mon dos, aussitôt après le Conseil des ministres, il va combiner des histoires avec Edgar Faure pour supprimer l'importation des porcs. Alors que j'ai arrêté le budget moi-même, il réunit autour de lui à Matignon les gens soi-disant de la majorité, et là, sans m'en parler, sans même me prévenir, il leur fait des concessions. Il ne se rend pas compte que, le voyant faire des concessions comme cela, les autres vont se ruer en disant : "Ça y est, on tient le bon bout, ils commencent à céder." Alors, il s'ensuivra un assaut de démagogie, et Pompidou ne s'en tirera pas, il ne s'en tirera pas. Et puis, il y a ces histoires d'agriculteurs, ces manifestations de paysans et, vous savez, le désordre, c'est l'anarchie. C'est terminé, Foccart, je vous dis que c'est terminé. C'est maintenant décidé. Pour Pompidou, c'est fini ! C'est fini ! »

Mais, en ami fidèle, Jacques Foccart file à Villacoublay prévenir Georges Pompidou à son retour de Cajarc, le mettre en garde contre toute provocation du Général, lui éviter une mauvaise réaction.

Ce n'est vraiment pas le moment de baisser sa garde, des élections législatives sont prévues pour mars 1967. Elles s'annoncent difficiles, très difficiles, d'autant que le Général s'en désintéresse. C'est d'ailleurs la première fois que de Gaulle ne s'implique plus dans le combat électoral.

Chef de file de la majorité, Georges Pompidou prend alors lui-même les choses en main. Il dirige et coordonne la campagne, sélectionne les candidats, commande des sondages et, en fonction des résultats, décide des arguments, évite les débats doctrinaux. Voyant l'UNR et ses alliés giscardiens manquer de militants pour coller les affiches et distribuer les tracts, il n'hésite pas à faire appel au service d'ordre gaulliste, le SAC, des durs plus ou moins suspectés de tous les maux. « Bientôt deux mille gros bras, insigne à la boutonnière et manœuvrés comme des troupes de choc, sillonnent la France[76]. » On les voit dans tous les meetings, à commencer par La Rochelle, où Georges Pompidou remporte un succès de foule, le 20 janvier 1967, en serrant plusieurs centaines de mains, comme de Gaulle en a donné tant de fois l'exemple.

Le 31 janvier, à Paris, au Palais des Sports, dans un show à l'américaine devant huit mille spectateurs, des projecteurs éclairent un immense écran portant le sigle UNR et l'inscription « La majorité, c'est vous ». Sur l'estrade, Georges Pompidou et André Malraux, entourés des quatre cent quatre-vingt-six candidats de l'UNR. Premier orateur, André Malraux attaque de tous côtés, frappe à droite, à gauche, au centre. Délire d'enthousiasme de milliers de partisans. Tout aussi combatif, Georges Pompidou rend les coups portés par Jean Lecanuet et par les communistes. Nul doute, il est bien le chef.

Lui-même, pour la première fois, se porte candidat à la députation. Après avoir pensé au Lot, où il possède sa maison de Cajarc, il choisit la circonscription de Saint-Flour, dans son Cantal natal. Avec son beau-frère François Castex, il en sillonne les routes à bord d'une 403 beige clair immatriculée dans le département. On le voit à la foire aux bestiaux serrer la main des éleveurs et parler lait, beurre ou fromages. Il se fait complaisamment photographier au café, buvant une gentiane avec les gens du cru et commente, assez haut pour qu'on l'entende bien : « J'aime les laisser parler, je m'instruis. » Il obtiendra l'un des meilleurs scores de l'UNR : 62 % des voix dès le premier tour.

Georges Pompidou ne se cantonne pas à sa circonscription. Il est partout sur la brèche. André Malraux lui griffonne un mot amical : « Mon cher Georges, voici la rumeur publique, les inspecteurs et chauffeurs du ministère me disent : “Ah ! il se défend bien, M. Pompidou, il a été sensass !” » C'est qu'il prend le temps d'aller affronter les ténors de l'opposition jusque dans leurs fiefs.

Le voici face à Pierre Mendès France, le 22 février, à la patinoire construite à Grenoble pour les Jeux olympiques de l'année suivante. Jean Lacouture raconte : « On vit d'abord s'avancer en rangs serrés une cinquantaine de costauds, qui prirent place au premier rang : les hommes du SAC. Plusieurs fois au cours de la soirée, on les verra intervenir brutalement, salués de "Barbouzes assassins !" partis des rangs mendésistes [...]. Mendès apparut le premier, flanqué d'une haie mouvante de protecteurs : le conseil municipal de la ville. L'ovation fut si forte que l'on crut la salle "faite" par lui. Mais quand surgit Pompidou au milieu de ses licteurs, dévalant du haut de la salle à grands pas avec une puissance impressionnante de rouleau compresseur, on vit où était le pouvoir : l'acclamation alors prit les dimensions du tonnerre[77]. » Croyant l'embarrasser, Pierre Mendès France lui demande s'il gouvernera avec la nouvelle majorité au cas où la gauche gagnerait les élections (au fond, c'est le problème de la cohabitation qu'il soulève). Georges Pompidou esquive avec hauteur : « Ce n'est pas mon affaire, dit-il, c'est celle du chef de l'État. » Réponse bien conforme à l'esprit de la Ve République. Et le meeting dérape en chahut lorsque Mendès France donne lecture d'un papier laissant croire qu'un journaliste a été méchamment tabassé à la porte de la salle.

Nouveau face-à-face, le 27 février, à Nevers, au palais de la Foire, cette fois avec François Mitterrand : « Vous vous êtes manifesté d'une manière éclatante et avec un ton d'autorité qui m'a étonné, lui lance Pompidou. Car enfin, vous, qu'avez-vous fait, lorsque vous étiez au pouvoir ? C'est le général de Gaulle qui a réparé vos erreurs, les vôtres et celles de Guy Mollet. Nous n'allons pas attendre que vous portiez l'estocade. Si vous engagez le fer, je suis prêt. » La réunion est tellement houleuse que le leader de la gauche, près de recevoir un mauvais coup, ne doit son salut... qu'au chef local du SAC, qui le raccompagne à sa voiture[78].

Les gars du SAC se sont dépensés sans compter, ne reculant pas, comme à Nice, devant quelques bavures, sur lesquelles Pompidou ferme les yeux. Pourtant, l'UNR ne garde la majorité absolue qu'avec l'appui des giscardiens, et encore d'un seul siège. Le suspense a duré jusqu'au dépouillement des circonscriptions d'outre-mer. *Le Canard enchaîné* résume la situation en titrant : « Debout, les Comores ! » « En réalité, raconte Jean-Philippe Lecat, c'est Benjamin Brial, le député de

Wallis-et-Futuna, qui fit la différence. En débarquant à Paris, ce nouvel élu, qui n'avait en tête que les intérêts particuliers de son archipel, fut aussitôt pris en main par Berger, le chaleureux député de la Côte-d'Or. Il s'empressa de l'emmener en Bourgogne, de le faire recevoir chevalier du Tastevin et, dans la foulée, il recueillit son adhésion à l'UDR[79]. »

L'alerte est chaude. Ce recul de la majorité, Pompidou l'attribue à l'inquiétude des agriculteurs, des petits commerçants, des mineurs, des travailleurs des chantiers navals ou de la sidérurgie. « Tout ce que nous avons fait pour les aider n'a servi à rien. La peur est plus forte que les satisfactions obtenues. » Une grève dure perturbe les chantiers de Saint-Nazaire, où les mensuels veulent obtenir les mêmes avantages que leurs camarades de Dassault Nantes, des salaires alignés sur ceux de la région parisienne. Toujours prudent, Georges Pompidou donne pour consigne d'éviter de mettre en présence « les excités » et « les uniformes ». « La grève finira bien par cesser, dit-il, mais il faut que les CRS soient le moins visibles possible. »

Un malheur ne venant jamais seul, les Pompidou sont très affectés par l'échec de leur fils Alain, collé trois années de suite à l'internat de médecine. Il a pourtant beaucoup travaillé. Serait-ce une brimade ? Malgré sa peine et sa blessure d'amour-propre, son père se garde de toute intervention. « Qui peut en dire autant ? remarque Pierre Pouget. Si Pompidou avait pesé pour que son fils soit reçu, bien sûr, il aurait été reçu. »

Une consolation, néanmoins : le Général ne peut remplacer le Premier ministre ni par Maurice Couve de Murville ni par Pierre Messmer, comme il en avait l'intention. Tous deux ont été battus aux élections, il ne peut décemment nommer une personnalité désavouée par le suffrage universel. Alors, il se résigne à maintenir Georges Pompidou à Matignon.

Celui-ci forme de nouveau un gouvernement, le premier auquel participe Jacques Chirac. « Un soir, vers neuf heures, raconte celui-ci, en descendant l'escalier de Matignon, je croise Georges Pompidou, qui revient de l'Élysée. Au beau milieu des marches, il me prend par le bras : "Jacques, vous ne direz rien, mais je vous ai réservé un strapontin". Il me regarde. Ses yeux sourient : "Mais, attention ! Souvenez-vous toujours de ne jamais vous prendre pour un ministre ! C'est ainsi que je suis devenu secrétaire d'État à l'Emploi". »

Fin psychologue, dès son entrée au cabinet de Georges Pompidou, Jacques Chirac avait senti que cet homme, si proche de ses élèves du temps où il était professeur, si gentil avec ses camarades khâgneux ou normaliens en difficulté, avait un besoin rentré de paternité. Il n'avait qu'un enfant adoptif et un seul. Il avait ressenti le besoin de l'adoption. Alors, peu à peu, le collaborateur s'était glissé dans l'intimité de cet homme d'exception. Sans vraiment l'y encourager, Georges Pompidou s'était un peu laissé faire et le jeune Chirac avait réussi à devenir en quelque sorte son filleul. Si bien que, le jour où lui-même avait eu une fille, il l'avait baptisée Claude, comme Mme Pompidou, et celle-ci, tout naturellement, était devenue sa marraine.

Ce gouvernement, Georges Pompidou ne se donne pas le mal, comme en 1962, de le présenter à l'Assemblée, car entre-temps celui qui l'a désigné, le président de la République, est devenu l'élu de la nation tout entière. C'est de lui, et non du Parlement, que procède le gouvernement. Il n'a donc plus à solliciter l'investiture des députés, des partis politiques.

Tant mieux, car la majorité présidentielle est bien courte. Pour veiller à sa cohésion, le Premier ministre fait entrer à son cabinet Marie-France Garaud, ancienne chargée de mission chez Jean Foyer, garde des Sceaux. Elle est bien vue, notamment au Sénat, où, malgré Gaston Monnerville, elle a fait voter en son temps l'institution de la Cour de sûreté de l'État. Responsable des relations avec le Parlement, elle surveillera l'activité des parlementaires de la majorité, tâchera de les convaincre de suivre sans trop les amender les projets présentés par le gouvernement et les rappellera à la discipline. Et, comme Pierre Juillet est trop marqué par son appartenance au gaullisme, c'est elle qui doit tenter d'amadouer des centristes, de les faire entrer dans le camp de Georges Pompidou, pour le cas où il devrait un jour se présenter à l'élection présidentielle.

Pas facile. Premier « cactus », Valéry Giscard d'Estaing, de plus en plus impatient et turbulent, qui saisit toutes les occasions d'exprimer son désaccord. Un homme qui rêve de pouvoir et avec qui la conversation tourne généralement autour de la politique, sans guère de points communs avec le Premier ministre poète. Tour à tour, il ironise sur les attaques de Georges Pompidou contre les communistes, « s'attriste de voir la politique française s'enliser dans les voies médiocres d'un anticommunisme de propagande », dénonce « l'exercice solitaire du pouvoir » et refuse d'intégrer dans l'UNR ses quarante-trois élus républicains indépendants. Pour justifier l'existence d'un groupe indépendant, il se prépare à lancer quelques « opérations de couloir » comme les aimaient les parlementaires sous la IIIe et la IVe.

Deuxième cactus, Michel Debré, le nouveau ministre des Finances, partisan de « respecter une grande rigueur financière ». Georges Pompidou ne sait comment lui expliquer que « la principale préoccupation doit être de tenir compte du contexte économique et social ».

Troisième cactus, beaucoup plus offensif, plus brutal, René Capitant, qui ne perd pas une occasion de critiquer avec rage la part insuffisante dévolue aux gaullistes de gauche, la tactique électorale et la politique sociale du Premier ministre.

À peine installé, le gouvernement voit trois motions de censure, déposées par l'opposition, échouer de très peu. Devant toutes ces difficultés, Georges Pompidou cherche de nouveaux appuis auprès de deux centristes anciens de la France libre, Maurice Schumann et René Pleven. Puis, pour éviter les harcèlements, la guerre d'usure que l'opposition et même certains membres de la majorité risquent d'engager dès la première session, il recourt à l'article 38 de la Constitution. Cet article permet au Parlement d'autoriser le gouvernement à prendre par ordonnances, pendant un délai limité, des mesures normalement du domaine de la loi ; entrées en vigueur dès leur publication, elles deviennent caduques si l'Assemblée ne les ratifie pas dans un délai déterminé.

Craignant un affrontement avec Valéry Giscard d'Estaing, Georges Pompidou le prévient un mois à l'avance, dans un déjeuner en tête à tête quai de Béthune, de cette procédure, alors tout à fait inhabituelle. Cependant, le 26 avril 1967, lorsque le Premier ministre demande au Parlement de le laisser pendant six mois agir par ordonnances en matière économique et sociale, Giscard dénonce publiquement cette « manœuvre politique supprimant le dialogue, brevet d'imprévoyance, véritable blanc-seing ».

Georges Pompidou va néanmoins de l'avant. Des ordonnances, il y en aura trente-quatre. Pour éviter justement de paraître refuser le dialogue, il multiplie les rencontres avec les organisations syndicales. L'une après l'autre, car Georges Pompidou tient à les recevoir séparément, la CGT, la CFTC, la CFDT, Force ouvrière, la CGC, le CNPF et la CGPME défilent à Matignon. Malheureusement, presque tous leurs leaders ont une vision anachronique du pays. À croire qu'ils en sont restés au mineur de fond, au chauffeur de locomotive à vapeur et à l'ouvrier fondeur du temps de Zola. Rares sont ceux qui voient le monde bouger, les frontières s'ouvrir, le secteur tertiaire se développer. Aussi le travail avec eux se révèle-t-il décevant.

Deux exceptions, cependant, son ancien camarade de khâgne François Ceyrac, chargé des affaires sociales au CNPF, et André Bergeron, secrétaire général du syndicat Force ouvrière, un homme sincère, le contraire d'un marxiste. « Mon truc à moi, dit André Bergeron, c'est le concret, les embauches, les cadences, le niveau du point de retraite, le taux du forfait hospitalier[80]. » Aussi est-ce essentiellement avec François Ceyrac, André Bergeron et Édouard Balladur, son conseiller pour les affaires sociales, que Georges Pompidou prépare les ordonnances.

Priorité est donnée à la protection des chômeurs, alors assurée seulement par les communes, de façon très inégale d'ailleurs. De peur que l'ouverture des frontières et les changements de technologie ne viennent bouleverser le marché de l'emploi, Pompidou prend une ordonnance qui retire aux communes l'assurance chômage et la confie à une caisse d'État, l'Unedic, et à un organisme paritaire patrons-salariés, les Assedic. Vient ensuite la Sécurité sociale, dont il faut juguler le déficit. Pour éviter les flots de surenchères démagogiques occasionnés par les campagnes électorales, une ordonnance modifie la composition de son conseil d'administration : les élus sont remplacés moitié par des représentants des organisations patronales, moitié par ceux des syndicats ouvriers.

Une autre ordonnance organise le financement des retraites complémentaires. Au cours de la discussion préparatoire, Georges Pompidou demande à André Bergeron : « Estimez-vous normal que les uns partent à la retraite à cinquante ans, d'autres à cinquante-cinq ou soixante, d'autres enfin à soixante-cinq ans ? » « Bien sûr que non, répond André Bergeron. Mais si vous mettez en cause les régimes particuliers, vous aurez la révolution dans les vingt-quatre heures. » « Je sais. C'est pourquoi je n'y toucherai pas. » Les choses en restent là.

Georges Pompidou tente également d'utiliser la voie des ordonnances pour donner à de Gaulle une satisfaction symbolique, un gage, sur le sujet qui lui tient à cœur, la participation, déjà en germe dans les comités d'entreprise qu'il a institués en 1945. Dans une lettre à Marcel Loichot[81], le Général confirme qu'il « cherche depuis toujours, un peu à tâtons, la façon pratique de déterminer le changement, non point du niveau de vie, mais de la condition de l'ouvrier, une troisième voie entre le capitalisme et le communisme ». Il aimerait que, dans chaque entreprise, les travailleurs reçoivent une part de ce que gagne l'affaire et surtout que cela leur permette, par des représentants élus, de participer à la société et à ses conseils. Malgré l'amendement Vallon, il a le sentiment que rien n'avance et que son Premier ministre, de peur de mettre la pagaille dans les entreprises, traîne des pieds. En réalité, Pompidou ne fait pas assez de cas de la grande idée sociale du Général et celui-ci la prend trop au sérieux, alors qu'elle n'est pas très claire. Louis Vallon jette de l'huile sur le feu en multipliant les imprécations contre ceux qu'il appelle « les oies du capital ». Aussi, en juillet 1967, de Gaulle finit par s'impatienter :

« Pompidou, il faut faire la participation.

– Mon Général, je suis comme vous contre le régime d'assemblée pour l'État. Je ne veux pas le transposer dans l'entreprise.

– Il ne s'agit pas de cela.

– C'est pourtant ce que réclame Capitant.

– Il est complètement fou ! »

Alors, Pompidou lui dit : – Puis-je vous demander, mon Général, ce que doit être la participation ? – Eh bien ! Il faut informer le personnel, associer les travailleurs. – Dans ces conditions, je suis tout à fait d'accord avec vous. »

Et le Premier ministre prend aussitôt une ordonnance sur l'intéressement et l'actionnariat ouvrier dans les entreprises publiques. De Gaulle estimera la mesure insuffisante, car, un an plus tard, le 25 avril 1968, recevant David Rousset, il dira encore : « Il faut condamner le capitalisme, la société capitaliste. Il faut aussi condamner le socialisme totalitaire et trouver une voie nouvelle, la participation. Mais je suis coupé des Français. Je cherche des hommes de bonne volonté qui comprennent le sens de cette bataille, et je n'en trouve pas. Je suis seul, Rousset, je suis seul. »

Manifestement, entre le président et le Premier ministre, les choses se sont dégradées, le courant ne passe plus comme avant. Ni dans un sens ni dans l'autre. Ainsi, Georges Pompidou déplore le fameux discours du Général sur le balcon de l'hôtel de ville de Montréal : « Ses formules sur le Québec libre, ces drames en série, c'était si facile à éviter. Puisqu'il écrit tous ses textes, il a dû écrire aussi ceux du Québec. Il aurait bien pu me les faire lire. J'aurais posé mon doigt dessus, et il n'aurait pu qu'accepter ma mise en garde. Il est comme un enfant qui joue avec des allumettes en se cachant des adultes. Tout ça, qu'est-ce que ça peut nous rapporter ? Seulement des ennuis. Mais il a l'impression de faire avancer l'Histoire à coups de butoir. »

Pompidou, qui, en 1962, ne s'imaginait pas faire une carrière politique, a viré sa cuti. Le 11 septembre 1967, il confie : « Quand on me demande si je serai président de la République et que je réponds : "Je n'en sais rien, je suis Premier ministre, on verra plus tard", je suis absolument sincère. En mon for intérieur, je sais bien que je suis condamné à la politique, que je serai président de la République ou député de l'opposition. Quant à me préparer à être président de la République, je le fais d'une certaine façon du matin au soir depuis cinq ans et demi et, d'un autre côté, je ne peux pas le faire. Ce serait inconvenant, indécent à l'égard du Général, et évidemment mal reçu par lui. Alors, pour éviter de perdre du temps et de l'énergie, je ne me pose pas la question. On verra. Cela ne veut nullement dire que je n'y songe pas.

« Je suis Premier ministre, donc, dans l'esprit du Général, et tant que je serai à ce poste, tant que je serai son plus proche collaborateur, j'ai vocation à lui succéder. Si je cesse d'être Premier ministre, il y en aura un autre. Rien d'ailleurs ne le laisse prévoir. Cependant, si de Gaulle venait à disparaître brutalement, tout se jouerait en un quart d'heure, il faut donc être prêt. Le soir du Petit-Clamart, quand Roger Frey m'a appelé au téléphone pour me dire : "Il vient d'y avoir un attentat contre le Général", j'ai passé cinq minutes assez dramatiques jusqu'à ce qu'on apprenne que le Général était vivant et indemne. Lorsqu'il est entré à Cochin pour y être opéré, je me suis évidemment interrogé et tenu prêt, mais, le soir même, nous étions fixés. En dehors de tels moments, je ne me pose aucune question. Le Général non plus, d'ailleurs, surtout depuis ce jour de 1965 où il a pris la décision de se représenter. Au fond, il ne voit aucune raison de se retirer et en trouve au contraire tous les jours de nouvelles pour rester. Rien, vraiment rien, ne me permet de penser qu'il se soit assigné un délai précis, une date pour son départ. Rien non plus ne dit le contraire. C'est pure hypothèse de ma part, mais je dirais : dans deux ou trois ans peut-être...

« Sur les choses importantes, de Gaulle a des réactions extrêmement assurées et rapides, chacun le sait. Mieux que personne, il s'entend à exploiter sur-le-champ l'occasion offerte. On l'a vu en 1962. Sur le reste, sur ce qu'il ne juge pas important, il dit n'importe quoi. Par exemple, s'il apprend que le Parlement est houleux, l'Assemblée agitée, irritée, il peut lui arriver de dire : "Ces députés m'emm..., je vais les foutre en l'air." Après quoi, il n'y pense plus et n'en fait rien.

« Son successeur devra se tenir plus à l'écart de l'action quotidienne, ne pas prétendre, comme le Général actuellement, fixer le prix du sucre, ou, sous prétexte que quelqu'un lui a remis une note, trancher soudain n'importe quelle question secondaire. Mais, qu'on le veuille ou non, c'est au président de la République de prendre les grandes options, de fixer la politique.

« On me dit que, si Mitterrand devient un jour président, il progressera en direction du régime présidentiel. Ce serait un bouleversement considérable, car, dans un tel régime, les partis tels que nous les connaissons n'auront plus leur place et devront se fondre pour former deux grandes coalitions, démocrate ou républicaine, gauche ou droite.

« Alors, de deux choses l'une : ou bien le PC et la SFIO refuseront une telle fusion, auquel cas Mitterrand disparaîtra, ou bien la gauche ira vers l'unification, et ce ne sera plus un duel entre deux moitiés de l'électorat, mais un épisode du combat des communistes qui domineront la coalition pour la prise du pouvoir.

« Dans le premier cas, plus de Mitterrand. Dans le second cas, ce n'est pas le retour à la IVe, mais un régime dominé par le PC avec tout ce que cela suppose : rupture totale avec le monde atlantique et notre entrée dans le monde de l'Est. Ce serait insensé de tourner ainsi le dos aux pays avec lesquels nous faisons 90 % de nos échanges pour se lier à ceux qui représentent 4 %. Je n'y crois pas, les intérêts économiques mondiaux ne le tolèreront pas. »

À l'évidence, Georges Pompidou ne peut détacher son esprit de l'exemple de l'Europe de l'Est où, chaque fois qu'il est entré dans une coalition, le parti communiste a rapidement étouffé ses partenaires socialistes. À l'évidence, il n'imagine pas une seconde qu'un jour Mitterrand puisse, au contraire, duper ses partenaires communistes.

Aux assises nationales de Lille, du 24 au 26 novembre 1967, Georges Pompidou s'affirme comme le chef de l'UNR, rebaptisée Union des démocrates pour la République, UDR. Tout en déniant à « ceux qui ne vont pas à Lille », les amis de René Capitant et de Louis Vallon, le monopole du gaullisme social, il veut en finir avec le culte des anciens. De ce culte dont, faute de passé résistant, il souffre toujours d'être exclu. Aussi prend-il soin de faire placer aux premiers rangs de la salle une centaine de jeunes gaullistes de l'Union des Jeunes pour le Progrès, l'UJP, pour former le devant de la scène. Voyant leur chef, Robert Grossmann, brûler de prendre la parole, il la lui donne : « Pour tous ceux qui sont nés en 1940, en 1945, en 1950, pour nous tous, s'écrie Grossmann, le 18 juin est affaire de livres et de manuels. Il est pour nous ce qu'était Verdun pour un jeune résistant de 1942, il est ce que l'histoire est à la politique, il n'est pas la politique. » L'orateur dénonce la tentation de sacraliser le gaullisme, de le réduire à une doctrine bientôt désuète : « Notre gaullisme, aujourd'hui, est donc avant tout un engagement de la raison, de la réflexion, une philosophie de la pensée et de l'action qui sans cesse épouse l'évolution du siècle, non un phénomène passager voué à l'extinction. Avec cette jeunesse, il ne fait que commencer. Loin de se réduire à une parenthèse historique liée au destin d'un homme, le gaullisme dépasse la personne de son fondateur et le contexte de son apparition. » Et de conclure : « L'après-gaullisme sera encore du gaullisme [82]. »

Voilà qui plaît à Georges Pompidou. À son arrivée, ces jeunes de l'UJP, installés au pied de la tribune, scandent : « Pompidou à l'UJP ! » À la faveur d'une mauvaise acoustique, les militants installés au fond de la salle comprennent : « Pompidou à l'Élysée ! », d'où un certain émoi. Mais, dans cette bataille d'image sur le renouvellement du parti, le rassemblement des jeunes qui se cristallise autour de sa personne constitue pour Georges Pompidou un atout incontestable. Il s'imagine incarner la relève, le gaullisme de demain. Ce brevet de modernité, il le savoure, témoin cette belle déclaration : « La jeunesse n'a rien à voir avec l'état civil. »

Pourtant, le 28 décembre 1967, lorsque Lucien Neuwirth fait passer une loi autorisant les pharmacies à vendre la pilule contraceptive sur ordonnance, le Premier ministre, sans doute encore meurtri par la stérilité de son couple, lâche d'un ton rageur : « Vous avez gagné, Neuwirth ! »

Le vieux Général, lui, se montre plus moderne : « Neuwirth, vous avez raison : transmettre la vie est un acte important, il faut que ce soit un acte lucide. »

Face à l'émeute

Georges Pompidou va bientôt fêter le sixième anniversaire de son entrée à Matignon, record inégalé. Il a connu des épreuves, mais il a tenu bon et il a bien l'intention de continuer, d'autant que, fatigué, de Gaulle lui laisse davantage les mains libres. Dans son allocution de fin d'année 1967, confiant, le Premier ministre cite Verlaine :

Mon Dieu, mon Dieu, la vie est là
Simple et tranquille
Cette paisible rumeur-là
Vient de la ville.

Édouard Balladur, son conseiller pour les Affaires sociales, admire « non seulement son discernement, la froideur de son raisonnement, sa force de caractère, sa sérénité, mais aussi son sens du comique ».

Jean Ferniot préfère le décrire ainsi : « Cinquante-six ans, un menton proconsulaire, un nez bourbonien, des mains très belles, des sourcils sauvages, le sourire du diable. Et surtout les yeux clairs, avec des paillettes d'or, des yeux caressants ou impitoyables, qui dépouillent mais ne livrent rien. L'énergie cachée sous la nonchalance. Une santé paysanne et un esprit de normalien, qui semble attacher plus de prix à l'intelligence qu'à la sensibilité. Assez peu de bienveillance, mais parfois un élan. De l'habileté et de la mémoire. Gourmet plus que gourmand devant les cadeaux de la vie : le pouvoir, un tableau, une cigarette. Curieux et détaché, autoritaire et souple, il sait rire souvent des autres et de lui-même [83]. »

« Avez-vous des problèmes de conscience quand il faut choisir entre la justice et la raison d'État ? » lui demande Ferniot. « Il n'y a pas de question plus grave, répond-il. Mais, dans la vie courante, le dilemme est plutôt entre l'humanité, le cœur et l'intérêt général. Ces problèmes-là sont fréquents. Voilà le véritable drame du pouvoir. Ma tendance naturelle serait de les résoudre du côté du cœur. En pareil cas, les questions de réglementation me laissent assez froid. Et quand il faut opter pour la raison d'État, je le fais sans plaisir. Mais lorsqu'il s'agit des choix les plus graves, à l'échelon national, c'est le président de la République qui décide. Le Premier ministre, à cet égard, a une situation plus confortable.

– Modestie ?
– Non.
– Le pouvoir use-t-il celui qui l'exerce si longtemps ?
– Physiquement et nerveusement, oui. On s'en défend en adoptant un rythme très réglé.
– Et moralement ?
– C'est plus difficile, mais on peut y parvenir si l'on reste convaincu que l'on n'est pas irremplaçable.
– Le pouvoir doit être bien desséchant ?
– À ce point de vue, le Premier ministre a un avantage : les problèmes qui lui sont soumis arrivent assez dépouillés de leurs aspects techniques. D'une manière ou d'une autre, ses décisions sont politiques. Et cela fait appel – comment dire ? – au littéraire plutôt qu'au scientifique. »

Comment Georges Pompidou devinerait-il que le pays va basculer bientôt dans l'anarchie ? Mais a-t-il de l'imagination, ce grand amateur de poésie qui n'a jamais écrit un vers ? Ce fervent de littérature qui ne s'est jamais essayé au roman ?

Et comment se douterait-il que le mauvais coup partira des jeunes ? Des jeunes ! Ne vient-il pas lui-même de faire un tabac au dernier dîner-débat des cadets de l'UJP dont il était l'invité d'honneur, le 21 mars 1968, à la Mutualité ? Pour dynamiser son image, damer le pion aux fringants Chaban-Delmas et Giscard d'Estaing, il a su émouvoir son auditoire par ses souvenirs d'étudiant des années 1930, les faire rire de ses boutades. Avec un certain culot, il a osé l'exhorter au non-conformisme : « Aujourd'hui, il est plus difficile de se révolter. Si j'avais vingt-cinq ans, je ne sais où je m'inscrirais, sûrement pas aux jeunesses radicales. Il faut que les jeunes apportent la remise en cause de tout et les hommes mûrs la remise en ordre. » Paroles étrangement prophétiques.

Le profond ébranlement de l'Université, Georges Pompidou ne le sent pas. Ses camarades normaliens, Julien Gracq, Raymond Polin et les autres, ne lui en parlent pas, n'osent pas l'avertir. Dommage ! Il se situe à des années-lumière de la tornade qui se prépare, témoins ses propos un mois plus tard, lors d'un déjeuner avec la presse à propos de son prochain voyage en Iran. Comme de Gaulle, il pense que le shah peut devenir au Moyen-Orient un utile contrepoids aux États arabes. À la fin du repas, il ironise sur « La France s'ennuie », un article prémonitoire de Pierre Viansson-Ponté paru dans *Le Monde*, et il prend à partie Michel Bassi, du *Figaro* : « Je vous ai lu, vous passez votre temps à réclamer des réformes. Eh bien, je suis placé pour vous le dire, on ne gouverne pas ce pays avec des réformes[84]. »

Sous l'algarade, Michel Bassi baisse le nez, puis tente de répliquer : « Monsieur le Premier ministre, ce que vous venez de me dire me rappelle une phrase de mon maître Raymond Aron, qui affirmait un jour : "En France, on ne fait pas de réformes, on fait des révolutions." » Pompidou connaît ses classiques, il reprend : « Déclaration d'universitaire. Mais vous oubliez de préciser, mon cher ami, que de Gaulle lui-même a corrigé cette phrase d'Aron : "En France, on ne fait de réformes qu'après les révolutions." »

Comme toute sa génération, qui a connu la grande crise de 1929, la défaite, l'occupation et la Libération, Georges Pompidou ne prête guère l'oreille aux griefs des étudiants et ne se rend pas compte qu'à elle seule Paris en compte plus de cent mille, davantage que la France entière en 1945. Comment dès lors se douterait-il de l'incendie qui couve ? Que l'étincelle partira de cette université de Nanterre construite sous son propre gouvernement, de 1962 à 1964 ? L'a-t-il jamais visitée, cette sinistre citadelle de l'ennui, plantée en pleine banlieue industrielle, près d'un bidonville, parmi les ghettos des laissés pour compte ? À la rentrée de 1967, elle accueille quatre mille étudiants en droit et onze mille en lettres, aux mœurs plus libres que celles de leurs aînés.

La famille est souvent dissoute. Les rapports entre parents et enfants ne sont plus les mêmes. Les rapports entre maîtres et élèves ont changé. Dieu est mort, pour beaucoup. La plupart des jeunes n'ont aucune idée de la place qu'ils occuperont dans la société. Ils font leur initiation sexuelle deux ans plus tôt que la génération précédente et passent leur bac deux ans plus tard. Les programmes n'ayant pas évolué pour autant, ce qu'on leur enseigne leur paraît dépassé, sans intérêt, de plus en plus étranger à ce qu'ils voient au cinéma, à ce qu'ils entendent à la radio. Passe encore pour Prévert, mais qu'ont-ils à faire de Corneille ou de Racine ? Et, devant le fossé qui le sépare des élèves, au lieu d'essayer d'adapter les programmes, le corps enseignant réclame toujours davantage de postes et des horaires plus courts.

Quelques milliers de ces jeunes désœuvrés inscrits en lettres ou en sociologie, issus en majorité de milieux bourgeois, se gargarisent de discours contre « la société de consommation » édifiée par papa-maman, et dont ils profitent pourtant largement. À croire que, n'ayant souffert ni de la guerre de 1939-1945, ni de la guerre d'Indochine, ni de celle d'Algérie, ils veulent avoir leur guerre à eux. En réalité, ils n'ont rien vu, rien appris. Non contents de contester l'enseignement, ils en viennent peu à peu à contester la société et l'État. D'ailleurs, certains de leurs professeurs « appliquent les détours de leur esprit, dans un jargon rappelant les scolastiques ou les médecins de Molière, à critiquer une société où eux-mêmes n'ont aucune utilité clairement définie[85] ». Surtout les maîtres-assistants, recrutés hâtivement pour faire face à l'inflation d'étudiants. Des groupuscules gauchistes les infiltrent. Au nom de l'éternel principe « Ôte-toi de là que je m'y mette », ils les incitent à renverser l'ordre établi par la génération précédente.

« Ne menant pratiquement à rien et les bourses aidant, ces études n'ont nulle raison de finir, observe Georges Pompidou, la plupart des leaders du mouvement de Nanterre avaient passé l'âge où un homme normal déserte la faculté pour un métier et l'étude pour l'action[86]. »

À Nanterre, depuis la rentrée, un étudiant prolongé mais plein de panache, Daniel Cohn-Bendit, prêche carrément la révolution. Ceux qu'il ne réussit pas à endoctriner, à galvaniser, du moins il les amuse. La révolte gronde en vase clos. Le 8 janvier 1968, François Missoffe, le ministre de la Jeunesse et des Sports, vient inaugurer la piscine du campus. Sa visite n'a pas été annoncée, sa délégation est discrète. Aussi est-il surpris de voir son itinéraire fléché d'énormes phallus et d'affiches où il peut lire : « Ce soir, à 18 heures, partouze à la piscine. »

À peine achève-t-il son allocution que Daniel Cohn-Bendit se détache d'un petit groupe d'étudiants. Après avoir affecté de demander poliment au ministre du feu pour allumer sa cigarette, il lui jette à la figure cette apostrophe : « J'ai lu votre livre blanc sur la jeunesse. Six cents pages d'inepties ! Vous ne parlez même pas des problèmes sexuels des jeunes... »

Hors de lui, François Missoffe réplique : « Avec la tête que vous avez, vous devez en effet avoir des problèmes de ce genre. D'ailleurs, vous pouvez toujours plonger dans la piscine pour vous défouler. » Que n'a-t-il pas dit là ! Daniel Cohn-Bendit se trouve être rouquin et juif franco-allemand. Un camarade, un comparse, saisit aussitôt l'occasion et pousse le cri de ralliement : « C'est une réponse fasciste ! »

Ces jeunes, trois thèmes vont les mobiliser tour à tour. La liberté sexuelle d'abord, la revendication pour les garçons de circuler librement la nuit dans les bâtiments des filles. Puis, la paix au Vietnam, pour laquelle des comités prolifèrent dans les lycées. Enfin, en mars, un millier d'enseignants, menés par Jacques Sauvageot, vice-président de l'UNEF, le syndicat étudiant, et Alain Geismar, son homologue du SNESUP, un syndicat d'enseignants du supérieur, manifestent contre la sélection à l'entrée des facultés, annoncée pour la prochaine rentrée universitaire. Une sélection indispensable, que l'on trouve tout à fait normale pour élire Miss France ou composer une équipe nationale de football, mais que, par une étrange aberration, on récuse, on diabolise même, dès qu'il s'agit de l'Université.

Cette agitation, on l'observe en même temps dans toutes les universités du monde, sous les régimes et les climats les plus divers. Sur le campus de Berkeley, aux États-Unis, à Berlin, où une manifestation organisée par Rudi Dutschke réunit vingt-cinq mille étudiants contestataires et oblige le maire à démissionner. En Italie comme en Espagne, en Tunisie, en Égypte, en Algérie, aux chantiers navals de Gdansk, en Pologne, au Japon, en Tchécoslovaquie, en Hollande, au Brésil. Un peu partout. Gonflement des effectifs universitaires, creusement du fossé entre générations, ou tout bonnement effet de mimétisme entre jeunes rêvant de jouer aux héros devant la télévision ? Des personnes soi-disant bien informées parlent de conspiration d'agitateurs en relations étroites les uns avec les autres : des excités nourris de doctrines mal digérées de Trotski, de Mao Tsé-toung, Fidel Castro ou Che Guevara. Simple psychose, peut-être, mais on se pose un moment la question.

Sur ce qui se passe dans les chambres des résidences universitaires, Georges Pompidou se montre assez libéral : « Laissez-les donc fricoter ensemble. Pendant ce temps-là, ils ne pensent pas à nous faire des ennuis. Et pourquoi donc voulez-vous que chacun rentre chez soi à minuit ? C'est justement le moment où ça devient le plus agréable ! » Mais il se sent ballotté, il oscille entre son penchant naturel à faire confiance aux jeunes et son horreur du désordre, qui lui fait souhaiter des hommes à poigne, des mesures radicales. Et il s'étonne qu'en France la contagion déborde des portes des facultés pour envahir la société tout entière. À l'agitation étudiante se sont ajoutées en effet, fin janvier, des violences ouvrières, à Fougères, à Caen.

Mais comment imaginer que, par effet de boule de neige, les fils de bourgeois puissent aller jusqu'à soulever des millions de travailleurs, à paralyser le pays pendant trois semaines ? Le mécontentement, Georges Pompidou ne le voit pas grandir. Vainement André Bergeron, reçu le 15 avril 1968 à Matignon, a-t-il tenté de le convaincre de revaloriser les plus bas salaires, qui ont pris du retard. Il a refusé : « Si le SMIG est porté à un niveau trop élevé, on risque de mettre en difficultés beaucoup de petites et moyennes entreprises et d'aggraver la situation de l'emploi dans des régions à faible densité industrielle. » Difficile d'ébranler cet Auvergnat.

Après quelques actions isolées, les étudiants, devant la vague de sympathie éveillée dans l'opinion, vont faire les quatre cents coups et précipiter le pays au bord de l'abîme.

Loin de pressentir ce qui va bientôt lui tomber sur la tête, Georges Pompidou s'envole le 2 mai 1968 avec sa femme et une dizaine de personnes pour un voyage officiel prévu de longue date en Iran et en Afghanistan. Voyage d'affaires, mais aussi de tourisme, avec étapes à Téhéran, Ispahan, Shiraz et Kaboul. Aucun membre du gouvernement ne cherche à le dissuader de partir. Même après les échauffourées de Nanterre, Alain Peyrefitte, le ministre de l'Éducation nationale, paraît confiant. Le cœur tranquille, Pompidou a confié son intérim à Louis Joxe.

Le lendemain même de son départ, le doyen Grappin, un ancien résistant qui en avait vu d'autres, commet une imprudence. Discrédité par une trop longue tolérance, se sentant incapable de reprendre la situation en main, il se résout à fermer l'université de Nanterre. Pour les agitateurs, voilà une occasion inespérée. Privé de sa tribune habituelle, Daniel Cohn-Bendit emmène ses Nanterrois en chercher une autre au quartier Latin. Bien plus spectaculaire. Et tout ce beau monde va camper dans la cour de la Sorbonne.

Le mouvement de contestation étudiante prend d'abord un côté libertaire, plutôt bon enfant. Presque joyeux. Les murs de la Sorbonne se couvrent d'inscriptions que les curieux déchiffrent et collationnent, carnet en main : « Jouissez sans entraves », « Il est interdit d'interdire », « Prenez vos désirs pour des réalités. » Les conventions sont abolies, les tabous levés. Mais la psychose de l'arrivée de contre-manifestants, des fascistes du mouvement Occident, échauffe les esprits, provoque même des combats de rues entre Mabillon et Saint-Germain-des-Prés. De plus, le 6 mai, la police, venue fermer la Sorbonne et expulser les perturbateurs, commet la maladresse d'embarquer par-dessus le marché dans ses fourgons quatre ou cinq cents paisibles étudiants qui ont eu la malchance de se trouver là au mauvais moment. De ces agneaux, une nuit passée au commissariat fera des révoltés.

C'est l'étincelle dans la poudrière. Devant les facultés fermées, des dizaines de milliers d'étudiants n'ont plus que la rue pour se réunir. Comme fascinés par la tentation de l'action violente, de la bagarre, ils partent en guerre ouverte contre l'autorité, les fils contre leurs pères. Désormais, ils ont leurs martyrs : les douze camarades condamnés en flagrant délit à deux mois de prison et maintenus en détention. Des cortèges se dirigent vers la prison de la Santé réclamer leur libération. Exiger également l'évacuation du quartier Latin par la police, la réouverture des facultés.

Europe n° 1 et Radio-Luxembourg, puis l'ORTF gagnée par la contagion font régner dans Paris une forte tension. Le soir du 10 mai, une extravagante négociation semble s'ébaucher entre Alain Geismar, installé dans une voiture de Radio-Luxembourg, rue Gay-Lussac, et le vice-recteur Chalin, depuis son bureau de la Sorbonne. Figés devant leur radio, des millions d'auditeurs n'en croient pas leurs oreilles.

À partir du moment où l'on a des barricades, il se crée un état d'esprit. Cela fait boule de neige. Persuadés de faire de grandes choses, les manifestants en construisent d'autres. Cette nuit-là, au quartier Latin, ce sont trente-trois barricades qu'élèvent des dizaines de milliers de jeunes. Tels les émules des héros de 1789, de 1830, de 1848, ils croient prendre la Bastille et s'offrir à peu de frais une petite révolution, la leur. Aux cris de « CRS, SS ! », ils injurient les CRS, montrant ainsi leur totale ignorance de la dernière guerre, de l'occupation allemande, de la férocité des SS. « Ce n'étaient pas des travailleurs, écrira Georges Pompidou[87], encore moins des prolétaires, mais des désoccupés sans vocation, qui ne pouvaient se tourner que vers la négation, le refus, la destruction. Et la possibilité surgie tout à coup de l'action violente, de la fête, où toutes conventions sont abolies et tous tabous levés leur apparut comme une occasion unique d'échapper à l'ennui, fruit de la morne incuriosité. » « Ils ne voulaient pas risquer la mort, dira-t-il plus tard. Leur action est restée dans un cadre qui ne comportait pas de risque véritable. Là où existait un risque réel, ils n'allaient pas. »

Se souvenant sans doute de ses valeureux élèves d'Henri-IV fusillés à la ferme du By, Georges Pompidou ajoute : « Quand on sert la Révolution et qu'on est prêt à donner sa vie, on en manque rarement l'occasion. "Tu veux la guerre, Danton, tu auras la mort", disait Robespierre. Danton est mort sur la guillotine et Robespierre aussi. Che Guevara n'est pas mon maître à penser, mais il brûlait de l'idéal révolutionnaire, il était prêt à mourir pour cet idéal, et donc il est mort. Il y a loin de ce type d'hommes à la présidence de l'UNEF ou du SNESUP[88]. »

Le Premier ministre par intérim, Louis Joxe, et le ministre de l'Intérieur, Christian Fouchet, commettent alors, semble-t-il, une erreur, en n'envoyant pas les bulldozers détruire immédiatement les barricades et en laissant les CRS prendre des risques démesurés pour les enlever trop tard et à main nues.

Les radios maintiennent la France entière éveillée jusqu'à 5 heures du matin, lui donnant l'illusion de participer à une furieuse bataille. Les commentaires des reporters, leurs voix haletantes, comme pour rendre compte d'un match sportif, leurs descriptions saisissantes attirent sans cesse au quartier Latin de nouveaux curieux. Tout cela conforte les manifestants. Lors du putsch d'Alger, en 1961, les transistors faisaient parvenir aux soldats du contingent, aux officiers hésitants les appels et les ordres du général de Gaulle par-dessus la tête des généraux rebelles. Ils avaient ainsi puissamment contribué à assurer la victoire de la légalité. Cette fois, au contraire, les transistors, cette arme nouvelle, sont du côté des émeutiers.

À entendre les speakers, il n'est question que de lances à eau, de matraques, de grenades lacrymogènes, même de grenades offensives dont on connaît mal les effets à long terme. De chasses à l'homme, où les CRS ne semblent pas distinguer le passant de l'émeutier, le lycéen de l'adulte. Malgré leurs lourdes pertes – quatre cents blessés –, les forces de l'ordre ne tirent à aucun moment, ce qui n'empêche pas les organisations étudiantes de produire une liste de tués. Heureusement, tous, sans exception, seront retrouvés bien vivants. Sans doute les uns ont-ils fait une fugue, et d'autres sont-ils partis en province !

Le 11 mai au matin, furieux d'avoir été écartés de la fête, les principaux journalistes de la télévision, Igor Barrère, Pierre Desgraupes, Pierre Dumayet, André Harris, Philippe Labro, Alain de Sédouy, Henri de Turenne, et même Pierre Lazareff, l'ami des Pompidou, élèvent une protestation fracassante contre la « scandaleuse carence » de l'information sur le petit écran, et menacent d'arrêter le travail.

Que veulent en fait les jeunes révoltés de mai 1968 ? Ils n'en savent rien eux-mêmes. Il suffit de les écouter en public comme en privé pour s'en convaincre. L'histoire offre peu d'exemples d'un mouvement où furent débitées tant de sottises et énoncées si peu d'idées constructives. On rejette, on dénigre, mais on ne propose pratiquement rien. Les uns parlent de supprimer les cours magistraux et de les remplacer par « un dialogue permanent », de choisir les programmes et de « faciliter les examens ». Les autres écoutent, ahuris et intimidés. Ce n'est plus de l'enseignement, mais de l'anarchie, de l'exhibitionnisme.

Les Parisiens préfèrent toujours les intellectuels aux *self-made men*. Chez eux, c'est comme une maladie endémique. Cela les amuse. « Le quartier Latin leur semble une sorte de lieu sacré, où prophétisent des pythies assises sur des piles de parchemins. Quitte à déchanter un peu plus tard en voyant les meneurs récuser les diplômes ou prétendre les faire distribuer par les candidats eux-mêmes[89]. »

Les Français sont devenus fous. Ils veulent la liberté, alors qu'ils sont au pays de la liberté. Il y a du travail pratiquement pour tous, sauf, bien sûr, pour quelques milliers de sociologues qui sortent chaque année de l'université. Seulement, voilà : depuis des siècles, patrons et salariés ne se parlent pas, universitaires et étudiants ne se parlent pas. Et, depuis dix ans, la radio et la télévision ne reflètent que le point de vue du pouvoir. D'où un sentiment de frustration : « Dix ans, ça suffit ! »

En tout cas, personne en France, absolument personne, ne s'attendait à un tel déferlement. À pareille fête pour les uns, à pareille chienlit pour les autres. Et, toute la semaine, des barricades, des incendies de voitures montrent que les meneurs ne veulent aucun compromis, aucune désescalade. Leur seul objectif est de déconsidérer le pouvoir et, qui sait, de le balayer. De rééditer le combat de David contre Goliath. Jacques Sauvageot et Daniel Cohn-Bendit réclament la démission du ministre de l'Intérieur et du préfet de police. Émules de Fouquier-Tinville, ils lancent l'idée d'un tribunal populaire pour les juger.

Comme tout le monde, de Gaulle n'a rien vu venir. Pour lui, Sauvageot, Cohn-Bendit, Geismar, ce sont des Martiens. Avant de proposer des réformes, il veut d'abord rétablir l'ordre et, pour cela, faire appel à la troupe. Déjà, pour permettre aux CRS et aux gendarmes mobiles de dégager des effectifs, Pierre Messmer, ministre des Armées, envoie l'armée occuper les points sensibles, les centraux téléphoniques, les dépôts d'essence. À toutes fins utiles, il fait aussi venir du Sud-Ouest deux régiments de parachutistes qu'il installe au camp de Frileuse, près de Versailles. « Des régiments parfaitement sûrs, se souvient-il[90]. Leurs colonels étaient mes camarades de guerre et les parachutistes n'avaient pas une sympathie spontanée pour les manifestations étudiantes. Par conséquent, nous avions là dix-sept cents ou dix-huit cents hommes musclés, tout à fait capables d'intervenir. De Gaulle m'a fait observer avec sévérité que je ne lui en avais pas parlé, mais il ne m'a pas demandé de les renvoyer. Chaque matin, à Matignon, à partir du troisième ou du quatrième jour, le ministre de l'Intérieur m'a demandé de les engager en renfort des compagnies de CRS et des escadrons de gendarmerie mobile. Mais je savais que si vous employez un régiment de parachutistes mal rodé à des opérations de maintien de l'ordre, dès que deux ou trois parachutistes seront par terre, abattus par des pavés, il y aura ouverture de feu. Évidemment, le boulevard Saint-Michel et le boulevard Saint-Germain auraient été dégagés, mais il y aurait eu effusion de sang. Alors j'ai refusé et dit à Joxe qu'il fallait me donner une réquisition, que je n'obéirais qu'à une réquisition écrite de sa part. Il a compris que je connaissais mon métier d'officier, et cet ordre, il ne l'a pas signé[91]. »

Si le ministre des Armées garde son sang-froid, il n'en va pas de même du ministre de l'Intérieur. « Christian Fouchet était une erreur de casting, estime Jean-Philippe Lecat. De Gaulle lui était reconnaissant d'avoir accepté un rôle ingrat au moment de l'indépendance de l'Algérie, puis lancé l'idée d'une confédération européenne, d'une Europe des nations. Mais ce n'était pas l'homme de la situation. Heureusement, au lieu de se prêter à des situations violentes, Maurice Grimaud, le préfet de police, a eu la sagesse de prendre ses ordres directement chez le Premier ministre ou son suppléant[92]. »

Pendant ce temps, Georges Pompidou prend plaisir à visiter l'Iran et à discuter de projets industriels avec le shah et son Premier ministre, Hoveida. L'Iran, c'est alors le shah en pleine gloire, modernisant son pays à toute allure, un shah qui aime la France, qui parle admirablement le français et offre des marchés à nos entrepreneurs. Des informations alarmantes reçues de France parviennent cependant à Georges Pompidou au moment de quitter l'Iran pour l'Afghanistan. Il hésite, puis décide de poursuivre son voyage. Après tout, de Gaulle est sur place, il saura bien faire le nécessaire. Le voilà donc à Kaboul, où il est reçu par le roi et assiste au spectacle du *bouzkachi*, une sorte de polo en plus violent. Puis il emprunte avec sa suite deux petits avions Otter pour se rendre dans le nord, aux confins de l'Union soviétique. Après le survol magique de l'Hindu Kush, il visite la vallée des Bouddhas et Kunduz, une ville fondée jadis par Alexandre le Grand où il s'étonne de voir des gamins dépenaillés boire tranquillement l'eau des égouts. Au moment de reprendre l'avion, le ciel s'assombrit brusquement, l'orage menace. Les Afghans qui cornaquent le petit groupe de Français leur proposent de regagner Kaboul en jeep. Cela prendra quelques heures de plus, la réception prévue pour le soir est compromise, mais c'est plus prudent.

« Moi, je rentre en avion, insiste Pompidou. – Écoute, Georges, tu fais ce que tu veux, proteste sa femme. Moi, je rentre en voiture[93]. »

Pompidou doit s'incliner. « Avec André Bettencourt, le secrétaire d'État aux Affaires étrangères, et leurs épouses, ils prirent la route en Volga, tandis que nous suivions en jeeps russes, raconte Jean-Philippe Lecat, qui faisait partie du voyage. En fait de routes, ce n'étaient que des pistes coupées de torrents. C'était superbe mais assez sinistre. Aucune femme nulle part, seulement des hommes avec des poignards ou des mitraillettes. De surcroît, à notre arrivée à Kaboul, nous apprîmes que, pour faire déguerpir les étudiants qui s'étaient emparés entre-temps de l'université, le roi avait fait appel à un cousin chef d'une tribu du Nord, dont les guerriers et les chameaux occupaient le campus. Rien de cela ne prédisposait à la sérénité[94]. »

Le 10 mai, donc, à Kaboul, Georges Pompidou est appelé au téléphone. C'est Michel Jobert, qui lui donne de très mauvaises nouvelles. De Gaulle ne lui demande pas de rentrer d'urgence, ce serait perdre la face et faire aveu d'impuissance. Mais lui, Jobert, le supplie de revenir le plus tôt possible. Devant l'opposition du Général, on n'a pas rouvert la Sorbonne et l'on craint le pire au quartier Latin. Georges Pompidou prend rapidement congé de ses hôtes afghans et reprend l'avion le lendemain matin pour Paris.

Il ne partage pas l'avis de de Gaulle. Il se souvient d'avoir commis une faute, en 1963, en le laissant décréter la réquisition des mineurs de fond. Cette fois, il veut éviter l'épreuve de force. Impensable aussi, pour un ancien professeur comme lui, de verser le sang des étudiants, le sang de la jeunesse.

« Vous savez, confie-t-il, tout ce qu'a entrepris le Général reposait sur l'idée que la patrie réconciliait les Français, au-delà de leurs dissensions. Mais aujourd'hui, il faut bien reconnaître que les jeunes se fichent de la patrie. Jusqu'à la Première Guerre, à cause de la ligne bleue des Vosges, tout le monde était patriote. Entre les deux guerres, il restait encore la rivalité de la France et de l'Allemagne. Aujourd'hui, la réconciliation franco-allemande a retiré au patriotisme son levain. »

Les choses étant ce qu'elles sont, mieux vaut éviter que les choses ne tournent au drame, laisser le mouvement s'essouffler, ne pas prêter le flanc à des accusations de violences. Le peuple finira bien par se rendre compte par lui-même que ces révolutionnaires sont des irresponsables. Attendre calmement la décrue, voilà la sagesse. Dans l'avion qui le ramène de Kaboul, il mûrit son plan, rédige même l'allocution qu'il se propose de prononcer à son retour.

À son arrivée à Orly, Michel Jobert, Christian Fouchet, Alain Peyrefitte, Louis Joxe l'accueillent avec des mines d'enterrement. Une brève déclaration à la presse où il dit avoir « ses idées », puis il s'isole un moment avec Michel Jobert et se rend directement à Matignon. Là, outre Louis Joxe, il convoque Fouchet et Peyrefitte, leur demande leur avis. Mais à peine ont-ils commencé, il n'y tient plus et leur dit : « Excusez-moi, ma décision est prise[95]. » Son intention, c'est de rouvrir la Sorbonne et de faire libérer les étudiants arrêtés. Alain Peyrefitte lui fait observer que cela contredit toute la politique menée en son absence. « La confiance doit être entière », répond-il sèchement.

Georges Pompidou, longtemps considéré seulement comme le premier des ministres, n'a plus, cette fois, aucune hésitation, aucune réserve. Devant la gravité, l'urgence, il monte au créneau. Carrément, il concentre entre ses mains toutes les attributions gouvernementales. Le voilà tout à la fois Premier ministre, ministre de la Justice, de l'Intérieur, de l'Éducation nationale et de l'Information, et, comme on le verra bientôt, des Finances et des Affaires sociales. Il court-circuite, dépossède tous les ministres, se contente de les tenir au courant des décisions qu'il signifie directement à leurs subordonnés[96]. Tout va très vite. « Il ne faut pas mégoter », affirme-t-il.

À 21 heures, Georges Pompidou va à l'Élysée. Devant de Gaulle, il se montre déterminé, résolu : « Mon Général, du fait de mon absence, vous avez été malheureusement engagé en première ligne. Maintenant, je suis là, laissez-moi agir, reprenez de la hauteur. Restez à l'abri de tous les troubles. » De Gaulle n'est pas d'accord sur ce qu'il propose, mais il insiste, insiste encore. Il met sa démission dans la balance et finit par l'emporter. « Si vous gagnez, tant mieux, conclut le Général. Si vous perdez, tant pis pour vous[97]. »

Georges Pompidou passe aussitôt se changer et, malgré la fatigue du décalage horaire, se rend à l'ORTF, rue Cognacq-Jay, enregistrer son allocution. Une intervention courte et percutante que la télévision diffusera une heure plus tard : « J'ai décidé que la Sorbonne serait librement ouverte à partir de lundi. À partir de lundi également, la cour d'appel pourra statuer sur les demandes de libération présentées par les étudiants condamnés. Je demande à tous de rejeter les provocations de quelques agitateurs professionnels et de coopérer à un apaisement rapide et total. Cet apaisement, pour ma part, j'y suis prêt. »

Les meneurs interprètent aussitôt ce geste comme un désaveu d'Alain Peyrefitte, le ministre de l'Éducation nationale, et une capitulation sans condition. Cette stratégie, lui-même la justifiera six semaines plus tard dans sa réponse à un article critique du *Figaro* signé Raymond Aron : « Vous écrivez : Georges Pompidou a joué et perdu le pari de l'apaisement. Permettez-moi de vous dire que vous vous trompez. Je n'ai fait aucun pari. Il n'y avait pas une chance sur cent à mes yeux pour que mes décisions du 11 mai arrêtent le processus. Alors, direz-vous ? Alors j'ai fait ce que fait un général qui ne peut plus tenir une position. Je me suis retiré sur une position défendable. Et j'ai donné à cette retraite un caractère "volontaire" à la fois par souci de sauver les apparences et à cause de l'opinion. Je m'explique. Quand je suis rentré d'Afghanistan, j'ai trouvé une situation qui m'est apparue désespérée – l'opinion parisienne était entièrement derrière les étudiants. La manifestation du 13 mai était annoncée.

« J'ai pensé alors, et aujourd'hui j'en suis sûr, que, faute de rendre la Sorbonne, cette manifestation entraînerait peut-être la chute du gouvernement et du régime, mais qu'à tout le moins elle s'emparerait de la Sorbonne. Pouvez-vous imaginer qu'un cortège de quelque cinq cent mille personnes allant de la République à Denfert – et encore l'itinéraire ne fut-il accepté par les dirigeants de la manifestation que le dimanche *après* mes décisions – ne ferait pas un détour vers cette Sorbonne gardée par les CRS ? Et qui a jamais empêché une foule de cette importance de pénétrer dans un local comme la Sorbonne ? Même l'armée n'y aurait pas suffi et, au surplus, qui aurait commandé à des soldats de tirer sur une foule pareille ?

« À partir de là, avec une Sorbonne réoccupée par les étudiants en dépit des décisions gouvernementales, la situation était sans issue et nous condamnait à une capitulation ou à une guerre que l'opinion n'aurait pas acceptée.

« Car, et vous le savez bien, tout dans une affaire de cet ordre se joue sur l'opinion. Leur rendant la Sorbonne, j'enlevais à la manifestation son objectif stratégique, elle cessait de pouvoir devenir une émeute pour rester une "démonstration". Mais surtout, ayant fait ce que l'opinion attendait, je renversais les responsabilités. Désormais, "les étudiants" se mettaient dans leur tort et devenaient des provocateurs, au lieu que ce fussent des innocents se défendant contre les provocations gouvernementales et policières. Je n'avais plus qu'à gagner du temps, à circonscrire le mal, puis à prendre l'offensive sans douleur lorsque l'opinion en aurait assez. Telle fut ma ligne de conduite du début jusqu'à la fin.

« Dans une affaire de cet ordre, il n'y a que deux issues. Ou bien, dès le départ, se fier à la répression la plus brutale et la plus déterminée. Je n'en avais ni le goût ni les moyens. Les aurais-je eus que la révolte de l'opinion aurait obligé à reculer, c'est-à-dire à disparaître. Une démocratie ne peut user de la force que si elle a l'opinion pour elle et nous ne l'avions pas.

« Ou bien alors il faut céder du terrain, faire la part du feu et gagner du temps. Les étudiants pouvaient se lasser et venir à composition. Ils pouvaient aussi s'entêter, ce qu'ils ont fait. Dans ce cas, ils étaient de moins en moins nombreux et de plus en plus impopulaires. C'est ce qui s'est passé. Et, le moment venu, je prenais l'offensive sans douleur.

« Ne vous y trompez pas, j'ai gagné la partie politique le 11 mai au soir. Il pourrait y avoir eu une autre partie à gagner ou à perdre si le parti communiste avait décidé de passer à la révolution violente. Mais là, contrairement à ce qui se passait pour les étudiants, le gouvernement avait la possibilité d'user de la force parce que l'opinion aurait été avec lui et l'armée fidèle sans hésitation. De toute manière, c'est le PC qui a reculé devant l'aventure[98]. »

Mais voilà que les syndicats ouvriers prennent le relais de l'émeute étudiante. Sans préavis, ils lancent, le 13 mai, un ordre de grève générale et organisent le même jour une manifestation de grande ampleur. On dirait que la classe ouvrière se solidarise avec les étudiants, les travailleurs avec les « fils à papa ». On le dirait bien.

Pourtant, Georges Pompidou sent que « dans les étudiants, les ouvriers voient les hommes d'une autre classe, les profiteurs d'une société dont ils croient les ennemis[99] ». Même sentiment chez les dirigeants du parti communiste. Lorsque, croyant l'occasion bonne à prendre, François Mitterrand, Pierre Mauroy, Guy Mollet, René Billères se rendent en délégation rue de Châteaudun, à la forteresse du parti communiste, Waldeck Rochet, silencieux, se contente de leur demander ce qu'ils pensent de Cohn-Bendit et de combien de stations-service ils disposent. « Nous avons tous compris que les communistes resteraient spectateurs, qu'on ne pouvait guère compter sur eux[100]. »

Devant la grande manifestation, Georges Pompidou ne s'affole pas. Il crée une petite équipe de crise, cinq hommes – Édouard Balladur, Jacques Chirac, Michel Jobert, Jean-Philippe Lecat et Pierre Somveille – chargés de maintenir la liaison avec les ministères, et leur confie avec humour : « Ce serait comique qu'ils nous foutent en l'air un 13 mai[101]. »

À 16 heures, le défilé quitte la place de la République. En tête, Jacques Sauvageot, Daniel Cohn-Bendit et Alain Geismar, aux côtés de Robert Cottave (Force ouvrière), Eugène Descamps (CFDT) et Georges Séguy (CGT). Un peu plus loin, en retrait, François Mitterrand, Guy Mollet, Michel Rocard, Charles Hernu, René Billères, Waldeck Rochet, Georges Marchais, Roland Leroy, Étienne Fajon. Derrière eux, cinq ou six cent mille manifestants. Au passage, des étudiants arrachent des drapeaux tricolores, « symboles de la nation bourgeoise », et agitent sur les toits des drapeaux rouges ou noirs. Tout au long du défilé, pris par l'ambiance, deux haies compactes de curieux venus voir le spectacle se mettent à les acclamer.

Au moment où la tête du cortège arrive place Denfert-Rochereau, alors que les derniers n'ont pas encore quitté la République, les meneurs des étudiants lancent le mot d'ordre : « À l'Élysée ! » tandis que d'autres crient : « Au Champ de Mars ! » Le reporter d'Europe n° 1 déclare au micro : « Maintenant, les manifestants descendent vers la Seine et partout circule le mot d'ordre : “À l'Élysée ! À l'Élysée !” »

Comme tous les groupes de manifestants ont des transistors, y compris ceux encore à la République, on risque ainsi d'en voir déferler de toutes parts, déborder le service d'ordre et converger vers le palais présidentiel. Mais les leaders de la CGT, munis de porte-voix et de camions avec haut-parleurs, ordonnent : « Dispersion ! Dispersion ! »

Entre les deux composantes de la manifestation, l'entente est donc trompeuse. Jamais les communistes n'admettront quelqu'un à leur gauche, cela les gêne. Et le service d'ordre de la CGT ferme carrément le boulevard Raspail.

Une dizaine de milliers d'étudiants descendus vers la Seine constatent que la police a reparu, qu'elle barre les ponts. Après un meeting assis par terre au pied de la tour Eiffel, ils se présentent devant le pont Alexandre-III, barré précipitamment de quelques rangs de gendarmes pour protéger l'Élysée. Tout est alors possible. Si la foule pousse sur ce barrage dérisoire, nul ne donnera l'ordre de tirer sur elle, et le cours de l'histoire en sera peut-être changé. Mais, après les vociférations d'usage, les manifestants préfèrent retourner occuper la Sorbonne.

Chaque nuit, Georges Pompidou reste tard à Matignon, car c'est le soir que commencent les moments difficiles, lorsque s'élèvent les barricades. À tour de rôle, un membre du cabinet, en liaison permanente avec le ministère de l'Intérieur, se tient près de lui pour l'informer, heure par heure, de l'évolution de la situation. Mot d'ordre du Premier ministre : éviter toute friction. Lorsque enfin la dernière barricade est détruite, le dernier pont sur la Seine dégagé de manifestants, il part se reposer.

« Le 13 mai, c'est mon tour de permanence, raconte Jean-Philippe Lecat. Très gentiment, Pompidou m'a proposé de dîner avec lui. La manifestation avait failli mal se terminer, la foule avait arrêté un car de police secours place Denfert-Rochereau et désarmé les policiers. Aussitôt, une rumeur s'était répandue : "Ils ont tiré à Denfert-Rochereau !" Nous suivions l'actualité minute par minute, c'était tendu. À Matignon, on entendait nettement la rumeur de la foule qui bivouaquait au Champ de Mars, autour de Cohn-Bendit. Ce qui m'a alors frappé, ce soir-là, c'est la solidité de Pompidou. On nous a servi un vrai dîner. Devant nos assiettes, nous nous apprêtions à manger en silence. Plongé dans mes réflexions, je ne me sentais pas en appétit. Alors, il m'a dit : "Ça va durer longtemps. Il faut garder un rythme de vie normal. Mangez donc. Ceux qui commenceront à se nourrir d'un sandwich et d'une bière sur le coin d'une table ne tiendront pas la distance[102]. »

Témoignage confirmé par Simone Servais[103], qui se souvient d'un déjeuner, ce jour-là, à Matignon. Georges Pompidou l'a entretenue avec philosophie de questions personnelles sans prendre aucune part à la conversation de François-Xavier Ortoli et de Jacques Chirac, les deux autres invités, sur la situation du moment. Les pieds solidement sur terre, l'homme du Cantal, tel Churchill aux pires heures de la bataille d'Angleterre, sait qu'on ne résiste qu'à condition de prendre le temps de manger, de dormir, de penser à autre chose.

Ce soir du 13 mai, comme les autres, pour éviter les incidents, Georges Pompidou a veillé à ce que la police se montre le plus discrète possible. Le grand cortège qui a traversé Paris l'a plutôt rassuré, car on ne déplore ni heurts ni violences. Preuve que syndicats ouvriers et responsables politiques, tant bien que mal, sont en train de récupérer le mouvement lancé par les étudiants anarchistes. On espère trouver enfin des interlocuteurs, ne plus être aux prises avec une masse agitée, aux réactions imprévisibles. Les politiques, communistes, PSU, fédérés, et les trois grandes centrales ouvrières sont bien des adversaires, certes, mais des forces organisées, hiérarchisées, encadrées. On sort du brouillard, on connaît les noms des responsables. L'essentiel est de savoir qui est en face de soi, à qui on a affaire. On le sait désormais. On va pouvoir parler, cela vaut mieux que de se battre. Et comme l'opposition et la presse fourniront un exutoire à l'ardente protestation étudiante, du même coup elles la canaliseront, comme le service d'ordre de la CGT a canalisé et finalement dispersé les manifestants.

C'est justement le moment où à son tour de Gaulle a prévu de partir en voyage officiel, en Roumanie cette fois. Son idée : encourager les velléités des Roumains à secouer le joug des Soviétiques. Un voyage programmé depuis longtemps, lui aussi. Il hésite. Doit-il rester à Paris ou confirmer son voyage en laissant à Georges Pompidou le soin de veiller au grain ? Celui-ci conseille de ne rien changer. Le pire, croit-il, est passé. « Ne donnons pas aux incidents une portée qu'ils n'ont déjà plus, n'offrons pas une prime à l'agitation. Renoncer donnerait l'impression que le pouvoir recule devant la rue. Qu'il cède. » Voilà bien les mots que de Gaulle souhaitait entendre. Soulagé, convaincu, il part pour Bucarest échanger de belles paroles avec... Ceaucescu !

Georges Pompidou déclare : « Le président de la République m'a remis avant son départ l'autorisation d'user des pouvoirs que la Constitution délègue au Premier ministre en cas d'empêchement momentané ou d'absence du chef de l'État. » Le voilà seul maître à bord. Il a son plan : se servir du petit écran pour discréditer les meneurs étudiants. Simonne Servais, son attachée de presse, appelle trois journalistes de bon aloi, Pierre Charpy, de *Paris Presse,* Jean Ferniot, de *France Soir,* et Michel Bassi, du *Figaro.* « Le Premier ministre, leur dit-elle, a décidé de faire passer ce soir à la télévision les trois principaux responsables du mouvement étudiant, Cohn-Bendit, Sauvageot et Geismar. Nous avons réussi à faire installer un plateau rue François-Ier. Il faut que vous leur fassiez dire ce qu'ils ont dans le ventre, que les Français comprennent que ce sont des destructeurs, des enragés. À vous de les interroger. »

Michel Bassi avoue s'être, comme ses deux confrères, laissé complètement dominer, submerger, contourner, dépasser, décontenancer, désarçonner même par le flot de paroles des trois exaltés [104]. Par leurs vociférations. Par Daniel Cohn-Bendit surtout, si habile à traduire en mots provocants et drôles les idéologies les plus ennuyeuses.

Georges Pompidou ne se laisse pas pour autant démonter par ce qui, à première vue, semble un faux pas. Bondissant aussitôt à la deuxième phase de son plan, il passe lui-même à l'écran enfoncer le trait, tenter de creuser un fossé entre mouvement étudiant et mouvement ouvrier, de dissocier les fantasmes des uns des revendications concrètes des autres. Éviter d'avoir à se battre sur deux fronts à la fois.

Le 16 mai, bien que tout le monde discute dans son bureau, que chacun prenne la parole pour expliquer son point de vue, Pompidou rédige son texte, le lit et le relit, aussi calme que s'il était seul dans la pièce. Une demi-heure après, il le récite impeccablement à la télévision : « J'ai rendu l'université à ses maîtres et à ses étudiants. Je leur ai tendu la main pour la concertation la plus large et la plus constructive. J'ai libéré les manifestants arrêtés. J'ai annoncé une amnistie totale. Mes appels n'ont pas été entendus par tous. Des groupes d'enragés, et nous en avons montré quelques-uns, se proposent de généraliser le désordre. Leur but avoué est de détruire la nation, les bases mêmes de la société libre. Françaises, Français, le gouvernement doit défendre la République, il fera son devoir, mais il vous demande de l'aider. »

Georges Pompidou a beau être devenu une figure du tout-Paris, il demeure très paysan par sa manière de sentir, par sa hiérarchie des valeurs. Cela se voit, sa pesanteur porte, elle lui donne du poids. Il a la voix du cœur, la voix qui monte des profondeurs. Son calme, la distance qu'il sait imposer, l'intelligence qui se dégage de sa personne, surtout ce regard pénétrant sous les sourcils épais impressionnent les téléspectateurs encore sous le choc de l'arrogance des trois leaders étudiants. De leur incapacité de proposer quoi que ce soit pour remplacer la société qu'ils veulent détruire. Alors, de nombreux parents se décident enfin à aller au quartier Latin convaincre leurs enfants de « rentrer à la maison ».

Lorsque de Gaulle, de retour de Bucarest, atterrit à Orly le 18 mai, Georges Pompidou n'a pas mauvaise conscience. Depuis qu'il est rentré de Kaboul, la semaine précédente, et qu'il a repris en main les rênes du gouvernement, pas une seule barricade ne s'est élevée, pas un heurt grave ne s'est produit entre la police et les manifestants, il n'y a pas eu un seul blessé.

En revanche, de jour en jour, la grève s'est étendue. À Bouguenais, chez Sud-Aviation, à Cléon, chez Renault, des directeurs d'usine sont séquestrés. La France compte près de dix millions de grévistes. Furieux, de Gaulle passe un savon à son Premier ministre, en présence de Christian Fouchet, Pierre Messmer et Georges Gorse : « C'est le bordel partout. Vous êtes responsable de l'abandon de la Sorbonne, de l'occupation de l'Odéon, de toutes les grèves qui paralysent le pays. Ce qui se passe a assez duré. Cette fois, c'est la chienlit, c'est l'anarchie, ce n'est pas tolérable. Il faut que cela cesse [105]. »

Georges Pompidou écoute en silence. Il ne répond pas. Ce n'est vraiment pas le moment de polémiquer avec le patron. De faire apparaître un conflit à la tête de l'État. Pourtant, contrairement à de Gaulle, il veut continuer de jouer la carte de l'apaisement progressif. Un souvenir le hante, celui du drame de la rue d'Isly, à Alger, le 26 mars 1962, un mois avant son arrivée à Matignon, lorsque les Français ont tiré sur les Français et fait tant de victimes. Qu'un terroriste, un seul, embusqué sur un toit, lâche une rafale, qu'un policier encerclé et menacé tire pour se dégager, et ce sera la fusillade, la guérilla, la tragédie. Une confusion que personne ne pourra plus maîtriser, un drame à éviter à tout prix. Le seul recours consiste à donner une impression de calme, de courage, de tolérance. Il faut tout faire pour éviter les drames inutiles, mieux vaut l'atermoiement que la brutalité. Ne rien céder sur l'essentiel, mais temporiser sur ce qui l'est moins.

Difficile car, le 19 mai, de Gaulle lance : « la réforme, oui, la chienlit, non ! » et, comme on fixe un objectif à une armée, ordonne : « Primo, l'Odéon doit être évacué dans les vingt-quatre heures. Secundo, l'ORTF doit être protégée et n'employer pour l'information que des éléments extrêmement sûrs. Tertio, un avantage immédiat doit être donné à la police. »

« Pour de Gaulle et la plupart des membres de son entourage, note Jean-Philippe Lecat, mai 1968 n'avait pas de sens. Pompidou, au contraire, n'adhérait pas à ses analyses sommaires – “la chienlit” – ni à celles de Christian Fouchet et d'Alain Peyrefitte. Peut-être parce qu'il avait davantage réfléchi et tiré les leçons de la grève des mineurs de 1963 et du demi-échec électoral de 1967, il sentait qu'il se passait quelque chose [106]. » D'où une approche plus rationnelle, moins émotionnelle.

Voyant le Général déterminé à employer la force pour reprendre le théâtre de l'Odéon, Pompidou fait intervenir auprès de lui ses deux collaborateurs les plus écoutés, Jacques Foccart et Bernard Tricot. Grâce à eux, il arrache de justesse le contre-ordre : l'Odéon ne sera pas repris. La police n'interviendra que lorsque s'amorcera la décrue.

Mais la partie est loin d'être gagnée. Pierre Lefranc, président de la Sofirad, n'a toujours aucune autorité sur les directeurs de ses deux filiales, Radio-Luxembourg et Europe n° 1. Par des reportages « en direct, comme si vous y étiez », leur personnel jette continuellement de l'huile sur le feu. Le préfet de police a beau interdire aux voitures radio de pénétrer au quartier Latin, les reporters n'ont qu'à frapper aux portes des appartements pour trouver un balcon, un téléphone. Belle inconscience des bourgeois du Ve ou du VIe arrondissement ! Le lendemain, troisième vendredi rouge ou troisième jour de carnaval de cet étrange mois de mai, rien que dans la capitale on dénombre cent quarante-huit blessés (cent dix manifestants et trente-huit policiers).

Un soir de cette semaine dramatique, Guy Béart se souvient de l'arrivée de Georges Pompidou au dessert, à minuit passé, à un dîner chez Louise de Vilmorin [107]. « Il avait les traits tirés, il était mal rasé. Il a salué rapidement tout le monde et on lui a servi un plateau en bout de table. On avait prié la maîtresse de maison de dire quelques vers. Comme toujours en France, quels que soient les événements, on continue à réciter des vers, à chanter, à rire, à se rencontrer. Elle a commencé un poème d'Éluard :

La connais-tu, Daphné, cette ancienne romance
Au pied du sycomore ou sous le laurier blanc
Cette chanson d'amour qui toujours recommence...

« Louise de Vilmorin avait peut-être abusé du vin, car, ne se souvenant pas de la suite, elle s'est interrompue et s'est excusée. Alors, du fond de la table, une voix sépulcrale s'est élevée, très fatiguée, pour continuer le poème :

Reconnais-tu le temple au péristyle immense
Et les citrons amers où s'imprimaient tes dents
Et la grotte fatale aux hôtes imprudents
Où du dragon vaincu dort l'antique semence
Le temps va ramener l'ordre des anciens jours... »

Grenelle

Au début de la troisième semaine de mai, la situation s'aggrave. Autour de lui, Georges Pompidou sent l'animosité même chez ceux qu'il croyait ses amis. Jusqu'à présent, il a réussi à tenir bon. Pourtant, ce n'est évidemment pas un surhomme. À son tour, il semble commencer à donner des signes d'abattement. Le 22 mai, Jacques Foccart vient le voir, lui dire que les choses ne vont pas bien, qu'on s'enlise. Jacques Foccart, l'un des seuls maillons solides : pour muscler le SAC, ne vient-il pas de retourner des anciens de l'OAS en leur laissant espérer – avec un certain culot, mais il en faut en pareilles circonstances – une mesure générale d'amnistie ou de grâce [108] ?

Fatigué, Georges Pompidou se passe la main sur la figure et lui répond : « Écoutez, Jacques, je sais, je sais, mais n'en dites pas plus. Qu'est-ce que vous voulez, moi aussi, j'ai des limites, moi aussi je suis par moments à bout. Alors, il y a des choses, des choses... Je n'en peux plus ! J'en ai assez, j'ai bien envie quelquefois de m'en aller [109]. »

En tout cas, après cette entrevue avec Jacques Foccart, il reprend du tonus et décide de s'accrocher. Il a même un bref moment d'amusement en apprenant les démarches de bourgeois du XVIe ou du XVIIe arrondissement pour faire élargir un fils ou une fille pris à lancer des pavés sur la tête des CRS. Et si, entre Matignon et l'Élysée, des passants, sur le trottoir, le reconnaissent dans sa voiture et lui disent : « Bravo, Pompidou ! », cela lui fait chaud au cœur [110].

Alors il répète en lui-même l'intervention importante qu'il doit prononcer l'après-midi à l'Assemblée, face aux attaques conjuguées de René Billères, son ancien camarade, et de François Mitterrand, qui termine chacune de ses invectives par un retentissant : « Allez vous-en, monsieur Pompidou ! Allez vous-en, monsieur Pompidou ! » À sa stupéfaction indignée, Edgard Pisani prononce un discours d'opposition. Cependant, la motion de censure n'obtient que 233 voix au lieu des 244 requises.

De Gaulle commet alors une erreur. Le 24 mai, dans une allocution télévisée, il annonce un référendum sur la participation des travailleurs aux réserves de l'entreprise et celle des étudiants à la direction des universités. Il s'imagine pouvoir ainsi reprendre les choses en main.

« S'il le fait maintenant, son référendum, confie Georges Pompidou à Michel Jobert, tout est perdu. Il se désignera lui-même comme l'homme à abattre. » Heureusement, ce référendum n'aura pas lieu, car sa prestation télévisée fait chou blanc. « Sa déclaration a été un bide complet, se souvient Pierre Mauroy. Personne n'a rien compris [111]. » Les gens l'accusent de vouloir octroyer lui-même des réformes dont bien peu comprennent le fonctionnement. Plus que jamais, un peu partout, on entend répéter le slogan : « Dix ans, ça suffit ! » Certains députés gaullistes se laissent même aller à dire : « Le vieux est fini, il doit partir ! » Submergé par l'amertume, il reconnaît avoir « misé à côté de la plaque » et commence à parler de « France foutue », de France qui « se couche ». « Qu'est-ce que vous voulez, dit-il, ce n'est pas ma faute si tous mes ministres n'ont rien dans le ventre, s'ils n'ont pas de couilles. » Et, à propos des gens de la télévision : « Tous vos Astoux, tous vos Ragueneau, tous vos Sablier ont été minables, lamentables [112]. » Saisi, comme en 1946 et en 1953 par le vertige du néant, il est tenté de partir.

Arrive un moment où les courroies de transmission ne fonctionnent plus. Il n'y a plus de standardistes dans les centraux téléphoniques.

Plus d'essence dans les stations-service. On propose bien à Pompidou de les faire ravitailler par des transports protégés par l'armée, mais il s'y oppose, pensant qu'une telle mesure pourrait inciter des inconscients à aller incendier les dépôts d'essence, ce qui mobiliserait toutes les casernes de pompiers au risque de déclencher une catastrophe. À beaucoup de niveaux, on tergiverse, on attend ce qui va se passer. D'autant qu'au sein de la CGT et du parti communiste se forment maintenant des comités d'action noyautés par l'extrême gauche.

Mais s'il reste une carte à jouer, Georges Pompidou la jouera. Oui, il demeure une chance de s'en sortir, de réussir. Certes, avec les syndicats d'étudiants et d'enseignants, toute discussion se révèle impossible. À l'évidence, Sauvageot, Geismar et Cohn-Bendit sont sur une autre longueur d'onde que la classe politique. La réforme de l'Université n'est pas leur souci majeur, c'est la société qu'ils veulent transformer sur le modèle de Cuba ou de la Chine. Puisque, de ce côté-là, la voie est bouchée, cherchons le dialogue avec les syndicats ouvriers, conseille Édouard Balladur. Tâche urgente, car, là aussi, les militants veulent entraîner les dirigeants au-delà du raisonnable. Sans doute par mimétisme avec la jeunesse étudiante.

Le 24 mai, en France, neuf à dix millions de travailleurs ont les bras croisés. La plupart, sur les consignes des syndicats, d'autres, paralysés par les arrêts de travail dans les services publics ; d'autres enfin ont cessé spontanément le travail. Dans tout le pays, on commence à prendre peur. La CGT, inféodée au parti communiste, veut saisir le contrôle d'un mouvement démarré en dehors d'elle, le récupérer, lui donner un contenu revendicatif plus précis. « La classe ouvrière est majeure, elle n'a pas besoin de tuteurs », écrit René Andrieu dans *L'Humanité* du 18 mai. Et lorsque les étudiants se rendent en cortège aux usines Renault, ils trouvent les portes fermées par la CGT.

« À l'inverse du chef de l'État, qui était complètement dans l'erreur, Pompidou s'est alors révélé à la hauteur de la situation. Il a même été un stratège remarquable, se souvient Pierre Mauroy. La révolte étudiante était une espèce de rêverie qui n'avait aucun contenu social. Il a compris que, pour en sortir, il fallait faire une ouverture sociale, mettre les syndicats dans son camp, tous les syndicats, rechercher avec eux une certaine connivence, comme il l'avait eue souvent avec Force ouvrière. » Tenter de faire asseoir Georges Séguy, le numéro un de la CGT, à une table de conférence avec Paul Huvelin, le patron des patrons.

Plutôt qu'Édouard Balladur, trop d'allure grand bourgeois, il charge un jeune secrétaire d'État dont il a apprécié l'énergie, Jacques Chirac, de sonder Henri Krasucki, le fidèle second de Georges Séguy. Quasi clandestinement, les deux hommes se rencontrent sur un banc public, square d'Anvers. Un membre important du patronat effectue la même démarche auprès de Barjonet, un autre hiérarque de la CGT. « Il n'y avait plus d'essence nulle part, sauf une réserve à l'École militaire, raconte Jean-Philippe Lecat, alors chargé, à Matignon, de suivre de son mieux les questions de transports. Pour que les leaders des syndicats puissent se déplacer sans se faire repérer par les journalistes, je leur donnais un rendez-vous discret dans la contre-allée du boulevard des Invalides et je vidais dans leur réservoir les jerricans que j'allais remplir à l'École militaire. Tout cela était un peu surréaliste [113]. » Ces préliminaires vont aider les négociations à démarrer.

Le grand palabre commence en effet le 25 mai à 15 heures au ministère du Travail, 127, rue de Grenelle. Quarante-huit participants sont entassés dans une salle mal sonorisée, devant des tables étroites et longues, où l'on ne voit pas ceux qui sont assis du même côté.

À de Gaulle, Pompidou n'a demandé qu'une seule chose : « Épargnez-moi Debré. » Celui-ci est amer de se voir exclu de la négociation. N'est-il pas le ministre de l'Économie et des Finances ? Jacques Foccart, qui déjeune souvent avec lui, prévient Georges Pompidou.

« Je sais, Jacques, je sais que c'est injuste, Michel devrait être là. Mais, que voulez-vous ? Il ne pourrait s'empêcher d'agiter le chiffon rouge. Sur le coup d'une ou deux heures du matin, devant une nouvelle revendication, une nouvelle nécessité, Michel, parce que c'est son caractère, éclaterait, taperait du poing sur la table et enverrait courir les grévistes. Or, en ce moment, avec cette affaire d'étudiants, avec le climat qui règne, nous n'avons pas le droit de manquer nos négociations [114]. »

Georges Pompidou s'est contenté de faire venir cinq collaborateurs, Jean-Marcel Jeanneney, ministre des Affaires sociales, Jacques Chirac, secrétaire d'État à l'Emploi, et deux membres de son cabinet, Édouard Balladur et Jean-Philippe Lecat, plus Simonne Servais, son attachée de presse. En l'absence de François Ceyrac, opéré d'une hernie, Paul Huvelin dirige la délégation patronale. André Malterre mène celle de la CGC. Les délégations ouvrières, en ordre dispersé, constituent les gros bataillons. Georges Séguy, Henri Krasucki et Benoît Frachon conduisent la CGT ; Eugène Descamps, René Bonnet et Albert Détraz, la CFDT ; André Bergeron, Roger Louet et Pierre Tribié représentent Force ouvrière, Gaston Tessier, la CFTC, et James Marangé, la Fédération de l'Éducation nationale. Aucun de ceux qui sont là ne sont à l'origine de la crise : Cohn-Bendit n'est pas là, ni Sauvageot, ni Geismar.

« À l'ouverture de la réunion, j'ai eu très peur, raconte Simonne Servais. C'est parti très durement. Chaque leader syndical a fait un morceau de bravoure. J'ai même craint que certains ne quittent la séance[115]. » Au contraire, en les laissant s'exprimer, Georges Pompidou leur a permis de se défouler. Une fois la tension soulagée, il propose et fait accepter par tous un ordre du jour préparé soigneusement avec Édouard Balladur. Très vite, c'est lui seul qui dirige les débats, distribuant la parole, écoutant, simple, discret, attentif, laissant chacun dire ce qu'il a à dire. Chaque fois, après avoir laissé parler, il reprend la parole, argumente, descend dans le détail des dossiers sans consulter aucune note et, sans jamais trébucher, revient aux enjeux essentiels. Enfin, il résume et Jean-Philippe Lecat fait circuler un papier qui acte le point de vue des uns et autres.

Cependant, dans la salle trop petite pour tant de monde, l'atmosphère devient vite irrespirable. Chacun s'observe, craignant de se laisser déborder par les autres. Dehors, les journalistes attendent les nouvelles. À chaque suspension de séance, avant de boire une orangeade, c'est à qui fera une déclaration.

Eugène Descamps réclame des concessions sur les questions de pouvoir et de représentation syndicale dans l'entreprise. À l'entendre, on se demande s'il ne veut pas faire capoter la négociation, provoquer la chute du gouvernement et l'arrivée de Pierre Mendès France. Figure ronde et joviale, la mine soignée, cravate et complet-veston, Georges Séguy paraît au contraire plus rassurant. Pragmatique, il met l'accent sur le relèvement du SMIG, alors de 2,22 francs de l'heure. Après avoir demandé 3 francs (35 % d'augmentation), il s'est mis d'accord avec Jacques Chirac, au cours d'une suspension de séance, pour transiger à 2,70 francs. À la reprise, pour amuser la galerie, il réitère publiquement sa demande initiale, assortie par-dessus le marché de la suppression des abattements de zone et de l'alignement du SMAG agricole sur le SMIG industriel. C'est alors qu'à la stupéfaction générale, le baron Petiet, qui vient de remplacer Paul Huvelin, souffrant, répond : « Nous sommes d'accord[116] ». C'est un bond énorme, si l'on songe que le dernier relèvement, six mois plus tôt, avait été de 3 %. Deux millions de travailleurs sont concernés, une femme sur trois, un homme sur dix.

À cette annonce, Séguy reste médusé, mais Benoît Frachon, dressé comme un diable dans un bénitier, lance à Petiet : « Monsieur le baron, j'ai connu votre père en 36, mais lui en avait[117] ! » Le Premier ministre se penche vers Jean-Marcel Jeanneney : « Il est fou ! » Il est 3 h 45 du matin et on se sépare.

Le lendemain 26 mai, la discussion reprend pied à pied sur les autres sujets à l'ordre du jour. Entre-temps, Georges Pompidou a profité de l'interruption pour voir successivement, en tête à tête, Eugène Descamps, Georges Séguy et André Bergeron. Au leader de la CFDT, il a lâché la section syndicale d'entreprise : les syndicats disposeront désormais de locaux à eux dans l'usine pour collecter les cotisations, pour publier leurs communiqués, distribuer leurs tracts. Avec Georges Séguy, Pompidou fait jouer une autre corde sensible, l'anti-américanisme. Sans pudeur, il va jusqu'à lui dire, sur le ton de la confidence : « À la faveur des événements, mes adversaires espèrent rétablir la politique de la IVe République, ce sont des atlantistes irréductibles à toute volonté d'ouverture à l'Europe de l'Est. Entre nous, j'aimerais encore mieux être simple fonctionnaire d'un gouvernement communiste que Premier ministre d'une France dominée par les Américains. » Le message est un peu gros, mais apparemment, il passe et la CGT s'abstient de soutenir certaines réclamations de la CFDT. D'où cette rebuffade d'Eugène Descamps : « On s'en souviendra, camarades ! »

Au cours de la seconde séance, dix fois la conférence est au bord de la rupture, dix fois les fils sont renoués. Soudain, vers 2 heures du matin, Georges Pompidou et Georges Séguy reçoivent l'un et l'autre un message confidentiel. « Vous savez ce que j'ai sur ce petit bout de papier ? – C'est sûrement la même chose que sur le mien. »

Ils les échangent. C'est bien cela : on les prévient que le PSU, la CFDT, la FEN, l'UNEF et les gauchistes organisent pour le lendemain soir une grande manifestation au stade Charléty avec la participation de Pierre Mendès France. Craignant de voir la CGT débordée sur la gauche, Henri Krasucki lance : « Bon ! Il faut en finir. »

Désormais tout s'accélère. Vers 4 heures, Jacques Chirac et Georges Séguy se parlent de nouveau en tête à tête. À 4 h 15, deux commis-

sions sont formées, qui travaillent à toute vitesse. À partir des notes de Jean-Philippe Lecat, Édouard Balladur rédige une synthèse. Les salaires seront augmentés de 7 % au 1er juin, et à nouveau de 3 % au 1er octobre. À 7 h 40, épuisé, la sueur au front, Georges Pompidou donne lecture d'un texte de compromis, disons plutôt d'un mémorandum, un constat. Affolé, André Malterre, de la CGC, lui court après : « Monsieur le Premier ministre, on va être contraints de dévaluer !
– Ne vous en faites pas pour la dévaluation. La dévaluation vaut mieux que la révolution. »

Georges Pompidou aborde alors Georges Séguy : « Alors, Monsieur Séguy, vous croyez que le travail va reprendre ?

– Je pense que les travailleurs jugeront non négligeables vos concessions dans certains domaines, mais notoirement insuffisantes dans bien d'autres et que beaucoup de questions ne sont pas réglées. – Mais si vous leur dites que les résultats ne valent rien, ils risquent de vous croire et de ne pas se remettre au travail. Je me charge de leur expliquer l'importance des décisions prises, ce que je vais faire immédiatement à la radio et à la télévision. – Il ne m'appartient pas de décider à la place des travailleurs, mais de les informer aussi objectivement que possible de ce que nous jugeons positif, de ce qui nous paraît insuffisant, et de ce qui reste à régler. Je vais le faire tout de suite aux usines Renault. Vous pouvez toujours m'accompagner pour exprimer votre position aux travailleurs de la Régie. Ils apprécieront, sur la base des explications que vous leur donnerez pour le gouvernement et que je leur donnerai pour la CGT. » L'idée fait sourire Georges Pompidou. Mais il doit d'abord tenir une brève conférence de presse, où il exprime son soulagement : « Nous sommes arrivés à un ensemble de conclusions positives dont on peut dire qu'il s'agit d'un accord. Satisfaction est donnée aux travailleurs en lutte. Puisse cet accord être fécond pour les travailleurs, fécond pour la France. » Il peut s'octroyer deux heures de sommeil mérité.

À son réveil, vers 10 heures, il apprend qu'à Billancourt les ouvriers de Renault ont décidé de continuer la lutte. L'accord intervenu n'était pas à proprement parler un accord, plutôt un état des lieux. Avant de signer, les syndicalistes ont voulu consulter la base. Or, chez Renault, les leaders de la CGT se sont heurtés à une situation imprévue. « Séguy et Frachon n'ont pas joué double jeu, commente Jean-Philippe Lecat. Ils souhaitaient sincèrement faire approuver le constat, le faire transformer en accord. Mais il y a eu un accident, ils ont commis l'erreur d'arriver une demi-heure trop tôt. Alors, ils ont rencontré le piquet de nuit, qui était à l'usine depuis 20 heures, trop fatigué pour bien comprendre leurs explications. Ces types, qui avaient sommeillé tant bien que mal dans un coin au milieu des machines, n'avaient pas eu leur café, ils étaient de mauvaise humeur. Si Séguy avait attendu l'équipe de jour, l'accueil eût été bien différent[118]. »

De plus, à force d'entendre répéter qu'il fallait multiplier les revendications, les travailleurs ont tout pris pour argent comptant et fini par croire à l'impossible. Pour avoir trop semé l'illusion, Georges Séguy récolte la tempête. Il est accueilli par des huées, il se fait conspuer. D'autant que des gauchistes étrangers au personnel de l'usine se sont infiltrés à la fin de la réunion et répètent inlassablement le slogan : « Négociations = trahison. » À main levée, les ouvriers rejettent les propositions qui leur sont faites. La poursuite de la grève est décidée. Tout est à refaire. Georges Pompidou est très inquiet de cette cassure entre les dirigeants syndicaux et leur base. Il redoute que la base ne prenne fait et cause pour les étudiants, avec l'anarchie incontrôlable.

Pourtant, l'après-midi, au conseil des ministres, rendant compte des discussions de Grenelle, il affecte la sérénité : « Les ouvriers de Renault veulent une rallonge. Il va falloir recommencer, ça coûtera un peu plus cher, mais ils ne pourront pas toujours refuser. » Le Général prend alors la parole : « Inutile de discuter ce qui a été fait ni ce qui va en résulter. Y a-t-il des objections ? Il n'y en a pas. Alors, considérons ces accords comme acceptés par le Conseil des ministres. »

Toujours flegmatique, Georges Pompidou allume une cigarette. De Gaulle se tourne vers lui et, dominant son humeur, ajoute : « Monsieur le Premier ministre, vous avez conduit ces négociations le mieux qu'il était possible. Nous vous autorisons à aller jusqu'au bout de l'accord. » Il félicite aussi Jacques Chirac et Jean-Marcel Jeanneney de leur participation. Modestement, ce dernier répond : « Je n'ai pas ouvert la bouche, c'est le Premier ministre qui a tout conduit. »

Depuis leur désaveu par la base, les leaders de la CGT craignent de se laisser déborder par les anarchistes et par la CFDT. « Tu comprends, confie le communiste Pierre Juquin, quand on voit Jean-Paul Sartre à Billancourt faire semblant de s'occuper des ouvriers, on peut se poser des questions ! » Déplaçant le conflit des revendications sociales à l'action politique, ils opposent un refus à toute concession que pourraient faire le patronat et le gouvernement. Ceux qui s'expriment au nom des travailleurs ne veulent plus du régime, ils ne veulent plus de De Gaulle. Le référendum, si cher au Général, est devenu impossible. Comment organiser une consultation dans un pays paralysé par la grève générale et où les syndicats s'opposent à l'impression de bulletins de vote ?

À partir du 27 mai, les rumeurs les plus folles circulent dans les allées du pouvoir. Des militants du SAC, qui ont réussi à se glisser à la Sorbonne parmi les gauchistes, en rapportent des informations alarmantes. Quelqu'un aurait proposé de prendre l'Hôtel de Ville, comme le peuple de Paris l'a fait jadis plusieurs fois, et de hisser le drapeau noir sur le toit. Selon des conversations mises sur écoute, il est question d'y pénétrer par le passage souterrain reliant l'annexe Lobau aux cuisines de l'appartement du préfet de la Seine. Celui-ci fait alors occuper les caves par une compagnie de gardes mobiles. On parle aussi d'une attaque de l'Élysée, de Matignon ou du ministère de l'Intérieur. Dans cette fièvre verbale, difficile de faire la part de l'intoxication et de l'exagération [119].

Puisque le pouvoir est dans la rue, bon à être ramassé par le premier venu, que la majorité gaulliste se tait ou s'effiloche, les chevaux de retour de la IVe République, Pierre Mendès France, Guy Mollet, René Billères et François Mitterrand, croient leur heure venue. Mais il y a plus grave, bien plus grave. Très marqué par l'époque stalinienne, de Gaulle en vient à prendre au sérieux l'éventualité d'un coup de force des communistes, alors en pleine expansion, de Prague à Addis Abeba. Depuis le règlement pacifique de la crise de Cuba, la menace d'une agression soviétique a disparu, mais le chaos peut tenter les partisans de la dictature du prolétariat. À voir les gauchistes agir en toute impunité, les medias se faire leurs complices, la majorité silencieuse totalement amorphe, ils risquent d'entrer dans la danse. De ramasser le gâteau. « Aujourd'hui, la révolution est possible » s'écrie un des leurs, Barjonet. De Gaulle est persuadé que François Mitterrand, qui n'a pas encore pris sa vraie stature, ne pèsera pas lourd dans leurs griffes, qu'ils se joueront de lui comme d'une marionnette. L'anarchie d'abord, le communisme ensuite. C'en sera fini de nos libertés. Fini de la France.

« Le coup de Prague allait recommencer, dira plus tard de Gaulle, comme ça a marché dans tous les pays où les communistes se sont installés. D'abord Kerensky, ensuite Lénine. Dans un premier temps, ils se seraient contentés de faire partie du gouvernement. Par la suite, comme ils tenaient la rue, les usines, les services publics, tout aurait basculé entre leurs mains, ils auraient pris toutes les commandes, en gardant seulement quelques figurants socialistes. » Le coup de Prague ? Effectivement, un vaste mouvement de libéralisation vient de se déclencher en Tchécoslovaquie. Alexandre Dubcek, premier secrétaire du parti communiste slovaque, tient tête aux staliniens et vient d'obliger Antonin Novotny à lui abandonner le premier secrétariat du parti communiste tchécoslovaque. Mais une armée menaçante de chars russes, est-allemands, polonais, hongrois et bulgares se masse à la frontière, prête à étouffer dans le sang ce « Printemps de Prague ».

À Paris, tenté à son tour de basculer dans l'illégalité, le parti communiste hésite à jeter bas le masque. Pour commencer, Georges Séguy et Waldeck Rochet invoquent publiquement, comme par hasard, « l'exigence des travailleurs : un gouvernement populaire à participation communiste ». Un gouvernement populaire, on sait ce que cela veut dire ! En union avec la CGT, le P.C. organise pour le 29 mai une grande manifestation de la Bastille à Saint-Lazare. Pour quiconque se souvient de Poznan et de Budapest, ou suit l'actualité à Prague, il existe alors un vrai risque de voir les manifestants se diriger vers l'Élysée, pas si éloigné. Et finir par le prendre d'assaut. De Gaulle n'a aucune envie de « se faire prendre aux pattes ». De devenir leur otage.

Georges Pompidou est moins pessimiste : le parti communiste français, estime-t-il, est aux ordres de Moscou, et Moscou préfère le général de Gaulle à un gouvernement atlantiste. Cependant, par mesure de prudence – on ne sait jamais... –, il fait approcher jusqu'à Issy-les-Moulineaux les chars cantonnés à Satory.

Après le dîner, voyant de Gaulle, il le trouve fatigué mais ne mesure pas vraiment la gravité de sa lassitude et son découragement. « Arrivez-vous à dormir ? lui demande le Général.

– Oui, quand j'ai le temps. – Vous avez de la chance. Que pensez-vous de la suite des événements ? – Je ne sais pas si les communistes veulent ou non la révolution. S'ils s'emparent d'un bâtiment public comme l'Hôtel de Ville, je ferai, avec votre accord, intervenir les chars, qui sont prêts. Mais, tout bien pesé, je crois qu'ils se borneront à une manifestation pacifique. Dans ce cas, ce sera la fin de la crise, car l'opinion est excédée. »

Parfois, Georges Pompidou écarte le rideau de son bureau afin de voir si le garde républicain est toujours en faction devant la porte : « Bon, il est là, tout fonctionne encore. » Mais le soir, au lieu de rentrer, comme d'habitude, quai de Béthune, en empruntant des chemins détournés pour éviter de se trouver pris dans les combats de rue, il reste passer la nuit à Matignon, sous bonne garde et en liaison directe avec les ministre de l'Intérieur et des Armées.

Le jour le plus long

Le 29 mai, dès l'aube, Pompidou se tient prêt à l'action. Il finit de préparer le conseil des ministres prévu pour l'après-midi, lorsque Michel Jobert entre dans son bureau. On vient de le prévenir de l'ajournement du conseil et du départ imminent du Général pour Colombey. Stupeur et inquiétude. Certes, de Gaulle ne peut admettre l'idée de se voir bousculé, rabaissé, ridiculisé par des manifestants qui viendraient envahir l'Élysée, il n'est pas prêt à jouer le rôle de Louis XVI aux Tuileries le 10 août 1792. Mais il y a pire. Depuis janvier 1946, Georges Pompidou connaît les crises du Général, sa tentation périodique de partir. Or, ce matin du 29 mai, un tel départ serait catastrophique et le placerait, lui, dans une situation inextricable. Gaston Monnerville, un adversaire déclaré, toujours président du Sénat, revendiquerait l'intérim. Certes, il ne pourrait pas changer de gouvernement, mais Pompidou n'aurait pas non plus le pouvoir de dissoudre l'Assemblée nationale, où le climat devient délétère. Surtout depuis que beaucoup de gaullistes, et non des moindres, parlent de faire appel à Pierre Mendès France ou à Edgar Faure.

Vers 11 heures, après plusieurs tentatives infructueuses, Pompidou réussit à avoir de Gaulle au téléphone. Leur conversation est brève, étrange : « Je n'ai pas dormi de trois nuits, j'ai besoin de prendre de l'air, de réfléchir dans le calme, mais je serai là demain. » Puis : « Je suis vieux, vous êtes jeune, c'est vous qui êtes l'avenir. Je vous embrasse [120]. » Et le Général raccroche, le laissant, pour la première fois, seul. Terriblement seul.

De Gaulle vit bel et bien une crise. Une crise de découragement. La carte de la négociation, jouée à Grenelle, semble perdue. Son Premier ministre paraît avoir échoué. La grève continue. Les émeutes ne cessent pas. En faisant ses courses, Mme de Gaulle s'est fait insulter. Sa belle-fille craint pour ses enfants depuis qu'une « garde » cégétiste s'est installée devant son domicile. La police renâcle. Personne ne contrôle plus la situation. Qui sait si les anarchistes ou les communistes ne vont pas s'emparer de l'Élysée et prendre ses occupants en otages ? La curée est commencée. « Pour la première fois de ma vie, reconnaîtra le Général, j'ai eu une défaillance. Je ne suis pas fier de moi[121]. » S'il avait quinze ans de moins, il ne réagirait pas ainsi, il prendrait les affaires en main directement. Mais il a soixante-dix-sept ans et il ne veut pas devenir un nouveau Pétain.

Mme de Gaulle joue aussi un rôle. Depuis longtemps, elle désire avoir son mari pour elle, en paix, les années qui lui restent encore à vivre. C'est bien normal. Par les vitres de l'hélicoptère qui les emmène à Colombey, chaque fois qu'on survole des usines en grève, elle ne manque aucune occasion de lui montrer les drapeaux rouges ou noirs qui flottent sur les toits. « Là aussi, Charles, là encore un drapeau rouge[122] ! »

Cette version des faits ne fait pas l'unanimité. Philippe de Gaulle, Maurice Schumann, Marie-France Garaud, entre autres, la contestent. Pour eux, de Gaulle ne voulait pas « être fait aux pattes », prisonnier des manifestants. Pour sortir d'une situation devenue insaisissable, il devait frapper l'opinion par un coup de théâtre. La plonger dans le doute et l'inquiétude ; il fallait « que la respiration de la France soit suspendue[123] », attirer les projecteurs sur lui, comme s'il n'existait plus, puis effectuer un spectaculaire retour en scène. Effectivement, plus d'un Français dira : « Il nous a bien eus, tous. »

En tout cas, à peine arrivé à Colombey, il convoque son gendre, qui commande à Mulhouse. « Alain, j'ai préparé une lettre pour passer la main à Pompidou. Cette lettre est sur la table. Allez la lui porter. » Boissieu résiste : « Père, c'est impossible, vous ne pouvez pas faire ça. Vous avez l'armée prête à vous suivre. Vous n'avez pas le droit de lâcher comme cela. – Mais je n'y peux rien, rien n'obéit plus. Les ministres ne commandent plus, ça fiche le camp. Je veux prendre du recul. Je veux créer un choc. Et puis, j'en ai assez, j'en ai assez. – Vous allez mettre Pompidou dans une position intenable, ce n'est pas constitutionnel. Monnerville, qui vous a déjà accusé de forfaiture, va s'emparer de l'affaire. Il dira que, puisqu'il y a vacance du pouvoir,

Sa maigreur et son teint noiraud
lui valent le surnom de « grillon ».

Premier prix de version grecque
au Concours général.

© Eyedea/Mopy/Rapho.

À Marseille, au lycée Saint-Charles, il épate ses élèves par son côté désinvolte (1935).

© AFP.

Maître de requêtes
au Conseil d'État
et maître de conférences
à Sciences Po (1946, 1948).

© Europress/Sygma/Corbis.

En voyage électoral dans le Cantal (1962).

© AFP.

Visite à l'Élysée de Nehru (22 septembre 1962).

Avec André Malraux à Nice,
le 24 septembre 1963
(à droite, Michel Debré).

© AFP.

© AFP.

À Grenelle, entre Jeanneney,
Chirac et Séguy
(27 avril 1968).

© AFP.

Avec Jacques Chaban-Delmas (juin 1969).

© Ph. François Pages.

Simonne Servais pendant la campagne présidentielle.

Expliquer et ne jamais mentir (avril 1969).

© AFP.

Avec Claude à Brégançon
(13 août 1969).

© Henri Bureau/Sygma/Corbis.

Avec Claude à Paris, quai de Béthune
(1970).

© Eyedea/D. Berretty/Rapho.

Claude redécore les appartements de l'Élysée.

En visite au Sénégal, chez l'ami Senghor (février 1971).

Sommet franco-britannique du 20 mai 1971,
avec l'ami Edward Heath, dans les jardins de l'Élysée.

© AFP.

Avec Leonid Brejnev, Paris, le 31 octobre 1971.
Au second rang : Chaban-Delmas, Schumann et Giscard d'Estaing.

© AFP.

Entre Chou En-lai et Jiang Qing, la femme de Mao.
Pékin, 8 septembre 1973.

© AFP

Une industrie forte pour une France forte.
Allocution télévisée, le 11 avril 1972

c'est à lui de le prendre. Vous ne pouvez pas désigner un intérimaire, ce ne sera pas admis, personne ne comprendra. D'ailleurs, Pompidou se précipitera ici pour vous demander de reprendre votre démission. Si l'État est en danger, vous pouvez compter sur ma division. Non seulement sur la mienne, mais sur toute l'armée [124]. »

Pendant ce temps, à Matignon, les Pompidou reçoivent leur fils Alain et sa fiancée, un repas difficile à décommander : ils n'ont plus que quelques jours pour organiser les préparatifs de leur mariage. Quel concours de circonstances ! C'est le jour le plus long de la vie de Pompidou. Celui où, par la force des choses, il va exorciser la statue du Commandeur, dont il n'était jusque-là que le fidèle lieutenant et, au milieu des plus graves périls, assumer lui-même le premier rôle. Celui d'un capitaine courageux.

Dans une autre salle à manger de Matignon, Jacques Foccart déjeune avec Roger Frey, Pierre Juillet, Pierre Lefranc et Henri Rey. Avant de passer à table, ils ont téléphoné pour savoir si l'hélicoptère du Général était bien arrivé. On leur a répondu que non. Vers 14 heures, on passe à Jacques Foccart la communication avec Alain de Boissieu, qui lui dit simplement : « Jacques, je suis à Colombey. Le Général n'est pas là, mais je vous rappelle pour vous dire de ne surtout pas vous inquiéter. Dites à Pompidou que c'est à lui de jouer. Un émissaire va vers lui avec des instructions. Je ne peux pas vous en dire plus. Le Général m'a dit qu'il ne savait pas quand il reviendrait, sur une espèce de ton qui avait l'air de signifier qu'il ne savait pas s'il reviendrait. Mais n'entreprenez aucune démarche, ne faites rien [125]. »

Jacques Foccart passe alors dans la salle à manger principale, où le Premier ministre est à son déjeuner de famille. Il lui fait signe de sortir de table : « Eh bien, voilà !... » et il lui explique tout. Sur ces entrefaites, survient le secrétaire général de l'Élysée, Bernard Tricot, livide : « Le Général a disparu ! – Quoi ? – Il n'est toujours pas arrivé à Colombey. Les radars ont perdu toute trace de son hélicoptère. »

Comme la foudre, la nouvelle tombe sur la tête de Georges Pompidou. Devant le désastre, il se retrouve vraiment seul. « À ce moment-là, j'ai vraiment cru, dira-t-il plus tard, que trente ans de notre histoire, que tout notre gaullisme s'effondraient de façon lamentable. » « C'est affreux ! s'écrie le Premier ministre. Où est donc le Général ? Qu'est-ce qui se passe ? Croyez-vous qu'il reviendra ? » Maurice Schumann, qui vient d'arriver, répond avec une tranquille certitude : « Ce départ est l'exécution d'un plan. Vous nous demandez s'il reviendra. Il n'est parti que pour revenir. Il est déjà à moitié revenu. »

Les uns après les autres, des ministres arrivent à Matignon. Ils viennent d'apprendre l'annulation du conseil. Tout le monde ne partage pas l'optimisme de Schumann. Chacun y va de ses suppositions. Ou bien de Gaulle est parti pour l'étranger, mais l'hélicoptère ne le mènera pas loin, ou bien il est allé chez son gendre à Mulhouse.

« Non, répond Jacques Foccart. Boissieu était à Colombey tout à l'heure. Il m'a appelé pour me prévenir que le Général envoyait un émissaire. – Mais enfin, cet émissaire, on ne vous a pas dit qui c'était ? Quand il arriverait ? – Non, on m'a simplement dit d'attendre. »

On passe des heures et des heures d'angoisse. On recommence à faire un tas de suppositions. Tout d'un coup, on prévient Foccart que Mme de Gaulle se trouve à Colombey. Il se précipite au téléphone et on lui répond : « Voici Mme de Gaulle. »

Alors, il commence : – « Mes hommages, Madame, je suis heureux de vous entendre. »

À ce moment, il reconnaît la voix de la bonne qui lui dit : « Ce n'est pas Mme de Gaulle, elle n'est pas là. – Alors, passez-moi le général de Boissieu, qui m'a téléphoné tout à l'heure. – Il est parti, il n'y a personne à la maison [126]. »

Où est donc passé le Général ? La réaction de son gendre a provoqué en lui un sursaut, celui de la dernière chance. Il a décidé d'aller sonder la loyauté de l'armée, une loyauté douteuse compte tenu de la conduite de certains officiers lors du putsch d'Alger et de la répression de l'OAS. Sans aller jusqu'à souhaiter voir l'armée prendre des initiatives intempestives, de Gaulle veut savoir s'il peut compter sur elle en cas de besoin. Même s'il vaut mieux ne pas avoir à s'en servir, elle peut être une carte maîtresse. Il veut convoquer au mont Sainte-Odile ou à Strasbourg le général Massu, commandant des troupes françaises en Allemagne. Mais les téléphonistes, en grève, refusent de lui passer la communication téléphonique avec le PC de Massu, à Baden-Baden [127]. Alors les choses se passent autrement. Sans prévenir personne, pas même Georges Pompidou, de Gaulle reprend l'hélicoptère et file à Baden-Baden où, ce qui a le don de le mettre en colère, son appareil atterrit sur un terrain allemand.

Massu le voit arriver avec une tête épouvantable, les traits creusés, découragé. « Vous savez, Massu, j'en ai par-dessus la tête, je n'en peux plus, je m'en vais. » « Mon sentiment, confiera Massu plus tard, est qu'il était parti en exil sans intention de retour [128]. » Ne voulant pas discuter en public, Massu lui répond : « Bon, mon général, venez chez moi. »

Dans la voiture, il s'abstient de parler. Mais, arrivé devant sa résidence, pour aider de Gaulle à retrouver une ambiance normale, calme et disciplinée, il lui fait rendre les honneurs par un peloton de parachutistes. Peu à peu, en déjeunant, le Général se repose et retrouve la sérénité. Alors, pendant quarante minutes assez poignantes, Massu s'explique avec lui : « Mais non, mon Général, avec votre prestige, vous pouvez retourner la situation. Vous n'avez pas le droit de vous en aller comme cela ! Pour remettre le pays en marche, vous pouvez compter sur les moyens matériels de l'armée, sur sa radio, ses véhicules, ses dépôts d'essence et de ravitaillement. Et si cela ne suffit pas, je suis prêt à marcher sur Paris. Je vous assure que lorsqu'on saura la division Massu aux portes de la capitale, tous ces révolutionnaires rentreront dans le rang [129]. »

Marie-France Garaud [130] doute que Massu ait pu, surtout en si peu de temps, faire revenir le Général sur sa décision. Alain de Boissieu semble lui donner raison lorsqu'il évoque le souvenir suivant : « Quand le Général me dit qu'il va aller voir Massu, je me lève et je vais vers le téléphone qui avait la ligne directe avec l'Allemagne. Le Général me dit : "Où allez-vous ?" Je lui réponds : "Je vais téléphoner à Massu pour le prévenir de votre arrivée. – Non ! Vous ne téléphonerez pas d'ici. Mes lignes sont probablement écoutées. Or je veux plonger le gouvernement et l'opinion dans le doute et l'inquiétude. Ah ! Ils font semblant que je n'existe plus. Eh bien, ils vont voir." Voilà comment cela s'est passé [131]. »

Un point de vue partagé par Maurice Druon : « Ce qu'a raconté Massu relève de l'illusion. De Gaulle est parti parce qu'en cas d'émeute l'Élysée, cette maison de cocotte, est formidablement mal placée pour un chef d'État. Il a fait le coup de l'Apocalypse, et ce n'était pas la première fois. Pompidou a ressenti comme un manque de confiance le fait de n'avoir pas été prévenu. Or c'est tout le contraire. Si Pompidou, laissé dans le vide, n'avait pas tenu le coup, s'il avait pris des contacts avec les ennemis de la Ve République, il aurait scié le retour de de Gaulle et sa reprise en main. En pariant que Pompidou ne flancherait pas et qu'il serait fidèle à la Constitution, le Général lui a marqué toute sa confiance [132]. »

Pourtant, « Massu a été Massu, reconnaîtra de Gaulle. Il m'a fait sentir que l'armée n'était pas contaminée, qu'elle m'obéirait. Elle ferait partout des gardes statiques, elle protégerait les ministères, les préfectures, les gares, les services publics. Elle pourrait reconquérir le territoire sur les piquets de grève. Massu m'a rendu confiance [133] ». Sans doute le Général s'est-il dit que l'agitation était circonscrite aux milieux parisiens, que la situation pouvait être redressée. Alors, qui faut-il croire ? En tout cas, regonflé, il regagne Colombey à 18 heures et appelle aussitôt Pompidou pour lui annoncer son retour à Paris le lendemain à midi.

« Ce que la France de 1968 m'aura notamment révélé, note un humoriste, c'est qu'elle est sans doute la seule nation au monde qui, en l'absence de tout envahisseur étranger, parvienne à se faire vivre sous l'occupation. Fabuleux ! Qui n'a pas vu la France occupée par elle-même jusqu'à pousser le chef de l'État à aller chercher la clef du champ de manœuvres en Allemagne, tandis que M. Dupont frappait nuitamment à la porte d'un pompiste clandestin pour se faire emplir un jerrycan, celui-là n'a rien vu, il lui manque une case. »

Ces longues heures ont fait de Georges Pompidou un autre homme. Par la force des choses, il s'est retrouvé seul en charge du pays. La terre s'est dérobée sous ses pieds, le parapluie s'est envolé, le chef a disparu, c'est lui qui est devenu le chef. Il a porté le fardeau de l'après-de Gaulle, le poids d'une immense responsabilité. Saurait-il se montrer à la hauteur de l'événement ? En ce moment d'épreuve, il a découvert qu'il en possédait les capacités. Il s'est révélé à lui-même, comme aux autres.

Il était temps. François Mitterrand, informé – on ne sait comment – de la disparition du Général, prend acte de la vacance du pouvoir et se jette sur l'occasion. Déjà, la veille, il s'est déclaré prêt à assumer la présidence de la République et a annoncé son intention de prendre Pierre Mendès France pour Premier ministre. De son côté, tout en souhaitant le maintien du Général, Valéry Giscard d'Estaing réclame la démission du ministère : « Le gouvernement a été dans l'incapacité de régler la crise. Il doit s'en aller. En revanche, le président de la République, qui incarne la légitimité nationale et républicaine, doit rester. C'est autour de lui que doit se rétablir l'État » estime-t-il, et il rencontre Pierre Mendès France.

« Les choses avancent bien, lui dit celui-ci. Je poursuis mes conversations en vue de former le gouvernement, et je voulais que vous soyez informé du point où j'en suis.

« – Je vous en remercie, mais que ferez-vous du gouvernement en place ?

« Mendès France fronce les sourcils : – Oh ! Cela est dépassé. La réalité est qu'il n'y a plus rien. » Il fait un geste de la main en arrière, comme pour écarter une mouche importune. « Plus rien. Il faudra agir vite pour éviter que le désordre ne s'étende. J'espère pouvoir arriver à un accord dans l'après-midi. – Vous rencontrez beaucoup de difficultés ? – Il me reste à obtenir l'accord du parti communiste. C'est tout. Mais ils sont encore très durs. – Que veulent-ils ? – Ce n'est pas la question de ce qu'ils veulent, répond Pierre Mendès France, mais de ce qu'ils refusent. Ils s'opposent catégoriquement à l'entrée au gouvernement d'un représentant de l'extrême gauche ou d'un mouvement contestataire. C'est pour eux une question de principe. Ils sont prêts à accepter tout le reste. Mais là-dessus, ils restent intraitables[134] ! »

Il sourit et dit à Valéry Giscard d'Estaing : « Ils accepteraient même l'entrée d'une personne telle que vous... Mais il va bien falloir qu'ils reconnaissent les réalités. Comment voulez-vous que les grèves s'arrêtent et que la machine se remette à tourner si nous n'obtenons pas le concours de tout le monde, y compris des gauchistes, puisqu'ils sont le fer de lance du mouvement social ? J'ai une rencontre avec eux cet après-midi. J'ai bon espoir d'aboutir. »

Pendant ce temps, à Matignon, Pompidou, qui n'a pas fermé l'œil de la nuit, demande qui a eu l'idée saugrenue d'appeler les gaullistes à se rassembler ce jour-là en fin d'après-midi place de la Concorde. La manifestation, selon lui, est vouée à l'échec. Pour qu'elle réussisse, il lui faudrait réunir au moins cent mille participants, faute de quoi elle sera considérée comme un échec et sonnera le glas du régime. Combien en aura-t-on ? Vingt mille tout au plus, pense-t-il. « L'idée est de Krieg, répond Pierre Juillet. Labbé et Sanguinetti l'ont reprise et, je crois aussi, Joël le Tac et Nicole de Hauteclocque. Mais j'avoue l'avoir encouragée en votre nom. » Georges Pompidou hausse les épaules. Il est de fort méchante humeur, son ami Pierre Lazareff vient de publier en première page de *France Soir* la photo d'une colonne de chars qui fait mouvement en région parisienne. De l'huile sur le feu.

Trahison ! Alors il rédige une lettre de démission et la fait porter à Bernard Tricot. En être arrivé là, après tant d'années de collaboration avec le Général ! Ce n'est certainement pas pour faire plaisir à Giscard, qui réclame son départ. Non, c'est qu'il se sent meurtri que le patron ait disparu la veille. Sans le prévenir, sans un mot sur ses intentions, sans lui laisser la moindre indication.

Deux heures après le retour de de Gaulle, qui a trouvé sa lettre à son arrivée, Georges Pompidou est reçu à l'Élysée. Il est 14 h 30. Entre-temps, Alain de Boissieu est passé le voir, lui expliquer brièvement ce qui s'est passé. « Alors, l'émissaire, c'était vous ? – Oui, mais j'ai résisté. »

En recevant Georges Pompidou, le Général a l'air fatigué, mais déterminé, sûr de lui. Il se lève, le prend chaleureusement par le bras et lui dit : « Pompidou, il ne peut être question de démission. Vous ne partirez pas. Dites-vous bien que nous faisons équipe ensemble, que nous sommes liés à la vie et à la mort. » Puis il reprend son projet de référendum. Est-ce pour ramener le calme par une réforme ou bien une manière d'affirmer sa légitimité, de la prouver aux Français et à lui-même ? La vérité, c'est qu'il veut rétablir le cordon ombilical entre la France et lui. Une nécessité pour lui.

Georges Pompidou soulève des objections. S'il s'agit de faire passer un texte de loi, pourquoi consulter le peuple dans les pires conditions matérielles alors qu'on dispose d'une majorité à l'Assemblée, une majorité courte, mais une majorité tout de même ? Non, il n'est vraiment pas d'accord, et il ne le cache pas. « Mon Général, renoncez au référendum. On vous accusera de vouloir un plébiscite personnel, comme les Bonaparte. Annoncez plutôt des élections législatives. Il faut renvoyer tous les députés faire campagne dans leur circonscription, ça se passera beaucoup mieux. Et là, personne ne pourra vous critiquer. Vous m'avez demandé de reprendre ma démission. Je le fais, mais en échange je vous demande, moi, de prononcer la dissolution[135]. »

De Gaulle, qui l'a écouté avec beaucoup d'attention, prend alors une feuille de papier. Rapidement, il écrit quelques lignes. Georges Pompidou argumente encore, quand il la lui tend : c'est une lettre à Gaston Monnerville, l'avisant qu'il va prononcer la dissolution. Aux termes de la Constitution, cette démarche est obligatoire. Le Général sonne, remet le papier à l'aide de camp, donne ses instructions, et demande à Pompidou : « Et Chaban ? » Georges Pompidou répond qu'il a reçu à cet effet pouvoir du président de l'Assemblée nationale. On peut donc le considérer comme consulté en temps utile.

Le Général corrige le brouillon d'une allocution qu'il a l'intention de prononcer vers 16 heures et le lui montre. De sa part, le geste est inhabituel. « Alors, vous êtes content ? – Oui, je suis content », répond Pompidou avec un large sourire. Soulagé d'avoir évité le désastre, d'avoir sauvé peut-être la République. D'ailleurs, les seuls reproches viendront des enragés, avec leurs slogans : « élections = trahison », « élections, piège à cons ».

De Gaulle se lève alors et dit : « C'est l'heure, il faut y aller. » Il n'a pas eu le temps d'apprendre son texte par cœur, mais il se rend à l'ORTF. Georges Gorse, le ministre de l'Information, propose, comme d'habitude, la télévision. « Non, réplique le Général, la radio suffira. Au milieu de l'après-midi, personne n'est chez soi devant son écran de télé. Et puis, le départ de la manifestation de la Concorde est prévu pour 18 heures. Il ne s'agit pas de faire rentrer les gens chez eux, mais au contraire de les faire sortir, de les jeter dans la rue. Avec leurs transistors. »

Avec sa grande maîtrise de la télévision, de Gaulle craint aussi que l'apparition de son visage âgé et fatigué n'affaiblisse l'impact du message. Et puis il a déjà utilisé toutes les ficelles du petit écran, l'instrument est émoussé. Il préfère en revenir à sa vieille alliée de juin 1940, l'envoûtante radio.

À l'heure dite, la France entière a en effet l'oreille collée au transistor. L'allocution du chef de l'État fait l'effet d'un coup de tonnerre. On le croyait disparu. Le suspense est à son comble. Et voilà qu'en quelques phrases martiales il renverse la situation : « Dans les circonstances présentes, je ne me retirerai pas. J'ai un mandat du peuple, je le remplirai. Je ne changerai pas le Premier ministre, dont la valeur, la solidité, la capacité méritent l'hommage de tous. Je dissous aujourd'hui l'Assemblée nationale. Je donne aux préfets l'ordre d'organiser la défense de la République. J'appelle les citoyens à manifester et à organiser l'action civique partout et tout de suite. »

Pour montrer clairement qu'il règne de nouveau à la tête de l'État, il a retrouvé les accents de Londres, vingt-huit ans plus tôt. Mélange d'assurance ferme, qui rend courage aux plus abattus, et de gravité, pour souligner le sérieux de la situation. C'est bref, ferme et inattendu.

Cela porte. Que cet homme de soixante-dix-sept ans, six jours après une allocution décevante, ait pu retrouver son pouvoir de fascination, cela tient du prodige. Devant la foule, Louis XVI avait été déposé en 1792, Charles X en 1830, Louis-Philippe en 1848. En 1968, de Gaulle et Georges Pompidou, eux, ne cèdent pas à la rue.

Lorsque le Général a pris la parole, deux cent mille personnes étaient déjà rassemblées place de la Concorde pour l'écouter avant de remonter les Champs-Élysées. Les journaux et la radio n'ont guère annoncé la manifestation, mais Jacques Foccart et ses gars du SAC ont donné un grand coup de main. On s'est servi du téléphone arabe, chaque sympathisant prévenu en a alerté dix autres. Dans les mairies, Foccart a récupéré quinze cents drapeaux tricolores. Tous les cars disponibles en région parisienne, Charles Pasqua les a loués pour ramasser des militants à cent kilomètres à la ronde. À des manifestants, il offre du pastis de la maison Ricard[136]. Le « V » de la victoire sert de signe de ralliement. Dans tout Paris, on entend répéter cinq coups de klaxon, deux longs et trois brefs : « De Gaulle n'est pas seul ! » Les Français en ont assez de voir les banques closes, les stations-service fermées, le courrier interrompu, les ordures entassées sur les trottoirs, les rats courir au milieu des détritus des Halles.

Europe n° 1 a beau dire que la manifestation est un fiasco, deux heures plus tard, une marée humaine, un million de personnes peut-être, remonte les Champs-Élysées en acclamant de Gaulle. On crie aussi : « Vidangez la Sorbonne ! », « Mitterrand, c'est raté ! ». En tête du cortège, des députés, ceints de leur écharpe tricolore, se donnent la main. André Malraux, blême d'émotion, encadré par Michel Debré et Louis Joxe, semble un prophète entre deux gendarmes. Derrière eux, les anciens combattants, avec leurs médailles, béret ou calot sur la tête. Cette fois, le Général a repris le pays en main.

Sa décision de dissoudre l'Assemblée, confirmée au moment même à la tribune du Palais-Bourbon par Jacques Chaban-Delmas, voilà qui renverse la situation. On l'a échappé belle. Quel péril eût-on couru si Georges Pompidou n'avait pas arraché à de Gaulle, au dernier moment, ces quatre mots : « Je dissous l'Assemblée nationale » ! « Sans cette phrase, observe Jean-Philippe Lecat, cette phrase qui transforme tout, la manifestation eût immanquablement entraîné une contre-manifestation violente et l'appel à l'action civique dégénéré peut-être en guerre civile[137]. » Fini le temps des criailleries contre le gouvernement, les députés sont licenciés. Ils n'ont plus rien d'autre à faire que de préparer leur réélection.

« La population en avait marre, se souvient Pierre Mauroy. Ça durait depuis trop longtemps. Le sentiment général était qu'il fallait bien que ça se termine. Mais la dissolution, incontestablement, ce fut une trouvaille. Du coup, voilà les députés partis en vitesse dans leur circonscription [138]. » Frustré, François Mitterrand fouille dans l'histoire pour assouvir son dépit : « La voix que nous venons d'entendre, c'est la voix du 18 Brumaire, c'est la voix du 2 Décembre, c'est celle du 13 Mai, c'est celle qui commence la marche du pouvoir minoritaire et insolent contre le peuple, la marche de la dictature. Cette voix, le peuple la fera taire. » Mais il a beau dire, la minorité, ce sont ses amis, et de coup d'État, il n'y en a d'autre que le sien, celui qu'il préparait. Maintenant qu'il a échoué, on se détourne de lui.

Malgré les instances de certains, Georges Pompidou ne se trouve pas à la manifestation du 30 mai, au coude à coude avec les autres. On ne sait ce qui pourrait arriver, il préfère prendre du recul, peut-être aussi s'occuper enfin du mariage de son fils Alain. Le soir même, en application des négociations de Grenelle, il signe un décret portant le salaire minimum à 3 francs de l'heure et supprimant les abattements de zone.

Le lendemain, comme par enchantement, l'essence revient aux pompes des stations-service. Des centaines de milliers de Parisiens peuvent partir pour un week-end de Pentecôte qui fera sur les routes soixante-dix morts et six cents blessés. Georges Pompidou remanie le gouvernement. Raymond Marcellin, qui s'est montré à la hauteur face à la montée des périls, remplace Christian Fouchet à l'Intérieur. Les journées précédentes, inquiet de voir les gauchistes livrer la France à l'anarchie, il venait à Matignon s'indigner de l'irrésolution du pouvoir. C'est sûrement lui le plus capable de maintenir l'ordre. « Enfin, Fouché, le vrai ! » s'écrie de Gaulle en l'accueillant au conseil des ministres. Plusieurs gaullistes réputés de gauche, René Capitant, Albin Chalandon, Philippe Dechartre, Yvon Morandat, Maurice Schumann, entrent également au gouvernement.

Le 1er juin, Daniel Cohn-Bendit, Alain Geismar, Jacques Sauvageot et Alain Krivine, suivis de quinze mille irréductibles, défilent encore de Montparnasse à Austerlitz, drapeau rouge et drapeau noir en tête, aux cris d'« élections = trahison ! ». Cette fois, l'UNEF et le SNESUP sont seuls à manifester, la CGT, le PC, la CFDT s'excusent, le PSU se divise. La gauche s'est désolidarisée de l'extrême gauche. Le 5 juin, le travail reprend à EDF, dans les Charbonnages et la sidérurgie, le 6 à la SNCF, le 7 dans les PTT. Après un dernier baroud d'honneur, le 10, à Flins et au quartier Latin (qui fait soixante-douze barricades, quatre cents blessés et quinze cents interpellations), Daniel Cohn-Bendit regagne clandestinement l'Allemagne. La France reprend son rythme.

« Le pouvoir est dans les urnes, pas dans la rue », commente Raymond Marcellin[139]. Une page semble tournée. Le pays a fait l'économie d'une révolution. Les événements de mai 1968 n'ont causé que deux morts. « Je souris parfois en voyant ce que sont devenus les héros des journées de Mai, écrira Jean d'Ormesson vingt ans plus tard. Ils tirent sur leurs cigares et font plus pour la société de consommation que leurs adversaires des trente années précédentes. Il me semble que j'entends la voix d'Eugène Ionesco, qu'un parti d'étudiants était allé acclamer et qui les a renvoyés en leur disant : “Allez vous-en ! Dans vingt ans, vous serez tous notaires[140] !” »

Si le pire a été évité, c'est bien grâce à Georges Pompidou. Au plus noir de l'orage, il est l'un des seuls à avoir gardé son sang-froid. Sans trembler, il a tenu le gouvernail. Depuis longtemps, derrière le personnage d'allure bonhomme, les Français reconnaissent le caractère et la dignité. Cette fois, ils ont aussi découvert un courage qui les frappe et les émeut. La crise lui a imposé de prendre davantage de responsabilités. De plus graves, surtout. Avant et après l'épreuve, personne n'est jamais le même. « En mai 1968, confie Pierre Messmer, Pompidou s'est révélé un homme d'État. Il a fait preuve tout à la fois de clairvoyance et d'autorité. Il fallait éviter de faire un seul mort, car, tant qu'il n'y a pas de mort, il n'y a pas de révolution. Il a agi avec clairvoyance et autorité. En la circonstance, il s'est opposé à de Gaulle et il a eu raison[141]. »

Pourtant de Gaulle, on dirait, éprouve secrètement quelque dépit. Tandis que le chef du gouvernement prend le temps de fêter le mariage de son fils Alain en l'église Saint-Leu, rue Saint-Denis, le Général tire à boulets rouges sur son Premier ministre : « Il a tout laissé filer, tout lâché. En ouvrant la Sorbonne sans conditions, il a provoqué une contagion d'occupations dans tout le pays. À Grenelle, en acceptant de revaloriser le SMIC de 35 % sans même demander que ça se fasse par étapes, il a porté un coup terrible à l'économie, aux finances, à la monnaie. Oui, Pompidou est resté passif. Ce n'est pas la première fois, c'est dans son caractère. C'est un arrangeur. Il faisait baisser les tensions, tandis que Debré les provoquait en permanence. Avec ce Premier ministre, j'étais gardé du côté des ennuis quotidiens. Je pouvais m'occuper des grandes affaires et de la France dans le monde [142]. »

Georges Pompidou passif ? Voire ! Comme un beau diable, il se démène pour emmener les gaullistes à la bataille des législatives. Son idée de dissolution de l'Assemblée nationale a été un coup de génie. En déplaçant l'affrontement sur le terrain électoral, elle le fragmente à travers cinq cents circonscriptions. Les investitures UDR, c'est lui qui les distribue. Il en profite d'ailleurs pour régler quelques comptes au passage. Edgard Pisani, par exemple, ce traître qui, au plus fort de la crise, a démissionné et proposé carrément à l'Assemblée de renverser le gouvernement : « Pisani s'est conduit comme un salaud. Je vais le faire battre, mieux encore, je le ferai battre par un inconnu. Ça sera formidable, ça le vexera encore plus. » Occasion aussi de satisfaire sa manie de parachuter au Parlement des hommes étrangers au monde politique.

Les arguments pour la campagne électorale, il les fourbit lui-même. Oubliant l'aide reçue des communistes et de la CGT pour sortir de la crise, il joue cette fois à fond sur la peur du communisme. Un renouveau de l'agitation, au milieu de juin, lui permet de dramatiser le risque de guerre civile. Ainsi, 12, devant la télévision fermement reprise en main après le licenciement de soixante journalistes, il abandonne tout sourire :

« Si vous voulez repousser la subversion, si vous voulez barrer la route à un parti totalitaire qui menace la liberté, accordez massivement dès le premier tour vos suffrages aux candidats investis par l'Union pour la défense de la République. C'est avec eux et ensemble que nous sauverons nos libertés, que nous sauverons la France. » Des tracts dénoncent les étudiants contestataires qui « attaquent les pompiers appelés au feu et qui les matraquent ».

Mais il manie aussi l'ironie. Ainsi, le 18 juin : « En vérité, il y a des moments où l'on croit rêver. Voyons, il y a trois semaines, j'ai vu M. Waldeck Rochet défiler à la tête d'une foule derrière le drapeau rouge et tendre le poing en hurlant pour réclamer le pouvoir. J'ai vu, j'ai entendu M. Mitterrand parler comme s'il était le maître du pays. D'un revers de main, il se débarrassait du président de la République, il exigeait contre la Constitution la démission du gouvernement légal. À la place, il mettait un gouvernement insurrectionnel dont il fixait la composition, dix membres dont il désignait le chef, M. Mendès France, qui, hélas pour lui, s'est précipité, et M. Mitterrand s'est réservé la présidence de la République. Tout cela, vous l'avez vu, vous l'avez entendu comme moi.

« Eh bien, ces jours-ci, en suivant à la télévision la campagne électorale, j'ai retrouvé ce même Waldeck Rochet, ce même M. Mitterrand et je ne les reconnais pas. Ils sont devenus de véritables agneaux, de purs démocrates, embrassant le drapeau tricolore, ne voulant arriver au pouvoir que par les voies les plus légales et encore demandent-ils simplement de participer à un gouvernement avec d'autres républicains. » Et afin de montrer, comme l'écrit l'éditorialiste de *La Nation,* le journal de l'UDR, que « toutes les divergences doivent s'apaiser dès lors que la patrie est en danger », le Premier ministre fait amnistier les anciens de l'OAS.

Au premier tour, Georges Pompidou est élu député du Cantal par 80 % des voix, beaucoup mieux que les 62 % de l'année précédente. Et, le soir du 30 juin 1968, il remporte dans tout le pays plus qu'une victoire, un véritable raz-de-marée. « On a pris une claque mémorable », reconnaîtra plus tard Pierre Mauroy, beau joueur. Sur 485 sièges, les gaullistes et leurs alliés ont 360 élus : un record historique. Mais aussi une majorité de droite dans laquelle de Gaulle ne se reconnaît pas vraiment. « Il faut savoir dominer sa victoire, dit Georges Pompidou. – Non, l'exploiter si l'on peut, répond le Général. »

L'opinion s'attend à ce que le Premier ministre, qui n'a pas démérité, loin de là, soit reconduit à Matignon. Sa gestion de la crise et plus encore de la campagne électorale lui ont donné la stature d'un homme d'État. Mais elles l'ont beaucoup fatigué et il commence à ressentir vaguement les atteintes d'un mal inconnu. Sur la conduite à tenir, il hésite.

Le 25 juin, entre les deux tours des élections, Philippe de Gaulle, rentrant de voyage, va voir son père à l'Élysée. En traversant le hall, il aperçoit Georges Pompidou qui attend d'être reçu par le chef de l'État. Affalé dans un fauteuil, amaigri, le cou flottant sur son col, il lui fait signe d'approcher et lui déclare à brûle-pourpoint : « Ça fait pratiquement vingt-quatre ans que je suis au service de votre père et six ans que je suis à Matignon. J'en ai assez, je m'arrête. Qu'on se débrouille sans moi. »

Le même jour, il confie à Foccart : « J'en ai marre. J'en ai par-dessus la tête. Former un gouvernement, c'est une corvée épouvantable. Cela consiste à remercier un certain nombre de types. Contrairement à ce que l'on peut croire, je suis un être sensible, quelquefois même beaucoup trop sensible, et cela m'ennuie. Je vous assure que, pour moi, c'est terrible de téléphoner ou d'écrire à tel ou tel de mes ministres que je ne pourrai pas le reprendre dans le gouvernement suivant. Ce serait la cinquième fois que je formerais un gouvernement, et je vous assure que j'en suis excédé. Il y a aussi une certaine lassitude à traiter des problèmes, à être tout le temps directement embrayé sur l'actualité, sur toutes les questions brûlantes. Enfin, il y a le fait, il faut bien le dire, que si le Général doit un jour me demander de me présenter à la présidence de la République, il faudra que je me sois tenu un peu à l'écart, que j'apparaisse comme une sorte de recours, pour que l'on puisse dire : “Ah ! il y a Pompidou”. Oui, mais si, après une pareille victoire, le Général accepte de vous remplacer, ce sera par qui ? Par Couve ? – Bien sûr, par Couve. Je ne vois pas qui d'autre pourrait y aller. – S'il accepte de vous remplacer, encore faudra-t-il que d'une façon nette et extrêmement précise, il annonce pourquoi et que, déjà, il laisse entendre qu'il faut vous réserver pour des tâches ultérieures plus importantes. – Je sais bien, c'est ce qu'il faut. – Oui, mais c'est le genre de choses que le Général n'aime pas dire. Faites-y attention. Il ne faut pas que vous apparaissiez comme quelqu'un qui a été liquidé par le Général. Car, si une succession assez brusque vient à s'ouvrir, certains gaullistes diront : “Attention, avec Pompidou, il y a quelque chose !”

« – Je sais bien, c'est cela le plus difficile. Mais autrement, croyez bien que ce serait mieux. Je voyagerais, je serais député, j'interviendrais dans quelques grands débats. Je me ferais voir par-ci, par-là. C'est ce qu'il y a de mieux. Et puis, vous savez, la rentrée va être difficile, très difficile. Les gens croient que l'économie va aller bien, il n'en est rien, nous aurons du chômage. Celui qui sera Premier ministre prendra beaucoup de responsabilités, il deviendra impopulaire, bientôt les gens diront : “Ah ! du temps de Pompidou !” Il faut voir les choses comme elles sont, froidement. De plus, j'ai tout intérêt à être candidat à la présidence de la République avant d'entrer dans ma soixantième année. Le chiffre 6 est très important, je dois rester dans le chiffre 5. Alors, avec un Giscard qui est dans le chiffre 4, ça peut aller. Mais si je passe dans le chiffre 6, alors, les gens diront : "Ah ! tout de même, c'est déjà âgé !" C'est le Général qui décidera, mais s'il veut que je reprenne l'affaire avec de bonnes chances, il faut que ce soit avant 1970. Si les choses se présentent bien, le Général doit en profiter pour partir et se retirer en pleine gloire [143]. »

Au fond, si Georges Pompidou prenait un an de vacances et de recul, au bout duquel de Gaulle lui laisserait la place, ce ne serait pas mal. C'est aussi l'avis du Général, qui s'en ouvre à Jacques Foccart : « Il y a le problème Pompidou. Je ne sais vraiment que faire. Manifestement, il est fatigué, il veut se reposer et prendre du champ. Il s'est créé une stature, une popularité incontestable et méritée. S'il y avait des élections présidentielles, il serait élu. Il faut le réserver pour cela. »

Et puis de Gaulle s'est mis en tête de changer la société, de faire participer les travailleurs aux fruits de l'expansion en les associant progressivement au capital des grandes sociétés industrielles. Entre le socialisme et le capitalisme libéral, il est fermement résolu à une troisième voie. Exactement comme entre les deux blocs, américain et soviétique. Il pense même qu'on aurait évité la crise de mai si l'on avait mis résolument en place en temps utile une politique de participation. Mais il sait que Georges Pompidou n'y croit pas.

« Pompidou, êtes-vous décidé à faire avec moi la participation ? lui demande-t-il une dernière fois. – Mon Général, je ne pourrais vous répondre que si je savais ce que c'est. » Lui, il juge que Pompidou a tout à fait tort de ne pas y croire : « La participation, c'est l'avenir. Nous l'avons annoncée, nous ne pouvons plus reculer. Les Français attendent de nous quelque chose de nouveau, il faut saisir l'occasion. Si Pompidou n'en veut pas, il vaut mieux choisir quelqu'un d'autre [144]. »

De son côté, Claude aimerait bien récupérer son mari. Et, pour commencer, l'emmener se reposer en Bretagne. Le cher homme en a tellement besoin. Elle a déjà fait de la place quai de Béthune pour accrocher dans les placards toutes les affaires qu'il garde d'habitude à Matignon, sa jaquette, son habit. Rien ne s'oppose plus, espère-t-elle, à ce qu'il se détende un peu.

La traversée du désert

Le 1er juillet 1968, lendemain du second tour, Georges Pompidou rend visite à de Gaulle. Les deux hommes se congratulent, puis le Premier ministre offre sa démission, comme le veut l'usage après toute nouvelle élection législative. Il aimerait se faire prier, mais au fond il est résolu à prendre du champ, à marquer une pause. « Alors, vous en avez marre ? – Vous savez, mon Général, six ans et demi, c'est tuant. J'en ai assez. Je voudrais prendre du recul et un peu de repos. – Si vous ne voulez pas rester, je n'y peux rien. »

C'est sec, beaucoup moins chaleureux que le 30 mai.

Deux jours plus tard, Jacques Foccart se précipite chez Jacques Chaban-Delmas, au Palais-Bourbon : « Le Général veut démissionner ! annonce-t-il. Il m'a dit : "J'en ai marre, marre, marre ! On ne m'obéit plus. Je ne sais plus commander. Pompidou me lâche, Couve est réticent, Chaban veut rester à l'écart. Je m'en vais. Je sens que j'ai fait mon temps !" » Jacques Foccart ajoute : « Il n'y a qu'une solution : demander à Pompidou qu'il revienne sur sa décision et qu'il reste à Matignon. » Jacques Chaban-Delmas court le voir : « Georges, vous n'avez qu'un devoir : rester et, au plus vite, en avertir le Général. »

« Je n'en peux plus, répond-il, il faut que je décroche, que je parte me reposer, sans quoi je ferai des bêtises. Sinon, je devrai former un nouveau gouvernement, écarter des ministres, en choisir d'autres, puis, sans un seul jour de repos, me mettre à préparer des réformes, pour les présenter avant la fin août. Non, ce n'est pas possible, ne me demandez pas cela. Je suis trop las. J'ai promis à Claude de dételer. Nous allons faire un long voyage. Elle serait trop déçue si je changeais d'avis. »

C'est alors qu'en quelques heures Georges Pompidou effectue un virage bord sur bord. Tous ses proches lui disent qu'il ne peut partir : ce serait mal interprété, cela aurait des conséquences graves. Ce soir-là, justement, il fête en famille ses cinquante-sept ans. Sa femme a invité les Castex. Jacqueline se montre particulièrement virulente. Dieu sait pourtant qu'elle reproche à Georges d'être trop engagé dans la politique et de faire une vie insupportable à sa sœur ! Elle lui tient un discours incroyable : « Vous n'avez pas le droit de faire cela. Ce serait une véritable trahison. Une trahison vis-à-vis du Général, vis-à-vis du gaullisme, vis-à-vis des électeurs. Vous n'avez pas le droit. »

Même Claude partage cet avis. Un comble ! « Tu vois, dit-elle, j'avais déjà tout prévu pour notre départ. Et puis, j'ai réfléchi. Chez les commerçants, dans les grands magasins, les gens me reconnaissent, c'est chaque fois la même rengaine : "Dites, Mme Pompidou, ce n'est pas vrai ? Votre mari ne peut pas partir. Il ne va pas nous faire ça ? Ce n'est pas seulement pour le Général que nous avons voté, c'est aussi pour lui ; il n'a pas le droit de faire ça !" Alors, dans ces conditions, moi aussi je te dis que tu dois rester[145]. »

D'ordinaire excellent dormeur, Georges Pompidou ne ferme pas l'œil de la nuit. Le lendemain, il appelle Bernard Tricot, le secrétaire général de l'Élysée. Il se déclare disposé à préparer le prochain gouvernement, si le Général le lui demande. D'une voix neutre, Tricot répond alors qu'il va transmettre le message. Il se garde bien de l'informer qu'en réalité de Gaulle veut le remplacer. Cela fait trop longtemps qu'il est en place, un Premier ministre ne devrait pas rester à Matignon plus de trois ou quatre ans. Et puis, il a trop bien réussi, il a fini par devenir le patron, c'est lui qui a gagné les élections, le Général en a pris de l'ombrage. Au train où vont les choses, il se prendra pour son égal, et un président de la Ve République ne peut admettre que le pouvoir bascule de l'Élysée à Matignon. Il ne veut pas finir sa vie politique avec une gouvernante. Couve, « l'ectoplasme frisottant », l'aidera bien mieux à rétablir l'équilibre des pouvoirs, la suprématie du président sur le Premier ministre.

De Gaulle aimerait que son bras droit se sacrifie, mais il est ennuyé de le lui dire. Or justement, sans s'en rendre compte, en se donnant l'air de vouloir partir, il s'est prêté à son jeu. Satisfait, le Général vient de recevoir Maurice Couve de Murville et lui a proposé la succession de Pompidou.

Le 4 juillet, les de Gaulle reçoivent à dîner les Pompidou pour leur rendre une invitation en avril précédent, quai de Béthune. Le protocole est respecté : au risque de rendre l'atmosphère un peu lourde, en famille on évite de parler politique. Georges croit encore le revirement possible, mais le lendemain, Maurice Couve de Murville reçoit discrètement confirmation de l'offre du Général. Mme de Gaulle confie, paraît-il, à son frère : « Pendant cette affreuse période, Pompidou a tenu, le Général l'a reconnu, il n'aurait pas dû le laisser partir. »

Le 6, inquiet d'être sans nouvelles, Georges téléphone de nouveau à Tricot, lui confirme sa candidature et demande à voir de Gaulle d'urgence. Un peu plus tard, Tricot le rappelle, l'air embarrassé : « J'ai fait part au Général de vos sentiments, mais il m'a répondu que c'est malheureusement trop tard, il a désigné Couve de Murville hier soir et ne peut plus se déjuger. Par conséquent, c'est Couve. »

Guy de Rothschild, qui déjeune seul ce jour-là avec Georges Pompidou, le voit arriver décomposé. Ce n'est plus le même. Lui, toujours maître de lui, il semble avoir perdu cet équilibre, cette sérénité qui faisaient sa force. Guy le sent atteint, irrité, amer. « Il était dans une colère ! Il fumait par tous les orifices [146] ! » Plus encore qu'une impression d'injustice, il ressent une blessure affective. Il aimait de Gaulle comme un père et voilà qu'il se sent rejeté par lui. Le Général aurait encore très bien pu arranger les choses. Couve se serait sans doute retiré sans faire d'histoires. Mais non, de Gaulle s'est joué de lui, avec une parfaite indifférence. Raison d'État...

Le lendemain, toujours peiné, Georges Pompidou s'épanche devant Jacques Foccart : « Jacques, le Général s'est moqué de moi, il a voulu me rouler. Il joue avec les hommes. Vraiment, faire cela à un gaulliste comme moi, ce n'est pas bien. » Et lorsque Bernard Tricot lui demande d'officialiser les choses par une lettre de démission, comme d'ailleurs il a fait le 30 mai de sa propre initiative, sa première réaction est de refuser.

Toujours si habile à subjuguer, à renverser les situations, de Gaulle parvient néanmoins à amadouer son fidèle lieutenant avec des mots empreints de cordialité : « Vous avez un supporter en la personne de ma femme. Elle regrette beaucoup votre départ. – Mon Général, ma femme, de son côté, s'était faite à l'idée de recommencer. Elle aussi était prête à se sacrifier. »

Georges Pompidou finit par se faire une raison. D'ailleurs, il se sent délivré de bien des fardeaux, à commencer par celui de constituer le gouvernement. Malgré sa nostalgie, il retourne le 10 juillet à l'Élysée pour présenter la lettre demandée, une lettre assez raide.

Le Général lui en accuse réception de manière ambiguë. D'abord, une touche d'ironie : « Mesurant ce qu'a été le poids de votre charge à la tête du gouvernement, je crois devoir accéder à votre demande de n'être pas de nouveau nommé Premier ministre. » Suivent quelques paroles de regret : « Un regret d'autant plus grand que, dans l'œuvre si considérable accomplie en tous domaines au cours de vos fonctions, votre action a été exceptionnellement efficace et n'a cessé de répondre entièrement à ce que j'attendais de vous et des membres du gouvernement que vous dirigez. Cela a été vrai en particulier lors de la crise grave que le pays a traversée en mai et juin derniers. Tel a été d'ailleurs le jugement du peuple français à ce sujet, ainsi qu'il vient de le marquer par les dernières élections. »

Et, pour conclure, des mots qui semblent carrément adouber Georges Pompidou comme son successeur : « Là où vous allez vous trouver, sachez, mon cher ami, que je tiens à garder avec vous des relations particulièrement étroites. Je souhaite enfin que vous vous teniez prêt à accomplir toute mission et assurer tout mandat qui pourrait vous être un jour confié par la nation. » Vraiment, le Général excelle dans l'art de séduire, de faire rêver. De laisser ses interlocuteurs dans l'illusion qu'il les a compris. Qu'il satisfera tous leurs désirs.

Devant le groupe parlementaire UDR, où beaucoup sont surpris de son départ, Georges Pompidou adjure les députés de ne pas paraître contester le choix du chef de l'État. Ne portant aucune critique, n'exprimant aucune amertume, il est applaudi et élu président d'honneur du groupe. À quelques députés qui l'ont toujours soutenu, il confie : « Six ans de pouvoir, c'est long. Chaque fois qu'il a fallu changer d'équipe, c'était pour moi un véritable déchirement de devoir choisir entre tant d'hommes valables. »

La plupart des journalistes, ceux-là mêmes qui dénonçaient en 1962 ce qu'ils croyaient être son incapacité, regrettent le départ du Premier ministre qu'ils ont appris à connaître et à estimer. Mais à la réception à l'hôtel de Lassay, le 14 juillet, Pompidou supporte mal la comédie de l'affection jouée par les courtisans qui lorgnent déjà la haute taille et l'air ennuyé de Couve : « Avec leur hypocrisie, cela devient intenable, confie-t-il à Jean Charbonnel, je vais respirer dehors [147]. »

Puis il réunit à Matignon pour un déjeuner d'adieux les compagnons de ses six années de son gouvernement. À la fin du repas, André Malraux, qui a tenu à y participer, se lève et, soulevant son verre, porte ce toast : « Monsieur le député du Cantal, je bois à votre destin ! »

Les Pompidou partent alors en vacances, des vacances bien méritées, détendues, à Carnac, où Raymond Marcellin, député de Vannes, leur a trouvé une villa en location. Un rideau de canisses les protège de l'indiscrétion des curieux, qui se consolent en les apercevant tantôt dans une crêperie, tantôt sur la jetée, embarquant ou débarquant du yacht de leur ami Michel Bolloré pour une partie de pêche en mer.

Cet été-là, deux cent mille soldats et cinq mille chars russes, est-allemands, polonais, hongrois et bulgares envahissent la Tchécoslovaquie, s'emparent de Prague, arrêtent le président Svoboda et Alexandre Dubcek. Toutes les libertés sont étouffées. Les Occidentaux ne bronchent pas, mais cela fait froid dans le dos, si l'on songe que la frontière est-allemande n'est qu'à cent soixante-dix kilomètres de Strasbourg. Ces événements de Tchécoslovaquie renvoient aux calendes grecques toute perspective d'union de la gauche. Est-ce pour les commenter que Georges Pompidou, à son retour à Paris à la fin du mois, confie à Michel Jobert son intention de « faire quelques télévisions à l'automne » ? Mais Jobert, le découvrant très grossi, surtout de visage, lui déconseille de se montrer au public dans cet état.

« Oh ! Ce n'est rien, répond-il, je suis en traitement pour quinze jours encore, puis je reviendrai à la normale. »

Bizarre, mais personne dans son entourage ne semble y prêter attention.

Le 4 septembre, de retour à Paris, Georges Pompidou installe alors son bureau 8, boulevard de La Tour-Maubourg, dans un appartement loué par une association d'élus locaux présidée par Raymond Marcellin. Lui-même se contente d'une pièce sur cour où il accroche au mur une toile de Fontana, une soierie cyclamen entaillée deux fois au rasoir. Madeleine Négrel, Marie-France Garaud, Pierre Juillet, Michel Jobert et Édouard Balladur se partagent trois salons qui donnent sur l'avenue.

Redevenu simple député du Cantal, Georges Pompidou prend contact avec Robert Poujade, secrétaire général de l'UDR, et se rend souvent à l'Assemblée nationale. Pas tellement en séance, de peur de se faire trop remarquer pendant les débats. Pas question pour lui de se fabriquer un rôle de protestataire, à la manière du « oui mais » de Valéry Giscard d'Estaing. On le voit plutôt dans les couloirs ou dans un minuscule bureau proche de la salle Colbert. C'est là qu'il s'efforce de rencontrer en tête à tête les nouveaux élus, de les confesser sur ce qu'ils pensent des récents événements, de les questionner sur leurs projets, sur leurs ambitions. Tout en les regardant d'un œil parfois ironique à travers la fumée de son éternelle cigarette, il écoute, enregistre. Beaucoup cependant estiment son rôle terminé, aussi s'abstient-il de tout commentaire. L'actualité lui remet en mémoire cette remarque du cardinal de Retz : « Ceux qui sont à la tête des grandes affaires ne trouvent pas moins d'embarras dans leur propre parti que dans celui de leurs ennemis. »

Pendant plusieurs mois, Georges Pompidou est moins gai que par le passé. S'il a davantage de temps libre pour sa vie privée, il ne s'est toujours pas remis de ce qu'il considère comme une injustice. Cependant, un soir où il se rend avec Claude et les frères Gall à l'Opéra, gagnant discrètement son fauteuil d'orchestre au dernier moment, il est reconnu et, aussitôt, la salle entière se lève et se tourne vers lui pour applaudir longuement celui qui a sauvé la paix. À la sortie, ni autographes ni sifflets, seulement le respect. « Ce soir-là, dit François Gall, je me suis rendu compte qu'il serait un jour le Président[148]. » Mais il est pratiquement interdit de séjour à la télévision et cela cuit en lui. Du moins pense-t-il que la situation économique se dégradera vite et que Maurice Couve de Murville ne pourra tenir longtemps les affaires. Avec Couve, cependant, on ne s'affolera pas. Si les choses se gâtent de nouveau, ça ne se verra pas sur son visage, il a toujours l'air de faire la gueule.

Les parlementaires UDR se comportent comme des moutons, des « supergodillots ». « Mes enfants, il n'y a pas d'état d'âme à avoir, leur déclare le président de groupe, il faut voter ce que vous demande le gouvernement » – et ils votent n'importe quoi, l'augmentation des droits de succession, par exemple, au grand dam de leurs électeurs. Ce qui inquiète le plus Georges Pompidou, et il y a de quoi, c'est l'action désastreuse de l'homme placé à l'Éducation nationale, Edgar Faure. « Je le connais, prophétisait-il quelques années plus tôt. Faure est un démagogue, c'est pour cela que je l'avais mis à l'Agriculture, j'avais besoin des voix des paysans. À l'Éducation nationale, il sera dangereux[149]. » Edgar Faure, justement, fait voter, le 10 octobre 1968, une réforme à rebours qui écarte toute sélection à l'entrée de l'enseignement supérieur. Incroyable, une loi révolutionnaire, votée à la quasi-unanimité par une assemblée ultra-conservatrice ! « Vous verrez, confie Georges Pompidou à André Bergeron, les enfants n'apprendront plus rien. » D'ailleurs, juste avant le vote, Edgar Faure lui-même n'a-t-il pas avoué : « Ce sera un triomphe, et pourtant quelle c...[150] ! » C'en est une, en effet. Elle introduit la politique dans l'Université, permet la mise en place d'enseignements douteux, disloque l'appareil universitaire, désunit le corps professoral. Des amis de toujours ne se parlent plus. Elle habitue les étudiants à une permissivité qui ne les prédispose pas à accepter la discipline indispensable à la vie de l'entreprise. Au lieu de les former, elle les déforme. Au lieu de les préparer à la vie active, elle leur procure un handicap [151].

« Une seule chose compte vraiment, dit Georges Pompidou à Olivier Guichard, les programmes, les programmes ! Il faut apprendre aux jeunes qui a cassé le vase de Soissons, leur enseigner Brassens et Prévert, mais aussi Corneille, Racine et La Fontaine. Ah ! la littérature, on ne l'enseigne plus qu'à partir de 1945. Et avez-vous entendu parler de ce professeur de philosophie qui disait à ses élèves : "Débarrassez-vous de tous vos livres. Ce sont des c... ! Je vais vous parler du suicide, c'est extraordinaire, je l'ai expérimenté." Savez-vous qu'un jour une de ses élèves s'est suicidée après un de ses cours ? »

Georges Pompidou est convaincu qu'il faut maintenir l'autorité des professeurs, la discipline, les compositions, la notation sur 20. Il préférerait réserver à un tout petit nombre d'universités les disciplines offrant peu de débouchés, la psychologie, la philosophie, les langues orientales et, avec les économies ainsi dégagées, offrir davantage de bourses aux fils d'ouvriers et de paysans. Il aimerait aussi avancer l'âge de la spécialisation et confier l'orientation des élèves aux maîtres qui ont pu juger de leurs aptitudes et de leur caractère, plutôt qu'à de prétendus spécialistes de l'orientation. « Un vrai livret scolaire ne devrait pas être une simple énumération de notes et d'appréciations dérisoires du type "Peut mieux faire" ou "Quelques progrès", mais un relevé progressif des ambitions, des possibilités qui se révèlent ou des obstacles qui ne seront pas franchis [152]. » Question de bon sens.

Cela ne l'empêche pas, au déjeuner mensuel avec ses camarades de Normale, d'écouter tranquillement Roger Ikor et Henri Queffélec, qui sont plutôt de gauche, et de leur lâcher : « Les événements de Mai, c'est de l'André Breton, c'est surréaliste. » Puis d'amuser tout le monde en mimant Edgar Faure.

Regrettant que ses six années à la tête du gouvernement l'aient constamment forcé de privilégier l'action à la réflexion, il met à profit ses loisirs forcés pour coucher par écrit ses interrogations sur le dialogue, les institutions, la société. Pour tracer aussi les grandes lignes d'une politique économique et sociale. Ces notes inachevées, qui remettent en question l'Homme dans le monde moderne, Claude les fera publier peu après sa mort sous le titre *Le Nœud gordien.*

Les Pompidou passent aussi quelques jours en Provence, à l'Oustau de Beaumanière, où Raymond Thuillier, le propriétaire, leur présente Maurice Druon, l'auteur du *Chant des partisans* et des *Rois maudits.* Entre eux, une amitié se nouera fil à fil. « Pompidou était un homme affable et attentif, mais secret, raconte Druon. Il avait un œil qui démentait l'autre : l'un, curieux, malin, l'autre qui regardait les êtres et les choses en profondeur. Sa conversation était solide plus que brillante : il ne se livrait pas, mais l'homme de culture perçait à tout moment. De peur de s'engager à la légère et de se mettre en contradiction avec lui-même, il prenait toujours l'avis des uns et des autres et tardait parfois à prendre les décisions, mais quand il disait qu'il allait faire quelque chose, il le faisait[153]. »

Le dîner chez les Mauriac

Claude Mauriac a raconté dans un livre de Mémoires[154] comment Georges Pompidou, un soir de novembre 1968, lui a révélé ce qu'il avait sur le cœur à propos de la disparition du Général. La scène se passe chez lui, dans son appartement quai de Béthune qui, par un concours de circonstances, se trouvait au rez-de-chaussée de l'immeuble où habitaient les Pompidou. C'est un dîner en petit comité, avec François Mauriac.

Le grand romancier était aussi pompidoliste que gaulliste, ce qui n'est pas peu dire. Georges Pompidou admirait beaucoup son talent et lui était reconnaissant de la gentillesse avec lequel il l'avait traité dans ses *Bloc-Notes.*

Ce soir-là, on ne sait pourquoi, la conversation eut du mal à s'établir. « On parlait, se souvient Claude Mauriac, des cinq inspecteurs en civil stationnés jour et nuit devant l'immeuble depuis que Pompidou avait quitté Matignon, sans compter celui qui le suivait à la trace dans tous ses déplacements :

« La police aime bien être au courant, surveiller.

– Vous surveiller !

– Si Giscard venait me voir, cela les intéressait. »

On échange aussi quelques mots sur le dernier roman de Félicien Marceau, *L'Homme du Roi*, l'histoire d'un homme ordinaire, plutôt médiocre, transformé par le pouvoir en homme de gouvernement, en homme de valeur. Étrange !

Peu à peu, cependant, le vin aidant, on évoque « les événements ». On parle de la jeunesse, que bien peu d'hommes de sa génération avaient aussi bien comprise que Godard dans ses films. De l'Université, où Georges Pompidou pense que tout s'arrangera, sauf peut-être pour les Lettres : « Qu'importe, on a surtout besoin de médecins, de pharmaciens, d'architectes. Les littéraires, on peut le dire, à quelques exceptions près, sont des incapables. » De l'enseignement secondaire où, à l'en croire, « la majorité des professeurs est communiste ou manipulée par le parti ».

Claude Mauriac avait alors risqué un reproche feutré :

« – Étant donné que l'État a dû son salut aux communistes, vous avez été dur avec eux ! »

Georges Pompidou lui avait répondu avec vivacité :

« D'abord, assez longtemps, je n'ai pas été sûr de ce qu'ils feraient. Nous sommes restés longtemps dans l'incertitude à ce sujet. De leur part, on peut s'attendre à tout. Et puis, le communisme, c'est l'ennemi. La politique, c'est la guerre. Je faisais la guerre. J'ai failli être obligé de faire tirer. C'est dur, c'est terrible d'être sur le point de faire tirer. » Et rien ne lui prouvait que les Russes ne rééditeraient pas à Paris le coup qu'ils avaient fait à Prague au mois d'août.

Puis on avait évoqué les accords de Grenelle : « Il fallait se dépêcher de parler le premier, c'était très important », dit-il à ce sujet. Et il avait ajouté, philosophe : « Ces accords ne sont pas aussi lourds qu'on l'a dit. On aurait pu les faire bien plus tôt sans grand dommage, pour peu que l'on ait eu un peu de courage, pour peu qu'il y ait eu aux Finances un ministre un peu plus audacieux[155]... »

Lorsque la conversation était venue sur le voyage à Baden, Georges Pompidou avait d'abord gardé le silence. « Mais son visage en disait beaucoup, se souvient Claude Mauriac, ce visage retrouvé, un peu épaissi, pareil à ce qu'il était avant son accession au pouvoir. Non plus en représentation et d'un calme souverain, mais détendu, livré, familier, tel que je l'ai vu si souvent et pendant tant d'années. Georges

Pompidou est sorti du poste de télévision, il est descendu parmi nous, et nous voyons l'autre côté des choses, la face inconnue de la lune. Ce qui fut les affaires de l'État est évoqué devant nous. Cette fois-ci, il va parler, il se recueille, il hésite. Puis il se lance, il parle et ne s'arrêtera plus de la soirée[156]. »

Georges Pompidou avait alors raconté comment, le matin du 29 mai, il avait appris que le conseil des ministres était remis, la décision du Général de partir pour Colombey, et comment il avait vainement insisté auprès de Tricot pour voir de Gaulle.

« Je finis par me fâcher : Écoutez, Tricot, *il faut* que je le voie tout de suite, vous entendez... C'est alors que le téléphone sonne. On me dit : "Je vous passe le Général"... Remarquez que dans tout le temps où je fus Premier ministre, il ne m'avait appelé au téléphone que six ou sept fois. "Écoutez, cher ami, me dit-il, je me sens fatigué, il faut que je dorme, que je sois seul, à Colombey, dans la nature, que je prenne un peu de recul pour essayer d'y voir clair. Je pars donc, mais je reviendrai demain.

– C'est grave, mon Général, parce que je ne suis pas sûr que vous reviendrez..."

« On sait ce que cela veut dire, nous dit alors Pompidou, ses départs pour Colombey, et puis je connais Mme de Gaulle. J'ai vraiment cru qu'il ne reviendrait pas.

"Mais si, me répond-il, je serai là demain en début d'après-midi pour le Conseil. Et quand bien même je ne reviendrais pas... Vous êtes là, vous..."

« Comme je lui dis que je ne donnerais pas cher de ma place de Premier ministre, il rétorque : "Eh bien ! Vous seriez le recours ! Mais je vous le dis, je reviendrai". Et il ajoute ceci, qui me stupéfie : "Je vous embrasse."

« Et il raccroche. M'embrasser, le Général ! Ce n'était pas son genre ! Je me dis : "Ça va mal ! Il ne reviendra pas." Si l'Assemblée n'était pas dissoute et qu'il ne revienne pas, je serais renversé dans les quarante-huit heures. Le plus urgent était d'y pourvoir. Je prépare donc à la signature du Général le décret de dissolution que je me dispose à lui faire porter à Colombey par un messager… »

Claude Pompidou était alors intervenue dans la conversation pour citer un mot un peu leste lâché par Jacques Chaban-Delmas, que personne pourtant n'attendait à Matignon. Puis son mari avait repris son récit :

« Au début de l'après-midi, nous nous tenons au courant de ce qui se passe à la Bastille, lorsque Tricot, livide, entre dans mon bureau en disant : “Le Général a disparu. – Comment cela, disparu ? – Eh bien ! Oui… Il devait arriver à midi et demie à Colombey. Et, à une heure et demie, son hélicoptère n'était pas là. Personne ne sait où il est…”

« De Gaulle ne m'avait rien dit ! Il n'avait rien dit au Premier ministre. C'était terrible. J'étais habitué à avoir quelqu'un au-dessus de moi, un recours. De me sentir couvert. Et tout à coup, le vide, la solitude… »

« J'ai passé des heures épouvantables, malgré le soulagement de voir que les communistes n'avaient pas l'air de bouger. Quatre ou cinq heures sans nouvelles. Aucune nouvelle. J'ai alors décidé d'annoncer que je parlerai le lendemain au pays, après le Conseil. Un conseil des ministres, une allocution du Premier ministre, cela donnerait au moins au pays l'impression que tout continuait, que l'État était là. Mais j'aurais été bien embarrassé de dire ce que j'annoncerais dans ce discours au pays.

« Alors, j'ai appelé Messmer : “C'est tout de même incroyable. Vous avez la responsabilité du président de la République et vous ne savez même pas où il est. Qui me prouve même qu'il soit parti de son plein gré pour cette destination inconnue ? Qui ?” Et puis Messmer m'a rappelé : “Nous l'avons retrouvé ! Nous avons des radars épatants ! Il est allé en Allemagne voir les généraux. Il revient à Colombey.”

« C'était inadmissible, cette façon qu'il avait eue de me cacher ses véritables desseins, de m'abandonner un jour pareil sans consignes. Sans information, dans l'ignorance de ce qu'il faisait. De là où il allait. »

« Inadmissible ! Inadmissible ! » Un cri que Pompidou profère à plusieurs reprises, se souvient Claude Mauriac[157]. Avait-il été jusqu'à le dire en face au Général à son retour de Colombey ? En tout cas, il avait dû le lui faire comprendre. On ne traitait pas ainsi un Premier ministre. Même et surtout si l'on était président de la République. Il ne le lui pardonnait pas. »

Pompidou avait repris son récit :

« De Gaulle est donc revenu, comme annoncé. Et il m'a embrassé, vraiment cette fois. Physiquement. J'avais en poche ma lettre de démission. Je voulais *vraiment* partir. Le Général m'a accueilli par ces mots : “Je vous garde” et il a ajouté : “Gorse, ça ne va pas. Il faut le changer." Comme si on en était encore là ! J'ai accepté de rester à mon poste, mais à condition que de Gaulle dissolve l'Assemblée.

« Il m'a d'abord dit que ce serait inutile Et comme j'insistais : "Non, nous n'avons déjà pu faire le référendum, nous ne ferons pas davantage des élections." Je lui ai répondu que ce n'était pas la même chose, pas du tout, qu'aucun parti ne pourrait être contre les élections, les communistes pas plus que les autres. Qu'en cas d'élections, ils mettraient fin aux grèves, car il faudrait bien que les postes, les transports fonctionnent.

« Il disait toujours non.

« Alors, j'ai ajouté : "Ces élections, nous les gagnerons. Je m'en porte garant. Vous me demandez de rester. Et moi, mon Général, je vous demande de dissoudre l'Assemblée."

« Il a dit qu'il y avait, constitutionnellement, des consultations indispensables. Je lui ai répondu : "J'ai vu Chaban-Delmas. Il est d'accord." Alors, de Gaulle a pris son stylo, il a écrit dix lignes à Monnerville et les lui a fait porter... Le décret signé, la dissolution a été annoncé au Conseil des ministres puis au pays... »

« En l'écoutant ce soir-là, note Claude Mauriac [158], je croyais retrouver le Pompidou d'autrefois, son naturel, son abandon lorsqu'il était en confiance avec des amis de longue date, sans souci de se surveiller. Mais le voilà aussi à jamais changé, modifié par le pouvoir, ne comprenant pas ce qui lui est arrivé, alors qu'il n'a jamais été si populaire, si puissant. Essayant de comprendre et pensant à haute voix, devant sa femme, sans doute chaque jour, et ce soir devant nous, pour tenter de rendre plus clair à ses yeux ce qui reste si confus. Et ne pensant plus qu'à reprendre le pouvoir qui lui a été ravi. »

En prenant congé, Claude Pompidou s'était excusée auprès du maître de maison :

« – Mon mari a trop parlé, il n'a pas laissé placer un mot à votre père... »

Et comme celui-ci se récriait aimablement :

« – En tout cas, ajoute sa femme, Georges n'a jamais autant parlé que ce soir. Mais il doit se coucher tôt. Après ces événements, il a eu une grave crise d'anémie.

– Ah ! Oui ? Vraiment ? Comment cela ?

– On a vérifié ma formule sanguine. Elle était mauvaise. »

Étrange aveu.

TROISIÈME PARTIE

Une ambition pour la France

La vérité n'est pas sortie du puits

Si, à ce dîner chez les Mauriac, Georges Pompidou se montre si nerveux, c'est que depuis quelques semaines on tente d'impliquer sa femme dans une affaire scabreuse. Si cette histoire tourne mal pour son honneur, il est prêt à faire n'importe quoi. À ruiner, s'il le faut, sa carrière politique. Tout, plutôt que de laisser salir l'être aimé. La politique donne une peau de rhinocéros, mais les trahisons des partisans, des amis, sont plus dures à supporter que les attaques des adversaires.

Voici les faits. Fin septembre 1968, on a découvert sur la décharge publique d'Élancourt, dans les Yvelines, un cadavre enveloppé dans une housse de matelas, le crâne défoncé par une balle de 38 spécial, l'arme des tueurs professionnels. Le cadavre a été rapidement identifié comme étant celui de Stephan Markovic, un Yougoslave domicilié chez Alain Delon. Il était son garde du corps, son ami et... celui de sa femme, Nathalie. Bientôt, les enquêteurs ont mis la main sur une lettre où la victime déclarait craindre pour sa vie et se sentir menacée par un caïd du milieu marseillais. Lui aussi un ami du couple.

Immédiatement, l'affaire a fait du bruit. Alain Delon est un acteur célèbre et une vedette du tout-Paris. La rumeur a enflé de jour en jour, chacun ajoutant un détail. « On rappelait, écrira Pompidou, qu'un autre Yougoslave, lui aussi ancien garde du corps de l'acteur, s'était suicidé précédemment aux États-Unis dans des conditions quelque peu obscures. Les langues allaient leur train et les journaux parlaient par allusion de chantage, de photos spéciales, citaient des noms d'artistes, évoquaient la participation de "la femme d'un ancien ministre" ou "d'un ancien membre du gouvernement"[1]. » Dans les dîners, les cocktails, il se trouvait toujours quelqu'un pour amener le sujet.

Pompidou connaissait un peu Alain Delon, mais, au début, ce fait divers l'avait laissé de marbre. « En parcourant les articles en diagonale, j'avais bien noté l'allusion à la femme d'un ancien ministre. Je m'étais même posé la question, essayant de voir à qui cela pouvait s'appliquer, évoquant un ou deux noms. Mais je ne n'avais rien de précis en l'esprit[2]. » Il pensait surtout à la rentrée parlementaire et commençait à rédiger un livre sur son expérience et ses conceptions politiques, l'ébauche de l'ouvrage publié après sa mort sous le titre *Le Nœud gordien.*

Mais, pour ses adversaires de tout poil, ce cadavre était providentiel : les gens soi-disant bien informés assuraient que la femme en question n'était autre que la sienne. L'exploitation politique commençait en sourdine, tous azimuts : un avocat gaulliste, Me Lemarchand, impliqué dans l'affaire Ben Barka et qu'un policier de l'enquête renseignait au jour le jour ; un avocat socialiste, Roland Dumas, qui se ruait à Belgrade pour devenir l'avocat de la famille Markovic et que François Mitterrand avait toutes les peines à calmer ; un troisième avocat, d'extrême droite celui-là et probablement le plus redoutable, Me Isorni, l'ancien défenseur de Pétain et de Brasillach, qui vouait une haine viscérale à de Gaulle et à son entourage ; sans compter des agents du SDECE agissant en ordre dispersé et au rôle mal défini.

Pompidou était cependant à mille lieues de se douter que son couple était la cible de ces ignobles racontars, jusqu'au jour où l'un de ses anciens collaborateurs, Jean-Luc Javal, se décida à lui vendre la mèche : « Personne ne veut ou n'ose vous dire que la femme de ministre dont tout le monde parle à propos de l'affaire Markovic, c'est la vôtre. Il faut que vous le sachiez. Dans les dîners en ville, dans les salles de rédaction, il n'est question que de cela. »

Cela avait paru à Pompidou si invraisemblable que Javal avait été fort mal reçu. Cependant, pour en avoir le cœur net, il avait convoqué le préfet Pierre Somveille, directeur du cabinet du ministre de l'Intérieur, avec qui il avait été en rapport direct tout au long des heures difficiles du mois de mai. Très embarrassé, celui-ci n'avait pu que confirmer la rumeur.

Là-dessus, un fait nouveau était intervenu. Un gardien de la prison de Fresnes avait intercepté une lettre adressée à Alain Delon par un certain Akow, yougoslave lui aussi, détenu pour vol, recel et détention d'armes. Cette lettre contenant, paraît-il, des révélations intéressantes, Akow avait été entendu par le juge Patard, chargé de l'enquête sur le meurtre de Markovic. Il lui avait déclaré avoir été emmené par des amis, en 1967 ou 1968, à une soirée spéciale organisée dans une villa des Yvelines où on lui aurait dit à peu près : « Tu as vu la grande femme blonde qui était là. Silence ! C'est la femme du Premier ministre[3]. » Témoignage d'autant plus suspect que cet Akow, comme Pompidou l'apprit par la suite, était non seulement un voyou mais un indicateur de police. Quelques jours avant ses prétendues révélations, il avait reçu dans sa cellule la visite de son avocat et d'un manipulateur de la préfecture de police.

Informé des déclarations d'Akow, le garde des Sceaux, René Capitant, qui ne portait pas Pompidou dans son cœur, avait autorisé le juge à l'impliquer dans la procédure judiciaire et en avait aussitôt informé Maurice Couve de Murville, Raymond Marcellin, ministre de l'Intérieur, et Bernard Tricot, toujours secrétaire général de l'Élysée. Le 1er novembre 1968, ce dernier, sans se donner la peine de prévenir Georges Pompidou de sa démarche, ce qui eût été la moindre des choses, avait couru à la Boisserie mettre de Gaulle au courant de « l'affaire ».

Alain de Boissieu, qui se trouvait là, raconte : « Tricot arrive en hélicoptère, soi-disant porteur d'un rapport très important du garde des Sceaux, à montrer d'urgence au Général. Je lui réponds que c'est la Toussaint, qu'il va lui faire manquer la messe et le mettre de mauvaise humeur. Effectivement, à travers la porte, j'ai bientôt entendu une engueulade comme je n'en ai jamais entendu de ma vie :

"Qu'est-ce que vous venez me chanter avec ce tissu de stupidités ? Je n'en crois pas un mot. Vous imaginez Mme Pompidou faire des trucs pareils ? Elle, si timide ! C'est impensable. Comment avez-vous le toupet de m'apporter un rapport pareil ? Quand on a une nouvelle comme ça, on fait une super-enquête avant de venir me déranger. J'ai horreur de ce genre de ragots."

« Mon beau-père était furieux qu'on ait "bavé" sur Mme Pompidou. Tricot en est sorti blême[4]. »

Mais contre une procédure judicaire, que peut faire le chef de l'exécutif ? La Constitution sépare rigoureusement les trois pouvoirs, exécutif, législatif et judiciaire, c'est un principe fondamental. Entraver le cours de l'enquête soulèverait un tollé. Mieux vaut la laisser poursuivre jusqu'à ce qu'elle aboutisse à laver les Pompidou de tout soupçon. C'est plus sage. C'est certainement ce qui se décide au conseil des ministres suivant, le 6 novembre, lorsque l'affaire est évoquée.

Raymond Marcellin aurait alors posé la question : « Qui se charge d'informer Pompidou qu'il est impliqué dans la procédure ? – Le Premier ministre... », aurait répondu le Général.

Mais Maurice Couve de Murville, qui n'aime guère son prédécesseur – les mauvaises langues disent qu'il lui garde rancune d'une indiscrétion –, se garde bien de l'alerter. Soucieux de ne pas passer pour plus pompidolien que gaulliste, Raymond Marcellin ne fait pas mieux. Lui aussi se mure dans le silence. En fin de compte, il semble que Pompidou n'ait été prévenu de cette nouvelle péripétie que par Marie-France Garaud, toujours admirablement informée par ses contacts au ministère de la Justice.

Pompidou tombe des nues. Comment des hommes qu'il a si souvent reçus à sa table laissent-ils maintenant l'enquête s'orienter dans cette voie ? Comment, le connaissant, ont-ils pu croire à ces ragots sur sa femme ? Que ni de Gaulle ni aucun de ses ministres ne soient intervenus pour mettre un terme à ces infamies, ni même pour l'avertir, voilà qui lui paraît incroyable. Devant une telle trahison, il se sent blessé, indigné : « Je sais que le Général n'aime pas se servir du téléphone, dira-t-il, mais il possède un stylo. De sa part, j'attendais quelques lignes. Elles ne sont pas venues. Je me suis senti seul. » Il le comprend d'autant moins que Mme de Gaulle, au contraire, va bientôt assurer Claude de sa sympathie et de son indignation.

« Pour notre couple, raconte-t-il, commence alors la descente aux enfers. Rien n'arrête la calomnie. Le témoignage d'un repris de justice détenu à Fresnes ne suffit pas ; alors, pour prouver les prétendus dévergondages de Mme Pompidou, on évoque des photographies. » Dans une note très sèche, qu'il fait diffuser dans la presse, Pompidou déclare « l'ancien Premier ministre du général de Gaulle et sa femme complètement étrangers à l'affaire ».

Pourtant, ce démenti ne change rien. « Dans Paris, écrit un biographe d'Alain Delon, dans les rédactions, dans les soirées mondaines, dans les milieux politiques, chacun connaît quelqu'un qui connaît quelqu'un qui a vu, de ses yeux vu, les fameuses photos... Et l'on rappelle que les Pompidou possèdent une maison de campagne à Orvilliers, à quelques kilomètres de la décharge où a été trouvé le cadavre de Markovic. Cette proximité permet toutes les fables, l'élaboration des romans les plus fantasmagoriques... Dans le tout-Paris de la presse et de la politique, ces calomnies trouvent bien des oreilles complaisantes[5]. »

« Quand on pense que mon nom, dira Georges Pompidou, le nom de ma femme ont été cités simplement parce qu'un détenu, un type tout ce qu'il y a de plus suspect, a prétendu avoir fait une partouze avec ma femme ! Ce n'est pas imaginable, c'est scandaleux ! Et cela suffit au juge d'instruction pour s'accrocher à son témoignage et le consigner. Il y a eu une faute contre l'amitié. Ce qu'il fallait, immédiatement, c'était me prévenir et balayer l'affaire en disant : "Qu'est-ce que c'est que cette histoire ?" Au contraire, on a dit : "Ah ! Mme Pompidou est imprudente. Bien sûr, c'est une brave femme, mais elle est imprudente." Ainsi, de proche en proche, on a permis à la chose de se développer. »

Le 3 janvier 1969, dans sa lettre de vœux au Général, Georges Pompidou exhale sa rancœur : « Que dire de la campagne menée contre moi à travers ma femme ? Comment des hommes qui ont été ministres à mes côtés, qui connaissent mon ménage depuis des années et des années, ont-ils pu réagir aussi faiblement, aussi honteusement j'ose le dire, en présence de calomnies scandaleuses exprimées par des indicateurs de police de bas étage, évidemment inspirés[6] ? »

Le 5 janvier, le Général lui répond : « Ce que vous m'écrivez au sujet de votre état d'âme ne peut manquer de me toucher. Mais je voudrais beaucoup que vous ne vous laissiez pas impressionner par les ragots dirigés contre vous, même s'ils sont grotesques et infâmes. À un certain plan, rien ne compte que l'essentiel, c'est-à-dire ce que l'on a fait et ce qu'on a conscience d'être. »

Reçu à l'Élysée, Georges Pompidou se plaint amèrement : « Mon Général, vous savez pourquoi j'ai demandé à vous voir. J'ai trois choses à vous dire. Je connais assez ma femme pour estimer impensable qu'elle se trouve mêlée si peu que ce soit à cette affaire. On cherchera peut-être à me mettre dans le coup, mais nulle part on ne me trouvera. Je ne vous mets pas en cause, mais je n'en dirai pas autant de tous vos ministres. Ni place Vendôme chez M. Capitant, ni à Matignon chez M. Couve de Murville, ni à l'Élysée, il n'y a eu la moindre réaction d'homme d'honneur. »

De Gaulle écoute et proteste faiblement : « Pompidou, la presse est basse, moi, je n'ai jamais cru à tout cela. J'ai demandé qu'on vous prévienne... – Je ne mets, bien sûr, pas en doute votre attitude personnelle, mon Général[7] », répond-il.

Mais Pompidou trouve bien faible, peu convaincante la réaction de celui dont il a été plus de vingt ans le plus proche collaborateur, l'ami même. Devant une calomnie qui déshonore Claude, de Gaulle aurait dû, sans l'ombre d'une hésitation, sans perdre un instant, se dresser et clamer haut et fort que c'était faux, que c'était impossible. Or il ne l'a pas fait. Déjà, avec celui qui a été pour lui une sorte de père adoptif, le lien intellectuel est ébranlé depuis deux ou trois ans. Cette fois, c'est plus grave, le lien sentimental est également rompu.

En réalité, de Gaulle ne pouvait pas faire une déclaration aux Français par-dessus la tête de la justice. Un chef d'État ne peut agir comme un homme ordinaire. « Dans cette affaire, estime Simonne Servais, Pompidou a sans doute surestimé ce que de Gaulle aurait pu faire, et le Général a sous-estimé ce qu'il aurait dû faire[8]. »

Dors bien, Papa !

Pourtant, comme le général de Boissieu le déclarera un peu plus tard à Jean Mauriac, « de Gaulle a toujours pensé faire de Pompidou son successeur ; cela, je vous l'affirme. Il savait que seul il pouvait être élu. Il le lui avait écrit après son départ de Matignon. Il y a aussi ce qu'il lui a dit à ce moment-là : "Je n'irai pas jusqu'au bout de mon mandat, faites-vous connaître. Voyagez. Écrivez un livre." Jamais il n'a pensé à Couve comme successeur. Il nous l'a redit au moment de l'échec de Couve dans les Yvelines, lors d'élections partielles face à Michel Rocard : "Vous voyez, Couve ne passe pas à la télévision, il ne pourrait pas faire un président de la République[9]." »

Dix ans plus tôt, après un intermède de six mois comme directeur de cabinet du général de Gaulle, dernier président du Conseil de la IVe République, Georges Pompidou était retourné chez Rothschild. Mais cette fois, nous dit Anne-Marie Dupuy, il n'envisage plus une seconde un retour dans le privé. Sûr de son destin national, il reste en politique.

À l'issue d'un nouvel entretien, de Gaulle lui dit : « Vous verrez, la calomnie ne résiste pas à l'épreuve des faits. » Il lui conseille aussi de voyager un peu, en Italie, en Grande-Bretagne, aux États-Unis. Rasséréné, Georges Pompidou part avec sa femme se détendre quelques jours à Rome. Occasion de revoir leur ami René Brouillet, ambassadeur près le Saint-Siège, et de profiter de quelques jours de détente pour visiter *incognito* quelques églises, la villa d'Hadrien, la villa d'Este.

Lors d'une réunion avec la presse, une journaliste à l'affût d'un scoop, correspondante de *Combat,* lui pose une question banale : « M. Pompidou, êtes-vous à Rome en mission officielle ou en voyage privé ? – À partir du moment où un ancien Premier ministre apporte une lettre du président de la République française au président de la République italienne, je vous laisse le soin de conclure. » Pompidou a en effet été reçu par Saragat, président de la République, puis par Rumor, président du Conseil, ainsi que par Fanfani.

Alors elle ajoute : « Que signifie pour vous un destin national ? » – Je me pose la question comme vous. Si vous avez une explication ou une hypothèse, je suis prêt à l'entendre. – Serez-vous candidat à la présidence de la République ? »

Distraitement, sans se rendre compte de la portée de ses paroles, il répond : « Pour être candidat à une fonction, encore faut-il qu'elle soit vacante, or ce n'est pas le cas. Si je vous disais que je ne serai pas candidat, vous ne me croiriez pas, alors à quoi bon poursuivre cet entretien [10] ? »

Le lendemain, à l'hôtel, le téléphone sonne : Pierre Charpy, journaliste de *Paris-Presse.* Georges Pompidou le connaît bien. « Tiens, vous êtes à Rome ? lui demande-t-il, tout en nouant son papillon avant de se rendre en habit à une audience avec le pape. – Non, je vous téléphone de Paris. Je vous appelle parce que votre déclaration a fait un bruit énorme. – Mais je n'ai rien dit d'extraordinaire. – Avez-vous l'intention de donner un démenti ? – Mais comment voulez-vous que je démente ce que j'ai pu dire ? Ce serait déshonorant. »

Que s'est-il donc passé ? On apprendra par la suite que le salon où Pompidou a donné sa petite conférence de presse était truffé de micros posés par les services secrets italiens. Le responsable à Rome de l'Agence France-Presse s'est procuré auprès d'eux une copie de l'enregistrement. Cet individu, un certain Mangin, vouait une haine inexpiable aux gaullistes depuis que le Général, vingt-cinq ans plus tôt, l'avait fait expulser de la France libre, où il complotait avec l'amiral Muselier. Saisissant enfin sa vengeance, il tronqua le texte du dialogue avec la journaliste de *Combat* de façon à donner ceci : « Je suis candidat à la succession du général de Gaulle, mais je ne suis pas pressé [11]. »

Pompidou comprend qu'il a fait une gaffe. Sa « déclaration de Rome », comme on l'appelle, a mis le feu aux poudres. Il a dit à Rome ce qu'il avait dit cent fois à Paris aux journalistes. Rien de nouveau, rien d'extraordinaire, mais cela n'a pas empêché toute la presse française de titrer sur trois colonnes : « Pompidou, candidat à l'Élysée. » Il a désacralisé de Gaulle, à croire qu'il veuille le pousser dehors. Jusqu'alors, la grande force du Général était de paraître irremplaçable. Maintenant qu'il a un successeur possible, toute menace de s'en aller perdra son caractère dramatique. Dans la ville même de Brutus, Georges Pompidou a tué le père. Ce développement, il ne l'a pas calculé, jamais il n'a pensé que l'affaire ferait autant de bruit. Mais Maurice Couve de Murville s'empresse d'aller colporter le potin au Général, qui prend fort mal la chose. Ce n'est jamais très agréable d'entendre un proche parler du jour où vous ne serez plus là...

« Moi, je ne comprends pas », objecte Mme de Gaulle. Elle estime qu'à soixante-dix-huit ans, il est grand temps pour son mari de décrocher. « Peut-être Pompidou n'aurait-il pas dû dire exactement ce qu'il a dit, mais enfin, il l'a dit. Charles, vous avez bien reconnu que ce serait lui votre successeur. Par conséquent, je ne vois pas pourquoi vous faites toutes ces histoires maintenant.

« – Voyons, Yvonne, comment voulez-vous que je maintienne mon autorité si je laisse dire que je partirai avant le terme de mon mandat ?
– Et si Pompidou vous écrivait que, dans ces conditions, il ne s'occupe plus de rien et se retire, que feriez-vous ? Vous vous retrouveriez sans personne. Ce n'est pas bien de faire cela. »

Peine perdue. Maurice Couve de Murville, ravi, jette de l'huile sur le feu. Sur son conseil, de Gaulle fait publier le 22 janvier le communiqué suivant : « Dans l'accomplissement de la tâche nationale qui m'incombe, j'ai été, le 19 décembre 1965, réélu président de la République pour sept ans. J'ai le devoir et l'intention de remplir ce mandat jusqu'à son terme. »

L'affaire pourrait s'arranger entre les deux hommes, d'autant qu'Alain de Boissieu, qui est parvenu à son tour à se procurer auprès des Italiens une copie de l'enregistrement authentique, détrompe son beau-père en la lui faisant écouter. Mais de Gaulle et Pompidou sont trop fiers pour s'expliquer. Comment, sans perdre sa dignité, Georges Pompidou pourrait-il démentir ce qu'il a dit cent fois ? Et surtout, il a un souci plus grave. Beaucoup plus grave. Son père, qui passe tous ses week-ends avec lui à Orvilliers, a un infarctus : « J'ai déjà perdu deux tantes, dit Pompidou. Ma mère, je l'ai perdue depuis longtemps. D'un seul coup, je me rends compte que toute une génération s'en va. »

Le Général, confus de s'être montré trop sévère et même injuste envers Pompidou, lui fait porter un mot : « Mon cher ami, j'apprends l'épreuve de santé grave que traverse monsieur votre père. Je tiens à vous dire que je pense à vous dans les inquiétudes qui sont les vôtres à ce sujet. Bien cordialement à vous. Charles de Gaulle. »

Le 3 février, au soir, Georges Pompidou quitte son père à l'hôpital Boucicaut : « Dors bien, papa. – Dors bien, toi aussi. » Léon Pompidou meurt le lendemain.

« Simonne, en huit jours j'ai perdu deux fois mon père », dit Georges à sa collaboratrice Simonne Servais, signe qu'il a souffert de la détérioration de ses rapports avec de Gaulle. Mais, après la sèche mise au point qui l'a remis à sa place comme un petit garçon, il y va de sa dignité de ne pas se laisser traiter de la sorte. De sa dignité sûrement, de son orgueil aussi, peut-être.

« Il faut bien que le Général comprenne qu'on ne m'envoie pas au petit coin, laisse-t-il échapper. – Faites attention à votre prochaine déclaration », lui conseille pourtant Michel Jobert, inquiet de le voir belliqueux. Il s'attire cette réponse :

« Oui, je ferai attention, mais je dirai ce que j'ai à dire. Je ne vous garantis rien. »

Effectivement, le 13 février, à la télévision suisse, à Genève, il récidive, délibérément cette fois. Il laisse entendre qu'il ne sera ni Premier ministre ni ministre tout court, comme Debré par exemple, mais candidat, le moment venu, à la succession du Général.

À la question : « Comment voyez-vous votre avenir politique ? », il répond : « Je ne crois pas avoir ce qu'on appelle un avenir politique. J'ai un *passé politique*. J'aurai peut-être, *si Dieu le veut*, un *destin national*, c'est autre chose. Le général de Gaulle est à l'Élysée et son mandat expire en 1972, il n'y a donc pas de problème de succession. Cela étant, il y aura bien un jour une élection à la présidence de la République. » *Si Dieu le veut,* Georges Pompidou met Dieu dans sa manche. La relève est assurée. De nouveau, les journaux français réagissent avec de larges manchettes.

Cependant, à Paris, l'affaire Markovic continue d'exciter les commérages. Profondément révoltée par les calomnies qui pèsent sur Claude Pompidou, Mme de Gaulle revient à la charge auprès de son mari : « Comment peut-on laisser accuser une femme pareillement ? Je connais trop Claude. C'est une brave personne, parfaitement honnête, une personne charitable. Elle a été d'un dévouement admirable à l'égard de sa nièce [12]. Alors, qu'elle ait été imprudente dans ses relations ne change rien à mon estime pour elle. Ne peut-on arrêter toutes ces rumeurs mensongères ? »

Elle reproche à son mari de ne pas intervenir : « La dernière fois que j'ai revu ce pauvre Pompidou, c'était à la Fondation [13]. Il a demandé à entrer par la petite porte. Je l'ai trouvé fatigué, soucieux. Tout cela est ignoble, scandaleux. » Le Général hausse les épaules : « L'Intérieur et la Justice s'en occupent. On découvrira bien vite l'inanité de ces ragots. » Elle insiste : « Mais enfin, il n'y a rien d'autre à faire ? – Que peut-on faire de plus, sinon répondre à tout cela par le mépris ? »

Il ajoute : « Il est évident que si le président de la République paraît porter la moindre attention à cette histoire sordide, ça lui donnera quelque importance. Voyez-vous, à trop vouloir dîner en ville dans le tout-Paris, comme aiment le faire les Pompidou, et à fréquenter trop de monde et de demi-monde, il ne faut pas s'étonner d'y rencontrer tout et n'importe qui. Les Pompidou aiment trop sortir. Il leur manque, derrière eux, une génération de mondanités, de contacts avec la vie extérieure. Claude est un peu comme une collégienne, une étudiante. Elle s'est lancée dans le milieu artiste sans se rendre compte que les gens cherchaient son contact surtout parce qu'elle était la femme du Premier ministre. »

De Gaulle n'a pas complètement tort. Claude Pompidou s'est trop montrée avec Guy Béart, Annabel ou Régine. Et son mari, pourtant si scrupuleux en matière d'honnêteté, tellement circonspect envers les gens impliqués dans les affaires douteuses, les milieux de l'immobilier, par exemple, ne s'est pas suffisamment méfié du monde du spectacle. À Louveciennes, chez les Lazareff, il peut avoir croisé Alain

Delon et même, sait-on jamais, joué au poker avec lui. Les Pompidou ne se sont pas doutés que ces gens-là, même irréprochables, peuvent avoir des fréquentations qui le sont moins.

Voyant l'enquête résolument « orientée non vers la recherche des auteurs du crime, mais vers la recherche de témoignages et de documents qui puissent nous compromettre, ma femme ou moi », Georges Pompidou demande un nouveau rendez-vous à de Gaulle, et réclame cette fois la présence de Bernard Tricot. « Devant eux, raconte Georges Pompidou, je démontai le mécanisme de l'opération policière et judiciaire. La presse avertie plusieurs semaines à l'avance des révélations qu'allait apporter l'audition d'un détenu. Les contacts avec ce détenu les jours qui précédèrent cette audition. Les invraisemblances de la déposition. Je dis l'orientation singulière des interrogatoires, menés comme s'il n'y avait pas à rechercher un assassin, mais la preuve du dévergondage des Pompidou. J'exposai tout cela, preuves à l'appui.

« "Le Général m'écouta avec stupeur. C'est ridicule, dit-il, le juge n'a pas à faire cela." Et devant moi, il demanda à Tricot de convoquer Capitant pour l'inviter à réorienter les investigations. En me quittant, il me conseilla de traiter les racontars par le mépris, ajoutant que la calomnie était dans le destin des hommes d'État. Je lui répondis que je l'aurais ainsi compris s'il ne s'était agi que de moi, mais que, s'agissant de ma femme, la fureur prenait le pas sur le mépris [14]. »

Quatre ans plus tard, à tête reposée, le président Pompidou reviendra sur l'affaire dans un entretien avec Georges Suffert, du *Point :* « Une histoire banale, un bon gros complot, lancé par des personnages secondaires, à coups de ragots répercutés par la presse. Tout le monde s'en mêle. Que lorsque la bête s'approche des étangs, tous les chiens se précipitent, c'est la vie. Que des hommes qui avaient été mes ministres, que l'entourage de Couve de Murville lui-même, aient laissé dire, c'est désagréable, mais c'est humain. Par contre, que le général de Gaulle ait pu croire, ne fût-ce qu'une minute, à ces calomnies, cela je ne l'ai pas supporté. J'en ai été stupéfié, désorienté. – Est-il possible que le Général n'ait rien su ? – Absolument exclu. Sur une affaire aussi grave, il est évident qu'il a été tenu informé jour après jour. – Lorsque vous dites que Couve a laissé faire, c'est une grave accusation. – Je vous laisse juge [15]. »

Malgré les présomptions, on n'a toujours pas identifié le meurtrier de Markovic ni établi les mobiles du crime puisque, le 18 avril 1976, huit ans après les faits, la chambre d'accusation a rendu un arrêt de non-lieu. Mais Georges Pompidou, qui avait sans doute son idée sur les coupables, ne pardonna jamais. Jamais il ne se sépara d'un carnet sur lequel il avait noté les noms de ceux dont il ne serrerait plus jamais la main. Pas seulement Maurice Couve de Murville, Bernard Tricot ou Aubert, secrétaire général de la police, mais même tel haut fonctionnaire, par exemple, dont la carrière fut brisée pour avoir dit de lui, un soir, dans un restaurant : « Il ne doit pas être blanc, blanc, blanc. »

De Gaulle essaie enfin de calmer le jeu en invitant le 12 mars les Pompidou à dîner. Mais, sans doute pour masquer son embarras, il a la malencontreuse idée d'inviter également ce grand bavard de Michel Debré et son épouse. Catastrophe ! Ce n'est plus un dîner intime, où de Gaulle et Pompidou auraient enfin pu se parler en confiance, comme autrefois. C'est une soirée sinistre. Pour se donner du courage, Claude Pompidou s'est fait servir du whisky avant de partir pour l'Élysée ; du coup, elle est secouée de réactions nerveuses, et le Général ne lui adresse pas la parole. Quant à Debré, indisposé, il n'ouvre pas la bouche, contrairement à son habitude. Pompidou fera plus tard ce commentaire : « Ni Mme de Gaulle, par réserve habituelle, ni le Général, par gêne j'imagine, n'eurent un mot du cœur. »

Le moment vient quand même où les deux hommes s'isolent. Brièvement. Trop brièvement. « Je n'ai rien dit à Rome. On m'a trahi. – Mais vous avez récidivé. – Mon Général, le gouvernement et vous-même aviez pris une position qui m'obligeait, par dignité, à ne pas me démentir. Mais ce n'est pas actuel. » Là-dessus, ils se quittent. Ils ne se reverront plus.

Les choses se précipitent. Désespérant de faire aboutir son projet de participation, de Gaulle cherche un nouveau grand dessein. Réformateur indéfectible, il se sent ligoté par les forces conservatrices portées au pouvoir par les élections de juin. À défaut de sa chère participation, il rêve d'un dialogue entre l'administration centrale et les forces vives de la nation, les hommes du terrain. D'établir le contact avec le monde du travail, en transformant le Sénat, forteresse de l'immobilisme des communes rurales, en une assemblée hybride mi-politique mi-corporative. D'une seconde scène pour le ballet des partis, il ferait un grand forum représentatif de la diversité et de la modernité. « Du fait de leur mode d'élection, le Sénat et les conseils généraux ne représentent pas la France moderne, dit-il, mais celle du seigle et de la châtaigne. Nous n'avons que faire d'une seconde assemblée politique. Notre grande affaire est d'épouser notre siècle. »

Ces deux projets, il entend les soumettre à référendum afin de gagner du temps. Mais aussi parce que, depuis onze mois, depuis mai 1968, il souffre de référendum rentré ; il y pense toujours, il n'a pas digéré d'avoir laissé passer l'occasion. Conscient que la victoire aux élections de juin est celle de Pompidou plutôt que la sienne, il veut pouvoir agir sans être prisonnier de sa majorité parlementaire. Et donc obtenir l'assentiment des Français à sa personne. Mais, à vouloir faire un coup, à se lancer dans une opération de revanche personnelle, il inquiète plus qu'il ne séduit.

Alain de Boissieu raconte que Jacques Foccart, toujours bien informé, est allé prévenir le Général, dès février 1969, que les enquêtes d'opinion menées par les Renseignements généraux lui étaient défavorables. Son référendum tomberait à plat, il fallait renoncer. À La Boisserie, au cours d'une promenade, de Gaulle en parle à son gendre. Il réfléchit, s'arrête, puis reprend : « Dans ces conditions, je reviendrai ici écrire mes Mémoires, pour que les générations futures, celle de mes petits-enfants, sachent ce qui s'est passé. Et jamais Pompidou n'aura une si bonne occasion d'être élu. C'est lui qui doit me succéder. » Là-dessus, le Général est formel, confirme Alain de Boissieu [16].

Deux questions, sur les régions et sur le Sénat, auraient pu appeler deux réponses distinctes. Si l'on refusait le Sénat et pas les régions, ou l'inverse, on ne pourrait pas en conclure que de Gaulle était censuré. Pourtant, c'est une seule réponse qu'il demande au peuple : il faut dire « oui » ou « non » à l'ensemble des deux questions. On dirait un plébiscite, d'autant qu'il déclare carrément : « Si je suis désavoué par une majorité d'entre vous, ma tâche actuelle de chef de l'État deviendra immédiatement impossible et je cesserai d'exercer mes fonctions. » Cela rappelle le « Moi ou le chaos », qui avait conduit au ballottage de l'élection présidentielle de 1965.

Pour comble, le texte élaboré par Maurice Couve de Murville et Jean-Marcel Jeanneney modifie quantité d'articles de la Constitution. C'est long, compliqué, fastidieux. On aurait pu demander au Parlement de donner son avis, d'amender le texte, de l'améliorer. Mais non. Alors, à quoi sert-il, ce Parlement ? Personne n'y comprend rien, beaucoup pensent qu'il s'agit simplement de donner un satisfecit au Général.

« Au référendum de 1962, observe Jean Ferniot, les Français avaient à répondre par "oui" ou "non" à la question claire de savoir s'ils voulaient élire le président de la République au suffrage universel. Cette fois, ils doivent lire cinquante articles d'un projet obscur. La situation n'est pas comparable. En 1962, le général de Gaulle venait de mettre fin à la guerre d'Algérie et avait failli payer de sa personne, sous les balles de l'OAS, les accords d'Évian. À beaucoup de Français, il inspirait des sentiments de reconnaissance et d'affection. Aujourd'hui, après les drames de 1968, l'opinion est plus sensible à la hausse des prix et à la politique anti-israélienne du gouvernement [17]. »

Charles Debbasch, un jeune agrégé de droit, spécialiste du droit constitutionnel, ajoute : « Jusque-là, la force des consultations populaires déclenchées par le Général tenait dans l'importance des questions soulevées, dans la dramatisation politique qu'elles comportaient. L'admiration de la population pour de Gaulle ressemblait alors à la fascination de badauds devant un cascadeur effectuant le saut de la mort et à leur attente de voir comment il se recevrait au sol. La partie de quitte ou double jouée par le Général polarisait l'attention, coupait le souffle, engageait les électeurs. À ce jeu où il excellait, il a gagné à plusieurs reprises, puis, comme il arrive aux pilotes chevronnés, une erreur de manœuvre a fait capoter son véhicule [18]. » Valéry Giscard d'Estaing, qui attend d'habitude de voir ce qu'il faut faire, démasque son ambition et annonce « qu'avec grand regret mais certitude, il ne votera pas pour ».

Georges Pompidou n'est pas surpris que de Gaulle tienne à son référendum, mais il estime que c'est une grave erreur. S'il était Premier ministre, il tenterait au moins de le convaincre de ne pas mêler les deux sujets dans une seule et même question ; mais voilà, il n'est plus le Premier ministre, et le Général ne lui demande pas son avis. « Les textes concoctés par les technocrates, confie-t-il à Bernard Lefort, sont incompréhensibles pour la plupart des Français. Le Général voulait poser la question de confiance au pays ; les projets ne sont là que pour justifier le référendum. Bien sûr, je voterai "oui", je ne peux pas faire autrement, je n'abandonnerai pas le général de Gaulle en pleine bataille. Mais je suis opposé aux deux réformes. Je ferai un discours pour le "oui", mais rien de plus [19]. » L'idée de pouvoir régional l'agace particulièrement. Trois ans plus tard, répondant sur ce thème à Jean-Jacques Servan-Schreiber, il déclarera : « Il ne s'agit pas d'entrer dans des billevesées d'irresponsables, il faut penser d'abord à l'unité nationale. Rien ne serait pire que d'ouvrir la voie au démantèlement de la France[20]. » Dans son dernier discours avant sa mort, il dira encore : « Je dois dire tout de suite que "l'Europe des régions" non seulement me hérisse mais constitue à mes yeux un étrange retour vers un passé révolu. Il y a eu déjà l'Europe des régions, ça s'appelait le Moyen Âge, ça s'appelait la féodalité. Il a fallu à un pays comme la France mille ans d'efforts pour créer notre unité nationale. C'est pourquoi la région ne doit à aucun prix être vue comme un moyen dirigé contre l'État. »

Pour le moment, Georges Pompidou est bien forcé de taire ses réserves, de faire campagne pour le « oui ». Sinon, il aurait l'air de tourner le dos à vingt-cinq ans de fidélité, aucun électeur gaulliste ne le lui pardonnerait. « Je n'ai jamais entendu Pompidou dire un mot critique sur le Général, affirme Jean-Philippe Lecat[21]. Jamais. Il n'a rien fait pour précipiter le échéances, mais ensuite, il s'est comporté avec logique[22]. » André Malraux, dont le tact n'est pas toujours le point fort, lui demande de s'engager officiellement, en cas d'échec du référendum, à ne pas se présenter à la future élection présidentielle. En somme, de se faire hara-kiri en public, de façon à impressionner les électeurs : en cas d'échec, pas de remplaçant ! Mais Georges Pompidou se dérobe. Avec habileté, il dit simplement qu'il n'a pas à envisager l'éventualité d'un échec.

Cela ne l'enthousiasme pas, cette campagne pour le référendum. Aussi la fait-il d'autant plus mollement que Couve de Murville ne tient pas trop à ce qu'il s'implique trop et revienne en première ligne. En revanche, c'est l'occasion de reparaître à la télévision et de décocher au passage un trait à son successeur : « Il y a dix mois, Français et Françaises, que je n'ai eu l'honneur de m'adresser à vous sur cet écran », fait-il remarquer le 24 avril. Beaucoup de téléspectateurs, inquiets de savoir de quoi sera fait l'avenir, respirent un bon coup, heureux de retrouver le sourire et les épais sourcils du rusé et caustique causeur au coin du feu.

Président de la République

Exploitant les assises des jeunes gaullistes de l'UJP à Strasbourg, du 11 au 13 avril 1969, Georges Pompidou opère un retour en force et conforte sa visibilité médiatique. L'existence de l'Union des Jeunes pour le Progrès indique la réalité de l'après-gaullisme. Du même coup, elle fait son jeu, elle l'aide à acquérir une double légitimité d'homme social et fidèle. L'appui de ces cadets du gaullisme survient à point. La caution progressiste qu'elle lui apporte tempère son image de conservateur. Afin de ne pas être noyé parmi les nombreux orateurs du dimanche, il a habilement insisté pour être le seul invité du samedi soir. À l'heure dite, fendant la foule en blazer blanc, une fleur rouge à la boutonnière, bronzé, décontracté, il fait une entrée triomphale. Une foule enthousiaste l'accueille au cri de « De Gaulle-Pompidou ! ».

Maintenant qu'il a clairement posé sa candidature à la succession, il est le recours. Beaucoup de Français se reconnaissent dans cet homme honnête qui n'a jamais raconté d'histoires et sur qui on peut compter. Les donneurs de leçons, on en a assez. On aspire maintenant à la tranquillité. À une pause dans les réformes. La France profonde est davantage pour lui que pour de Gaulle. À croire que l'unité gaulliste éclate. Que « les godillots » ne marchent plus au pas. Pour bien des électeurs, l'alternative n'est plus entre de Gaulle et le chaos, mais entre de Gaulle et Pompidou [23].

D'autant que la campagne pour le référendum s'engage très mal. On a désigné prématurément les capitales des futures régions, si bien que Nancy refuse la tutelle de Metz, Nice vote contre Marseille, Orléans récuse le choix de Tours, Perpignan préférerait être avec Toulouse plutôt que subordonnée à Montpellier, etc. Et, chacun dans leur département, les sénateurs, en rang derrière Alain Poher, leur président en tête, se mobilisent contre le projet.

Le gouvernement s'est comme éteint. À l'Élysée il n'est question que de la « trahison » de Pompidou. L'entourage s'interdit de prononcer son nom devant Mme de Gaulle. Mais l'hôtel Matignon reste sans voix. Couve a perdu la main. La campagne est trop longue. De Gaulle aurait dû se réserver pour une prestation la veille du dernier jour. Et, du moment qu'il a annoncé que « le référendum, c'était ça ou son départ », beaucoup s'abstiennent ou votent « non ». « Bon, nous l'aimons bien, disent-ils, il a fait beaucoup de choses, mais maintenant, qu'il s'en aille, puisque nous avons Pompidou pour lui succéder. » Les petites phrases pompidoliennes de Rome ou de Genève l'ont placé dans le rôle de l'héritier rassurant.

Effectivement, le 27 avril, 10 % environ des électeurs qui auraient voté pour de Gaulle lui font défaut, et le « non » l'emporte par plus de 52 % des voix. Aux yeux du Général, République et plébiscite sont indissociables. S'il a passé outre, en 1962, à la motion de censure qui a renversé le gouvernement de l'époque, celui de Georges Pompidou, s'il a maintenu alors en place l'équipe ministérielle jusqu'aux élections, en revanche il n'est pas question pour lui de s'opposer au verdict populaire. Dès qu'il se sait désavoué, il s'incline. Le soir même, à minuit, il met fin à ses fonctions et se retire dans un abîme de chagrin.

Dans son for intérieur, Georges Pompidou ne se sent pas tout à fait innocent de la chute du Général. Si le prétendu appel de Rome était involontaire, celui de Genève était délibéré. Il en a du tourment. Mais enfin, la voie est libre, il n'y a plus à hésiter. Surtout que Claude le laisse suivre sa vocation tardive. D'ailleurs, il est le seul candidat gaulliste possible ; les autres, de Maurice Couve de Murville à Michel Debré, tous trop engagés dans la campagne du référendum, apparaissent marqués par la défaite. Lui seul en sort intact.

Passé le jour franc qu'imposent le sentiment et la décence vis-à-vis du Général, Georges Pompidou annonce à la télévision sa candidature officielle : « Je ne me réclame d'aucun parti. Je ne suis pas le successeur, on ne succède pas au général de Gaulle. » Il met l'accent sur son rôle en mai 1968 : « Il fallait tenir et d'abord rétablir l'ordre sans faire couler le sang, sans nous jeter dans la guerre civile, puis remettre la France au travail et déjouer le complot politique. À ce moment, j'ai compris que, quand viendrait le jour, je n'aurais pas le droit de me dérober. » En prime, pour rallier une partie de l'électorat centriste, il se déclare partisan de l'ouverture de la majorité et de l'entrée de l'Angleterre dans le Marché commun.

Une heure après cette annonce, il se rend devant le bureau politique du groupe UDR. Il n'a donc rien négocié avec les partis, il a agi de sa propre autorité, mais l'UDR lui réserve un accueil ardent et unanime. Dans une belle période, Roger Frey conclut : « Pour Georges

Pompidou, nous nous battrons jusqu'à la mort. » Une voix, cependant, chuchote : « Exclue ! » Les cinquante présents éclatent de rire.

Aussitôt, le candidat va se présenter devant les républicains indépendants. L'accueil est favorable ; seul Valéry Giscard d'Estaing paraît hésitant. Il voudrait bien se lancer lui aussi, mais il se sent encore jeune et, à l'évidence, sa campagne pour le « non » au référendum lui a aliéné les suffrages des gaullistes. Aussi, après quelques jours de réflexion, il se résigne à passer un tour. Surmontant leur rivalité, il se résout même à soutenir ouvertement la candidature de Georges Pompidou. Il charge un de ses proches, Maurice Dalinval[24], de faire imprimer une affiche qui les représente tous deux côte à côte.

La première maquette, un dessin en pop'art, représente Georges Pompidou en grand et Valéry Giscard d'Estaing en plus petit, avec cette légende : « Je soutiens la candidature de Georges Pompidou. » Commentaire de Valéry Giscard d'Estaing : « Attendez, il faudrait quand même qu'on me voie davantage. L'événement, ce n'est pas le candidat – tout le monde le sait –, mais le soutien que je lui apporte. Les deux têtes doivent être au moins à égalité. » Nouvelle épure, les photos des deux hommes sont de taille comparable. Valéry Giscard d'Estaing fait encore la moue, il se voudrait encore plus grand. On lui remet une troisième mouture : Giscard énorme, Pompidou plus petit. « C'est parfait ! »

Reste à soumettre l'épreuve à Georges Pompidou. Boulevard de La Tour-Maubourg, Maurice Dalinval l'apporte à Pierre Juillet. « Je vais la montrer tout de suite à M. Pompidou » dit celui-ci, très amusé. Quelques instants plus tard, Maurice Dalinval voit apparaître Georges Pompidou, qui se tord de rire : « C'est assez étonnant. Voilà bien la première fois que l'impresario joue le premier rôle. Mais c'est très bien comme ça. »

De sa retraite, de Gaulle reste absolument absent de la campagne, mais fait savoir à Georges Pompidou qu'il souhaite son élection et confie à son gendre : « Pour Pompidou, c'est le meilleur moment pour me succéder. Si j'avais été jusqu'au bout de mon mandat, qui se souviendrait encore de lui, de ce qu'il avait fait en mai 1968[25] ? » Aussi, apprenant que René Capitant se prépare à se lancer à son tour dans l'arène, Alain de Boissieu lui demande de renoncer. Il réunirait au mieux 300 000 voix, qui suffiraient, sait-on jamais, à faire battre Pompidou. C'est aussi l'avis de Jean Charbonnel, et tous deux obtiennent en effet son retrait.

Estimant le moment mal venu, François Mitterrand se garde pour une autre occasion. Gaston Defferre se lance à sa place dans l'arène mais le parti communiste, refusant toute candidature unitaire de la gauche, désigne Jacques Duclos, un ancien commis pâtissier, truculent, sympathique. Ce sera le dernier grand show des communistes. Les électeurs socialistes divisent leurs suffrages entre Gaston Defferre et Michel Rocard, leader du PSU. Au centre, après le refus de Valéry Giscard d'Estaing, Alain Poher, le président du Sénat, entre en lice.

Georges Pompidou réfléchit alors avec Pierre Juillet aux thèmes à développer, à la stratégie à adopter pour rallier des centristes. Reste à élaborer un programme social. Surtout pas la participation à la Capitant : « C'est de la c... Les salariés auxquels on donnerait des droits de gestion s'exprimeraient par la voix des syndicats prédominants, le système déboucherait sur leur mainmise sur l'entreprise. Sans compter qu'ils désorganiseraient la production en multipliant les assemblées du personnel, pour discuter de tout et de rien. De toute façon, tous les gens compétents feront des objections évidentes ; et si c'est moi qui les présente, on dira : "C'est insupportable, c'est du parti pris". »

Georges Pompidou ne veut pas faire rêver avec des fantasmes et des utopies. Il veut dire la vérité, rien que la vérité, ne rien proposer qu'il ne puisse tenir. Que proposer donc qui soit important ou en ait l'air mais qui reste dans le domaine du possible ?

Au cours de la campagne électorale, Édouard Balladur, son conseiller pour les affaires sociales, est frappé par la revendication de grévistes d'une aciérie lorraine : ils réclament « la mensualisation ». Ce sont des travailleurs manuels, des « horaires », payés à la semaine ; rien à voir avec la maîtrise et les employés payés au mois, les « mensuels ». En cas de maladie, de maternité ou d'accident, seuls les mensuels conservent leur paye ; seuls aussi, ils bénéficient des avantages liés à l'ancienneté : primes, jours de congé supplémentaires, indemnités de licenciement ou de départ à la retraite. Inégalité de traitement mais aussi de considération, de dignité. L'« horaire » est payé aux heures ouvrées, voire aux pièces, tandis que le « mensuel », rémunéré en fonction de son rang, fait en quelque sorte partie des meubles de l'entreprise. On ne commande pas de la même manière à un « manuel » et à un « horaire ».

Pierre Juillet renchérit. Dirigeant une compagnie de taxis, il a une certaine idée du monde du travail et il ne voit pas comment on pourrait parler de « participation » à des salariés payés à l'heure : avant de faire la participation, il faut commencer par mensualiser.

Comme eux, Georges Pompidou estime justifiée la protestation des « horaires » lorrains. À cette distinction entre « mensuels » et « horaires », à cet archaïsme, il est temps de mettre fin. Si l'on veut industrialiser la France sans recourir massivement à la main-d'œuvre étrangère, il faut revaloriser les emplois ouvriers les plus productifs et les plus contraignants. Réduire les distances sociales entre les manuels et les autres.

Il n'aime pas qu'on se gargarise de théories, de doctrines. Les mots en -isme ou en -ion l'agacent profondément. Pourtant, cette idée de généraliser la mensualisation, il la reprend à son compte, il la fait sienne. Ce n'est pas une doctrine, mais une série de mesures concrètes : paiement des jours fériés, salaire maintenu en cas de maladie ou de maternité, prime d'ancienneté. Pas une mesure d'assistance, une mesure d'intégration à la collectivité. Un moyen d'élever les travailleurs. De leur reconnaître une promotion, une dignité.

Ce qui lui plaît aussi, c'est de lancer une idée neuve, originale, de couper l'herbe sous le pied aux syndicats : « Pendant quarante-huit heures, j'ai discuté avec eux en 1968, et je n'ai pas souvenir que le mot ait été prononcé », constate-t-il, ravi. D'autant que cette idée-force va lui permettre de conserver une partie de l'électorat ouvrier que de Gaulle avait conquis sur la gauche.

Il envoie alors Édouard Balladur sonder François Ceyrac, son ancien camarade de khâgne devenu le numéro deux du patronat (CNPF). Dans les milieux patronaux, Mai 1968 a produit un effet inverse à celui de Mai 1936. En 1969, ce sont les réformateurs qui réussissent à imposer leur point de vue, et en tout premier lieu François Ceyrac, justement.

Après avoir réfléchi à la proposition, celui-ci répond à Édouard Balladur : « Vous pouvez y aller[26]. »

Et il promet de faire accepter la mensualisation par les instances dirigeantes du patronat. Quitte à l'accepter, les patrons préfèrent Pompidou, avec lequel ils se sentent en confiance, plutôt que Poher, qui ne connaît rien à l'industrie. Voilà donc une promesse que Pompidou, sûr de pouvoir tenir, peut faire aux électeurs. Dans une allocution télévisée, le 28 mai 1969, en réponse à une question de Levrard, un syndicaliste, sur ce qu'il compte faire pour les ouvriers, il répond :

« Améliorer la sécurité matérielle des travailleurs manuels, atténuer les inégalités, transformer les hiérarchies sociales. Réduire ce fossé qui sépare en quelque sorte l'élite, qu'on appelle les mensuels, de la piétaille, qu'on appelle les horaires. »

Jacques Chirac, dont Georges Pompidou a fait son trésorier de campagne, s'ingénie à récupérer l'argent indispensable pour imprimer les affiches et louer les salles de réunion. Il semble même qu'il ait pris langue, à l'insu du candidat, avec le roi Fayçal d'Arabie saoudite [27]. Mais à l'impossible nul n'est tenu, et faute d'avoir les moyens de faire une campagne à l'américaine, Georges Pompidou utilise à plein son temps d'antenne sur toutes les chaînes de radio. À la télévision, si son œil gauche, froid et dur, semble garder rancune de l'humiliation, des lettres anonymes reçues par sa femme et qui la bouleversent encore, il a l'œil droit du bon vivant, qui aime les plaisirs de la vie [28]. Cet aspect-là, rassurant, il s'attache à le cultiver en quelques phrases simples. À imposer l'image d'un homme modéré, proche des préoccupations quotidiennes des Français. Pas seulement celle d'un chef énergique et compétent. Après de Gaulle, il se veut un président à l'échelle humaine.

Un journaliste, Jean Gorini, lui demande avec scepticisme quelles leçons il a tirées des événements de mai. « D'abord, monsieur Gorini, pourquoi voulez-vous que je ne sois pas le même Georges Pompidou ? Le pays se rappelle peut-être qu'après tout j'ai alors réussi le rétablissement de la paix civile. Est-ce que vous croyez que c'est si mal, que l'on a tellement envie que ce soit un autre Georges Pompidou qui succède à celui-là ? En second lieu, j'ai dit dès le mois de juin 1968 que je voulais ouvrir le gouvernement, ouvrir la majorité. J'ai même dit, à ce moment-là, que plus notre majorité sera forte, plus facilement je ferai appel à d'autres hommes. C'est exactement ce que je viens de répéter. »

Au début de la campagne, le premier sondage donne Alain Poher favori. « Ce franc-maçon qui fréquente les curés », comme dit Pompidou à Jean Charbonnel [29], ratisse large aussi bien chez les antigaullistes, nostalgiques de Vichy ou de l'OAS que parmi ceux qui souhaitent un peu de changement. En lui, les électeurs voient un arbitre, un artisan de la réconciliation, un homme soucieux de justice sociale, préoccupé par le sort des catégories les plus modestes. Fatigués de la grandeur, ils risquent de se précipiter sur ce reflet parfait d'eux-mêmes.

Cela ne leur déplaît pas de garder à l'Élysée cette figure papelarde au ton jovial, qui a déjà acquis une certaine légitimité en assurant l'intérim. « Si je suis battu, pense Georges Pompidou, je m'en vais, je quitterai la politique, je retournerai à Cajarc, m'occuper de ma femme, de mes petits-enfants et de littérature[30]. » Mais bientôt, il se ressaisit, témoin cet échange avec Jean Ferniot : « Vous ne pouvez pas passer, les choses sont claires. C'est Poher qui passera. – Eh bien, vous verrez. Dès qu'il parlera, vous verrez, il s'effondrera », lui répond-il. Effectivement, à sa première apparition à la télévision, Alain Poher s'en tirera à peu près bien, mais à la seconde, il n'aura plus rien à dire, il se montrera notoirement insuffisant et s'en rendra compte lui-même[31].

Candidat des « oui », qui viennent de connaître l'échec au référendum du 27 avril, Georges Pompidou se trouve en effet en position difficile. Il lui faut démontrer sa capacité à rassembler plus de 50 % des électeurs, à élargir le camp des « oui ». « Au gouvernement, j'ai fait des erreurs, comme tout le monde, confesse-t-il gentiment à la télévision, mais j'ai aussi beaucoup appris. » Or il existe un immense réservoir de voix indécises, les centristes. La clef du succès consiste à en faire basculer une partie dans son camp. D'où ses propos en faveur de l'entrée de l'Angleterre dans le Marché commun et son slogan « continuité et ouverture ». Contradiction apparente : continuité envers les gaullistes, mais ouverture aux centristes. En ralliant à sa cause Jacques Duhamel, Maurice Schumann et René Pleven, il ouvre une large brèche dans la clientèle d'Alain Poher.

Les campagnes électorales de Georges Pompidou dans le Cantal, les années précédentes, ont déjà fait beaucoup pour atténuer son image de banquier mondain. À maintes reprises, les téléspectateurs ont pu le voir serrer des mains à la sortie de la grand messe, au café, devant une toile cirée à fleurs, déguster une gentiane avec des électeurs du cru, assister dans une arrière-salle de restaurant à la retransmission d'un match du tournoi des Cinq Nations. Désormais, on le croit sincère lorsqu'il évoque son enfance à Montboudif, les joies de la pêche à l'écrevisse ou des excursions au puy Mary. Cette fois, il se fait photographier à Cajarc dans sa bergerie, en compagnie des agneaux de l'année, ou avec Claude, en promenade à cheval.

« Vous avez vu ma jument ? fait-il remarquer, goguenard. On la vendait parce qu'elle était stérile. En réalité, quand je l'ai achetée, elle était grosse. Maintenant, sa pouliche a six mois. J'ai fait une bonne affaire. » À quoi son concurrent Jacques Duclos réplique, d'un air jovial : « On a photographié Pompidou avec des moutons, moi avec un taureau. La différence est que les moutons appartiennent à Pompidou, tandis que le taureau n'est pas à moi. » Duclos, en revanche, a un chien. La journaliste lui demande : « C'est un gros chien pyrénéen ? – Oui, il s'appelle Pompon. C'est un hasard ! »

Georges Pompidou remonte si bien la pente qu'au premier tour il obtient 44,5 % des voix, le même score que de Gaulle au premier tour des présidentielles de 1965. Avec 24 %, Alain Poher, qui n'a guère d'autorité morale et ne fait vraiment pas le poids en face de lui, réunit à peine mieux que les 23 % de Jacques Duclos, dont la gouaille amuse les électeurs. Les trois autres, Gaston Defferre, Michel Rocard et Alain Krivine, font des scores ridicules (respectivement 5, 3,6 et 1 %).

Cependant, malgré l'aide de son ami Jean-Claude Roussel qui lui a prêté un hélicoptère de sa société Héli-Union, Georges Pompidou est fatigué, excédé même par la campagne électorale. On atterrit. Un bout de discours. Des réunions où il faut discuter sans arrêt des problèmes de petits commerçants. Et hop, le voilà reparti pour une autre étape. Tout cela finit par lui faire horreur.

Contre toute attente, son succès sera assuré par les consignes d'abstention du parti communiste. À Moscou, le grand frère ne veut pas qu'un président atlantiste vienne remettre en question la politique gaullienne d'indépendance à l'égard des États-Unis. « Ils avaient envoyé des émissaires dire qu'il fallait donner un coup de main à Pompidou[32] », assure Michel Jobert. Aux ordres, Jacques Duclos déclare : « La bourgeoisie, qui ne met jamais tous ses œufs dans le même panier, présente deux candidats cousins germains, M. Pompidou et M. Poher. Ce sont bonnet blanc et blanc bonnet. » Un autre leader communiste, Georges Marchais, refuse également de choisir entre Poher, qu'il assimile à la peste, et Pompidou, qu'il assimile au choléra. C'est bien normal, note André Frossard dans *Le Figaro*, ces deux fléaux ont les mêmes initiales que le parti communiste. De son côté, Aragon développe dans *L'Humanité* un étrange argument : « Après Charles XI, de quel Louis-Philippe la France aurait-elle besoin ? »

Grâce à cette aide inespérée des communistes, le « cartel des non » s'évanouit et Georges Pompidou est élu le 15 juin 1969 avec 58 % des suffrages exprimés. Ainsi, de 1962 à 1974, a-t-il été le vainqueur de huit consultations électorales : les quatre élections législatives de 1962, 1967, 1968 et 1973, et les deux élections présidentielles de 1965 et de 1969. Déçu par la victoire de celui qu'il surnomme « Pompi Duce », *Le Canard enchaîné* écrit : « Les Français n'en ont pas marre, ils en redemandent », et intitule désormais sa chronique sur les potins de l'Élysée « La Régence » au lieu de « La Cour ».

Pourtant, le soir de l'élection présidentielle, à 20 heures, en apprenant les résultats, Georges Pompidou ressent avec tristesse que les choses ne seront plus comme avant. Les copains sont réunis quai de Béthune, devant l'écran de télévision : Guy Béart, Francis Fabre, Raymond Cordier, les frères Gall. Bien sûr, il y a du champagne. Pour tromper sa gêne à la pensée de devenir un être différent, de s'exclure de leur bande, pour tâcher une dernière fois de rester simple, il joue au maître d'hôtel, sert et ressert chacun, incapable de dire autre chose que : « En veux-tu encore ? » Alors, un de ceux qui sont là s'enhardit à lui dire : « Tu sais, on comprendrait très bien que, désormais, tu nous dises "vous", et que tu nous voies moins souvent[33]. » Certes, ils se feront discrets aux *garden-parties* présidentielles ou aux revues du 14 Juillet, mais il gardera ses amis.

C'est de l'Éluard

Georges Pompidou sait quel Premier ministre choisir : Jacques Chaban-Delmas. Séduisant, dynamique, simple, gentil, sportif, c'est un esprit ouvert, capable d'arrondir les angles avec les parlementaires, de calmer les frondeurs dans la majorité. Ses qualités d'improvisation, de rapidité, de souplesse, sont irrécusables. Député depuis 1946, président de l'Assemblée nationale depuis 1958, il symbolise l'ouverture parlementaire et s'entend avec tout le monde. Un choix incomparable pour nouer le dialogue nécessaire avec le centre-gauche sans pour autant choquer ces chers gaullistes. On ne lui connaît aucun ennemi. Georges Pompidou se chargera des affaires de l'État, et son Premier ministre des parlementaires. Les parlementaires auxquels Georges Pompidou accordera beaucoup plus d'importance que son prédécesseur.

Non seulement Chaban-Delmas a du panache mais, avec ses noms de guerre, « Arc », « Lakanal », « Coriolan » et surtout « Chaban » (celui d'un village du Périgord), il est un authentique résistant. Or le nouveau président de la République, dont la faiblesse est de n'avoir rien fait de particulier pendant la guerre, se considère comme moralement tenu de prendre un Premier ministre résistant. « Moi aussi j'ai à porter ma croix de Lorraine, grogne-t-il. Au moins, avec Chaban, ils ne vont pas me dire encore que je n'aime pas "leur" Résistance. »

Général de brigade à vingt-neuf ans, international de rugby à trente, maire de Bordeaux à trente-deux, Jacques Chaban-Delmas incarne la jeunesse, l'imagination, la joie de vivre. Certains l'appellent même Jacques Charmant-Delmas. À cinquante-quatre ans, toujours alerte, il en paraît quarante. Dans la cour de Matignon, il se fait photographier jaillissant plutôt qu'il ne sort de sa voiture et grimpe quatre à quatre les marches du perron. Or, en prenant la succession du Général, Georges Pompidou ne veut pas laisser la moindre impression de vide ou de déclin.

« Le choix de Chaban, c'était la force des choses, avec ou sans joie [34] », dira Michel Jobert. Avec ou sans joie, car le personnage n'emballe pas Pompidou, d'autant qu'il a fait preuve, lui aussi, de restrictions mentales pendant l'affaire Markovic. « Que voulez-vous, Chaban plaît [35] », confie-t-il à Jean-René Bernard. Témoignage que semble confirmer Jean Cau [36], à en croire ce tête à tête avec Georges Pompidou :

« Qui allez-vous prendre comme Premier ministre ? – Qui voulez-vous que je prenne ? Chaban ! – Chaban ? Mais c'est un gandin, un patron de salon de coiffure, un marchand de chaussures de luxe. – Je sais, je sais, mais je n'ai personne d'autre. Il y aurait bien Chirac, mais il est trop jeune... Et puis, les gaullistes, si je leur sortais Chirac ! »

Dès le lendemain de son élection, Georges Pompidou demande donc à Jacques Chaban-Delmas s'il a un moment dans l'après-midi, et il l'invite à passer à son bureau, boulevard de Latour-Maubourg. Et là, il se contente de lui dire : « Je présume que vous savez pourquoi je vous ai fait venir. Il n'y a pas d'autre solution. Je pense que vous acceptez. » Jacques se souvient sans doute d'avoir pris le café avec Georges, il y a deux ans, dans la bibliothèque de Matignon. Georges lui avait demandé, juste une boutade : « Cette pièce vous plaît-elle ? Ce serait souhaitable, je l'ai installée aussi pour vous. » Simple indication fugitive. Jacques en avait ri. Cette fois, le voilà bientôt dans ses meubles.

À sa prise officielle de fonctions, le 20 juin 1969, le nouveau président est accueilli respectueusement sur le perron de l'Élysée par son concurrent malheureux, Alain Poher, et par son ennemi feutré, Maurice Couve de Murville. Le spectacle est assez comique. Puis, dans le salon des Ambassadeurs, le chancelier de l'ordre lui passe autour du cou le grand collier de la Légion d'honneur. On entend tirer vingt et un coups de canon, puis Gaston Palewski, président du Conseil constitutionnel, proclame les résultats de l'élection. Enfin, à 15 heures, Georges Pompidou va à l'Arc de triomphe ranimer la flamme. De là, il se rend à l'Hôtel de Ville pour recevoir des mains du président du Conseil municipal, Bernard Rocher, la médaille d'or de la Ville de Paris.

Le nouveau président s'installe à l'Élysée sans éclat. Le premier jour où il s'assied à son bureau, il appelle Anne-Marie Dupuy et Madeleine Négrel, les fidèles entre les fidèles, et demeure un long moment silencieux. « Monsieur le président... commence Anne-Marie Dupuy. – Arrêtez, appelez moi Monsieur tout court, comme avant. » Puis il lâche ces mots : « Maintenant, je suis tout seul[37]. »

Sans doute veut-il dire : « seul avec la France ». Pourtant, tout en échappant à la surveillance du Général, il sait de Gaulle toujours là. Dans ses calculs, il entre toujours la possibilité que de Gaulle réagisse[38].

Pendant six ans, il avait réussi à délaisser les ors de Matignon pour se retrouver le soir avec sa femme dans l'intimité du quai de Béthune. Cette fois, il lui faut envisager d'habiter le palais l'Élysée, qui a toujours pesé sur les présidents, ce « palais de la main gauche », disait de Gaulle. Allusion à la Pompadour, aux complots de Louis-Napoléon Bonaparte, le prince président, et à la mort de Félix Faure, le président soleil, dans les bras de « sa connaissance ».

Claude est contrariée de toutes ces contraintes qui vont peser sur son époux et sur elle. Elle ne va plus pouvoir sortir en ville sans créer des attroupements, sans être suivie par des policiers. C'est encore pire pour son mari : il ne pourra plus se promener à pied dans Paris, seulement en voiture. Par amour et sens du devoir, elle se fait une raison, elle accepte de renoncer à sa liberté. Mais la pilule est amère : « Vous êtes nommé conseiller d'État, lâchera-t-elle un jour à Anne-Marie Dupuy. Vous avez bien de la chance. Quand mon mari était au Conseil, ce fut le meilleur moment de notre vie de couple[39] ! »

Elle n'a vraiment aucune envie d'habiter l'Élysée. Les appartements privés du palais sont tellement impersonnels qu'en les visitant elle ne peut réprimer un haut-le corps : « Alors, vivre ici en plus, ah non ! »

Mais les Français ne comprendraient pas que le président et la première dame de France dérogent à la tradition. « M. Pompidou dut promettre à Claude qu'ils rentreraient tous les mercredis soirs quai de Béthune, raconte Anne-Marie Dupuy[40], de façon qu'entre le quai de Béthune, l'Élysée et Orvilliers, ils ne passent que quatre nuits par semaine à l'Élysée. De toute façon, il lui laissa carte blanche pour moderniser les appartements privés, ce qui fut pour elle l'occasion de rencontrer de nouveaux décorateurs et artistes. »

De Gaulle n'avait pas déplacé un seul guéridon à l'Élysée, de crainte sans doute de gaspiller les deniers de l'État pour son plaisir personnel. Les Pompidou trouvent au contraire que ce décor symbolise un monde révolu et solennel. De plus, ils estiment utile de promouvoir les artistes contemporains, même si la vitrine qu'ils vont leur créer reste inaccessible au commun des mortels.

Sous l'inspiration de Claude, les sièges modernes de Pierre Paulin, rembourrés et habillés de jersey coloré, complètent le mobilier Louis XV. Des tableaux de Herbin, Fautrier, Hartung, Sima et Hantaï sont accrochés aux murs qui reçoivent une chaude étoffe orange. Un grand piano à queue blanc trône au milieu du salon. Dans la salle à manger, une vaisselle bigarrée dessinée par Poliakoff remplace le service de Sèvres, une console Régence et un secrétaire Louis XV en laque noire voisinent avec un marbre d'Arp et un tapis de Vasarely. Dans la chambre de Claude, l'armoire, la commode et la table Empire, les chaises Restauration et le bureau à cylindre estampillé Molitor côtoient une table basse en altuglas et un tapis blanc dessiné par Hajdu.

Plus étonnante encore, l'antichambre dont Claude confie la décoration à Agam, un artiste israélien. Sept cent vingt pendeloques en aluminium et cinquante-quatre plaques de matière plastique, toutes colorées au biseau, doivent former des compositions abstraites changeantes selon l'angle de vue. En la traversant, on pourra suivre le rythme du jour : sur le mur de gauche, la prédominance du blanc évoquera le ciel du matin ; au centre, on sera ébloui par une profusion de couleurs vives et variées ; à droite, tout s'assombrira et l'on plongera dans le noir de la nuit. Sous un éclairage fluorescent, l'espace se mettra en mouvement au gré des déplacements. Mais Pompidou vivra-t-il assez longtemps pour voir s'achever cette métamorphose ?

En tout cas, toujours aussi franche et naturelle, Claude montre un bonheur presque enfantin à faire visiter ses nouveaux appartements. Mais pour devenir un personnage officiel, elle doit se forcer. D'autant qu'elle n'aime guère les réceptions protocolaires et que, depuis l'affaire Markovic, elle a pris en horreur la classe politique. Son rang la flatte mais l'affole un peu, du moins au début. Heureusement, elle aime la mode et porte avec beaucoup d'élégance de ravissants tailleurs de Courrèges ou de Chanel. Sur le conseil de Mme de Gaulle, toujours gentille avec elle, et qui l'a vraiment soutenue dans les moments difficiles, elle adopte aussi des chapeaux.

Georges Pompidou doit prendre la suite du Général avec la même hauteur de vue, ne jamais abaisser la présidence au niveau d'un politicien de la IIIe ou de la IVe République : « Que personne ne se trompe de république, dit-il, il ne faut pas tomber de Louis XIV en Louis-Philippe. Ni de la grandeur dans le pot-au-feu[41]. »

Maintenant que ce fils d'instituteur est devenu président de la République, il se guinde un peu, prend une démarche solennelle. À un journaliste qui lui demande, à l'occasion des vœux, le 6 janvier 1970 : « Vous êtes donc heureux ? », il répond : « Heureux ? J'y ai renoncé. »

« À l'Élysée, la distance s'installe avec les autres, écrira-t-il lui-même. La fonction ne supporte pas la nervosité, l'agitation. C'est effrayant, à croire qu'on entre en religion. On prend un habit et on fait des gestes qui vous sont dictés. On ne peut plus ouvrir une porte ni presser un bouton d'ascenseur, c'est comme si on était devenu infirme. »

Déjà, il n'inspirait pas la familiarité. Professeur, il ne l'avait jamais supportée de ses élèves. Et désormais, il déteste que Roger Frey et Olivier Guichard continuent de l'appeler par son prénom. Olivier Guichard le fait, de temps à autre, par provocation. Roger Frey, lui, ne se rend pas compte qu'il l'agace et que ça n'arrange pas ses affaires.

La fonction a saisi l'homme. Il lui appartient, et à lui seul, de décider, et la décision imprime en profondeur le sentiment de la solitude. Volontiers, il répète « qu'habiter l'Élysée, c'est devenir quelqu'un d'autre ». Ressembler à tout le monde, certes, afin que chacun puisse se reconnaître en lui, mais sans perdre sa dignité de chef de l'État.

« Dans les mairies, note Jean Ferniot, la photo officielle de Pompidou remplace celle de De Gaulle. Le décor est le même, les deux hommes campés devant une bibliothèque, la main droite reposant sur un guéridon. Où est le changement ? Le général de Gaulle tourne imperceptiblement la tête vers la gauche, M. Pompidou vers la droite. Le général de Gaulle a tendance à fermer le poing et son successeur à ouvrir la main. Il était nécessaire, après la continuité, d'exprimer l'ouverture... Le rectangle dans lequel s'inscrit le nouveau visage a remplacé l'ovale. Le front de Pompidou, plus large et plus haut, domine davantage. Les yeux, que surplombent de noirs sourcils, ne sont pas, comme ceux du Général, enfouis sous d'épaisses paupières. Ils vivent, ils attirent, j'allais dire ils accrochent. Les lèvres minces, étroites, du Général, trahissent le goût du silence, une certaine amertume, une bonne dose de dédain. Celles de M. Pompidou, fermes et larges, s'étirent volontiers dans le sourire ironique. Fréquemment entrouvertes sur les dents, elles montrent moins la gourmandise que l'appétit... Les deux hommes ne se ressemblent pas, mais sur ces photographies officielles ils prennent un certain air de famille. M. Pompidou n'est pas le général de Gaulle, il ne gouverne pas à la manière du général de Gaulle, mais il gouverne. Le nouveau président ne réunit pas deux mille ans d'Histoire. Mais en regardant sa photographie, on ne pense pas à Montboudif. Il ne laissera pas prescrire ses droits et ses prérogatives. Il sera le président[42]. »

Pourtant, la cuirasse cache un homme sensible, qui va bientôt révéler son humanité à la télévision. Le 22 septembre 1969, à l'issue d'une conférence de presse, la deuxième depuis son accession à la présidence, il est interpellé par Jean-Michel Royer, rédacteur en chef à Radio Monte-Carlo : « Puisque vous avez permis que nous débordions le cadre des questions fixées à l'origine, je voudrais vous faire sortir carrément de l'épure et vous interroger sur un fait divers. À Marseille, une femme, un professeur de trente-deux ans, condamnée pour détournement de mineur, se suicide. Qu'avez-vous pensé de ce fait divers qui pose des problèmes de fond ? »

L'année précédente, en effet, les parents d'un lycéen de dix-sept ans avaient poursuivi en justice son professeur de français, Gabrielle Russier, accusée d'entretenir avec lui une liaison amoureuse. Détournement de mineur, la majorité légale étant alors fixée à vingt et un ans. L'événement avait fait scandale et frappé Georges Pompidou, jadis lui aussi professeur de français dans un lycée de Marseille. Après sept mois de préventive, l'inculpée avait écopé d'un an de prison avec sursis, peine amnistiée peu après, à la suite de l'élection présidentielle. Cependant, estimant la sanction insuffisante, le Parquet avait fait appel et renvoyé la jeune femme devant les assises. C'était plus qu'elle ne pouvait supporter, elle avait mis fin à ses jours.

Pris à brûle-pourpoint par cette question insolite, Georges Pompidou demeure interdit, incapable de maîtriser son trouble. Dans la salle, Claude s'inquiète. Plusieurs minutes passent, interminables. Puis, médusés, les téléspectateurs entendent le président répondre d'une voix sépulcrale :

Quant à ce que j'ai ressenti, comme beaucoup, eh bien !
Comprenne qui voudra
Moi, mon remords ce fut
La malheureuse qui resta
Sur le pavé.
La victime raisonnable,
À la robe déchirée,
Au regard d'enfant perdue,
Découronnée, défigurée,
Celle qui ressemble aux morts
Qui sont morts pour être aimés.

Après une pause, il ajoute : « C'est de l'Éluard. »

C'est bien un poème écrit par Éluard en souvenir du temps où, pour ne pas châtier les coupables, on maltraitait les filles.

Que ressent Georges Pompidou en cet instant, respect de la conscience de la malheureuse, respect de sa vie privée, ou chagrin, compassion dont il ne veut pas faire étalage en public ? Qui le saura jamais ? Il se lève et quitte la salle pour cacher son émotion. Moment de vérité, pensent les téléspectateurs, moment révélateur.

Pourtant, Simonne Servais[43], son attachée de presse nous détrompe : « M. Pompidou avait à cœur d'exprimer son opinion sur ce sujet. Il n'a pas improvisé. Il m'avait dit que si on lui posait la question, il répondrait et m'avait demandé de veiller à ce qu'on la lui pose. » Point de vue partagé par François Gall : « C'était bien sa manière de vouloir évoquer un problème humain, comme celui de l'amour, en concluant par un poème. Une occasion aussi de montrer combien il aimait Éluard, d'autant plus que ce n'était pas sa nuance politique[44]. »

Puis, reprenant son sang-froid, il demande à Léo Hamon, porte-parole du gouvernement, ce qu'il pense de sa conférence, en dehors de cet incident. A-t-il bien accompli ce genre d'exercice, où excellait le Général ? « Vous avez été très clair. – Chacun doit pouvoir comprendre. J'ai longtemps enseigné dans les classes de troisième. La troisième, c'est le niveau moyen de connaissances des téléspectateurs. »

Jean Ferniot, en tout cas, se déclare enchanté : « Après onze ans d'offices pontificaux, il fallait dire la messe en français. Le général de Gaulle ne réunissait les journalistes que pour la commodité et le cérémonial. Il préparait soigneusement ses interventions, en apprenait le texte par cœur, se souciant fort peu des questions inopinées, qu'il oubliait à moins qu'elles ne lui fournissent l'occasion d'une boutade. Aussi ses discours, classiquement construits, riches de vocabulaire, étaient-ils le plus souvent de beaux morceaux de littérature. Rien de tel chez M. Pompidou, qui se livre sans aucun truquage aux questions. L'important n'est point pour le président de s'exprimer avec éloquence, élégance ou recherche, mais avec simplicité, franchise et finesse. Au sens propre de l'expression, il tourne sept fois sa langue dans sa bouche. Aussi ne s'élève-t-il pas dans le sensationnel, et ne commet-il pas d'erreurs. Il s'entretient librement avec les journalistes. Une conférence de presse, après tout, c'est cela. Nous l'avions oublié et nous l'avons soudain apprécié hier. Je regardais M. Pompidou accoudé à la table, sobre de gestes, comme les paysans de son Auvergne, mais vif de regard. Je le regardais fonctionner. C'était un spectacle assez fascinant[45]. »

Fidèle à son naturel, Georges Pompidou affiche des allures de Français moyen, bon vivant. Pour ses déplacements privés, au volant de sa Porsche, pas de motards, simplement un inspecteur de police dans une voiture suiveuse, sans gyrophares. En vacances, il veut être comme tout le monde et « qu'on lui f.. la paix ! » Si besoin est, il se fait photographier en col roulé, décontracté, avec Claude qu'il appelle gentiment « Biche ». De préférence à Orvilliers, où ils aiment passer le week-end, ou encore à Cajarc, cela fait moins solennel. Et il délaisse les allocutions télévisées pour les causeries au coin du feu, un genre initié par Franklin Roosevelt puis Mendès. Sa préférence va aux improvisations, en réponse aux questions des journalistes, même un peu agressives, car il excelle dans la défensive, dans la riposte, et il le sait.

Veillant jalousement à séparer vie publique et vie privée, il conserve des moments de vraie détente pour sa famille ou ses amis, pour lire, réciter des poèmes, écouter de la musique. Cependant, en vacances, sachant qu'il n'y a plus de parapluie au-dessus de lui, il s'inquiète à l'idée de ce qui pourrait arriver. Le secret de son équilibre, de son calme surprenant, si rassurant, si impressionnant, sans doute faut-il le chercher dans la réussite de sa vie de couple, si rare chez les grands de ce monde. On connaît peu de ménages de souverains ou de chefs d'État aussi étroitement unis. La reine Victoria et le prince Albert, le tsar Nicolas II et la tsarine Maria Fedorovna, le roi George VI et la reine Mary, et, bien sûr, Charles et Yvonne de Gaulle. Mais ils ne sont pas légion.

Chaque mercredi soir, les Pompidou regagnent le quai de Béthune, où ils ne sont d'ailleurs que locataires. Quelle catastrophe, le jour où le propriétaire annonce son intention de mettre en vente l'immeuble : « Vous comprenez, nous allons devoir quitter notre appartement, nous n'avons pas les moyens de l'acheter », disent-ils à Anne-Marie Dupuy. Toujours pleine de ressources, elle trouve bientôt un acquéreur en quête de placement sûr, qui accepte volontiers de le leur louer. Ainsi vont-ils pouvoir garder cette soirée du mercredi qui, pour eux, reste sacrée.

Souvent, ils aiment prendre un verre et voir un film avec des amis. Toujours passionnés d'art moderne, ils visitent aussi les expositions aux heures de fermeture. « Comment voulez-vous admirer un Chagall ou un Giacometti avec trente personnes qui vous regardent ? » Mais Georges Pompidou ajoute : « C'est étrange de sentir autour de soi un musée vide. Cela crée une impression de solitude, si pénible dans la vie d'un chef d'État. » Cela ne l'empêche pas de dire aussi : « Je ne peux pas sortir par la cour de l'Élysée sans qu'on me rende les honneurs avec la musique. Alors, si je vais chez le dentiste, je sors par le parc. »

À cette prison dorée, il cherche justement une échappatoire dans l'art le moins conventionnel, le plus protestataire. Comme s'il voulait, à sa manière, faire son Mai 68. Aidé par son beau-frère Henri Domerg, il se soucie davantage de la culture depuis qu'André Malraux n'occupe plus le ministère des Affaires culturelles. D'ailleurs, Malraux l'énerve quelquefois ; ses rapprochements entre un bouddha et une statue maya lui paraissent brillants mais tout de même un peu artificiels. Ce qu'il voudrait, c'est encourager la création, pas seulement entreposer une rétrospective du passé. Aussi s'implique-t-il personnellement dans un grand projet de centre d'art moderne destiné aux artistes et à la jeunesse. Il ne s'agit plus d'exposer Matisse ou Rouault mais les créateurs des années 1960. Et, en 2000, il espère bien qu'on reléguera ailleurs les créations de 1960 pour faire place à celles de 2000, et ainsi de suite. Un musée glissant en quelque sorte, par opposition à un musée figé. Ce centre d'art, il le veut au cœur de la capitale, accessible à tous, pas seulement aux habitués des vernissages parisiens. Le transfert des Halles, décidé depuis peu, laisse justement sur le carreau Beaubourg un vaste espace disponible pour un musée, pour une bibliothèque et un centre de création musicale.

Premier ministre, Georges Pompidou s'en était ouvert au Général. « Si vous y tenez, faites-le », lui avait-il lâché sans guère d'enthousiasme. Mais, se doutant de liguer contre lui tout le monde, à commencer par l'*establishment* des musées, Georges Pompidou a préféré attendre d'être président de la République, d'avoir l'autorité incontestable. Raymond Polin lui propose maintenant d'y construire une bibliothèque universitaire. La construction des bibliothèques a en effet pris un grand retard sur celle des universités. « Tu n'imagines pas que je vais installer un campus d'étudiants sur la rive droite, lui répond-il. Ils sont assez ennuyeux comme cela sur la rive gauche[46]. »

La bibliothèque du Centre Pompidou ne sera donc pas une bibliothèque de recherche, comme la Bibliothèque nationale, mais une bibliothèque d'information, pour le grand public.

En tout cas, le nouveau président est persuadé qu'il faut aller vite, sinon cela ne se fera jamais. Aussi donne-t-il le coup d'envoi dès le 11 décembre 1969 et aide-t-il les responsables à balayer l'un après l'autre tous les obstacles. L'été 1971, il laisse commettre un acte contestable, la destruction des pavillons de Baltard. Puis, pour ne rien retarder, il laisse le jury retenir, parmi six cent quatre-vingts projets architecturaux, celui de Renzo Piano et de Richard Rodgers. Leur parvis incliné qui descend vers le musée, comme devant le Palazzo Comunale de Sienne, cela lui va bien. C'est une invitation naturelle à entrer au centre culturel. Tout le contraire d'un temple ou d'un perron qui eussent arrêté l'élan, formé une coupure. Féru de culture grecque et latine, Georges Pompidou voit aussitôt le parti à tirer de ce parvis : ce sera l'agora, le forum, un lieu où les philosophes pourront, en toute liberté, se mêler aux bateleurs. Quant aux façades du musée, au lieu de murs de pierre qui enferment, qui occultent, le projet retenu propose des verrières grandes ouvertes. Il n'y a rien à cacher, tout est à montrer, à exposer aux regards. Mais cette allure de raffinerie de pétrole en couleurs vives ? Simple astuce d'architecte pour rejeter à l'extérieur les escaliers, les gaines de ventilation, les tuyauteries. Que rien ne vienne cloisonner l'espace intérieur.

Le Centre Pompidou, qui ouvrira ses portes le 31 janvier 1977, trois ans après la mort du président, sera un grand succès de fréquentation. Prévu pour cinq mille visiteurs par jour, il en accueillera vingt-cinq mille.

L'amertume laissée par l'absence de soutiens lors de l'affaire Markovic distend les liens des Pompidou avec la classe politique. Dans ce milieu, seuls les Foccart et les Malraux restent vraiment des amis. S'il fait attention à ne pas vexer Valéry Giscard d'Estaing, si fier et susceptible, Georges Pompidou laisse parfois échapper des mots peu amènes à l'encontre de Michel Debré ou de Jacques Chaban-Delmas. D'ailleurs, il leur préfère les membres de son cabinet, Michel Jobert, Édouard Balladur ou Anne-Marie Dupuy, et surtout Pierre Juillet et Marie-France Garaud, « le cabinet noir », disent les mauvaises langues.

Entre ses collaborateurs et sa vie privée, il met une barrière. Sa règle d'or est de ne pas mélanger les genres. Deux cercles d'intimes constituent sa garde rapprochée. D'abord, la famille : Alain, sa femme et ses enfants, les Castex, côté Cahour, et les Domerg, côté Pompidou. Puis les copains, Guy Béart, Raymond Cordier, les frères Gall, Francis Fabre, les frères Schoeller, les frères Defforey et les sœurs Sagan.

Les artistes et les amateurs d'art, Sonia Delaunay, Niki de Saint-Phalle, Vasarely, Jean Tinguely, Hartung, Agam, les veuves de Kandinsky et de Nicolas de Staël, Maurice Rheims, le professeur Jean-Paul Binet, constituent un troisième cercle. Les journalistes, comme Pierre Lazareff, un quatrième. Vient ensuite le tout-Paris, le marquis de Ségur, Jean d'Ormesson, les Montesquiou. N'ayons garde d'oublier les normaliens. Georges Pompidou n'est-il pas le premier normalien chef d'État, et jusqu'à présent le seul ? Régulièrement, il continue d'inviter Roger Ikor, Julien Gracq, Raymond Polin, Henri Quéffelec, mais aussi Paul Guth et quelques autres. Respectueux de leur indépendance, il ne cherche pas à tester sur eux ses idées politiques. En revanche, à leur demande et au vu d'une pétition signée de quatre-vingts camarades, il fait libérer de prison Georges Pâques, de la promotion 1935, convaincu d'espionnage au profit de l'Union soviétique.

Le président fréquente aussi les milieux d'affaires. Les Rothschild, bien sûr, mais, pour éviter les racontars du *Canard enchaîné,* il évite les fêtes trop voyantes qu'ils donnent à Ferrières ou dans leur hôtel parisien. On le voit souvent avec Ambroise Roux, le président de la Compagnie générale d'électricité, un homme rusé, madré, avec lequel il se sent « une complicité de deux paysans ». Mais aussi avec ses camarades François Ceyrac, du patronat, et Michel de Boissieu, qui lui a succédé chez Rothschild. À la chasse, son plaisir préféré, en Alsace, en Sologne, à Rambouillet et Chambord, tout en regardant la nature, il retrouve avec plaisir Henri Hildebrandt, Jean-Claude Roussel, Jean de Beaumont, Francis Bouygues, Jean Prouvost ou François Sommer. Un entourage très éclectique : Jean Prouvost a collaboré pendant l'Occupation avec la Propagandastaffel pour faire reparaître *Paris Soir,* tandis que François Sommer était navigateur de bombardier au groupe Lorraine de la France libre, avec Romain Gary, Pierre Louis-Dreyfus et Pierre Mendès France. Ces chasses, qui le font échapper à la tour d'ivoire des milieux parlementaires, lui permettent de nouer des échanges instructifs sur un sujet de plus en plus fascinant à ses yeux : l'industrie.

Au total, cela fait sept ou huit milieux différents, complémentaires, grâce auxquels il s'informe, se détend ou s'enchante. Une extraordinaire ouverture d'esprit qui contraste et repose de l'extrême concentration dont il sait faire preuve pour réfléchir à la bombe atomique ou à un recours en grâce, à la mensualisation des travailleurs horaires ou à la modernisation de l'industrie.

La nouvelle société

Le 21 juin 1969, Jacques Chaban-Delmas constitue son gouvernement. Une équipe beaucoup trop nombreuse : trente-neuf ministres et secrétaires d'État. Dans sa gentillesse, il veut faire plaisir à trop d'amis. Tous les records d'affluence sont battus. « On nomme des secrétaires d'État aux choux farcis ! » note Alexandre Sanguinetti, oublié sur la liste.

Ces messieurs sont tous des parlementaires. Des UDR, bien sûr, comme Roger Frey, ministre d'État chargé des relations avec le Parlement, assisté de deux secrétaires d'État, un pour les députés, l'autre pour le Sénat. Ou comme Michel Debré, ministre d'État chargé des Armées, jaloux quand même de Jacques Chaban-Delmas. La belle-fille du président, à sa fenêtre avec sa caméra pendant la revue du 14 Juillet, filmera une scène où Debré gesticule devant Chaban. « Un film très drôle, que je me propose de montrer aux Debré, quand ils seront un peu calmés », dit Georges Pompidou. UDR encore, Albin Chalandon, Olivier Guichard, Robert Galley, Edmond Michelet et François-Xavier Ortoli. Ce dernier reçoit le ministère de ses vœux, la Recherche et le Développement industriel. Avec une poignée de collaborateurs dont certains, comme Jean-Paul Parayre et Romain Zaleski, seront appelés à un brillant avenir dans l'industrie ou dans l'énergie, il va jeter des ponts entre la recherche scientifique et les applications industrielles, entre chercheurs et entrepreneurs, favoriser l'innovation en créant des sociétés de capital risque.

Les Républicains indépendants ont leur juste part. Raymond Marcellin est à l'Intérieur. Malgré ses déclarations hostiles au référendum, Valéry Giscard d'Estaing, qui a très mal vécu ses trois ans de traversée du désert, retrouve enfin son cher ministère des Finances, flanqué, il est vrai, de Jacques Chirac, promu secrétaire d'État au Budget. Giscard a beau protester contre l'intrusion de ce collaborateur aux dents longues, le président, goguenard, lui répond : « Vous ne pouvez pas tout demander. » Jacques Chirac est évidemment là pour « le marquer », comme on dit au football, et faire rapport à l'Élysée.

Giscard joue le jeu. Très respectueux de la fonction de président de la République, il se montrera désormais d'une parfaite loyauté envers Georges Pompidou, même quand celui-ci le tiendra à l'écart de conversations avec Edward Heath ou Richard Nixon sur des questions de sa compétence.

Une absence remarquée, celle d'Edgar Faure. Lorsque Georges Pompidou a demandé à son ancien camarade de thurne, Raymond Polin, de présider le comité de soutien des universitaires à sa candidature, celui-ci lui a dit : « Permets-moi d'y mettre une condition : qu'Edgar Faure ne soit plus ministre de l'Éducation nationale. Il détruit l'Université, j'ai pour lui de la détestation. – Entendu », lui avait-il répondu, avec un sourire complice.

Le gouvernement comporte néanmoins quatre centristes : René Pleven à la Justice, Maurice Schumann aux Affaires étrangères, Jacques Duhamel à l'Agriculture, et Joseph Fontanet aux Affaires sociales. De Gaulle avait bien pris des MRP en 1958, et Pompidou en 1962, mais ils n'avaient pas tardé à claquer la porte ; cette fois, au contraire, les centristes resteront longtemps au gouvernement.

Seuls brillent par leur absence les gaullistes de gauche. Rien d'étonnant : Louis Vallon tient des propos inadmissibles sur le président de la République, « un homme de Rothschild », « étranger au gaullisme ». Et Georges Pompidou règle leur compte à Maurice Couve de Murville et Bernard Tricot, qui ne l'ont guère soutenu dans l'affaire Markovic. Il les écarte de la scène.

« Beaucoup de ministres, note Arthur Conte, sur le même modèle, longilignes, raffinés, toujours polis, se gardant davantage de la gaffe que de la peste, mal préparés à la connaissance profonde des vigueurs populaires, parlant ce langage d'énarques que seuls des énarques peuvent comprendre. Même s'ils affirment individuellement une compétence, un dévouement et un indiscutable sens de l'État, ils composent ensemble un curieux gouvernement d'enfants gâtés, que ne sauraient jamais secouer ou animer de fortes passions ou la saine colère[47]. » Le seul imaginatif est peut-être Albin Chalandon, un banquier non-conformiste, le plus jeune membre du cabinet de Léon Blum, puis un proche de Marcel Dassault, qui reçoit un grand ministère regroupant l'Équipement et le Logement.

Comment va marcher ce tandem Chaban-Pompidou ? Dans le nouveau président beaucoup voient un réaliste, pétri de vertus bourgeoises, comme sorti d'un roman de Balzac, arrivé là pour stabiliser, non pour bouleverser. « Le général de Gaulle a tracé la grand-route, à moi de l'empierrer », confie-t-il à Arthur Conte. L'attitude de Jacques Chaban-Delmas est tout à fait différente. Désireux de dépasser l'affrontement droite/gauche, il appelle à son cabinet deux hommes de gauche recommandés par François Bloch-Lainé : Simon Nora, un ancien collaborateur de Pierre Mendès France, et Jacques Delors, un militant syndicaliste CFDT.

Croyant couper l'herbe sous les pieds de la gauche, le Premier ministre s'enhardit à déclarer à RTL : « Tout n'était pas mauvais dans Mai 1968. Il y avait une réaction contre des traditions qui étaient des routines, des habitudes, des tics reposant sur le resserrement, le repliement, l'isolement, le cloisonnement dans tous les domaines, à commencer par le social... Malheureusement, la partie dynamique de ces réactions a été largement recouverte par la partie anarchique, par le désordre et le fait que l'État a vacillé. »

Les choses démarrent très bien. Le président de la République est neuf, le Premier ministre est neuf, ils semblent se compléter à merveille. Les parlementaires sont contents de voir arriver Jacques Chaban-Delmas, bien meilleur communicant, bien moins coincé que Maurice Couve de Murville. Avec lui, ils pensent retrouver le tutoiement, les claques dans le dos, les familiarités toujours appréciées. Jamais, en tout cas depuis bien longtemps, l'opinion française n'a aussi chaleureusement accueilli un gouvernement, les scores de popularité sont au plus haut. Les devises rentrent ; l'été, les citadins se précipitent sur les plages.

Dans l'euphorie, le Premier ministre prononce devant l'Assemblée nationale, le 16 septembre 1969, son discours-programme. Un discours solennel et vibrant. Un texte empreint d'esprit d'ouverture. De volonté de décrisper la vie politique, de construire l'Europe, de libéraliser l'information télévisée. Appelant les députés « mes chers collègues », dénonçant tour à tour « la société bloquée, l'État tentaculaire et inefficace, le conservatisme social », ce fringant Premier ministre s'engage à promouvoir « la nouvelle société, la liberté, la générosité ».

Ce discours de politique générale est suivi d'un vote. Comme sous la IVe, lorsque, par sa déclaration d'investiture, le chef du gouvernement cherchait à se faire adouber par les députés, tel un chevalier par son seigneur. Réflexe, sans doute, d'un ancien président de l'Assemblée nationale, chaleureux, aimable, toujours tenté de séduire, de copiner. Mais cette initiative, peu conforme aux méthodes de la Ve République, déplaît à Georges Pompidou. D'autant que Chaban ne lui a fait porter son texte que la veille au soir.

Gérard Worms[48] a dévoilé les circonstances peu connues de cet impair. Jacques Chaban-Delmas, qui ne préparait pas ses dossiers, avait laissé son cabinet rédiger le texte. Toute l'équipe s'y était attelée avec enthousiasme, chacun y mettant du sien, avec cet effet inattendu de rendre le projet assez informe. Le 14 septembre, tous s'étaient retrouvés hors la présence du patron et de ses deux principaux collaborateurs, Jacques Delors et Simon Nora. « Votre discours est de la m... », avait alors lancé un jeune sans complexe, Ernest-Antoine Seillière et, curieusement, tout le monde avait fini par se rendre à son avis. Un de ceux qui se trouvaient là, Yves Cannac, avait alors dit : « Laissez-moi ça, je vais retravailler le texte cette nuit. » Effectivement, il s'y était mis et l'avait reconstruit en deux parties : le diagnostic, la société bloquée ; les solutions, les remèdes, déclinés domaine par domaine. Le texte était meilleur, mais entièrement nouveau.

Seulement, voilà, ni Jacques Chaban-Delmas ni même Jacques Delors et Simon Nora ne l'avaient vu. Quelqu'un avait alors dit au Premier ministre : « Il vous reste deux heures pour le lire, afin qu'on puisse ensuite le remettre à l'Élysée. – Ce n'est pas pressé », aurait-il répondu. Et lorsque, enfin, le projet était parvenu entre les mains du président, celui-ci, ne pouvant remettre un dîner prévu depuis longtemps, l'avait confié à son secrétaire général adjoint. Édouard Balladur s'était alors contenté d'y faire changer trois mots.

Mais, le lendemain, en prenant connaissance du texte, Georges Pompidou s'était écrié : « C'est un discours de président de la République ! » Détestant le verbiage, il en retenait surtout la mauvaise rhétorique, les grands mots qui ne veulent rien dire : « Que de mots ! Que de mots ! Dieu sait qu'il y a des choses à faire en France ! Dieu sait que, pour bien faire, il faut que les gouvernements soient ouverts à tous les avis, quiconque ayant quelque chose de sérieux et de précis à dire doit pouvoir s'exprimer et être écouté. Mais, de grâce, ne prenons pas la parole pour l'action [49]. »

« "La société bloquée", "la nouvelle société", "le nouveau contrat social", "le changement", c'est un langage bon pour les intellectuels parisiens, qui ne savent pas reconnaître une vache d'un taureau ! Qu'on s'en gargarise à Saint-Germain-des-Prés, mais qu'on ne prétende pas gouverner la France avec ces amusettes [50] ! » confie-t-il à Alain Peyrefitte. La Nouvelle Société, contentons-nous d'abord de celle qu'on a ! » Et, devant Louis Joxe : « Chaban mène son affaire à la hussarde. Il veut ma caution sur un plan dont je n'ai rien su. Même un président du Conseil de la IIIe ou de la IVe n'aurait pas prononcé un discours aussi important sans en informer d'abord le président de la République... Je me demande s'il s'agit d'une gaffe volontaire ou involontaire. C'est trop gros. Une telle maladresse relève de la sottise pure et simple. Ça ne ressemble pas à du Chaban. Donc, il y a une idée en dessous. Soufflée par qui ? Dans quel but ? Pour quelle jouissance à me nuire[51] ? »

Déjà, dans les petits-déjeuners avec les journalistes, l'entourage de Pompidou, surtout Pierre Juillet et Marie-France Garaud, susurre que le Premier ministre se prend pour le chef de l'État. Cela commence mal. Georges Pompidou se retrouve Premier ministre d'un Premier ministre qui joue au président. Ainsi débute une déception mutuelle qui ne va jamais s'arranger et qui mènera à la rupture. Car il n'existe aucune affinité, aucun dialogue en profondeur entre les deux hommes. Entre Georges Pompidou, le paysan, fils d'instituteur, qui a le culte du savoir, et le sémillant Jacques Chaban-Delmas, l'homme de la ville, des rapports rapides et faciles. D'autant, note Michel Jobert, que la lune de miel de Chaban-Delmas avec Micheline, sa deuxième ou sa troisième femme, qui s'affiche avec lui la main dans la main, agace profondément Georges Pompidou, encore meurtri par l'affaire Markovic. « Vous avez vu *Paris Match* ce matin ? C'est bien, le bonheur, mais il ne faut pas narguer les autres[52] », lâche le Président à son secrétaire général.

Dans son discours d'investiture, le Premier ministre s'est engagé à assurer l'indépendance des présentateurs du journal télévisé vis-à-vis du pouvoir. Georges Pompidou, qui préfère la lecture, regarde peu le petit écran. Mais, devant le triplement du nombre de téléspectateurs pendant ses douze années de vie publique, il est forcé de s'y intéresser. Des événements comme la guerre du Vietnam, les premiers pas de l'homme sur la Lune, le Tour de France, le tournoi des Cinq Nations ont fait exploser les ventes de téléviseurs. Un ménage sur dix est équipé en 1958, quatre sur dix en 1965, huit sur dix le seront en 1974, sept ans après l'apparition de la couleur. Des émissions comme *Cinq colonnes à la Une, Le manège enchanté* ou *Les Shadoks* font un tabac. C'est d'ailleurs pour aider la télévision à devenir une grande entreprise que, malgré l'opposition de la presse écrite, Georges Pompidou a convaincu de Gaulle d'y introduire la publicité. Aussi, cet outil de communication, il a bien l'intention de s'en servir : « Le journaliste de la télévision, dit-il, n'est pas tout à fait un journaliste comme les autres. Il a des responsabilités supplémentaires. Qu'on le veuille ou non, le petit écran est considéré comme la voix de la France et par les Français et par l'étranger. Cela impose une certaine réserve. Par conséquent, ceux qui parlent à la télévision ou à France Inter parlent un peu au nom de la France, et il y a une certaine hauteur de ton que, pour ma part, je leur demande[53]. »

Alors, réserve ou liberté ? La France n'a encore que deux chaînes, et la province n'en reçoit qu'une seule. Doivent-elles être à la botte du gouvernement, se borner à dire ce qui va bien ou peuvent-elles aussi dénigrer les valeurs officielles ? Prônant une télévision pluraliste, Jacques Chaban-Delmas nomme à la tête de la première chaîne Pierre Desgraupes, connu pour l'indépendance d'esprit avec laquelle il a couvert la guerre d'Algérie dans *Cinq colonnes à la Une*, et qui, par coquetterie plus que par conviction, s'est laissé classer à gauche. Aussitôt Pierre Juillet et André Fanton soulèvent un tollé en accusant le Premier ministre de « livrer l'ORTF à nos pires ennemis ». Celui-ci fait savoir, par l'intermédiaire de Pierre Lazareff, qu'il est prêt à démissionner, et Pompidou préfère temporiser.

Jacques Chaban-Delmas a le mérite incontestable d'ouvrir un dialogue avec les syndicats. Jusqu'alors, seul ou presque, André Bergeron, de Force ouvrière, avait un contact régulier et constructif avec le patronat et le gouvernement, plus précisément avec François Ceyrac et avec Georges Pompidou. Se sentant rejetés, marginalisés, les autres syndicalistes se réfugiaient dans la pure contestation. Dans le secteur public et nationalisé, tous les syndicats protestaient contre la pratique du salaire octroyé, tous réclamaient la liberté de négociation, comme dans le privé.

Jacques Chaban-Delmas entreprend de les associer au changement. C'est un fait nouveau. Ainsi naît la notion de contrat dans un secteur qui l'ignorait jusque-là. Il faut d'ailleurs au Premier ministre un certain courage pour imposer à de nombreux parlementaires une telle politique. Il en faut aussi aux organisations syndicales pour accepter la concertation avec un gouvernement qui n'a pas leur préférence, à une époque où les gauchistes n'ont pas désarmé et ne cessent de dénoncer la « trahison » des appareils.

Pour Jacques Chaban-Delmas et Jacques Delors, il ne s'agit pas à proprement parler d'associer les travailleurs à la direction de l'entreprise, comme le voulait Louis Vallon, mais de les informer de ce qui est possible, de leur faire connaître la situation financière et les avantages qu'ils peuvent exiger sans la mettre en péril. D'introduire dans les rapports sociaux une règle du jeu assurant la croissance des salaires tout en respectant le calme indispensable pour développer l'outil de travail.

Cette concertation, qui n'est évidemment du goût ni de la CGT ni des gaullistes de gauche, se traduit d'abord par la délégation aux entreprises publiques, les Charbonnages de France, EDF, la SNCF, d'une véritable autonomie contractuelle. On fait descendre d'un cran le niveau de la négociation. Au face-à-face gouvernement-syndicats se substitue un face-à-face entreprise publique-syndicats. Dans des commissions paritaires, représentants des patrons et des salariés, après avoir examiné ensemble objectifs et moyens, concluent des contrats pluriannuels « de progrès » garantissant la continuité du service public moyennant l'amélioration régulière des conditions de travail. Au lieu de passer son temps à s'affronter, on tente de construire l'avenir ensemble. D'améliorer le financement des retraites complémentaires et des congés de maternité, de mettre en œuvre la mensualisation des manuels.

Pour régler les conflits collectifs, Jacques Chaban-Delmas installe auprès des tribunaux de grande instance des chambres sociales *ad hoc*. Puis, en janvier 1970, il remplace le SMIG par le SMIC, salaire minimum interprofessionnel de croissance, pour prendre en compte la croissance économique, les gains de productivité réalisés par la nation, et non plus seulement l'évolution des prix à la consommation. Les salariés les plus modestes doivent sinon rattraper les autres, du moins améliorer leur niveau de vie dans la même proportion, ne pas aggraver leur retard. Pourquoi seraient-ils laissés pour compte, alors que des propriétaires fonciers, par exemple, tirent parfois de la croissance de l'économie d'énormes plus-values immobilières ? La prospérité apportée par une politique industrielle dynamique ne doit pas bénéficier qu'à une poignée de privilégiés, mais également à l'ensemble des Français, en proportion de leurs efforts mais aussi de leurs besoins. La loi de juillet 1971 institue le droit au congé individuel de formation, la formation des salariés menacés de licenciement, la rémunération des stagiaires, et oblige les entreprises de plus de dix salariés à consacrer à la formation continue 0,8 % de leur masse salariale. De toutes ces mesures sociales, c'est sans doute l'une des plus heureuses, car porteuse non seulement de justice sociale, mais aussi de gains de productivité.

Cette action est cohérente avec la politique éducative de Georges Pompidou. Un premier Conseil restreint, en 1971, institue l'équivalence entre le baccalauréat technique et celui de l'enseignement général et met l'accent sur la création des IUT (Instituts universitaires de technologie) et la formation des apprentis. Un second, en 1973, instaure une sélection à l'entrée des universités et favorise la formation continue.

La mensualisation

Georges Pompidou ne se sent pas toujours très proche des ouvriers, qu'il connaît moins bien que les paysans du Cantal. Il a travaillé dans l'enseignement, au Conseil d'État, dans la banque, la haute administration, jamais dans l'industrie. Cela s'est senti, en 1963, lorsqu'il a laissé de Gaulle s'embarquer dans la malencontreuse réquisition des « gueules noires ». Mais depuis il s'est repris et, avec détermination, il a poussé trois idées fortes : la reconversion des bassins d'emploi déprimés, l'actionnariat ouvrier et la mensualisation.

Malgré la prospérité des Trente Glorieuses, certaines régions souffrent, durement frappées par la crise naissante du charbon, des textiles ou de la chaussure. Ces industries, incapables de soutenir la concurrence internationale, sont exclues de la croissance. Pour aider ces zones sinistrées ou en voie de l'être à s'adapter à un monde qui change, pour leur trouver des industries de remplacement, Pompidou, Chaban-Delmas et Ortoli, le ministre de la Recherche et du Développement industriel, nomment trois commissaires à la reconversion. Ce sont Jean Matteoli, dans le Nord-Pas-de-Calais, Pierre Voisard en Bretagne et Michel Drancourt en Lorraine.

Michel Drancourt, Pompidou le connaît depuis six ou sept ans. C'est lui qui a relancé le magazine *Entreprise* en inventant le classement périodique des 500 plus grandes entreprises françaises, une manière de rompre avec le secret des bilans et d'insuffler le goût de la compétition. Lui qui, avec Humbert Frerejean et Didier Rémon, organise les tables rondes réunissant périodiquement à déjeuner sept ou huit patrons de l'industrie avec un nombre égal de hauts fonctionnaires, afin que le courant passe plus facilement entre eux. Des déjeuners auxquels Pompidou ne dédaigne pas de participer. C'est encore Drancourt qui a lancé les grands-messes de la Chambre internationale de commerce où des personnalités de la politique viennent régulièrement plancher devant une centaine d'entrepreneurs et de syndicalistes.

Un jour, Michel Drancourt est invité à déjeuner à l'Élysée avec Jérôme Monod et Pierre Voisard. Pompidou lit le menu : « On a pensé à vous, Drancourt : quiche lorraine ! – Monsieur le Président, heureusement que j'adore ça, car, depuis un mois, j'en mange tous les jours. – Décidément, Drancourt, vous ne changez pas. »

Une autre fois, Pompidou accompagne Drancourt en Lorraine, justement. Ils font halte dans un petit village, près de Saint-Dié, où le commissaire à la reconversion a aidé l'implantation d'une usine de fil téléphonique dans un tissage que venait de fermer Boussac. Sous une pluie battante, ils sont accueillis par le maire communiste : « Monsieur le président de la République, nous sommes heureux de vous recevoir et de vous dire que l'action menée par vos services a été heureuse pour notre région. Mais il faut aussi penser à nos jeunes. Ils auraient grand besoin d'une piscine. – Une piscine, monsieur le maire[54] ! » s'esclaffe Pompidou en soulevant son parapluie ruisselant.

La reconversion des secteurs ouvriers, mais aussi l'actionnariat ouvrier dans ceux qui vont bien. « Un matin, raconte Bernard Esambert, Jobert me convoque : "Esambert, le président veut une note sur Volkswagen, une note de six pages sur tous les aspects de sa politique : son comportement sous le IIIe Reich, sa stratégie vis-à-vis de Peugeot, Renault et les autres, l'actionnariat ouvrier..." En réalité, seul ce dernier point l'intéressait, mais en se documentant sur le sujet, il ne voulait pas éveiller l'attention. Aussi, il me demandait une note générale afin de noyer le poisson. Quinze jours plus tard, avec un large sourire, l'œil brillant, il annonce un scoop : l'attribution au personnel d'actions Renault. Et il déclare que cette mesure doit servir d'exemple à d'autres entreprises[55]. » Effectivement, la loi du 2 janvier 1970 institue l'actionnariat populaire chez Renault et celle du 27 décembre 1973 dans le secteur privé.

« La mensualisation, déclare George Pompidou à la télévision le 12 mars 1970, c'est très important pour les ouvriers. Ils ne seront plus différents des employés, des cadres, ils seront sur le même plan, et c'est justice, car nous avons besoin au moins autant d'ouvriers que d'employés et de cadres. L'ouvrier, c'est celui qui produit, son travail est essentiel. De plus, avec la mensualisation, la mère de famille a une impression de sécurité. Elle sait ce qu'elle touchera à la fin du mois, elle sait ce que son mari lui rapportera à la fin du mois. Elle sait la paie qu'elle peut réserver à la nourriture, à l'habillement des enfants, pour payer les traites pour la machine à laver, ou pour la petite automobile qu'elle a achetée. Elle sait comment elle pourra mettre un peu d'argent de côté pour les vacances. Elle sait qu'on est à l'abri des aléas de la conjoncture, d'un chômage momentané. Tout cela peut transformer l'existence des travailleurs. C'est une grande réforme qui ne peut se faire du jour au lendemain, mais qui se fera, et dont l'État donne l'exemple puisque vous avez vu que nous commençons, là aussi, à la Régie Renault. »

Voyant la mensualisation, son idée-force sociale, mise en œuvre moins vite que souhaité, Georges Pompidou s'agace. Pourquoi cela ne marche-t-il pas ? Pourquoi y a-t-il du retard ? Trois raisons à cela. D'abord, Jacques Chaban-Delmas et Jacques Delors ne lui attachent pas la même priorité qu'à la politique contractuelle, à la formation professionnelle, à la libéralisation de l'information et aux nouveaux rapports entre l'État et les citoyens, les seules grandes affaires à leurs yeux. Au lieu de la mettre rapidement en application, ils confient à quatre sages une mission de réflexion : quatre mois perdus. Ensuite, les patrons se montrent plus tièdes qu'il ne semblait à François Ceyrac : ils craignent qu'une meilleure indemnisation de la maladie n'aggrave l'absentéisme. Enfin, certains syndicats ouvriers rechignent à l'idée de laisser les patrons libres de sélectionner les ouvriers auxquels ils vont accorder le statut de mensuels. Selon eux, ce ne serait alors qu'une manœuvre de division des ouvriers.

Cependant, la mensualisation se met en place peu à peu. Pour organiser des contre-visites et vérifier le bien-fondé de l'absence du salarié, les employeurs recrutent des médecins. D'avril 1970 à mai 1971, les organisations syndicales patronales et salariées signent plus de quarante accords nationaux de mensualisation, branche par branche, touchant cinq millions de travailleurs, soit 60 % de la population ouvrière[56]. « Dans l'histoire des transformations sociales, l'année 1970 sera une année capitale, note François Ceyrac. Sans désordres ni conflits, deux grandes réalisations paritaires auront transformé le statut social plus qu'il ne l'a été depuis 1936 : la mensualisation d'une part, la formation professionnelle d'autre part[57]. »

« Pompidou était généreux sans se donner l'air de l'être, se souvient Maurice Druon. Ce n'était pas un homme d'attitudes, d'abstractions. Il était foncièrement bon. À un déjeuner chez les Lazareff, je l'ai entendu déclarer qu'il avait davantage confiance en la générosité qu'en la justice[58]. » Sa compréhension, sa pitié, parfois même sa tendresse, il les réserve souvent à d'autres catégories défavorisées. Aux personnes âgées, par exemple, dont les économies, quand elles ont pu en faire, ont fondu au gré des dévaluations. Aux mères célibataires. Aux handicapés, dont la fondation Anne de Gaulle lui a révélé la détresse. À la petite paysannerie, meurtrie par l'ouverture des frontières et condamnée soit à s'étioler dans un mode de vie périmé, soit à s'endetter jusqu'à la misère dans un rêve de modernisation. Voilà ce qui parle à son cœur. Sans oublier les soldats perdus, auxquels il fait accorder la grâce ou l'amnistie. Les pères de famille catholiques, attachés à l'école libre, dont il pérennise les contrats. Pour avoir tant souffert de n'avoir pas eu d'enfant avant l'adoption d'Alain, il s'intéresse également aux enfants qui n'ont pas eu la chance de naître dans un foyer légitime, ceux longtemps flétris du nom de bâtards. Il insiste pour faire reconnaître leurs droits : « On prétendra que je m'acharne, que j'exagère, que je méconnais les commandements de la morale. Mais ces enfants-là sont des victimes qui ne peuvent se défendre et méritent qu'on s'occupe de leur sort. »

À sa demande, le garde des Sceaux, René Pleven, prend l'initiative de la loi du 3 janvier 1972 qui modifie le Code civil en faveur des enfants nés hors mariage. Désormais, au décès de leurs parents, les enfants naturels auront les mêmes droits que les enfants légitimes. Et les adultérins, jusque-là complètement écartés de la succession, auront droit à une demi-part de l'héritage. Enfin, la loi de l'adoption l'emporte sur celle du sang, tout homme qui élève effectivement un enfant en devient juridiquement le père même si, biologiquement, il ne l'est pas.

Tandis que René Pleven débloque les tabous familiaux et Jacques Chaban-Delmas les rigidités sociales, les conflits du travail, Albin Chalandon fait sauter les points noirs entre l'administration et les administrés. Plus exactement entre mandarins du corps des Ponts et

Chaussées et simples citoyens qui rêvent d'une maison individuelle. Le salarié doit trouver un logement convenable à proximité de son travail ou tout au moins relié à des moyens de transport commodes. Pour relancer la construction, ce ministre non conformiste s'emploie à abaisser le coût du neuf, à faciliter épargne-logement et crédit hypothécaire.

Ses trois années à la tête du ministère de l'Équipement et du Logement, de 1969 à 1972, sont marquées par une relance foudroyante du bâtiment et des travaux publics. Envers et contre toutes les idées reçues, tous les monopoles, ce bulldozer ouvre largement les portes à la concurrence des entrepreneurs. Pour faire chuter les coûts, il lance des concours nationaux, occasion pour les entreprises les plus dynamiques et les plus innovantes du pays – Bouygues, Dumez, GTM, la SCREG, Campenon-Bernard, Jean Lefebvre, par exemple – d'acquérir une véritable envergure. Cette « désétatisation » horripile les fonctionnaires. Elle vaut certes à Albin Chalandon des inimitiés, mais fait sauter bien des verrous, surmonter bien des lenteurs. Elle permet de lancer le chantier de construction de la première ville nouvelle, Évry, et de construire chaque année cinq cent soixante-quinze mille logements. Deux fois plus qu'actuellement !

Au cours des douze années Pompidou, de 1962 à 1974, la population urbaine a presque doublé, surtout en grande banlieue, où les grands ensembles se sont multipliés. Rompant avec le gigantisme des cités HLM construites à la va-vite, Albin Chalandon rend la maison individuelle accessible à davantage de Français grâce à des aides de l'État et surtout à la réduction du délai d'instruction des demandes de permis de construire. Des dizaines de milliers de dossiers en souffrance depuis des années sont débloqués. Le rêve devient réalité. Au lieu de s'embarquer, comme plus tard Raymond Barre, dans une allocation aux personnes en mal de logement, il s'occupe d'aider la pierre, la construction. Au lieu de créer des droits, rigides et irrévocables, il favorise des opportunités, adaptées aux circonstances. Au lieu d'agir sur la demande et d'ajouter encore à l'inflation, il agit sur l'offre, accroît l'offre de logements. Et la classe moyenne peut enfin accéder à la propriété.

Pour freiner la croissance de l'agglomération parisienne, la Délégation à l'aménagement du territoire, la DATAR, encourage, au moyen de primes et d'exonérations fiscales, la création d'un pôle électronique en Bretagne, d'un pôle aérospatial autour de Toulouse, d'un pôle sidérurgique autour de Fos-sur-Mer, l'aménagement touristique du Bas-Languedoc, la reconversion des bassins houillers du Nord-Pas-de-Calais, du Centre et du Midi, le développement de grandes métropoles d'équilibre : Lille-Roubaix-Tourcoing, Thionville-Metz-Nancy, Nantes-Saint-Nazaire, Lyon-Saint-Étienne, Aix-Fos-Marseille.

Albin Chalandon met en chantier de grands programmes d'autoroutes pour lesquels il n'hésite pas à rechercher financements et maîtrises d'œuvre privés. Grâce à cet appoint, on construit enfin trois cents kilomètres par an. Il était temps, le parc automobile français, déjà passé de 5 millions de voitures en 1960 à 8,3 millions en 1965, allait atteindre 14 millions en 1973[59]. Une explosion. Au début des années 1960, courait une plaisanterie : « En France, on n'a pas d'autoroutes, mais les plus belles bretelles. » Effectivement, en 1962, la France n'en avait encore que 192 kilomètres, contre 1 000 en Italie, 2 700 en Allemagne, 10 000 aux États-Unis. Depuis l'arrivée de Georges Pompidou à l'Élysée, les choses changent. Il prend d'ailleurs manifestement plaisir à visiter longuement le Salon de l'auto, à s'asseoir dans la Citroën SM Maserati présidentielle ou à conduire lui-même la Porsche de sa femme. Davantage intéressé par les grands chantiers que par les querelles sur le sexe des anges, il rompt avec le malthusianisme de ses prédécesseurs et entame le rattrapage autoroutier. Déjà, lorsqu'il était Premier ministre, il a posé le principe du péage, chargé une caisse centrale des autoroutes de lancer les emprunts, institué une ingénierie spécialisée, Scetauroute, et créé quatre sociétés d'économie mixte, SANEF, SAPN, SAPRR et ASF, pour construire et exploiter chacune un morceau de réseau. L'objectif annoncé est désormais cent soixante-quinze kilomètres par an d'autoroutes nouvelles. Tambour battant, Albin Chalandon, pour aller encore plus vite, fait également accorder en 1970 une concession à une société privée, Cofiroute, qui regroupe en consortium plusieurs grandes entreprises de travaux publics.

Longtemps, l'administration des Ponts et Chaussées s'était bercée de l'idée qu'avec son superbe réseau routier la France n'avait pas besoin d'autoroutes, et les hommes politiques de gauche ne voulaient pas entendre parler de péage, réputé contraire au principe de l'égalité des citoyens devant les services publics.

Relance également des chemins de fer, très délaissés depuis les années 1950. En France comme en Amérique, tout le monde juge les trains de voyageurs condamnés à la mort lente par la concurrence de l'automobile et de l'avion. Les unes après les autres, les lignes d'intérêt local ferment, remplacées par des autocars. Le chemin de fer, croit-on, ne peut plus survivre que grâce au fret. Or celui-ci n'a que faire de la grande vitesse. Inutile donc de vouloir copier les Japonais et leur Tokaido qui, depuis 1964, relie Tokyo à Osaka à 210 km/h. D'ailleurs, en France, comme partout en Europe, le tracé du réseau ferré, conçu pour permettre aux locomotives d'antan de tracter de lourds trains de marchandises, épouse souvent les méandres des vallées afin d'éviter les déclivités. D'où des courbes serrées, incompatibles avec la très grande vitesse.

Les Italiens et les Britanniques cherchent un compromis avec leur *pendulaire*, un système qui incline les wagons dans les courbes pour compenser l'insuffisant devers de la voie. Encore faut-il déclencher cette inclinaison au bon moment, ce qui complique et renchérit sensiblement le coût du matériel roulant. Une solution serait d'abandonner le réseau existant au trafic marchandises et de doter les grands axes de voies moins sinueuses, coupant à travers les plateaux, quitte à accepter des pentes plus fortes, accessibles à des wagons de voyageurs en alliage léger.

L'ingénieur Jean Bertin a proposé l'Aérotrain, un véhicule sur coussin d'air, propulsé par une turbine d'avion et guidé par une voie en béton en forme de « T » renversé. Des essais ont été réalisés en 1965 à l'échelle $^1/_2$, puis en 1969 sur une piste en vraie grandeur construite à cet effet entre Orléans et Artenay. Le prototype atteint 428 km/h, mais ne convainc pas la SNCF. Sa capacité est insuffisante : à peine plus que celle d'un autocar. La voie, ou plutôt le viaduc en béton, coûte cher. Les aiguillages posent problème. Surtout, on ne peut le raccorder au réseau existant.

En 1970, un Conseil restreint présidé par Georges Pompidou décide de lancer les études d'un matériel capable tout à la fois de circuler à 260 km/h sur une voie nouvelle sans courbes de rayon inférieur à 3 200 mètres, et de continuer à vitesse normale sur le reste du réseau. Les trains doivent pouvoir se succéder en toute sécurité à cinq minutes d'intervalle. Alsthom étudie alors des rames aux voitures reliées par des articulations à soufflet reposant sur la suspension pneumatique des bogies. Ce système, qui réduit de moitié le nombre des bogies, permet le débattement des caisses dans tous les plans et, en cas d'accident, empêche donc les remorques de se dissocier et de se coucher. Reste à choisir le mode de propulsion. À cette époque, le pétrole semble inépuisable et voit son prix baisser constamment, la tentation est grande d'utiliser une turbine, comme sur l'Aérotrain. Le prototype TGV 001 est donc une rame Alsthom propulsée par une turbine à gaz. Les essais réalisés dans les Landes en 1972 montrent qu'il peut atteindre 307 km/h sans déformer les rails.

Shame on you, Mister Pompidou !

Cependant, tandis que Jacques Chaban-Delmas et son équipe mènent tambour battant une politique tournée vers l'avenir, une poignée de gaullistes historiques, toujours rivés au passé, ne désarme pas. En octobre 1969, dans un violent pamphlet intitulé *L'Anti-de Gaulle*, Louis Vallon accuse Georges Pompidou d'avoir usurpé le pouvoir par ambition et par hostilité à « la grande idée gaullienne de participation ». Pierre Lefranc ne cesse de se plaindre auprès de Mme de Gaulle. Un neveu de celle-ci, Jacques Vendroux, crée avec Hubert Germain Présence et action du gaullisme, une association qui ne lui ménage pas ses critiques.

Georges Pompidou finit par s'énerver : « Pendant vingt ans, j'ai été le collaborateur le plus proche du Général. Et les dix premières années, avec l'idée profonde qu'il ne reviendrait pas au pouvoir, que la IVe ne ferait pas assez de bêtises pour lui rouvrir la voie. J'ai refusé tout poste parlementaire, alors qu'on m'en a proposé et de très faciles. Je ne suis pas entré dans les gouvernements. Mon gaullisme était total, personnel, désintéressé. Totalement désintéressé. Des leçons de gaullisme, je n'ai donc à en recevoir de personne. Vous m'entendez, de personne. » Et il fait exclure Louis Vallon du groupe parlementaire UDR, puis du parti.

À regarder sa politique de défense, c'est vrai, Georges Pompidou s'inscrit parfaitement dans la ligne gaullienne d'indépendance nationale. Là-dessus, aucun doute. Lorsque son ami François Gall lui demande : « Qu'est-ce qui te pèse le plus dans tes nouvelles fonctions ? » Il lui répond : « C'est la responsabilité de la bombe atomique.

Jusque-là, c'était la responsabilité du Général. Maintenant c'est devenu la mienne. Rien que d'y songer, c'est terrible[60]. »

Combien sont-ils au monde à subir pareille angoisse ? À se réveiller parfois la nuit en sueurs froides, comme Lyndon Johnson, après avoir vu en rêve un nouveau Pearl Harbor ? Et pourtant, ce sera peut-être un jour son tour, son devoir d'engager la riposte nucléaire. On ne sait jamais. Il suffirait que les blindés du pacte de Varsovie franchissent le rideau de fer, ces blindés qui viennent d'étouffer les velléités d'indépendance des Tchèques et des Slovaques. « Le rideau de fer, ce n'est pas chez vous ! disent les Soviétiques. – C'est vrai, mais nous sommes dans une alliance. »

Conscient que les blindés français et ouest-allemands ne seraient pas de taille à résister seuls, il s'intéresse scrupuleusement au choix des objectifs pour une éventuelle frappe d'avertissement. Pour être dissuasif, est-il indispensable de frapper des villes, ou peut-on se contenter de sites militaires ? À cet égard, le président étudie attentivement chaque rapport d'Alexandre de Marenches, qu'il a nommé à la tête du SDECE. Mais quelle responsabilité de choisir pour cible tel ou tel site d'Ukraine ou de l'Oural, d'envoyer à une mort atroce plusieurs centaines de milliers de civils innocents ! C'est pire que l'exercice du droit de grâce.

Tout en souhaitant le maintien en Europe des troupes américaines, il refuse toujours de laisser la France reprendre sa place au commandement intégré de l'OTAN, de peur de se laisser embarquer dans une aventure[61]. Mais si la force de dissuasion française prétend demeurer indépendante du commandement américain, elle doit devenir crédible.

De Gaulle avait fait voter deux lois-programmes militaires de cinq ans, la première couvrant la période 1960-1964, la seconde, la période 1965-1970. Sur sa lancée, Georges Pompidou en fait voter une pour 1971-1975. Contre vents et marées, il ordonne la poursuite des campagnes d'essais nucléaires dans le Pacifique et, apprenant la participation d'un général français, Pâris de Bollardière, à des manifestations hostiles de pacifistes néo-zélandais, il le fait mettre à la retraite d'office. En 1971, Georges Pompidou se rend au poste de commandement de la force aérienne stratégique à Taverny et, au retour d'une revue navale à Toulon, il inspecte les dix-huit rampes de missiles du plateau d'Albion. Lors d'une visite à la base de l'île Longue, il descend à bord du premier sous-marin nucléaire, le *Redoutable*. Chaque fois, comme d'ailleurs la veille du 14 juillet, lorsqu'il reçoit les chefs militaires, le président manifeste par les nombreuses questions qu'il pose aux uns et aux autres sa curiosité, son intérêt, sa compréhension pour les affaires militaires. Il s'enquiert en particulier de la façon dont sera exécuté un éventuel ordre de tir nucléaire.

Visitant pour la première fois l'École de guerre, calé dans son fauteuil, les yeux mi-clos, il écoute la classique démonstration du franchissement du Rhin par un « parti rouge » menaçant un « parti bleu ». Pour expliquer la manœuvre, comme le veut la tradition, l'état-major a choisi « le meilleur officier de sa génération ». Ce jeune officier, supposé commander le « parti bleu », annonce que, pour bloquer l'avance ennemie, il lance son régiment équipé de l'arme nucléaire Pluton. Georges Pompidou l'interrompt : « Vous n'avez pas de Plutons. »

Interloqué, persuadé que le président a mal entendu, l'officier explique que, placé à proximité, son régiment peut être utilisé dans les meilleurs délais. Georges Pompidou l'interrompt de nouveau. Les lèvres se pincent, le regard se durcit, les lourds sourcils se soulèvent pour découvrir soudain une lueur d'acier : « Vous n'avez pas de Plutons, le Pluton est une arme nucléaire, le nucléaire est de la responsabilité exclusive du président de la République et le président ne vous a pas accordé le droit de l'utiliser, d'autant que vous ne le lui avez d'ailleurs pas demandé. »

À la différence des armes nucléaires stratégiques, de longue portée, les Plutons sont des armes nucléaires tactiques, de courte portée, destinées à une première frappe. Très probablement, elles seraient dirigées contre une invasion russe de l'Allemagne de l'Ouest et feraient de nombreuses victimes parmi les populations que la France veut défendre. Sujet délicat, qui suscite beaucoup de controverses dans l'opinion allemande.

En tout cas, Georges Pompidou a su profiter des conseils de défense du temps où il était Premier ministre pour s'instruire de toutes les questions militaires. Il a bien écouté Pierre Messmer et de Gaulle. Lui rapportant un message de son beau-père, un testament militaire en quelque sorte, Alain de Boissieu, fraîchement promu chef d'état-major de l'armée de terre, constate avec stupéfaction, devant son sourire entendu, que, tous ces problèmes, Georges Pompidou les a parfaitement assimilés. Et, de fait, tout au long de sa présidence, il manifestera sa maîtrise du sujet, n'hésitant pas, à de nombreuses reprises, qu'il s'agisse d'arrêter la déflation des effectifs de l'armée de terre ou de moderniser les missiles pour la défense antiaérienne du territoire, à obliger le ministre des Finances, voire celui des Armées, à rétablir des crédits.

Georges Pompidou reste également fidèle à la ligne tracée par de Gaulle en matière de politique étrangère. Du moins en ce qui concerne les pays arabes. Pour commercer avec eux, la France doit sortir de l'isoloir où les gouvernements de la IVe République l'ont placée quand ils ont accepté de fournir des armes à Israël et de coopérer à son effort de recherche. Aussi refuse-t-il de lever l'embargo décrété par de Gaulle en 1967 sur les ventes d'armes aux trois pays belligérants impliqués dans la guerre des Six Jours. Un embargo frappant essentiellement Israël.

Après l'élimination du roi de Libye, le vieil Idriss el-Senoussi, coupable d'avoir laissé les Américains utiliser leur base en territoire libyen pour un soutien logistique à Israël, le nouvel homme fort du pays, le colonel Kadhafi, rompt les relations avec les Anglo-Saxons. Musulman convaincu et ne souhaitant pas non plus s'inféoder à l'Union soviétique, il préfère diversifier ses fournisseurs. Dans ces circonstances, Georges Pompidou voit s'ouvrir un débouché potentiel pour l'industrie d'armement, à la recherche de marchés de remplacement après la rupture avec Israël. Le 15 décembre 1969, prétextant que la Libye n'est pas un pays du champ de bataille et que, si les Français refusent de lui vendre, les Soviétiques vendront à leur place, il annonce « l'aménagement de rapports cordiaux avec elle ». Le 19 décembre, le *New York Herald Tribune* révèle que la France s'apprête à livrer à Kadhafi cent seize avions Mirage[62] et deux cents chars de combat.

Georges Pompidou se doute bien qu'en Israël la nouvelle fera l'effet d'une bombe, mais il sous-estime l'émotion soulevée également par sa décision dans la remuante communauté juive d'outre-Atlantique. Encore novice en politique étrangère, il réserve aux États-Unis son premier voyage officiel à l'étranger, en février 1970. C'est une imprudence. Jamais de Gaulle n'aurait commis pareille erreur : il n'aurait pas vendu d'avions à la Libye la veille d'une visite aux États-Unis, ou alors il aurait caché son jeu jusqu'à son retour d'Amérique. Comme alors beaucoup de Français d'origine terrienne, Georges Pompidou s'intéresse beaucoup « aux marches de l'Est », à l'Allemagne et à l'URSS, mais il ignore presque tout de l'Amérique et des Américains, sauf leur littérature, qu'il apprécie. Contrairement à l'allemand, qu'il maîtrise parfaitement, ses notions d'anglais sont insuffisantes et son accent mauvais. Et il se jette carrément dans le guêpier américain.

Les quatre premiers jours, à Washington, Cap Kennedy et San Francisco se passent sans incident majeur. À Washington, le président Richard Nixon lui dit son admiration pour de Gaulle. Qu'un pays aussi moyen que la France ait réussi à mener une politique aussi éclatante, quel exploit ! Mais au retour, l'étape à Chicago tourne au drame : « *It's going to be very hot* », prévient le chauffeur d'une voiture présidentielle, celle où se trouve Michel Jobert. En effet, dix mille manifestants juifs brandissent des pancartes « *Shame on you, Mister Pompidou !* » Honte à vous ! Mal protégés par une police inexistante, les Pompidou doivent se réfugier au Palmer Hotel. Une vingtaine d'enragés s'engouffrent derrière eux par la porte à tambour et pénètrent dans le hall. Là, ils les harcèlent, leur crient des insultes. Affolée, énervée, Claude leur fait des pieds de nez. Craignant qu'elle ne finisse par se faire molester, son mari la saisit par le bras pour la dégager et demande à Joseph Comiti, un ministre musclé qui les accompagne, de la protéger.

De Gaulle, lui, ne serait pas allé à Chicago sans une invitation officielle du maire. Ou il aurait fait semblant de ne s'apercevoir de rien et aurait attendu plusieurs semaines avant de communiquer ses réactions. Georges Pompidou passe une très mauvaise nuit. Il n'en revient pas qu'un État si puissant, qui prétend régenter la planète, soit, à l'intérieur, aussi tributaire de minorités. Il ne sait pas que les dirigeants des États-Unis, pays fédéral, s'abritent derrière le pouvoir des autorités municipales, seules maîtresses des polices urbaines, pour permettre à l'opinion un certain défoulement.

Que faire ? Il hésite. S'il ne dit rien, il passera pour un lâche. Et s'il fait une déclaration, il lui faut joindre l'action à la parole, annuler le reste du voyage. Finalement, il décide de poursuivre, mais, à l'aéroport de Chicago, encore sur le coup de l'émotion ressentie par sa femme, il déclare aux journalistes que les incidents de la veille « mettent une tache sur le front de l'Amérique ».

À New York, ce n'est guère mieux. Trois mille manifestants conspuent Georges Pompidou, et le gouverneur Rockefeller, comme le maire Lindsay, annoncent leur intention de boycotter le dîner en son honneur à l'hôtel Waldorf Astoria. Heureusement, en apprenant cette double défection, Richard Nixon annule ses autres engagements pour venir laver l'affront et mobilise la police fédérale pour protéger les Pompidou. L'apparition imprévue de Nixon à ce dîner crée la surprise et, à cette occasion, le président américain multiplie les attentions envers Claude, ce qui lui vaudra l'amitié fidèle du couple Pompidou.

D'ailleurs, Richard Nixon se veut l'homme de la réconciliation franco-américaine. Cette fois, au contraire de Chicago, l'hôtel est tellement rempli de policiers en tous genres que les maîtres d'hôtel, débordés, distribuent des tickets de repas aux seuls invités et disent aux autres « *No ticket, no food*[63]. »

La France est veuve !

Huit mois plus tard, le 9 novembre 1970, vers sept heures du soir, à Colombey, de Gaulle s'effondre en faisant une patience. Il meurt sur le coup, à quatre-vingts ans. Dix-huit ans plus tôt, remettant son testament à Georges Pompidou, il ironisait sur la classe politique : « Si jamais il m'arrive quelque chose, ils vont essayer de s'emparer de mon cadavre, de me faire des funérailles nationales et de mobiliser à leur profit ce que je représente. Mais je les couillonnerai. » Ses funérailles seront toutes simples. « Elles se dérouleront à Colombey-les-Deux-Églises, que j'ai choisi autrefois parce que, pour l'officier que j'étais alors, c'était un carrefour entre toutes les directions où je pouvais être envoyé. Je désire reposer à l'ombre d'une humble croix de Lorraine. Aux obsèques, je ne veux ni fleurs ni couronnes, ni musique, ni chants, ni draperies, ni discours. Sous aucun prétexte, on ne m'exposera devant les foules en délire à l'église des Invalides, pas plus qu'on ne m'enverra mourir dans ce nid de poussière, sans air et sans lumière, qu'est le Panthéon. Le petit cimetière de Colombey, au milieu des miens, sous un peu de terre en friche, telle est ma volonté. »

Le lendemain, de bonne heure, Alain de Boissieu informe l'Élysée. En apprenant la nouvelle, Georges Pompidou est sous le choc.

Quelques heures plus tard, Philippe de Gaulle se présente pour prendre connaissance du testament dont il sait qu'il détient un exemplaire. Après un incident fâcheux qui affectera leurs relations, ils organisent les préparatifs de la cérémonie à Notre-Dame, ce qui occupe une bonne partie de la matinée. Pendant ce temps, les compagnons de la Libération, alertés aussi depuis l'aube, commencent déjà à affluer à La Boisserie devant la glorieuse dépouille.

En arrivant l'après-midi à Colombey en compagnie de sa femme et de Jacques Chaban-Delmas, le président constate que le cercueil est déjà fermé. Déception d'autant plus cruelle que Michel Debré, lui, a eu le privilège d'assister à la mise en bière. Peut-être voit-il là un geste inamical : « Mme de Gaulle voyait assez souvent ma femme, elles prenaient le thé ensemble, confie-t-il, mais, depuis que j'ai remplacé Lefranc à la tête de la Sofirad, ça n'allait plus avec elle. Les relations restaient aimables, mais ce n'était plus comme avant. » « À cela, il n'y avait cependant aucune intention maligne, révélera Alain de Boissieu. C'est le Général lui-même qui, ayant trop souffert, enfant, à veiller des morts, avait exigé qu'on referme le cercueil dès que celui-ci serait prêt[64]. »

Devant ce cercueil, avec sur le couvercle le képi et le livre d'or des Compagnons, Georges Pompidou a le cœur serré. Certes, depuis l'affaire de Baden et l'appel de Rome, les liens ne sont plus ce qu'ils étaient, mais quelle émotion à la pensée qu'entre ces planches de chêne taillées par le menuisier du village se trouve l'homme qui était tant pour lui, pendant tant d'années ! L'homme admiré entre tous.

Très calme cependant, maître de lui, il bénit le corps et baise la main de Mme de Gaulle, geste rare de sa part. Elle le remercie de ses condoléances et lui dit que la fondation marche bien. À Jacques Chaban-Delmas, elle ajoute : « Le Général vous aimait bien, vous le savez d'ailleurs. » Puis, tandis que Georges Pompidou serre la main de Philippe de Gaulle, embrasse Alain de Boissieu et visite une nouvelle fois le bureau de De Gaulle, elle emmène Claude, bouleversée, dans la bibliothèque et lui relate les circonstances de sa mort.

Georges Pompidou attendra dix-huit mois pour revenir à La Boisserie. L'envie ne lui manque pas, mais il sent l'amertume, la rancune de Mme de Gaulle. Il aimerait aller un jour sur la tombe du Général, tout seul ou avec un aide de camp. Le problème, c'est bien elle. Il fait adopter un décret pour lui accorder la réversion de la pension de son mari, qui, de son vivant, n'avait pourtant jamais perçu aucune forme de retraite. Évidemment, s'il demande à la voir, elle pourra difficilement refuser la visite du président de la République. Mais il ne veut pas s'imposer, lui forcer la main. Si elle ne veut pas le recevoir, impossible d'y aller. Il la respecte énormément, elle a été si gentille avec Claude et avec lui dans les moments difficiles. Elle les a toujours soutenus. Alors, par discrétion, il s'abstiendra de l'importuner et de reparaître à Colombey jusqu'au 18 juin 1972, date où il viendra inaugurer le mémorial.

Mme de Gaulle aurait voulu maintenir le site de Colombey tel que son mari l'avait toujours vu et aimé. Et le Général avait fait savoir qu'après sa mort il ne souhaitait ni statue ni monument. Pourtant, on a dressé une croix de Lorraine de quinze cents tonnes, assez haute – quarante-trois mètres – pour être aperçue de loin. Toute simple, en granit rose et gris ; les Bretons ont offert le rose et les Auvergnats, le gris.

Ce jour-là, en prenant congé de Mme de Gaulle, Georges Pompidou lui dira qu'elle a de la chance d'avoir ses enfants et un gendre aussi remarquables. « Oui, répond-elle, mon gendre est un bon garçon, mais Philippe a été remarquable dans cette épreuve. » Réaction de mère, pense-t-il.

En tout cas, de Gaulle a tenu à ce que seuls la famille, les compagnons de la Libération et les gens du village assistent à ses obsèques. Des jeunes de Colombey porteront le cercueil jusqu'à un engin blindé recouvert du drapeau tricolore. Il n'a voulu aucun officiel, aucun membre du gouvernement. Georges Pompidou le sait bien, il détenait un des exemplaires du testament. Alors, tristement, il rentre à Paris, où il prononce une allocution : « Le général de Gaulle est mort. La France est veuve ! En 1940, de Gaulle a sauvé l'honneur. En 1944, il nous a conduits à la Libération et à la Victoire. En 1958, il nous a épargné la guerre civile. Il a donné à la France actuelle ses institutions, son indépendance, sa place dans le monde. En cette heure de deuil pour la patrie, inclinons-nous devant la douleur de Mme de Gaulle, de ses enfants et petits-enfants. Mesurons les devoirs que nous impose la reconnaissance. Promettons à la France de ne pas être indignes des leçons qui nous ont été dispensées. Et que, de l'âme nationale, de Gaulle vive éternellement. »

Sans doute a-t-il pesé ses mots. En disant la France est « veuve », il a évité le mot « orpheline » : elle n'est pas orpheline puisqu'elle a un président de la République.

Puis, le jour même des obsèques à Colombey, Georges Pompidou préside une cérémonie officielle à Notre-Dame. Tous les grands du monde ont tenu à venir rendre un dernier hommage au grand homme. Jamais personne n'a réuni autant de dirigeants.

Aujourd'hui que de Gaulle s'en est allé, comme il l'avait désiré, sans connaître la déchéance d'une vieillesse impotente, tous les Européens en viennent à penser, avec mélancolie, qu'il incarnait de grandes et généreuses illusions. L'illusion que, malgré la défaite de 1940, la France était encore une grande puissance mondiale. L'illusion que, malgré la victoire des Soviétiques et des Américains, malgré la division du monde en deux blocs, la vieille Europe était encore le continent décisif. Avec sa mort, ces illusions disparaissent.

Pour un jour, des adversaires de la veille oublient leurs querelles et se retrouvent, partageant la même émotion. On leur a refusé l'accès à une modeste église de campagne, pourtant ils sont tous présents dans la grande nef de la cathédrale, où seul de Gaulle n'est pas. Le visage triste et inquiet de Georges Pompidou trahit davantage le poids du chagrin et de la solitude que l'ivresse du pouvoir et de la liberté.

Dans la soirée, pendant deux heures, les délégations étrangères se succèdent à l'Élysée. Après avoir échangé quelques mots avec le président, elles restent dans les salons à bavarder, à évoquer les souvenirs de De Gaulle. Voici Richard Nixon, qui s'approche de Georges Pompidou. Ce moment, il l'a raconté dans ses *Mémoires* : « Après avoir attendu un certain temps qu'il engage la conversation, j'observai cet homme impassible et qui avait eu des conflits avec de Gaulle. Je m'aperçus qu'il était bouleversé, incapable de parler. Me souvenant de mon émotion après la mort d'Eisenhower, j'attendis qu'il retrouve son calme. L'un comme l'autre, nous avions vécu longtemps dans l'ombre de deux géants, Eisenhower et de Gaulle. Maintenant tous deux étaient morts. Georges Pompidou soupira et, me regardant, rompit enfin le silence pour me dire : “Enfin seuls !” »

Après le président des États-Unis et celui de l'URSS, voici Indira Gandhi. Elle exprime ses condoléances mais, apercevant Nixon et Podgorny en conversation dans l'embrasure d'une fenêtre, elle va vers eux dans un mouvement d'humeur : « Ah non ! Ça ne peut pas durer.

Vous n'allez pas quand même continuer à vous partager le monde sans qu'on soit dans le coup ! »

Georges Pompidou se rend ensuite au salon particulier où Jacques Foccart a réuni les présidents africains. Jacques Foccart, le diable... Le président ne l'a réintégré aux Affaires africaines qu'après trois mois d'hésitations, de peur d'effaroucher les ministres centristes. Cependant, Pompidou apprécie trop son sérieux, sa force de travail, sa franchise et sa courtoisie pour se priver de ses conseils. Sur les questions africaines et malgaches, il lui laisse entièrement les mains libres. En prime, il lui confie également les départements et territoires d'outre-mer.

Il n'est pas un président africain qui ne soit profondément ému par la mort du Général. Tous appréciaient ses conseils aussi sages que discrets. À chacun, grâce à Jacques Foccart, Georges Pompidou sait dire un mot particulier sur les relations du Général avec son pays.

À tous, il montre beaucoup d'égards et d'attentions, sauf peut-être à Bokassa, « ce brave bougre de Bokassa », comme disait de Gaulle. Cet ancien sous-officier de l'armée française échappe au contrôle de Jacques Foccart, c'est l'électron libre. Après avoir expulsé les techniciens français, il s'est rapproché de Moscou et, plus encore, de Bucarest, où Ceausescu lui a offert une nouvelle fiancée, Gabriela Drimba, une blonde comme il les aime, une danseuse qui espionne pour le compte de la Securitate. Bokassa a beau affecter de considérer Georges Pompidou comme son frère et de reporter sur lui « toute l'amitié, l'affection, la considération qu'il avait pour le général de Gaulle », il se méfie. « Ce type-là est un cadiou, comme on dit dans le Midi, une crapule extraordinaire. Devant ses grandes protestations de fidélité, je lui ai dit : "Écoutez, puisque nous avons le même père, nous sommes frères, et puisque nous sommes frères, il faut nous entendre. Vous êtes bien gentil, vous êtes mon frère, mais vous foutez à la porte mon ambassadeur. Si j'en avais fait autant, qu'est-ce que vous auriez dit ? Ensuite, vous ne respectez pas nos accords." Ce type est vraiment gonflé ! Après ses condoléances, il m'a demandé des tas de choses, c'est tout juste s'il ne voulait pas repartir avec la promesse d'un chemin de fer et d'une université[65]. »

Voyages en Afrique

Depuis son retour aux affaires, Jacques Foccart veille à maintenir le rayonnement de la France en Afrique noire. Il a fort à faire avec le ministre de l'Intérieur, Raymond Marcellin, qui, pour contrôler l'entrée en France des Africains, n'hésite pas à violer les conventions de circulation passées avec ces pays, au risque d'entraîner des mesures de réciprocité. Jacques Foccart proteste : « D'un côté, vous avez entre soixante et soixante-dix mille braves bougres, balayeurs ou laveurs de voitures, et de l'autre deux cent mille Français qui ont des positions importantes et que l'on va empoisonner. Le Dahomey a déjà fermé sa frontière à un certain nombre de Français parce qu'ils n'avaient pas de "lettre de circulation" comme on veut en imposer aux Africains[66]. » Il ne cesse de répéter à Georges Pompidou que l'Afrique est une question de contacts, de relations humaines, et que les amis africains de la France regrettent de n'avoir pas reçu en dix ans une seule visite du président français.

À force d'insister, il finit par lui faire accepter le principe d'une première tournée en Afrique noire, en févier 1971. Au programme, cinq pays en dix jours : la Mauritanie, le Sénégal, la Côte d'Ivoire, le Cameroun et le Gabon. « Dix jours de suite de dîners officiels : ils vont me crever, protégez-moi », dit le président...

Claude, qui n'aime pas les mondanités, et encore moins les grandes festivités, accepte à contrecœur de participer au voyage, mais son mari prévient Jacques Foccart : « Je souhaite qu'il n'y ait pas d'incidents. S'il y en a, et s'ils sont désagréables pour ma femme, je ne sais si je retournerai en Afrique, mais elle, en tout cas, elle n'ira plus. Faites savoir que nous ne devons ni boire glacé ni manger de crudités. J'ai toujours été un peu fragile du côté des intestins. Par conséquent, si je me colle une amibiase, je ne m'en remettrai pas... Ah ! cela m'ennuie, ces histoires de choléra. Vous savez, Claude et moi nous ne voulons pas nous faire vacciner, le médecin nous l'interdit. La dernière fois, nous avons été malades comme des chiens. Faites bien attention. Si nous tombons malades, ma femme ou moi, j'interromprai tout de suite le voyage, quelles qu'en soient les conséquences, et vous ne serez pas près de me revoir en Afrique. »

À Nouakchott, en Mauritanie, le méchoui est accompagné de la traditionnelle offrande de lait de chamelle et de dattes. Toujours inquiet – à croire qu'il ait des alertes sur sa santé –, Georges Pompidou redoute une insolation : « On ne la sent pas venir, il sera trop tard, je ne voudrais pas avoir un pépin. Mettez-moi au moins une bouteille d'Évian pour me rafraîchir la tête. »

À Dakar, à l'entrée de la ville, enthousiasme indescriptible, foule hurlante, tam-tams. Au palais, sous les applaudissements de l'assistance, le chef de la confrérie des tidjanes, un fervent gaulliste, Seydou Nourou Tall, embrasse non seulement les Senghor, mais aussi les Pompidou, à leur grand ébahissement. À l'ambassade de France, deux mille cinq cents invités se bousculent pour les acclamer. Mais lorsque la nouvelle Mme Senghor, Colette, une Normande, l'appelle par son prénom, Claude Pompidou lui répond en l'appelant « Madame ». Ça ne marche pas très bien entre elles. Claude, restée amie de Ginette, l'Ivoirienne, la première épouse, n'admet pas que Colette ait voulu la mêler à ses histoires de divorce et d'annulation à Rome[67].

Sujet délicat, semble-t-il. Avant de quitter Dakar, Georges Pompidou interroge Jacques Foccart en présence des Senghor : « Alors, Jacques, qu'est-ce qui nous attend à Abidjan demain ? Et d'abord, le climat ? Ici, il fait un temps merveilleux. » Jacques Foccart explique que, chez ces pauvres Ivoiriens, ce sera plus pénible, l'humidité oppressante, peut-être la pluie... Alors, Senghor bondit : « Pauvres Ivoiriens, dis-tu ! Il ne manque plus que cela ! Ils ne peuvent pas tout avoir, le cacao, le café, le bois, les ananas et le ciel bleu en prime ! »

Il le déçoit un peu, ce bavard de Senghor. Si l'on veut avoir une conversation suivie avec lui, il faut sans cesse le ramener sur les questions à l'ordre du jour, car, dans le courant de la phrase, il passe d'une idée à l'autre et change de sujet. Inversement, lorsqu'il lui demande des Mirage, Georges Pompidou, persuadé qu'un chef d'État africain a davantage à redouter un coup d'État qu'une bataille dans les airs, l'oriente plutôt sur des canons.

En Côte d'Ivoire, les Pompidou sont attendus par une foule compacte, massée sur une dizaine de rangs tout le long de la route depuis l'aéroport jusqu'à Abidjan. Les vêtements bariolés des femmes ont des couleurs chatoyantes. On entend monter une immense rumeur ponctuée de tambourins. Deux heures durant, Georges Pompidou, en Mercedes décapotable, salue de la main cinq cent mille personnes qui lui crient bienvenue. Les traits tirés par la fatigue, il s'efforce de garder le sourire, car chaque fois qu'il sourit, la foule africaine montre sa joie. Houphouët l'emmène ensuite en hélicoptère survoler Abidjan. Pendant une heure et demie, on domine le port, les plantations. Le moteur fait un bruit énorme, et Houphouët passe à Pompidou de petits billets où il griffonne : « nouveau quai », « une usine », « plantation privée », « plantation d'État », « plantation de bananes, les Antilles n'ont qu'à bien se tenir ». Radieux, le marquis de Carabas fait visiter ses terres[68].

Le soir, Jacques Foccart rappelle à Georges Pompidou qu'on compte sur lui pour ouvrir le bal. « Il n'en est pas question. Les journalistes n'auront d'autre idée que de prendre des photos, et comme Mme Houphouët est jolie femme, cela fera jaser. Ensuite, ma femme serait dans les bras d'un grand Noir ! En Russie, j'ai fait attention. Les Russes m'avaient donné un ravissant bonnet en vison. Eh bien ! Je me suis gelé les oreilles et je n'ai pas mis le bonnet. Tous les reporters tournaient autour et une grande photo serait sortie dans *Minute.* Pas question. J'ai préservé une certaine image de moi, ce n'est pas pour aller la sacrifier à Houphouët. »

Après Nouakchott, Dakar, Abidjan et Yaoundé, voici Libreville. Cette fois, contrairement à ce qui s'est passé dans les autres pays, Bongo, après s'être félicité de la visite de Pompidou, passe aux choses concrètes. Carrément, il multiplie les demandes : des palais, des pistes, des routes.

Cette même année 1971, Georges Pompidou reçoit successivement trois présidents africains, Mobutu, Bongo et Eyadema. Pour le dîner avec Bongo, Jacques Foccart lui soumet la liste des invités :

« De notre côté, il y a les Schumann, les Bourges et les Foccart, ce qui fait un petit dîner. – Oui, mais il est équilibré. – Non, parce qu'il n'y a que six Français pour huit Africains. – Vous êtes bien gentil, mais vous m'oubliez, ainsi que ma femme. Nous sommes huit et huit. »

Eyadema, le président du Togo, offre à Georges Pompidou un immense bureau en marbre blanc qui pèse une tonne. En aparté, Jacques Foccart prévient le président qu'Eyadema serait très déçu de ne rien ramener de concret. Après un voyage pareil, il doit absolument pouvoir rentrer en disant : « Voilà ce que j'ai obtenu », sinon le peuple dira : « Il est allé se promener, mais il n'a pas travaillé. »

Jacques Foccart s'éloigne ensuite discrètement, mais entend Georges Pompidou élever la voix : « L'ennui, c'est qu'il y a Foccart ! »

Amusé tout autant qu'intrigué, Jacques Foccart se retourne : « Qu'est-ce qu'il y a ? – Je disais au président Eyadema que j'étais prêt à lui donner tout ce dont le Togo a besoin, je dirais même tout ce que le Togo demande, mais que je dois compter avec vous et, que chaque fois, vous me dites : "Mais non, monsieur le président, vous donnez beaucoup trop, il ne faut pas donner tout cela au Togo, c'est beaucoup trop pour lui." – Monsieur le président, vous avez un humour un peu noir, et là, vous exagérez[69]. » Georges Pompidou rit, très content de sa blague, tandis qu'Eyadema prend un air pincé.

Certes, il continue la politique du Général. La France aide les pays d'Afrique francophone à financer leurs infrastructures, à constituer des radios nationales, à former leurs enseignants, leurs techniciens, toute une élite appelée à prendre progressivement la relève des coopérants français. Les résultats sont spectaculaires : en 1970, ces pays comptent cinq fois plus d'enfants scolarisés dans le primaire qu'en 1966 et six fois plus dans le secondaire.

Mais ils sont terribles, ces dirigeants africains, toujours à solliciter : « On leur parle, et, même si on ne leur promet rien, ils entendent ce qu'ils veulent entendre. » Un jour, se souvenant que Valéry Giscard d'Estaing a dit à Tombalbaye, le président du Tchad, que tout ministre des Finances doit être appuyé par le chef de l'État, Georges Pompidou se débarrasse de ce même Tombalbaye en lui ressortant que, « à partir du moment où vous avez un bon ministre des Finances, vous n'avez qu'à l'appuyer ».

Début 1972, Jacques Foccart emmène le président dans une seconde tournée en Afrique, au Niger et au Tchad cette fois. Quelques jours avant le départ, Georges Pompidou, fatigué, est près de tout annuler. « Jamais, lui dit-il, je n'aurais dû prendre tant de choses à la fois. » Pour lui, la préparation du référendum sur l'Europe représente, on le verra, une tâche considérable, qui évidemment dépasse l'intérêt du voyage en Afrique noire. Il se résigne, mais pose ses conditions : « Il faut renforcer la sécurité. Je ne crois pas beaucoup au risque d'attentat, mais je n'ai pas envie de mourir au Tchad, cela n'arrangerait personne. Renforcez aussi la sécurité rapprochée de ma femme. Je suis d'accord pour aller moi-même en voiture découverte, mais pas question pour elle. En toute occasion où nous serons mêlés à la foule, veillez à avoir des gens autour de nous pour nous protéger, surtout ma femme. » Souvenir peut-être du séjour cauchemardesque à Chicago...

À Niamey, au Niger, les Pompidou sont accueillis par des milliers et des milliers de cavaliers rangés perpendiculairement à la route sur des chevaux aux harnachements multicolores. Au passage du cortège, ils saluent debout sur les étriers, en brandissant sabres ou sagaies et en poussant des cris. La foule est incroyablement dense. Le président Hamani Diori offre à Georges Pompidou de nombreux cadeaux : un boubou, une selle, une armure. Un sabre, surtout, que Georges prend et brandit en disant : « Ah ! À mon retour, ils n'ont qu'à bien se tenir ! » Claude reçoit des bijoux, des robes et des chaussures qu'elle essaie aussitôt.

À N'Djamena, au Tchad, à la fin de son discours, Jacques Foccart souffle à Georges Pompidou : « *La Marseillaise* ! »

Le président se retourne et lui dit : « Oui, je veux bien ! » Puis il revient devant le micro et attend... « Mais non, monsieur le président, c'est à vous de chanter », murmure Foccart. « Chanter ! Il n'y a rien à faire. » Et, prenant Jacques Foccart par le bras : « Ça, mon cher ami, vous ne me ferez jamais chanter la *Marseillaise*, parce que je chante faux. – Vous n'avez pas besoin de l'entonner, il suffit de lancer l'idée : "Nous allons chanter la Marseillaise", elle démarrera d'un seul coup. » Et cela marche[70].

Son troisième et dernier voyage en Afrique, en janvier 1973, par une chaleur épouvantable, se limitera à Djibouti et à l'Éthiopie. À Djibouti, avant le déjeuner officiel, le président Aref tient à offrir à ses deux invités des poignards à manche d'argent incrusté d'or. Georges Pompidou se penche pour admirer celui de Jacques Foccart, et, tandis que celui-ci le sort de son étui, il s'exclame : « Oh là là ! Il faut que je fasse attention, parce que votre lame est aussi longue que la mienne. » Et tout le monde rit.

Le président se demande s'il va continuer à faire tous ces voyages en Afrique. « J'ai eu tout à fait tort de m'engager avec Tsiranana, confie-t-il un jour à Jacques Foccart. Je devrais savoir que, même quand vous insistez, il faut faire attention parce que, si j'accorde quoi que ce soit à l'un d'entre eux, ensuite je dois l'accorder à tous, à dix-huit chefs d'État. Moi qui me débrouille pour ne pas être ennuyé par le téléphone, maintenant ce sera par le téléphone des chefs d'État africains. Je trouve cela assommant et même Senghor exagère. » Il viendra pourtant en aide au président malgache, Tsiranana, quand sa vie sera en danger : « Le devoir en politique pour ceux qui gouvernent, déclare-t-il en mai 1972, est, hélas, d'être ingrat dans l'intérêt du pays, mais on n'a pas le droit d'être dégueulasse. Par conséquent, nous devons protéger la personne de Tsiranana. »

Faites entrer les Anglais

En le nommant ministre des Affaires étrangères, poste qu'il gardera de 1969 à 1973, Jacques Chaban-Delmas avait dit à Maurice Schumann : « Il nous faut à la fois assurer la continuité du gaullisme et donner un nouveau départ à l'Europe, tu es notre homme. » En réalité, on est encore loin d'envisager que l'Europe puisse battre monnaie, avoir une armée ou une politique étrangère communes, édicter des directives, sanctionner des infractions. Il ne s'agit encore que de droits de douane et de subventions à tel ou tel secteur économique, l'agriculture par exemple. Mais Georges Pompidou se souvient de ses conversations avec Guy de Rothschild. Convaincu que la prospérité de la France et sa possibilité de jouer encore un rôle dans la monde dépendent de la réussite de l'Europe, il est beaucoup plus ouvert que de Gaulle à l'idée de l'intégration européenne.

Régulièrement, il rencontre Willy Brandt, le chancelier socialiste de l'Allemagne fédérale. Un jour, celui-ci lui demande : « Savez-vous qui est le plus vieux socialiste de la Terre ? »

Pour Georges Pompidou, le socialisme consiste à prendre dans la poche des autres ce qu'on n'a pas. Il cite des noms... « Eh bien, non ! C'est Christophe Colomb. Il est parti sans savoir où il allait. Il est arrivé quelque part sans savoir où il était. Il a fait tout cela avec l'argent des autres[71]. »

Mais en réalité le courant passe très mal entre les deux hommes. « Quel genre de type est-ce, ce Willy Brandt ? demande Georges Pompidou. Quand je lui parle, il est toujours d'accord. Et après, c'est comme s'il n'avait rien entendu. » Parmi ce qui envenime encore leurs relations, il y a les articles d'Alfred Grosser, qui répète dans *Le Monde* que Pompidou ne comprend rien à rien. Une mauvaise foi qui énerve le président : « Vous admirez ce Grosser, eh bien, je vous dis que, moi vivant, il n'aura jamais le prix Saint-Simon dont il a tant envie. »

Ambroise Roux, le président de la Compagnie générale d'électricité, qui jalousait Siemens, et que Georges Pompidou voyait souvent, a pu lui faire partager à sa détestation de l'Allemagne : c'est l'avis de Michel Drancourt[72]. Peut-être aussi a-t-il du mal à bannir de sa mémoire le souvenir hallucinant des bombardements en piqué de la Luftwaffe en juin 1940. Si Robert Schuman et de Gaulle ont été les artisans de la réconciliation franco-allemande, sa préférence va à l'Angleterre. Il a toujours regretté que de Gaulle se soit opposé à son entrée dans le Marché commun et il va tenter de renouer avec elle les fils brisés de la négociation. D'autant qu'il ne se sent pas la même autorité que le Général pour un tête-à-tête avec l'Allemagne ; à trois avec l'Angleterre, ce serait mieux équilibré.

Il n'est pas aisé de coopérer et de progresser avec une grande nation amarrée aux États-Unis et au Commonwealth. Un véritable défi, un défi historique. Il faut briser la méfiance des Britanniques, ulcérés par deux veto déjà opposés par de Gaulle, sans pour autant les laisser prendre la bonne volonté française pour une marque de faiblesse et réclamer trop de privilèges.

L'adoption, le 4 mars 1970, d'une politique agricole commune par les membres actuels du Marché commun lève le dernier obstacle à son élargissement à la Grande-Bretagne. Mais surtout, Georges Pompidou a la chance d'avoir rapidement pour interlocuteur un Premier ministre britannique encore plus fervent européen que lui, cas exceptionnel pour un Anglais. Arrivé au pouvoir grâce à la victoire électorale des conservateurs le 18 juin 1970, Edward Heath a tout pour lui plaire. Grand, bel homme, plein d'humour, ce fils d'un ouvrier charpentier et d'une domestique s'est fait lui-même. Musicien, il lui arrive de diriger l'orchestre du Royal Albert Hall. Sportif, il vient de gagner la traversée à la voile de Sydney à Hobart, en Tasmanie. De plus, il est l'ami personnel de Michel Jobert.

Pris au jeu, Georges Pompidou court-circuite alors complètement Maurice Schumann et Valéry Giscard d'Estaing, ministres des Affaires étrangères et des Finances. Il a dix-sept heures d'entretiens en tête à tête avec Edward Heath. Entre les deux hommes, le courant passe bien. Lors d'un week-end de travail aux Chequers, ils se rencontrent le matin pour le *breakfast*. « Mon mari, raconte Claude Pompidou, était habillé en tenue de sport et M. Heath, pour recevoir un Français, en costume bleu marine. Tout se passa comme si de rien n'était. Plus tard, dans la matinée, ils devaient se retrouver pour travailler. Chacun, pensant bien faire, s'était changé. M. Heath arriva en tenue de sport et mon mari en costume bleu marine. Ils éclatèrent de rire[73]. »

Un rire bienvenu, car l'ordre du jour est chargé : abandon par les Anglais de la préférence pour les produits laitiers de Nouvelle-Zélande, droits de pêche, envoi à Bruxelles de fonctionnaires anglais parlant le français. Le point le plus sensible est évidemment la contribution britannique à la politique agricole commune, en clair le montant des subventions à verser aux agriculteurs français. La France produit 46 % des céréales cultivées sur le territoire de la Communauté. Près de la moitié de la récolte française est disponible pour l'exportation, mais à un prix supérieur au cours mondial. Avec impatience, les agriculteurs français attendent l'accès à un marché protégé de plus de deux cents millions de consommateurs. Les Anglais font alors une contre-proposition : ils contribueront moitié moins que les autres pays membres au financement du marché commun agricole.

Le week-end suivant, Guy Béart rencontre Georges Pompidou à Orvilliers.

« Ça va mal en Angleterre », lui dit le président.

Le chanteur s'attend alors à de grandes digressions économiques, mais Pompidou se contente d'ajouter : « Chez M. Heath, aux Chequers, je sais bien que c'est en province, on nous a servi du thé en sachets, alors l'Angleterre ne va pas du tout. »

Quelques semaines plus tard, Xavier Deniau, chargé du dossier, lui envoie à Matignon un petit mot : « On ne peut plus attendre. La machine de la négociation tourne. Jusqu'ici, il a été possible d'en rester au nettoyage préparatoire et à l'exploration de dossiers. Maintenant, il faut trancher, savoir ce que nous voulons et ce que nous ne voulons pas. Il n'y a pas de bonnes négociations sans objectifs. » Et Deniau demande à être reçu à l'Élysée.

En l'écoutant, allongé dans son fauteuil, Georges Pompidou regarde les ronds de fumée de son cigare monter au plafond doré. Puis, d'un coup, il se redresse, pose son mégot, et répond : « Faites entrer les Anglais, Deniau, c'est encore comme ça que nous aurons le moins d'emm... »

Au déjeuner avec ses anciens camarades de khâgne et de Normale, Pompidou lâche cette confidence : « Nous faisons entrer dans l'Europe quelqu'un que nous ne pouvons pas éviter. Mais, attention ! Ça ne se fera pas tout seul. Les Anglais ne sont pas des partenaires faciles, ce sont eux qui nous donneront le plus de fil à retordre[74]. »

« C'est le plus beau jour de ma vie ! » s'exclame cependant Edward Heath en signant le traité d'accession à la Communauté européenne, le 24 janvier 1972.

L'entrée simultanée de la Grande-Bretagne, de l'Irlande et du Danemark dans le Marché commun semble aussi un moyen de diviser la gauche, alors en pleine lune de miel après la signature du programme commun. En demandant aux Français d'approuver cet accord par référendum, procédure certes inhabituelle, Pompidou espère enfoncer un coin entre les communistes, qui vont sûrement faire campagne pour le « non », et les socialistes, européens de toujours, bien obligés, pense-t-il, de grossir pour la circonstance les voix de l'UDR.

Mais les électeurs se désintéressent de la question : elle leur apparaît déjà tranchée, le résultat semble acquis d'avance, c'est de l'histoire ancienne, inutile de se déplacer. Ce que voyant, François Mitterrand, flairant le piège, préconise l'abstention ou le vote blanc. Cela lui permet de s'attribuer, entre les abstentions, les blancs et nuls, 47 % des inscrits. Malgré 68 % des suffrages exprimés, le « oui » n'obtient que 36 % des inscrits. Échec relatif, mais auquel Georges Pompidou attache beaucoup de gravité. Il y voit un tel désaveu de sa politique qu'il renoncera désormais à l'usage du référendum. Après lui, ses successeurs retiendront la leçon pendant vingt ans. Estimant en outre avoir perdu toute crédibilité sur la scène internationale, il avoue à Édouard Balladur : « Je n'ai plus de politique étrangère. »

Avec l'Angleterre, les relations sont au beau fixe. En mai, les Pompidou reçoivent à Paris la reine Elizabeth, le prince Philip et Edward Heath. Le décor contemporain des appartements de l'Élysée amuse beaucoup la reine. « Comme vous avez de la chance de pouvoir faire ça ! dit-elle à Claude. J'envie votre liberté. À Buckingham, je ne suis pas vraiment chez moi. »

Il n'y a pas que la détente, la musique et l'amitié, il y a aussi la mort qui rôde. L'été 1971, au cours d'une visite à leurs amis Lazareff qui possèdent une villa près de Brégançon, les Pompidou manquent d'être tués : un missile Mazurka tiré de l'île du Levant éclate malencontreusement au bord de la piscine.

Autre familiarité avec la mort, l'exercice de ce droit terrible, la grâce présidentielle. Georges Pompidou a un avis très nuancé sur la peine de mort : « Elle garde encore une force de dissuasion. Prenez l'auteur d'un rapt, par exemple. S'il est traqué, peut-on croire qu'il se comportera de la même façon selon qu'il risque sa tête ou qu'il croit pouvoir s'en tirer avec dix ans de prison ? Je dis cela pour les criminels professionnels, pas pour ceux qui agissent sous l'emprise de la passion, de la jalousie, de la drogue ou de la folie. » Pourtant, le droit de grâce, une de ses prérogatives, lui pose chaque fois un redoutable problème de conscience. Ne se fiant pas toujours à l'avis des magistrats, il recherche alors le conseil de personnes de confiance, tels que Claude Ducreux[75], son ancien élève d'Henri IV, qui est avocat. En juillet 1969, il gracie les meurtriers d'un encaisseur de banque et d'un gendarme, puis, en septembre, l'assassin d'un garde-barrière et un parricide.

Or, à l'automne 1971, survient l'affaire Paul Touvier, l'ancien chef de la Milice de Lyon. Condamné à mort par contumace pour avoir, à deux reprises, assassiné des juifs en 1944, il a été caché pendant vingt ans par des prêtres et des institutions catholiques, animés par la charité ou par des convictions extrémistes. Il ne s'agit pas à proprement parler d'un recours en grâce, d'un droit de vie et de mort, mais seulement d'une remise des peines complémentaires, confiscation des biens, interdiction de séjour. Aussi Georges Pompidou n'y attache-t-il pas trop d'importance. D'ailleurs, se souvenant que de Gaulle a fini par gracier deux chefs de la Gestapo, il veut lui aussi effacer les rancunes, « le fruit des amères divisions qui ont dressé trente ans les Français les uns contre les autres ». Il signe alors la grâce demandée instamment par la hiérarchie religieuse.

Que n'a-t-il pas fait là ! Pour cicatriser de telles blessures, Georges Pompidou n'a pas l'aura du chef de la France libre. Et, si l'on pouvait pardonner, ce ne serait pas à lui de le faire, à lui qui n'a rien fait, rien subi sous l'Occupation. Seules des victimes du nazisme, leurs parents ou leurs descendants pourraient accorder un tel pardon. Pas lui. Son geste soulève l'indignation des juifs et des résistants. Cela se voit bien le 18 juin 1972, lorsqu'il inaugure le mémorial de Colombey en présence de Mme de Gaulle et de ses enfants, et que, dans un discours en forme de serment, il promet de rester fidèle à l'héritage gaulliste. Le même jour, au Mont-Valérien, devant le Mémorial de la déportation, des compagnons de la Libération et des anciens ministres participent, avec le père Riquet, à une grande manifestation de protestation.

Voilà Georges Pompidou sur la défensive : « Alors, ayant été, figurez-vous, dénoncé à la police allemande par des gens de Vichy, ayant échappé deux fois à un attentat de l'OAS, une fois aux côtés du général de Gaulle et l'autre fois à moi destinée, je me sens le droit de dire : allons-nous éternellement entretenir saignantes les plaies de nos désaccords nationaux ? Le moment n'est-il pas venu de jeter le voile, d'oublier ces temps où les Français ne s'aimaient pas, où ils s'entre-déchiraient et même s'entretuaient ? »

En 1972, Georges Pompidou gracie le meurtrier d'un chauffeur de taxi. Survient alors l'affaire Bontemps. Condamné à mort pour l'assassinat d'une femme au bois de Boulogne, l'homme était reclus à perpétuité à Clairvaux. Avec l'aide d'un complice, Roger Bontemps, il avait alors réussi à maîtriser un gardien et une infirmière et à les prendre en otages. Faute de réussir à négocier un échange et leur libération, ils les avaient égorgés. En pareil cas, le code prévoyait la mort et, horrifiés, les camarades des deux victimes étaient résolus à exécuter les meurtriers s'ils bénéficiaient d'une nouvelle mesure de clémence. Le président vit arriver une fois encore sur sa table l'affreux parapheur. Sur la page de droite, la décision de commuer la peine, avec une place pour apposer sa signature, et une autre, plus bas, pour que le garde des Sceaux puisse contresigner. Sur la page de gauche, la décision de « laisser la justice suivre son cours » ; sur celle-ci, pas besoin de contreseing, le droit de grâce ne se partage pas[76].

Cette fois, le choix était particulièrement dramatique. S'il accordait la grâce, le personnel pénitentiaire, il le savait, ferait justice lui-même. La raison d'État commandait de ne pas inciter au désordre. Surmontant ses convictions intimes, Georges Pompidou avait signé la page de gauche, la justice suivrait son cours. Ce qui ajoutait encore à son émotion, c'est que Claude Buffet lui avait demandé par écrit de « lui accorder l'exécution » dont il serait « très heureux », car « cela mettrait une fin définitive aux tortures que crée l'épouvantable situation du condamné à mort ». Les deux hommes seront guillotinés le 29 septembre 1972. Pour affreux qu'il fût, leur crime ne valait pas celui de Touvier. Mais cette épreuve marque le président.

Chaban veut faire du neuf

Jusqu'à la mort du Général, ne se prenant pas pour un personnage historique et ne le souhaitant d'ailleurs pas, car l'histoire ne fabrique ces êtres-là qu'au milieu des drames, Georges Pompidou s'avançait à pas feutrés. Enfin libéré de la statue du Commandeur, il s'émancipe, il prend de la hauteur. Cela se sent depuis sa conférence de presse du 21 janvier 1971. Même s'il ne brille pas par l'imagination, il imprime sa marque. Du coup, les tensions déjà apparues dans ses rapports avec Jacques Chaban-Delmas s'accentuent. D'ailleurs, il connaît beaucoup mieux que lui les dossiers en instance à Matignon. Tous les ministres sont reçus à l'Élysée et s'entretiennent directement et régulièrement de leurs problèmes avec lui.

On voit alors réapparaître chez lui une certaine forme d'ambition. Un trait qui avait frappé Pierre Pouget, son camarade de thurne pendant les trois années de Normale : « Deux tendances luttaient en lui, une certaine nonchalance et le désir de primer. Au fil du temps, la seconde l'a emporté, au point de m'étonner ; la nonchalance a complètement disparu[77]. »

Le dilettante, ce n'est plus lui, mais Jacques Chaban-Delmas. Pompidou l'aime bien, car, contrairement à Michel Debré ou Roger Frey, il n'a gêné sa marche au pouvoir. Aussi l'a-t-il pris pour un Premier ministre commode. Mais, à la longue, il s'agace de le voir arriver en retard au Conseil des ministres, sans avoir pris la peine d'étudier ses dossiers, ne dominant pas toujours le sujet et croyant pouvoir s'en débarrasser avec trois ou quatre phrases. « Chaban, étrange personnage, note Arthur Conte. Difficile de tenir avec lui une conversation longue sur des thèmes sérieux. Lors de nos premières rencontres, il me faisait penser à un page. Il garde d'autant mieux l'apparence d'un enfant de charme qu'il s'entoure volontiers d'une légende de galanterie. Il joue trop les tendres[78]. »

Tout autant que son caractère brouillon, frivole, inconstant, sa popularité agace Georges Pompidou : « Chaban est un charmant garçon, aurait-il dit, toujours selon Arthur Conte. Mais avec lui, je ne sais jamais où j'en suis. Je suis là, au milieu du terrain, et j'ai en face de moi un type qui fait tellement de passes de tant de sortes qu'on ne sait plus exactement où on en est ; il annonce des trucs, et ça ne colle pas. » Dans un dîner, le président en arrive à lâcher : « Chaban est un équilibriste, il fait la star, il n'est pas sérieux. Fardez-lui les joues et la frimousse, et vous aurez Rudolph Valentino. D'ailleurs, il en a les cheveux. Et où est le cerveau[79] ? »

Devant tant de légèreté, Georges Pompidou grogne : « On n'a pas idée de jouer ainsi au play-boy. Le patron, c'est moi. Ce que le général de Gaulle a légué de meilleur à la France, c'est la prééminence du président. Laisser le pouvoir suprême repasser la Seine, permettre que les grandes décisions qui commandent l'avenir se prennent à Matignon au lieu de l'Élysée signifierait qu'à brève échéance l'Assemblée reprenne le dessus. On reviendrait au régime des partis, à l'instabilité ministérielle. Ce serait renouveler la mésaventure des débuts de la IIIe. Je ne serai ni Mac-Mahon ni Grévy. Je maintiendrai. » Et il lance à nouveau : « Ce flambard de Chaban ! Le voilà qui veut m'éteindre, me souffler comme une bougie ! »

Pas plus que de Gaulle, Georges Pompidou n'entend se borner à inaugurer les chrysanthèmes. Pas question pour lui d'abandonner aucune des prérogatives que la Ve République confie au chef de l'État. À croire qu'il soit devenu encore plus autoritaire que le Général. Il ne traite pas Jacques Chaban-Delmas en Premier ministre, même pas en premier des ministres, tout juste en ministre du Travail. Il ne l'a choisi que pour assurer la continuité du régime et permettre l'ouverture européenne, pas pour devenir le prophète d'un néogaullisme illuminé. Avec son bon sens, son réalisme nourri par l'expérience de la vie quotidienne du petit peuple, les grands mots de Jacques Chaban-Delmas lui font horreur : « Société bloquée, nouvelle société, ce sont des dadas du club Jean Moulin. Des fantasmes d'adolescents ou de romantiques. Chaban croit le moment venu de faire du neuf. On ne fait jamais du neuf ! Il n'y a jamais de pages blanches ! On doit se contenter de poursuivre une tapisserie entamée par d'autres et dont la trame nous est imposée. Une nouvelle société, c'est impossible. La société est ce qu'elle est. Il faut vivre avec. Rien n'est pire que de faire rêver les Français. Ayons le sens du réel.

« La tâche est pourtant simple. Un objectif doit dominer les autres : faire de la France une grande nation industrielle. Il est à notre portée. Atteignons-le sans nous disperser. Le reste sera donné de surcroît.

« Vous croyez qu'on peut tout faire à la fois ? À faire sauter les cloisons et les verrous, on risque de faire sauter en même temps l'État et la Nation, comme cela a failli arriver en mai 1968 ! Ce sont des idées d'irresponsables qui cherchent à démanteler l'État. C'est l'État qui doit commander. Et dites-vous bien qu'il n'y a que nous, les gaullistes, pour le défendre.

« L'accusation d'immobilisme ne me fait pas peur. Pourquoi cette manie de bouger ? Alors que tout bouge autour de nous, l'essentiel est de garder notre équilibre. Dans le tourbillon des découvertes, des innovations technologiques, des échanges internationaux, ce qui importe au contraire, c'est de rester soi-même au milieu du changement qui s'accomplit de toute façon, que nous le voulions ou non. C'est de préserver nos valeurs fondamentales. Vraiment, il faut avoir le courage de résister à ces tics de langage.

« Avec ces idées d'"ouverture" et de "changement", on ne provoque que des courants d'air, on prépare sa propre éviction. L'ouverture, je l'ai faite, j'ai fait appel aux républicains indépendants et aux centristes. Je ne me suis pas contenté de l'UDR. Si nous récusons l'héritage d'une Nation et d'un État qui viennent d'être restaurés, si nous avons peur d'employer les mots qui résument tout notre credo, nous entrons dans le jeu de l'opposition, nous récitons du marxisme inconscient et mal digéré. À ce jeu-là, nous serons toujours battus. À vouloir attirer ses ennemis et décevoir ses amis, on ne l'emporte jamais. Quand on fait la politique de ses adversaires au détriment de celle de ses électeurs, alors qu'il est tellement plus facile de les retenir que de les rattraper ! Et on ne capte pas les voix hostiles, on les encourage dans leur hostilité en leur donnant des preuves de faiblesse. Cajoler l'opposition ne l'amadoue pas, mais l'enhardit. Chaban dispose à la Chambre d'une majorité des quatre cinquièmes, on n'avait jamais vu ça sous aucune république. Il préfère se mettre ces quatre cinquièmes à dos et séduire le dernier cinquième. Ça non plus, on ne l'avait jamais vu. Quand on a une majorité, il faut la garder [80]. Il va nous foutre en l'air tout notre électorat. C'est le Mitterrand qui doit rigoler. »

Mitterrand justement qui, répondant au discours de Chaban le 16 septembre 1969, avait déclaré : « Quand je vous vois, monsieur le Premier ministre, je ne doute pas de votre sincérité. Quand je vois votre majorité, je doute de votre réussite. » Même son de cloche chez Jacques Chirac : « La politique de Chaban est faite pour des gens qui ne voteront jamais pour nous. »

Contrairement à toutes les attentes, Jacques Chaban-Delmas néglige de recevoir à sa table des fournées de parlementaires UDR, comme l'aurait fait n'importe quel président du Conseil de la IVe. Les députés se sentent frustrés, ils n'ont rien à raconter à leurs électeurs lorsqu'ils retournent dans leur circonscription. Au lieu de les flatter et de les écouter, le Premier ministre, sans doute sous l'influence de son cabinet, trop technique, pas assez politique, ne semble attacher d'importance qu'aux syndicats, qui ne représentent pourtant qu'une minorité. Il a l'air d'ignorer que l'Assemblée représente au contraire le peuple dans son entier. Et Georges Pompidou, foncièrement honnête, estime qu'il faut faire la politique voulue par les électeurs dont on tient son mandat. Si bien que lorsque Jacques Chaban-Delmas revient à la charge avec ses idées fumeuses, il lui lance carrément : « Laissez-nous donc tranquilles avec votre "nouvelle société", personne n'y croit. Vous rasez tout le monde. »

Deux camps se partagent son entourage, un camp pro-Chaban, avec Michel Jobert, et un camp anti-Chaban, avec Pierre Juillet et Marie-France Garaud, « l'homme qui gouverne la France », « Rastignac en jupons ». « Marie-France, comme l'appellent les gaullistes et les échotiers, est une jolie brune, rond visage très blanc, yeux d'impala, bouche menue, parler rapide et chantant. Elle respire l'amitié chaude. On s'étonne que cette fée du logis, qui doit enchanter sa propre demeure, soit, avec Raymond Marcellin, le meilleur connaisseur du fichier politique français. Il faut pourtant contempler le cou. C'est par lui, puissant et souple, que se trahit la Walkyrie guerrière, âpre au combat. Alors, on s'amuse moins du frémissement des narines dès que l'on évoque une arène ou du jeu fascinant de ses mains aux longs doigts, qui ont la faiblesse de s'énerver alors que le visage marmoréen se garde impassible[81]. »

Ces deux-là, Pierre Juillet et Marie-France Garaud, n'admettent pas que Chaban se conduise en président du Conseil de la IVe. En le voyant prêt à bafouer les institutions de la Ve, seules garantes de la stabilité, ils décident de le perdre. Mauvaise langue, Michel Jobert ajoute : « Quand Chaban allait voir Pompidou, il ne passait pas par le bureau de Marie-France ou de Juillet. Alors, ils n'ont eu de cesse que d'avoir sa peau[82]. » L'explication n'engage que lui. Mais ils entreprennent un travail de sape qui ne tarde pas à dégrader les rapports entre l'Élysée et Matignon. Le président finit par prendre le Premier ministre en grippe. Peut-être est-il aussi un tantinet jaloux de sa popularité, de son allure jeune, cruel contraste avec son propre alourdissement, de son succès auprès des femmes. « C'est la presse qui fabrique Chaban, maugrée Pompidou, qui ne parle que de lui. Mais il ne fait rien, il ne tranche rien. Il promet tout à tout le monde, et il vient s'en remettre ici pour trancher. Je puis vous affirmer que le pouvoir n'est pas à Matignon, il est ici [83]. Chaban veut toujours tout arranger, ce n'est pas une façon de gouverner. » On croirait entendre de Gaulle ; c'est bien le genre de reproches qu'il aimait faire...

Toujours prudent, Georges Pompidou n'aime pas les bavards, il estime la société suffisamment traumatisée par mai 1968 pour ne pas en rajouter. Il pense que Jacques Chaban-Delmas veut aller trop loin, trop vite. Qu'il brûle les étapes. Il n'apprécie pas non plus sa tentative d'élargir la majorité avec des gens de centre-gauche, comme Félix Gaillard, voire des gens de gauche, comme Gaston Defferre. Si Chaban ratisse large, c'est sûrement afin de mieux rassembler pour son propre compte, en vue de se présenter le moment venu à la présidentielle. Le moment venu ! D'ailleurs, les militants UDR ne savent plus où ils en sont.

« Je ne sais comment le faire comprendre à Chaban, confie Pompidou à Foccart. Je le lui ai déjà dit sur tous les tons. Voyez-vous, j'en suis au point où je vais en arriver à le dire fermement. Il fait tout cela pour être président de la République après moi. Je suis parfaitement d'accord pour qu'il me succède, mais je vais finir par lui annoncer que s'il se livre à de pareilles spéculations pour mettre tout le monde d'accord, je me représenterai la prochaine fois et, par conséquent, ce sera fini pour lui. [...] Il faut que Chaban nous fiche la paix avec l'ouverture. Dans ce pays, nous gagnerons toujours chaque fois que nous nous arrangerons pour que les autres ne s'entendent pas. »

Or, tandis que les relations se grippent entre Georges Pompidou et son Premier ministre, ni l'un ni l'autre ne voit venir l'adversaire commun, François Mitterrand. Le 16 juin 1971, au congrès d'Épinay, celui-ci s'est montré l'homme des questions concrètes. À quelques voix de majorité, il s'est emparé de la direction du parti socialiste, tandis que Guy Mollet et Alain Savary, ses chefs traditionnels, s'enferraient dans des discussions byzantines sur les responsabilités de la scission avec le PC cinquante ans plus tôt. Puis, afin de séduire les électeurs communistes, alliés indispensables pour la conquête du pouvoir, François Mitterrand a exclu toute stratégie centriste. Après de longues discussions, socialistes, communistes et radicaux de gauche ont fini, le

26 juin 1972, par adopter le programme commun de la gauche. Sa proclamation, dans un meeting spectaculaire au Palais des Sports, fait l'effet d'une bombe.

Des copains et des coquins

Pendant ce temps, une série noire de médisances et de calomnies ternit l'image de Jacques Chaban-Delmas et de son entourage. D'abord la publication, le 18 février 1970, par *Le Canard enchaîné,* d'un article dénonçant les pratiques d'une société civile de placements immobiliers, La Garantie foncière. Ce type de sociétés, les SCPI, autorisé par une loi de 1964, fait appel à l'épargne pour acheter des immeubles dont les loyers serviront en principe à assurer les dividendes. Les trois dirigeants de la Garantie foncière, Victor Rochenoir, avocat gaulliste de gauche, Robert Frenkel, marchand de biens, et Jean-Pierre Delarue, notaire, appâtent les petits épargnants par la promesse d'un rendement mirobolant, 10,25 %. Pour mieux les berner, ils se font cautionner par un ex-député UDR, ancien collaborateur de Chaban, au nom très vieille France, le comte André Rives-Henrÿs de Lavaysse. Grâce à ce battage, les compères extorquent à treize mille souscripteurs l'achat à des prix énormes de terrains et immeubles qui leur rapporte de juteuses commissions. Afin de masquer quelque temps leur escroquerie, ils utilisent l'argent des nouveaux épargnants pour payer les dividendes promis aux anciens. À ce jeu, les derniers arrivés perdent toute leur mise.

Le 10 juillet, une deuxième société immobilière, La Garantie foncière, fait à son tour l'objet d'une information judicaire. Son PDG, Claude Lipsky, cautionné par André Roulland, ancien secrétaire général adjoint de l'UDR, détourne l'argent de sept mille souscripteurs pour financer un trafic d'armes. Mis en cause, il se réfugie en Israël.

Le 14 juillet 1971, *Le Canard enchaîné* revient à la charge : « Grande truanderie ou petits trafics, au détour de chaque nouveau scandale on retrouve tout à coup, invariablement, la main basse, les dents longues, la mine louche de personnages du régime ou liés au pouvoir. Ils sont partout. Jamais les fricoteurs n'ont eu la partie aussi belle, la voie aussi libre. Il faut remonter aux spéculations effrénées du Second Empire ou aux dernières années de la monarchie de Juillet pour trouver l'équivalent. » Dans ces scandales, la présence de députés laisse la porte ouverte aux extrapolations hâtives : tout serait pourri au Parlement.

Le 15 novembre 1970, avait éclaté l'« affaire Delouette » : des agents du SDECE aux États-Unis impliqués dans un trafic de drogue aux États-Unis. Le général Billotte, ancien ministre du général de Gaulle, déclare que le SDECE « n'est plus dans l'ordre républicain et doit être dissous ».

C'est ensuite Gabriel Aranda, un conseiller au cabinet d'Albin Chalandon, qui inonde pendant deux mois *Le Canard enchaîné* de cent trente-huit documents faisant état de permis accordés pour des lotissements construits dans des zones inondables ou des couloirs d'avalanches, de marchés publics attribués sans concurrence à des sociétés amies, de bureaux d'études fictifs collectant l'argent des entreprises pour le compte de l'UDR, ou encore du déficit suspect de l'office d'HLM de la Ville de Paris. « Le scandale est énorme. On cite les noms de René Tomasini et de Claude Labbé, respectivement secrétaire général de l'UDR et vice-président du groupe parlementaire UDR, ainsi que de Michel Habib-Deloncle, député de Paris[84]. » Cette affaire, qui donne au *Canard enchaîné* la réputation de « journal le mieux informé de France », dégrade encore plus la réputation du gouvernement. « Je vous avais bien donné la règle, tempête Georges Pompidou : " Rien avec l'immobilier ! Pas de rendez-vous, pas de contact ! Rien ! Vous savez bien comme ce monde à part est dangereux". »

Puis le frère d'un membre du cabinet du Premier ministre, Édouard Dega, inspecteur des impôts du XVIe arrondissement, est inculpé pour avoir favorisé la fraude fiscale de plusieurs personnalités. Vient enfin la publication, toujours par *Le Canard enchaîné,* des dernières feuilles d'impôt de Jacques Chaban-Delmas prouvant que, pendant plusieurs années, il n'a payé aucun impôt sur le revenu. En droit, il est irréprochable. Depuis la IIIe République, les indemnités et avantages en nature perçus par le président de l'Assemblée nationale, fonction qu'il a exercée de 1959 à 1969, ne sont pas imposables. C'est Édouard Herriot, l'homme du Cartel des gauches, qui a fait passer cette loi dans les années 1920, mais cela, on l'a bien oublié Et l'avoir fiscal, la retenue d'impôt prélevée à la source, couvre ce que le fisc pouvait réclamer à Jacques Chaban-Delmas au titre de ses autres revenus. Il n'a donc commis aucune fraude fiscale, seulement une maladresse exploitée avec succès par ses adversaires, qui le font passer pour un privilégié et un tricheur. Des électeurs modestes, attachés aux valeurs d'égalité et d'ordre, disent tout haut qu'on n'aurait jamais vu pareille chose du temps du Général.

Dans cette indiscrétion, dans cette fuite, de mauvaises langues croient voir la main du ministre des Finances, Valéry Giscard d'Estaing, content, sait-on jamais, d'embarrasser un concurrent potentiel dans la prochaine course à la présidence. D'autant que son ami Michel Poniatowski qualifie aimablement l'entourage de Chaban de « copains et coquins ». Il s'agit en fait de l'indélicatesse d'un huissier gauchiste, qui a saisi l'occasion de faire tirer à boulets rouges sur le Premier ministre.

Les titres des journaux sont accablants : « Chaban s'enfonce », « Le scandale rebondit ». Commentaire de *Combat* : « La Ve République se trouve aujourd'hui atteinte au niveau le plus respectable. Il y avait au moins dans la "nouvelle société" un semblant de bonne volonté, il y avait dans la politique sociale du Premier ministre un effort de lucidité et de justice. Qu'en reste-t-il ? Quelle crédibilité peuvent avoir désormais des suspects ? » Car, conclut *Combat,* « même si la loi n'a pas été violée, la morale l'a été. Et c'est trop ». Même son de cloche dans *L'Express,* sous la signature de Claude Guillaumin : « C'est trop tard, le mécanisme est déclenché, il ne paraît plus possible de l'arrêter. L'opposition a là un champ de manœuvres idéal pour se lancer à l'assaut de M. Chaban-Delmas et, à travers lui, du gouvernement et de la majorité. Avec le maximum de chances de faire mouche auprès des contribuables qui vont bientôt avoir à payer leur premier tiers provisionnel et à rédiger leurs déclarations de revenus. Même sans comprendre ce qu'on reproche au Premier ministre, ils ne voient qu'une chose : le peu d'impôts qu'il paie... et quand il paie. »

À ses amis UDR qui lui reprocheront de s'être mal défendu, Jacques Chaban-Delmas, visiblement très affecté, répondra : « J'étais en plein désarroi. Je suis un honnête homme. Je ne savais comment réagir. C'est très dur d'être attaqué pour des fautes qu'on n'a pas commises. » Et à Arthur Conte, ce sentimental confie : « Je suis à bout. J'en ai soupé de toute cette dégueulasserie. De plus, il faut se battre contre ses amis, contre l'Élysée, contre l'Élysée[85] ! » Alors que lui, Chaban, par un réflexe issu de la Résistance – ne pas livrer le réseau –, couvre toujours ses amis. Le 12 mai 1972, Michel Bassi écrit dans *Le Figaro* : « Après avoir manqué le référendum sur l'Europe, le président de la République peut estimer que le bon moyen de reprendre l'initiative est de changer de Premier ministre. C'est peut-être injuste... M. Chaban-Delmas est décidé à en finir. »

À partir du moment où se déchaîne contre tel ou tel ministre une campagne de saletés, on est bien obligé d'en tenir compte et de remanier le gouvernement pour faire des exemples. Mais ce qui agace aussi Georges Pompidou, c'est le laxisme de Jacques Chaban-Delmas en matière d'information. « À regarder la télévision, dit-il, on a l'impression qu'il existe en France un problème social permanent. On nous parle tout le temps de grèves, on nous montre des délégués syndicaux qui réclament, d'autres qui annoncent qu'il n'y a pas de grève mais qu'il va y en avoir une. Or il se trouve que, l'année qui vient de s'écouler, il y a eu moitié moins de grèves que l'année précédente. Alors, je dis que le téléspectateur n'a pas eu une image objective d'une année sociale qui a été marquée par le calme. »

Se voyant attaqué de toutes parts, sentant qu'il a perdu la confiance du président, Jacques Chaban-Delmas lui demande, dans un déjeuner en tête à tête, l'autorisation d'engager la responsabilité du gouvernement devant l'Assemblée nationale lors du débat de politique générale. « Pourquoi pas, si vous le jugez utile ? » répond simplement Georges Pompidou sans davantage insister. Si vous le jugez utile : voilà une réserve qui en dit long.

Jacques Chaban-Delmas obtient la confiance à une large majorité. Fort du soutien de l'Assemblée, il pousse un soupir de soulagement et affirme à la télévision sa conviction d'être reconduit jusqu'aux législatives de mars 1973. Que n'a-t-il pas fait là ! D'abord, c'est une maladresse : dire que l'on tiendra jusqu'aux élections, c'est sous-entendre qu'ensuite on sera mort ; au contraire, ces élections, il faut non seulement les préparer mais les gagner et leur survivre. Sacrilège ensuite : le Premier ministre a violé le principe gaulliste de la suprématie du président. À croire qu'il veuille en revenir à la IVe. Certes, sous la Ve, l'Assemblée garde le pouvoir de renverser le gouvernement, mais le président de la République, et lui seul, le nomme, le confirme ou le remplace. Michel Jobert, toujours aussi caustique, note : « Cet excellent Chaban pensait ne pas avoir de comptes à rendre au président de la République. En Pompidou, il voyait le successeur du président Coty plutôt que du général de Gaulle [86]. »

« En prenant les devants, rappelle Marcel Gabilly dans *Le Figaro,* le Premier ministre s'est attribué une initiative qui devait revenir au président. En obtenant la confiance de l'Assemblée, c'est lui qui en bénéficie en propre, non le président. Et, s'il n'avait pas obtenu la confiance, c'est l'Assemblée qui aurait dicté sa volonté au chef de l'État. Pour M. Pompidou, le risque était évident dans les deux cas et ce n'est pas dans ses habitudes de s'y exposer. Surtout par des voies indirectes. »

Déjà en 1969, en sollicitant l'investiture de l'Assemblée, Jacques Chaban-Delmas avait commis un impair. Cette fois, en demandant ce vote de confiance, il a récidivé et aggravé son cas. Georges Pompidou n'admet pas cette façon de s'imposer, de le mettre devant le fait accompli.

« C'était une logique implacable, raconte Marie-France Garaud. Nous allions à des élections législatives, qui s'annonçaient très difficiles. Il n'était pas possible de confier la conduite de la campagne électorale à un Premier ministre auquel dans tous les meetings n'importe quel adversaire pourrait crier : “Et tes impôts !” Il fallait donc le remplacer. À partir de là, se sentant menacé, il a voulu se faire consacrer par un vote de confiance de l'Assemblée. Mais, par ce fait même, il en revenait aux pratiques de la IVᵉ. C'est ce qu'il fallait à tout prix éviter [87]. »

Beaucoup pensaient que les institutions de la Vᵉ République, conçues pour un homme hors du commun, de Gaulle, ne lui survivraient pas. Qu'après son départ on reviendrait au régime parlementaire. Eh bien non ! Le 5 juillet 1972, profitant des vacances du Parlement, Georges Pompidou démontre le contraire avec éclat.

Ce mercredi, on prévoit un conseil des ministres comme les autres. Effectivement, il se déroule tout d'abord comme prévu : exposé rituel de Maurice Schumann, ministre des Affaires étrangères ; exposé du ministre des Finances ; adoption d'un décret sur le conseil d'administration de l'ORTF. Chaban intervient sur chaque sujet. Soudain, alors que les délibérations tirent à leur fin, Georges Pompidou annonce : « Messieurs, je crois que M. le Premier ministre a une communication à vous faire. » Effectivement, Jacques Chaban-Delmas prend la parole et, en quelques mots, annonce sa démission.

Sur tous les visages, la surprise est totale. Le désarroi est peint sur les visages. Le milieu politique ne s'y attendait absolument pas. Sobrement, Jacques Chaban-Delmas s'est incliné devant la décision de Georges Pompidou. Déjà, le 15 octobre 1970, répondant à François Mitterrand sur la question de savoir ce qu'il adviendrait si le président lui demandait sa démission et s'il refusait de se démettre, il avait déclaré : « Que serait un Premier ministre qui s'accrocherait ? Ah ! monsieur Mitterrand, ce serait un triste sire, vous pourriez le dire ! » Eh bien, comme il l'avait dit ce jour-là, Jacques Chaban-Delmas ne s'accroche pas. Déjeunant avec ses collaborateurs, tous abasourdis, il leur dit pour tout commentaire : « Croyez-moi, les enfants, tout va très bien, la route est longue. »

Les institutions de la Ve République ne prévoient pas comment régler un conflit ouvert entre le président de la République et le Premier ministre. « Le général de Gaulle, qui n'avait pas sur les hommes un jugement indulgent, s'était prémuni contre ce risque en faisant signer par ses Premiers ministres, au moment où il les nommait, une lettre non datée par laquelle ils remettaient leur démission au chef de l'État. Cette précaution avait toujours été inutile et Georges Pompidou ne l'avait pas prise à l'égard de Jacques Chaban-Delmas [88]. » Mais Chaban a beau souffrir d'être traité en ennemi par ceux qu'il considère comme ses amis, il ne lui crée aucune difficulté.

Pour sa succession, deux noms circulent : Olivier Guichard et Pierre Messmer. Guy de Rothschild, reçu à l'Élysée la semaine précédente, avait après le café effectué un tour dans le parc avec le président, et lancé, au hasard : « Il n'y a pas beaucoup d'hommes qui aient l'étoffe d'un Premier ministre. »

Puis il avait cité un nom, sans doute celui d'Olivier Guichard, et s'était attiré cette réplique : « Ah non ! pas lui ! Dans l'affaire Markovic, il aurait pu parler au Général et il ne l'a pas fait [89] ! »

Toujours cette meurtrissure, en pensant à l'offense faite à sa femme. D'ailleurs, opine la très influente Anne-Marie Dupuy : « Guichard, Chaban, c'est le même genre d'hommes, qui traînent les pieds et ne savent pas prendre les décisions [90]. » Opinion partagée par Jean-Philippe Lecat : « Guichard semblait manquer d'appétit pour le poste, à croire qu'il n'en avait pas vraiment envie. »

En tout cas, le soir même de ce 5 juillet 1972, le chef du service de presse de l'Élysée annonce : « M. Pierre Messmer est nommé Premier ministre. » Et Georges Pompidou, recevant la lettre de démission demandée à Chaban, lui adresse la réponse que voici : « En réponse à votre lettre de ce jour, j'accepte votre démission que vous m'avez présentée conformément à l'article 8 de la Constitution. Au cours de nos précédents entretiens, je vous ai indiqué les raisons qui me paraissent appeler la formation d'un nouveau gouvernement. » On peut difficilement faire plus sec. Quelle différence avec la courtoisie manifestée par de Gaulle en semblables circonstances !

Pierre Messmer, Georges le connaît depuis dix-huit ans. C'est Guy de Rothschild qui lui a présenté ce camarade de guerre, retrouvé en Côte d'Ivoire, où il était gouverneur général, et qui est devenu son meilleur ami. Un partisan sans complexe de la force de dissuasion. « J'ai été le seul Français à me réjouir de la bombe atomique, reconnaît Pierre Messmer. Me trouvant alors en Indochine, j'étais programmé pour un débarquement imminent sur la côte japonaise. Je savais que je n'en ressortirais pas vivant. Alors, en apprenant Hiroshima, j'ai poussé un soupir de soulagement[91]. »

Ce compagnon de la Libération assure cette fameuse légitimité gaulliste dont Georges Pompidou a toujours besoin. Mais ce n'est pas seulement un excellent ministre des Armées du général de Gaulle, c'est aussi un gouverneur des colonies et un directeur de cabinet de plusieurs ministres socialistes de la France d'Outre-mer qui a arrangé pas mal de choses, dans les îles en particulier. Et puis, ayant longtemps été ministre, il connaît mieux les dossiers que son prédécesseur.

Cet homme solide et honnête mettra, espère le cabinet noir, un terme à la dérive affairiste des années Chaban. On imagine mal en effet que *Le Canard enchaîné* puisse attaquer l'intègre héros de Bir Hakeim, l'évadé des cages de bambou du Viet Minh, au sujet d'une feuille d'impôt ou de promoteurs immobiliers. Moins brillant peut-être que d'autres dans les joutes oratoires, c'est en revanche un homme résolu, déterminé, sans précipitation mais sans flottements. Surtout, de même que de Gaulle s'était reposé avec Pompidou de la nervosité de Michel Debré, de même Georges Pompidou se trouve mieux avec le calme Pierre Messmer qu'avec le bouillant Jacques Chaban-Delmas. « Peut-être aussi, déjà atteint par la maladie, sent-il le besoin de s'appuyer sur un chêne, et Pierre Messmer est un chêne[92]. »

« Au revoir, Pierre, bon travail », lance à Messmer la ravissante Micheline Chaban-Delmas en quittant Matignon. Voulant, comme de Gaulle, retrouver la large assise sociale qui avait fait la force et l'originalité du gaullisme, son mari récusait le clivage idéologique droite/gauche. Il était le dernier à incarner la capacité de s'élever au-dessus des querelles partisanes entre les deux camps. Cette chance ne se présentera plus. « Chaban avait raison, estime Michel Drancourt. Avec lui on aurait évité Mitterrand[93]. »

Avec Pierre Messmer, on change de ton. « On a tiré tous les plaisirs du printemps, note François Ceyrac, désormais on passe à l'été. La confiance, le respect, la sécurité succèdent à l'ébullition[94]. » Résolu à ne pas risquer d'aliéner son électorat en faisant la politique de ses adversaires, Georges Pompidou se mue désormais en leader incontesté de la droite française. Une droite évolutive, moins figée que la droite de la IIIe ou de la IVe République, mais une droite tout de même, une école de pensée où l'égalitarisme n'étouffe pas le mérite et l'esprit d'initiative. Un tournant conservateur va marquer les deux dernières années de sa présidence. Pierre Messmer forme aussitôt son gouvernement sans se soucier de convoquer le Parlement en session extraordinaire. Malgré les protestations de l'opposition, il attendra trois mois pour faire une déclaration de politique générale.

Une industrie et une France fortes

Georges Pompidou a beau succéder au général de Gaulle, il veut montrer qu'il n'est pas obsédé par sa personnalité. Que lui-même a un projet personnel pour la France. Lors d'une conférence de presse, trois mois après son accession à la présidence, on lui demande : « Que souhaiteriez-vous que les Français retiennent de vous, monsieur le président, après votre septennat ? – Je voudrais, répond-il, avoir fait de la France un État qui soutienne la concurrence et la comparaison avec les autres États industriels. »

Et, à Léo Hamon, il confie : « On me reproche de manquer d'un grand dessein, on me reproche de manquer d'ambition. Eh bien si ! J'ai une ambition, je voudrais qu'à la fin de ce septennat, la France soit industriellement et économiquement plus grande que l'Allemagne fédérale. Et que, dans ce domaine, nous soyons vraiment les premiers en Europe. Oui, voilà mon dessein. »

Un dessein qu'il rappelle avec éclat dans sa conférence de presse du 21 septembre 1972, en réponse à une question de Jean-Pierre Farkas, de *France Soir* : « Chère vieille France. La bonne cuisine ! Les Folies-Bergère ! Le gay Paris ! La haute couture et de bonnes exportations, du cognac, du champagne, du bordeaux ou du bourgogne ! C'est terminé ! La France a commencé et largement entamé une révolution industrielle. Aujourd'hui, elle est par son agriculture, et par son industrie, dans beaucoup de branches et dans beaucoup de domaines, compétitive sur le plan des prix et même, souvent, sur celui des techniques. Nos industriels, au lieu de dormir dans leurs bureaux, à l'abri des frontières, n'hésitent pas à prendre l'avion. On les voit en Europe, un peu partout, et même en Amérique. Par-dessus le marché, nos ambassadeurs ont renoncé à l'exercice des tasses de thé et des petits gâteaux, et commencent à se dire que des crédits, des traités commerciaux, des prêts financiers sont des problèmes qui ne les déshonorent pas !

« Et par-dessus le marché encore, nous nous mettons à avoir des conseillers commerciaux qui savent ce que c'est que le commerce, et qui commencent à conseiller et à introduire nos industriels dans les milieux compétents locaux, administratifs ou privés.

« Oh ! mais en effet, monsieur, cela ne va plus du tout. Qu'est-ce que c'est que cette France-là qui vient troubler le jeu et qui vient faire ce que depuis toujours font les États-Unis, la Grande-Bretagne, l'Allemagne, le Japon et les autres – et même depuis que Pharaon chargeait Joseph de monopoliser à son profit le marché des céréales au Moyen-Orient !

« Cela n'est pas d'aujourd'hui !

« Eh bien, il faut s'y résigner. La France est désormais un compétiteur autant qu'elle peut l'être. Elle ne prendra pas la place des autres, mais sa place s'agrandit tous les ans. Hier encore, je le constatais en parlant avec le ministre des Finances du Brésil, et c'est vrai ailleurs aussi. On s'y résignera[95]. »

Les yeux fixés sur l'Allemagne, avec laquelle il organise avec soin les sommets franco-allemands, sur « le miracle allemand », sa reconstruction après guerre, Georges Pompidou rêve que l'industrie française ne se laisse plus dominer par l'industrie allemande. Qu'elle la rattrape, qu'elle réussisse même à lui damer le pion. Il a aussi profité du répit de ses onze mois de traversée du désert, de juillet 1968 à juin 1969, pour mettre noir sur blanc quelques réflexions. Des notes inachevées publiées après sa mort sous le titre : *Le Nœud gordien.* « Rien ne tiendra, y écrit-il, si ce n'est étayé par une expansion industrielle. Je ne m'en laisserai pas détourner par des projets fumeux. » La France est sous-équipée. Des secteurs industriels sont en crise : les charbonnages, les mines de fer, la sidérurgie, la construction navale, l'industrie textile. L'industrie agro-alimentaire vient après celle de l'Allemagne, alors que l'agriculture française est la première.

Georges Pompidou est un libéral, convaincu que l'homme est un créateur. Qu'on ne tire le meilleur de chacun qu'en lui laissant des responsabilités, et que l'excès de planification, de réglementation étouffe ses initiatives originales. Son propre exemple lui montre que le progrès social est possible dans cette République où, pourvu qu'on ne souffre d'aucun handicap et qu'on se donne du mal, il y a moyen de s'intégrer à une place convenable dans la vie de la nation.

« Pompidou ne cherchait pas à faire le bien des gens malgré eux, raconte François Ceyrac. Non seulement il était ouvert sur l'entreprise, mais il avait une exceptionnelle qualité d'écoute que nous n'avons pas retrouvée chez son successeur. Il nous arrivait parfois de nous opposer, mais nous parlions la même langue, il comprenait naturellement nos problèmes, nos objectifs et cette compréhension favorisait un climat de confiance, de sécurité[96]. » Il n'était pas cloîtré derrière un mur de technocrates.

Il savait aussi que la gauche, quoi qu'elle raconte, ne s'intéresse qu'à égaliser les revenus. Or, avant de les égaliser, il faut les accroître. « Et quel régime favorise la croissance ? Pour se convaincre des mérites du libéralisme, il suffit de voir comment le communisme a fait dégringoler l'Allemagne de l'Est et la Tchécoslovaquie, dont le niveau de vie égalait en 1938 celui de l'Europe de l'Ouest. Avant de répartir, encore faut-il qu'il y ait quelque chose à répartir. Seule l'expansion, l'accroissement rapide du revenu national permettra d'améliorer la condition ouvrière[97]. »

D'ailleurs, il est persuadé que si la croissance se ralentit, le chômage dépassera le niveau de cinq cent mille chômeurs et provoquera l'explosion sociale, la déstabilisation politique, le retour en arrière. Alors, de 1969 à 1973, par une politique industrielle volontariste, le président va aider la production et les investissements. Ils augmenteront en France plus vite que dans les pays voisins, un point de plus chaque année.

La chose est moins aisée qu'on ne pense, car, à partir de 1969, la croissance mondiale commence à ralentir. L'accroissement des dépenses américaines de défense engendre une reprise de l'inflation et, en 1971, la dévaluation du dollar freine les exportations françaises. Pourtant, de 1969 à 1974, la production industrielle de la France s'accroît de 7,5 % par an. Du jamais vu depuis Napoléon III ! En quatre ans, le niveau de vie des Français augmente de 27 %, rattrapant celui de l'Allemagne, dépassant d'un quart celui de l'Angleterre.

Un taux de croissance supérieur eût risqué de désorganiser la société. Georges Pompidou n'en veut pas. Il souhaite une évolution sans à-coups. L'expansion industrielle doit se faire dans une relative paix sociale. Dans la stabilité politique. Or, déjà, les campagnes se vident au profit de la région parisienne, des métropoles régionales et des villes moyennes. Il devient indispensable d'y construire à tour de bras logements et équipements urbains. Cette industrialisation de la France se fera en douceur, pas dans un climat à la Zola comme au Second Empire.

« En France coexistent cependant deux secteurs très différents, pense le président. L'un, dynamique, moderne, compétitif ou près de l'être, et qu'il suffit d'encourager. L'autre, plus ou moins menacé par l'évolution, mais que pour des raisons diverses, principalement sociales, on ne peut laisser mourir de sa belle mort. Les chiffres démontrent par exemple qu'en bien des endroits fermer des puits de mine et assurer aux chômeurs licenciés leur salaire puis leur retraite ne coûterait pas plus cher que de continuer l'exploitation. Il n'en est pas moins vrai que la fermeture brutale et immédiate de ces mines entraînerait pour certaines régions un réel trouble économique et que payer des hommes à ne rien faire apparaîtrait aux bénéficiaires eux-mêmes plus comme une insulte à leur dignité que comme une mesure inspirée par des motifs valables. Les fermetures doivent donc être étalées dans le temps, accompagnées d'un effort de reconversion industrielle dans les régions concernées et de formation professionnelle pour les mineurs comme pour la jeunesse à la recherche d'emplois qu'elle s'imaginait trouver dans la mine. De même, accélérer le transfert des fils d'agriculteurs vers l'industrie n'a de sens que si l'on crée les emplois industriels correspondants.

« Toute absence de prévision, donc de planification dans ces domaines, conduirait à s'abandonner au jeu des lois économiques et au triomphe des mieux adaptés, mais au travers de souffrances sociales que nous n'admettons pas. Il n'est pas souhaitable, il n'est pas imaginable que la France accomplisse les mutations actuellement nécessaires dans les formes où s'est faite la révolution industrielle au siècle dernier. Affirmer le contraire serait ignorer non seulement les raisons du cœur mais encore celles du bon sens. Aucun peuple occidental – et le peuple français moins que tout autre – n'acceptera de consentir les sacrifices qui furent imposés à la classe ouvrière dans les deux premiers tiers du XIXe siècle. L'existence du Plan demeure donc une nécessité[98]. »

Première règle donc : desserrer le carcan de l'État. À lui d'imposer un salaire minimum convenable, mais pas de fixer les salaires ni de juger des revendications prioritaires des salariés. C'est le rôle des conventions collectives, des discussions directes entre syndicats ouvriers et patronaux. Les entreprises du secteur public doivent se rapprocher des mécanismes du marché, recevoir moins de subventions mais davantage d'autonomie de gestion. Certes, l'État doit veiller à la formation professionnelle et à la stabilité monétaire, aménager le territoire, assurer les infrastructures de transport et de communication. Certes, le plan peut orienter dans ses grandes lignes l'économie nationale, mais pas diriger les entreprises à la place des patrons.

« Supportable dans un pays tel que le bloc soviétique, auquel ses dimensions et ses ressources permettent une autarcie quasi complète, le dirigisme ne le serait pas en France, obligée par ses faibles ressources en énergie et en matières premières à commercer avec l'extérieur, donc à affronter la concurrence, à devenir compétitive. Compétitivité veut dire entreprises prospères, capables d'investir pour suivre la loi harassante du progrès. Mais prospérité, capacité d'investissement, en un mot, productivité, qu'est-ce, sinon profit ? Il est navrant qu'on ne puisse exprimer une vérité aussi évidente sans entendre crier à "la réaction". »

Compétitivité, le mot est dit. À la politique d'arsenal, voulue par le général de Gaulle, Georges Pompidou substitue une politique de compétitivité : « Or, à tous les échelons, les fonctionnaires ont la passion du contrôle. Ils ont leur idée sur tout, sur la production, la répartition, les prix, les marges qu'ils estiment normales, les fusions à favoriser ou à contrarier. La vie du chef d'entreprise devient alors une espèce de débat permanent avec les bureaux, au point que les grandes affaires trouvent plus utile de mettre à leur tête des hommes ayant des relations avec les ministères plutôt que des dirigeants ayant fait preuve de leur capacité en affaires[99]. »

Cette rage du contrôle, née de la pénurie des années 1940-1944 et de la libération, les grandes écoles, l'ENA notamment, l'inculquent encore aux jeunes générations de fonctionnaires. Méfiants envers l'entreprise privée, confondant intérêt général et interventionnisme étatique, ces technocrates multiplient les tracasseries inutiles, se mêlent de tout.

Georges Pompidou doit pourtant tenir compte de spécificités françaises. D'abord, l'État est le plus gros banquier, le plus gros assureur, le plus gros transporteur, le plus gros industriel et le premier client de la grande industrie. Ensuite – est-ce individualisme ou méfiance traditionnelle envers les trusts ? –, les entreprises, tant publiques que privées, sont plus morcelées que celles des Suédois, des Hollandais ou des Suisses. Leur taille insuffisante les prive des avantages de l'effet de série, des moyens indispensables à la recherche et au développement : « Les mandarins qui trop souvent les dirigent doivent admettre de s'associer, de fusionner, pour faire face aux dimensions du Marché commun et à son élargissement qui, à terme, est inévitable. »

Avec seulement trois firmes au classement des trente plus importantes sociétés européennes, la France n'occupe pas la place qu'elle mérite, surtout dans deux domaines d'avenir, l'informatique et l'aéronautique, dominées par le quasi-monopole d'IBM et de Boeing. Le trafic européen a beau représenter le quart du trafic mondial, l'industrie aéronautique européenne ne fournit que 10 % du marché des avions civils.

Depuis son passage dans la banque, Georges Pompidou s'intéresse à l'influence de la fiscalité sur la compétitivité des entreprises. Pour éviter d'handicaper les industriels français par rapport à leurs concurrents étrangers sur des marchés internationaux, il fait exonérer d'impôt certaines provisions pour reconstitution d'actifs. Pour susciter le regroupement d'entreprises moyennes en entités capables de rivaliser avec les grands allemands ou anglo-saxons, il fait supprimer la double imposition des sociétés-mères qui détiennent plus de 20 % du capital de leurs filiales. Dans le secteur public, il agit d'autorité. Dans le secteur privé, le président se montre libéral, mais libéral avec une ambition pour la France. Pas de consignes, seulement des exemples : « Regardez ce que nous faisons dans le secteur public et tirez-en profit. » « Jouven et Grézel, les présidents de Pechiney et Kuhlmann, sont venus me voir un vendredi après-midi, après la fermeture hebdomadaire de la Bourse, raconte Bernard Esambert. “Nous avons décidé de fusionner, m'ont-ils dit. Prévenez le président de la République.” Le prévenir, c'est bien qu'il n'était pas dans le coup [100]. »

À ces fusions, l'État donne, à l'occasion, un coup de pouce. Tantôt par des garanties ou des prêts à des taux avantageux du FDES, le Fonds de développement économique et social, tantôt par des agréments fiscaux qui permettent de prendre en compte les effets de l'inflation pour réévaluer les actifs et dégagent ainsi de nouvelles possibilités de provisions pour amortissements.

Grâce à une gigantesque partie de Monopoly, la France rattrape en quelques années le temps perdu. Une pléiade d'entreprises se hisse aux tout premiers rangs. Pompidou s'implique personnellement dans le regroupement de Sud-Aviation, de Nord-Aviation et de la Sereb pour constituer, en janvier 1970, la SNIAS, l'Aérospatiale. Au même moment, Dassault reprend Breguet. La Compagnie générale transatlantique et les Messageries maritimes s'unissent pour former la Compagnie générale maritime. Dans la banque, la BNP naît de la fusion de la Banque nationale pour le commerce et l'industrie avec le Comptoir national d'escompte de Paris.

Dans la chimie, Rhône-Poulenc absorbe Naphtachimie, Péchiney fusionne avec Ugine-Kuhlmann, l'Office national industriel de l'azote, l'ONIA, se rapproche des Mines de potasse d'Alsace pour donner naissance à l'Entreprise minière et chimique, EMC, tandis qu'ATO regroupe les secteurs chimiques d'Elf et de Total. Dans le domaine des matériaux, Pont-à-Mousson se désinvestit de sa sidérurgie et de sa chimie pour fusionner ses tuyaux de fonte avec le verre et les fibres de Saint-Gobain.

Dans la construction mécanique, la SFAC, du groupe Schneider, s'unit à la CFAL, du groupe Marine-Firminy, pour constituer Creusot-Loire. Dans la construction électrique, la CGE, Compagnie générale d'électricité, reprend Alsthom, puis les Chantiers de l'Atlantique.

Dans la transformation des métaux, Pechiney, Ugine et Tréfimétaux regroupent leurs capacités dans le secteur des non ferreux. Dans la sidérurgie, Usinor absorbe Vallourec, Lorraine-Escaut et Saulnes et Uckange, tandis que Sidelor se rapproche de Wendel et de la Mosellane. Doublement frappée par le blocage des prix industriels, qui l'a empêchée de reprendre son souffle, et par l'épuisement du minerai de fer lorrain, la sidérurgie lorraine doit se reconvertir. On la transfère à Fos, en bord de mer, à proximité du minerai importé, et l'on installe en Lorraine quelques industries de remplacement.

Il est cependant un secteur où la politique industrielle de Pompidou connaît un échec cuisant : l'informatique. En 1963, de Gaulle s'était ému du veto opposé par le gouvernement américain à la vente au Commissariat à l'énergie atomique, le CEA, d'un gros ordinateur Control Data indispensable au développement des armements nucléaires et que Bull se montrait incapable de réaliser par ses propres moyens. Sur le rapport de François-Xavier Ortoli, le gouvernement Pompidou avait alors lancé en 1967 le plan Calcul. À Louveciennes, dans les bâtiments libérés par le départ de l'état-major de l'OTAN en Europe (le SHAPE), on avait installé une nouvelle compagnie d'informatique, la Compagnie internationale d'informatique, CII. Elle avait pour actionnaires la CGE et Thomson, bénéficiait d'une aide substantielle de l'État et recherchait une coopération avec Siemens pour les périphériques mécaniques et avec Philips pour l'électronique. Malgré quelques succès initiaux, le projet ne survivra pas aux dissensions entre les deux actionnaires de la CII et à l'absence de stratégie claire. Il sera abandonné par Valéry Giscard d'Estaing un an après la mort de Pompidou.

Airbus

Ces regroupements entre firmes françaises concernent surtout l'industrie lourde, les biens d'équipement. Ils ne font guère d'émules dans le secteur des biens de consommation, tels que l'industrie agro-alimentaire. En revanche, Georges Pompidou aide de plus en plus activement à compléter ces fusions nationales par des accords ponctuels, bilatéraux ou multilatéraux, avec des firmes étrangères, afin de réunir les moyens d'engager des programmes de très grande envergure. De viser encore plus haut.

Dans l'aéronautique, Dassault construit avec Dornier l'Alphajet et le Transal, tandis que la SNIAS s'associe à British Aircraft pour le

Concorde, et Breguet avec British Aircraft pour le Jaguar. L'obstruction de Krauss Maffei fait capoter un projet de char franco-allemand, mais la SNIAS constitue avec Messerschmitt le groupement Euromissile pour le missile sol-air Roland et le missile sol-sol Hot.

Le 29 mai 1969, la France signe un accord de coopération avec l'Angleterre et l'Allemagne pour étudier un avion de trois cents places, l'A 300, destiné à succéder au Boeing 727, à la Caravelle et au Trident. La SNIAS, Fokker et Messerschmitt constituent à cet effet le GIE Airbus Industrie. Le 23 octobre 1969, un Conseil restreint décide d'abandonner le moteur Rolls-Royce, qui n'existe que sur la planche à dessin. Vexés, les Britanniques se retirent du projet, mais l'Espagnol Casa les remplace. Un plan de partage est mis au point. Les Allemands feront la carlingue et la queue, les Français le cockpit et la partie centrale, les Anglais, malgré leur retrait du consortium, construiront les ailes. Le tout sera assemblé à Toulouse. Le 24 octobre 1972, le Conseil des ministres approuve la construction de trois cent soixante appareils.

Reste la question de la motorisation. Airbus, comme d'ailleurs Boeing, a besoin d'accoupler moteur haute pression et moteur basse pression. La SNECMA dispose bien d'un basse pression, mais il lui manque un haute pression de dix tonnes de poussée. General Electric en a développé un pour le chasseur américain F15. Elle accepte de lui en céder la licence avec francisation, c'est-à-dire en n'exigeant que sept à huit ans de royalties. Mais le Pentagone, qui a financé ce développement, s'oppose au transfert de technologie. Georges Pompidou multiplie alors les démarches auprès de Richard Nixon pour surmonter cette obstruction.

Au printemps 1970, la France examine également la possibilité de coopérer avec l'Allemagne pour construire un lanceur et des satellites de télécommunications. Le 30 novembre 1972, après l'échec de la fusée Europa, elle propose de développer le lanceur Ariane. Georges Pompidou, Pierre Messmer, passionné par les problèmes spatiaux depuis qu'il s'est occupé de lancer des missiles, et Jean Charbonnel, qui a succédé à François-Xavier Ortoli à la Recherche et à l'Industrie, ne veulent pas manquer l'occasion. La France tient en effet trois atouts dans son jeu : une ambition, une excellente équipe de chercheurs, celle du CNES, et une pléiade d'industriels de pointe, la Société européenne de propulsion (SEP), Air Liquide, Matra et l'Aérospatiale. En décembre 1973, après un an d'efforts patients, non seulement ils triomphent des réticences budgétaires de Valéry Giscard d'Estaing, mais Michel Jobert, ministre des Affaires étrangères, parvient à convaincre dix pays européens de s'associer à la France, majoritaire à 62 %, pour le construire en commun, sous maîtrise d'œuvre CNES. Pompidou aurait sûrement aimé vivre assez longtemps pour assister, à la Noël 1979, au premier tir réussi d'Ariane, son enfant en quelque sorte.

La France devient aussi le troisième exportateur mondial, *ex-aequo* avec le Japon. Un succès dû pour partie aux ventes d'armes. Vers l'Espagne, la Grèce, le Brésil, l'Argentine, la Colombie, le Pakistan, l'Afrique du Sud et la Libye, pays non démocratiques, la France exporte des chars, des sous-marins, des hélicoptères fabriqués dans les arsenaux de l'État. Mais aussi des Mirage, des vedettes ou des missiles produits par l'industrie privée. Ce commerce des armes, précieux pour assurer aux forces françaises un armement moderne à prix compétitif, Georges Pompidou le justifie dans sa réponse à un évêque français qui avait protesté contre ces ventes : « Il y a, si j'ose dire, quatre religions : catholique, protestante, juive et marxiste. Les principaux États à direction protestante, les États à direction marxiste et l'État juif sont surarmés. Faut-il empêcher le moins désarmé des États catholiques de poursuivre son effort ? L'Église ne réédite-t-elle pas l'erreur commise lorsque, pour les raisons les plus nobles également, elle a interdit le prêt à intérêt, condamnant pour des siècles à la misère les États catholiques, tels que l'Espagne et le Portugal, et entravant pendant longtemps le développement de la France ? Je m'étonne que l'argument n'ait même pas été entraperçu... Tous les pays, sans exception, veulent un minimum de capacité militaire à titre défensif. Et, plus ils sont au contact des puissants, plus ils souhaitent s'approvisionner auprès de nations qui ne les menacent ni ne les oppressent. S'ils acceptent de payer plus cher des armements français, c'est pour ne pas dépendre d'un puissant voisin. En leur vendant des armes, nous les aidons à acquérir un minimum d'indépendance. Cela nous vaut aussi la sympathie et entraîne par ailleurs certaines difficultés. L'objectif est-il bas ou méprisable ? Bref, il y a des cas où un idéalisme théorique assure purement et simplement le triomphe de la force brutale. » En privé, Pompidou ne cache pas son agacement devant ce qu'il appelle « la démission de l'Église », les prêtres qui se veulent « copains », les curés contestataires.

D'une manière générale, une croissance soutenue au taux de 7 % l'an suppose soit la création de nouveaux emplois, soit une mécanisation et une automatisation accrues des tâches de production. Or, pendant les années Pompidou, le crédit reste cher, et, le spectre du chômage restant loin dans les esprits, la protection sociale reste faible. Si les constructeurs automobiles ou les entreprises de bâtiment et de travaux publics veulent mettre les bouchées doubles, profiter de l'élargissement du marché pour grandir à toute vitesse, ils ont meilleur compte à embaucher en contrats à durée déterminée, six à huit mois par exemple, des travailleurs immigrés qu'ils renverront à leurs foyers si la conjoncture se retourne. La méthode a fait ses preuves de 1915 à 1918 dans l'industrie d'armement. Moins d'investissements, donc moins d'emprunts, moins de contraintes. Un gain de temps aussi, car la mécanisation et l'automatisation prennent du temps, allongent les délais.

Avec le concours d'un Office de l'immigration mis en place par les pouvoirs publics, la France ouvre alors largement ses frontières à la main-d'œuvre étrangère. « Des agents recruteurs en voiture, avec haut-parleurs, parcourent la vallée du Sous, les montagnes d'Anatolie et de Yougoslavie pour chanter les mérites du travail en France. Ils offrent la gratuité du voyage aller. Pères, fils, frères, cousins se retrouveront dans les mêmes usines, hébergés dans les mêmes logements collectifs. Voilà qui rassure ! On ne s'embarrasse pas de savoir si les volontaires savent lire et écrire. On regarde seulement leurs mains pour vérifier que ce soient bien celles de travailleurs. Des mains qui n'ont pas rechigné à prendre la pelle et la pioche. Parmi ces nouveaux venus, certains ne savent pas prendre le train, ils n'en ont jamais vu et s'asseyent parfois sur le rebord du quai, à la frayeur des conducteurs. On les héberge dans de minuscules chambres à deux lits, avec deux armoires et un lavabo. Dans un premier temps, femmes et enfants restent au pays et reçoivent chaque mois un mandat, une bonne part du salaire. Peu à peu, les baraquements deviennent des cités-dortoirs [101]. »

Cette immigration, qui atteint de 1969 à 1973 deux cent mille personnes par an, célibataires ou venus sans leur famille, contribue à la croissance de l'industrie française. Elle est la solution de facilité, puisqu'elle dispense d'automatiser, mais, du même coup, elle retarde la modernisation. Et surtout elle crée une frustration dont on ne prend pas encore la mesure, car ces nouveaux ouvriers sont dépourvus de l'autonomie conférée par l'apprentissage, la maîtrise d'un métier. Dans la grande industrie, la proportion d'OS double, jusqu'à dépasser 40 %. À la différence des professionnels, ces OS – mot affreusement trompeur – postés à des tâches spécialisées, morcelées, déshumanisées, ne possèdent aucune spécialité. Leur travail parcellaire, répétitif, aliénant, ne procure aucune connaissance du produit. Leur effectif disproportionné et l'insuffisance des moyens offerts pour leur formation introduit dans les usines une véritable bombe à retardement. Ses effets se feront ressentir plus tard [102].

Une industrie forte ne se conçoit pas non plus sans ressources en énergie. Or la France n'en dispose guère sur son sol. Le pétrole a largement remplacé le charbon. Tous les sites de grands barrages possibles sont maintenant équipés. À l'occasion du vingt-cinquième anniversaire de la création d'EDF, Georges Pompidou dresse un bilan de la dépendance énergétique du pays et évoque les moyens d'en sortir : « Pendant encore au moins quinze ans, le pétrole et le gaz naturel garderont la toute première place dans notre alimentation énergétique. Nous devons donc diversifier nos sources d'approvisionnement. D'où les efforts de recherche menés par nos deux grands groupes pétroliers, les contrats d'achats passés ou en discussion, et les accords d'État à État.

« Nous avons également décidé d'accélérer notre programme d'utilisation de l'énergie nucléaire. Le succès prévisible des surgénérateurs ne pourra qu'accentuer son rôle. Nous savons que les besoins en énergie continueront à croître à un taux rapide. Nous savons qu'il faut quatre à cinq ans pour construire une centrale électrique dont la durée d'utilisation dépasse trente ans. Nous savons que les réseaux électriques et les canalisations de gaz sont capables de fonctionner plusieurs dizaines d'années. Nous savons que les délais ne sont pas moindres pour les utilisateurs. N'aura-t-il pas fallu vingt ans pour mener à terme le processus d'électrification et de diésélisation des chemins de fer ? »

La production d'électricité nucléaire pose en réalité trois problèmes : quel combustible ? quel procédé ? combien de centrales ? Lors de la construction des quatre premières centrales nucléaires – Marcoule, Chinon, Saint-Laurent-des-Eaux, Bugey –, la France n'avait pas eu le choix. Ne pouvant s'approvisionner dans des conditions satisfaisantes en uranium enrichi, le Commissariat à l'énergie atomique, le

CEA, avait utilisé comme combustible de l'uranium naturel, contenant 0,7 % d'uranium 235, seul fissile, et 99,3 % d'uranium 238, qui ne participe pas à la réaction nucléaire. Et, pour les centrales électriques, il avait développé un procédé de modération et de refroidissement par graphite et gaz carbonique.

En 1967, au moment de lancer le projet de la centrale suivante, Fessenheim, un débat s'était ouvert. Fallait-il continuer d'utiliser l'uranium naturel ou bien, maintenant que les Américains voulaient bien en fournir, partir d'un uranium quatre fois plus riche en isotope 235 ? Fallait-il également conserver le procédé de refroidissement français ou aller voir ce qui se faisait en Amérique ? À force de pratiquer la culture du secret et de refuser de collaborer à la réalisation d'armes nucléaires, le CEA avait perdu en efficacité et s'inquiétait à juste titre pour son plan de charge[103]. Aussi penchait-il pour le maintien de sa filière. Au contraire, Marcel Boiteux, président d'EDF, de retour d'une mission aux États-Unis, concluait que le kilowattheure coûterait deux à trois fois moins cher si l'on utilisait de l'uranium enrichi et un procédé américain de refroidissement. Il y en avait d'ailleurs deux : un réacteur à eau maintenue constamment sous pression, un réacteur à eau bouillante, c'est-à-dire à mélange d'eau et de vapeur.

On avait alors trouvé un compromis : le CEA approvisionnerait les deux réacteurs de Fessenheim, mais EDF et Creusot-Loire participeraient à la construction, à Tihange, en Belgique, d'une centrale à uranium enrichi, afin d'en acquérir l'expérience.

Le cas de la sixième centrale nucléaire, celle de Chooz, est évoqué au Conseil restreint du 13 novembre 1969. Convaincu par son cabinet et par Marcel Boiteux, Georges Pompidou opte pour l'uranium enrichi et pour la francisation d'un des deux procédés américains de refroidissement. Pour le moment, il hésite encore entre celui de General Electric, à eau bouillante, et celui de Westinghouse, à eau pressurisée.

S'il accepte de dépendre durant quelques années des États-Unis pour ce qui est du procédé de refroidissement, en revanche, la France doit s'assurer rapidement la maîtrise de fabrication du combustible. Pour augmenter la teneur de l'uranium en isotope 235, seul fissible, deux procédés sont connus : la centrifugation et la diffusion gazeuse. Les Anglais, les Allemands et les Hollandais, réunis le 25 novembre 1969, décident de mettre en commun leurs moyens pour développer la centrifugation. Au contraire, le CEA prône la diffusion gazeuse, la transformation du tétrafluorure d'uranium en hexafluorure d'uranium. En filtrant quatorze cent fois ce gaz à travers des membranes à trous minuscules, on parvient à isoler l'uranium 235, plus léger, de l'uranium 238. Quel que soit le procédé, l'investissement représente un coût impressionnant. Cela excède les capacités des finances publiques françaises. Alors, centrifugation ou diffusion gazeuse ? La *troïka* des Anglais, des Allemands et des Hollandais tergiverse. Finalement, elle souhaite attendre quelques années avant de s'engager dans la mise au point de la centrifugation et, en attendant, s'approvisionner aux États-Unis en uranium enrichi.

Georges Pompidou ne veut pas attendre. Il est urgent d'assurer l'avenir énergétique du pays. Alors il décide de lancer le projet sans la *troïka,* avec seulement la Belgique, l'Espagne, l'Italie et l'Iran. En février 1974, décision est prise d'implanter à Tricastin, dans la Drôme, une usine d'enrichissement par diffusion gazeuse. Ce sera le plus grand chantier du XXe siècle. La construction et l'exploitation de l'usine seront assurées par Eurodif, une multinationale. Chacun des cinq pays membres aura droit à une partie de l'uranium enrichi, mais la France, majoritaire, assure le pilotage. De fil en aiguille, l'industrie nucléaire civile française acquerra la technologie de Westinghouse. Elle la développera même au point de devenir l'une des deux premières du monde. De nos jours, l'ingénierie française contrôle parfaitement l'ensemble de la filière, depuis la mine d'uranium – à Franceville, au Gabon – jusqu'au retraitement des combustibles irradiés – à La Hague (Calvados) – en passant par l'enrichissement du combustible – à Tricastin – et par les centrales de production électrique. Tous les maillons de la chaîne.

Là où les succès ont été les plus importants, qu'il s'agisse de la construction de l'Airbus, du lanceur Ariane ou de l'usine de Tricastin, l'initiative n'est pas venue de la Communauté européenne mais d'un État membre, la France, qui a défriché le terrain et convaincu plusieurs de ses partenaires de la rejoindre.

Tout en s'attelant, comme aucun homme d'État depuis Napoléon III, au rattrapage industriel de la France, Georges Pompidou veille à enraciner la Ve République. Le général de Gaulle ne doit pas être une parenthèse dans l'histoire de France, mais le fondateur d'un régime durable appelé à lui survivre. Aussi, depuis 1969, le président veillet-il à élargir son assise politique au-delà du mouvement gaulliste, à intégrer non seulement les républicains indépendants de Valéry Giscard d'Estaing, mais aussi des centristes. Impossible cependant d'aller plus loin : la gauche s'est ressaisie et radicalisée. Son programme commun ouvre un fossé béant, infranchissable.

Du coup, Georges Pompidou se durcit, surtout à l'approche des élections législatives de mars 1973, qui s'annoncent mal. Les pronostics sont réservés, un échec de la majorité n'est pas écarté. À aucun prix, il ne veut d'une victoire de la gauche, surtout avec une coalition dont l'un des membres est encore le point d'appui d'une puissance étrangère. « Si nous perdons les élections, confie-t-il à Valéry Giscard d'Estaing, je partirai. Je n'ai pas l'intention de rester à l'Élysée pour me trouver un jour ridiculisé ! Le gouvernement ne fera rien pour me protéger. Il laissera les manifestants venir jusqu'à l'avenue de Marigny, puis il rognera sur tous les moyens nécessaires à l'exercice de ma fonction, sur les crédits de réception, les déplacements, jusqu'à ce que je sois déconsidéré. Je n'ai pas l'intention de me laisser mettre dans cette situation : je vous l'ai dit, je partirai [104]. »

On montre au président une caricature de Sennep. François Mitterrand, en garçon de restaurant, s'adresse à un client affligé de fausses dents et d'un effroyable rictus, qui tient dans les mains une faucille et un marteau en guise de couteau et de fourchette. Ce client, c'est Georges Marchais, le communiste. La légende dit : « Que prendrez-vous, monsieur Marchais ? » et l'autre répond : « Le pouvoir ! »

Georges Pompidou ne regarde plus le dessin avec un œil de curé, mais cette fois avec un œil canaille : « Ce n'est pas mal, nous allons en faire une affiche ; mais, au lieu de « restaurant socialo-communiste », écrivez : « "à la gauche unie, cuisine électorale". Laissez Mitterrand comme un larbin devant Marchais, c'est tout à fait ce qui convient, ne mettez surtout pas son nom, ça lui donnerait de la valeur. »

Et lorsque François Mitterrand, au cours de la campagne, organise à Paris une réunion de l'Internationale socialiste et s'en fait élire vice-président, Pompidou lui décoche une flèche de plus : « J'en profite pour faire mes compliments à M. Mitterrand pour cet avancement très rapide dans une Internationale dont il avait ignoré l'existence pendant les cinquante-cinq premières années de sa vie. »

Malgré une montée de la gauche, les élections législatives de 1973 permettent pourtant à Georges Pompidou de conserver la majorité. Il garde Messmer comme Premier ministre mais se débarrasse d'Edgar Faure et appelle aux Affaires culturelles son ami Maurice Druon. « Vous avez compris ce que j'attends de vous », lui dit-il. Allusion à un chahut qui a dégénéré l'année précédente lors d'une exposition d'art contemporain et qui l'a profondément blessé. Et, avec le poing, il fait le geste de donner trois tours de clé. Les mesures impopulaires, il vaut mieux les confier à un écrivain plutôt qu'à un politique toujours inquiet de déplaire à ses électeurs.

Maurice Druon déclare alors sans ambages à la presse : « Ceux qui viendront à la porte de ce ministère avec un cocktail Molotov dans une main et une sébile de l'autre devront choisir. » Ce désaveu de la contestation subventionnée déclenche un charivari de comédiens contre la prétendue suppression des libertés. Une mascarade, la première du genre, où les manifestants, bâillonnés, grimés, transportent un cercueil de la Liberté. Le bref passage de Maurice Druon aux Affaires culturelles sera en effet marqué par une priorité donnée non plus au théâtre mais à la sauvegarde du patrimoine et tout particulièrement des perspectives des avenues parisiennes. Tout en autorisant les promoteurs à remanier les espaces intérieurs, il les empêchera de défigurer les façades et de briser les ensembles homogènes.

Aux Affaires étrangères, Maurice Schumann, battu aux élections, est remplacé par Michel Jobert, qui cède le secrétariat général à la présidence de la République à son adjoint, Édouard Balladur. Celui-ci, note Arthur Conte, « a tout d'un monsignore pour Vatican, démarche glissante, gestes d'onction, voix de velours, mots comptés, phrases de circonstance, long visage mat aux joues pleines qui rendent le menton plus pesant que le front. Il sonde savamment, comme un spécialiste du confessionnal, tous les pénitents qui peuvent se présenter [105] ».

Soudain, comme sur le reste du monde, le choc pétrolier s'abat sur la France. Un choc car, si l'Algérie avait nationalisé les sites du Sahara et remonté à plusieurs reprises le prix de cession du pétrole aux compagnies françaises expropriées, néanmoins, globalement, depuis 1960, le prix du brut avait baissé de plus de 40 % par rapport aux prix des produits industriels et plus encore par rapport au prix des matières premières, qui avait considérablement augmenté en 1972-1973. À cette dégradation, les pays producteurs avaient tenté sans succès de réagir en se regroupant au sein de l'OPEP, l'Organisation des pays exportateurs de pétrole. La guerre israélo-arabe de 1973 allait modifier brutalement leurs rapports de force avec les compagnies occidentales.

Le 6 octobre 1973, profitant du grand pardon juif, le Kippour, l'Égypte et la Syrie, dotées par l'URSS d'un armement moderne, franchisent simultanément la frontière du Sinaï, au sud, et du Golan, au nord. Après quelques revers dus à la surprise, Israël retourne si bien la situation qu'en une contre-offensive éclair il contraint ses deux adversaires à demander un armistice pour éviter le désastre. Pour tous les Arabes, une terrible humiliation succède à l'espoir. Plus que vingt ans de palabres, leur hostilité commune envers Israël va les souder entre eux. Le 16 octobre, les dix membres arabes de l'OPEP (qui compte aussi des pays non arabes) imposent un embargo complet sur la vente de l'or noir aux États-Unis, aux Pays-Bas, au Portugal et à l'Afrique du Sud, réputés compromis avec Israël, et réduisent de 25 % leur production de brut jusqu'à ce que les Israéliens se retirent des territoires occupés. De plus, ils portent de 3 dollars à 5,12 dollars le prix du baril.

La conjonction de ces mesures met les pays occidentaux en état de choc, d'autant que, le 23 décembre 1973, l'OPEP augmente de nouveau le prix du baril, pour le fixer à 11,65 dollars. En trois mois, il a quadruplé. Habitués à accroître leur consommation et à remplacer le charbon par le pétrole, les Européens se voient contraints d'accepter ces conditions draconiennes. « On risquait de se trouver devant une situation absolument dramatique, rappelle Charles de Croisset. Personne ne voyait clairement comment on allait payer la facture[106]. »

L'Angleterre, l'Allemagne, l'Italie refusent de négocier avec les producteurs arabes. Pour juguler l'inflation consécutive à cette hausse du brut, elles se contentent de mesures transitoires : restrictions drastiques de crédit, limitations de vitesse des automobiles et restrictions à la circulation afin de diminuer la consommation. Pour Georges Pompidou, cela ne suffit pas. Secrètement, il envoie Michel Jobert en Irak et Hugues de L'Estoile en Arabie saoudite monnayer fournitures d'armes contre livraisons de pétrole. Déjà, en juin 1972, il avait vendu à Saddam Hussein des hélicoptères et des armements terrestres, moyennant l'engagement d'approvisionner pendant dix ans la Compagnie française des pétroles, la CFP. Cette fois, ce sont des Mirage qu'il accepte de lui vendre. Alors, de son côté, Saddam Hussein, maître de l'Irak, plaide pour que la France soit relativement épargnée par l'embargo pétrolier. Du fait de sa politique arabe, à la différence d'autres pays européens, elle souffrira un peu moins de rupture de ses approvisionnements. En revanche, comme les autres, elle pâtira du quadruplement du prix.

Je ne pensais pas qu'on pût autant souffrir

Georges Pompidou a une maladie incurable. On le dit grippé. Affectant la bonne humeur, il déclare : « Si le travail c'est la santé, il faut croire que je ne travaille pas beaucoup, puisque j'ai la grippe. » Mais ses grippes se répètent si souvent qu'on se demande s'il ne s'agit pas d'une maladie sérieuse dont une caractéristique serait de désarmer les défenses contre la grippe. « À Cajarc, il ressent une lassitude comme il n'en a jamais connue. Ses nuits sont agitées. Il souffre de crampes. Au professeur Jean Vignalou, chef de service à l'hôpital d'Ivry et médecin de la famille, il avoue mal supporter la marche et même la station debout. Il se plaint de traîner "des godasses de plomb". Seul bon signe, l'appétit, meilleur que jamais. Il raffole toujours de plats canaille, bœuf gros sel, cassoulet, gigot aux flageolets, petit salé aux lentilles. » Depuis quelque temps apparaissent sans cesse des infections, des vertiges, des maux de tête, des saignements de nez. Georges Pompidou rappelle Vignalou : « Vous êtes sûr que je ne suis pas atteint, comme l'économie, d'une inflation, d'une inflation de fatigue ? »

En novembre 1968, déjà, de Gaulle a confié à sa femme et à son fils, alors que tous trois discutaient de l'affaire Markovic : « Pompidou souffre d'une maladie des os. C'est une maladie à évolution lente... Mais silence ! » Il a ajouté : « Il ne faut pas en parler, lui-même ne le sait peut-être pas. En tout cas, Claude Pompidou doit l'ignorer[107]. »

Le 6 décembre 1971, note Arthur Conte, Georges Pompidou, qui a convié six cents enfants à l'arbre de Noël de l'Élysée, doit quitter la fête au bout de quelques instants[108]. Le mois suivant, une voiture banalisée l'emmène discrètement à l'hôpital subir des examens du sang, des radios des os, même une ponction de la moelle épinière. Les examens révèlent une grave insuffisance de globules blancs et une augmentation importante de la vitesse de sédimentation. Trois spécialistes, les professeurs Tubiana, Delbart et Bernard, révèlent à son fils Alain qu'il s'agit d'une forme rare de leucémie, la maladie de Waldenström, à évolution lente, croient-ils. Au président, on ne parle, semble-t-il, que d'un sérieux problème sanguin.

Il semble cependant qu'après l'apparition de nouvelles complications on ait fini quand même par l'informer, tout en l'assurant qu'il dispose d'un répit d'une dizaine d'années. Assez en tout cas pour aller jusqu'en 1976, terme du mandat présidentiel. Pompidou rédige alors son testament et commence une chimiothérapie complétée par des massages et des doses massives de cortisone. Les joues enflent, le menton s'affaisse, les doigts se boudinent.

Deux ans plus tard, en prenant possession de l'Élysée, Valéry Giscard d'Estaing aura un haut-le-corps en pénétrant dans la salle de bains de son prédécesseur : « Au bout du couloir, à gauche, une autre salle de bains, recouverte de carreaux vert vif, style *Art Nouveau* d'après-guerre, héritage sans doute de Vincent Auriol. Elle garde les traces des soins qu'on donnait au président Pompidou : un lit de massage, quelques appareils d'urgence, des flacons pharmaceutiques. Je détourne la tête et demande à Hennequin de laisser cette pièce fermée[109]. »

L'été 1972, Georges Pompidou fait interdire la diffusion par la télévision d'un reportage sur sa visite à une exposition Nicolas de Staël à la fondation Maeght de Saint-Paul de Vence, tant les images le montrent épuisé. Le 6 décembre 1972, cette fois encore, il ne fait qu'une brève apparition au traditionnel arbre de Noël de l'Élysée. Il prétexte une très mauvaise grippe contractée à la fin du mois précédent en allant à Cajarc. Pense-t-il à cette fameuse grippe à répétition qui a fini par emporter sa mère après trente ans de chutes et de rechutes ? À l'en croire, il aurait voyagé dans un nouveau wagon présidentiel où l'on avait oublié d'ouvrir les vannes du chauffage.

Le 1er janvier 1973, assistant à l'enregistrement de son discours télévisé pour le premier de l'an, Arthur Conte, président de l'ORTF, le trouve terriblement soufflé et lui demande de refaire l'émission avec des caméras placées plus haut. Agacé, il refuse de recommencer. Deux jours plus tard, il est à nouveau souffrant. Pour recevoir les vœux des journalistes, il leur fait demander d'être brefs – juste quelques mots – et, contrairement à l'usage, il se tient assis dans un fauteuil, le coude appuyé sur une table.

Le 15 février, Pompidou souffre trop pour présider le conseil des ministres et, la main droite paralysée, il mange de la main gauche. Curieux : en général, la leucémie n'est douloureuse qu'à la fin. La semaine suivante, il tousse beaucoup. « Ah, j'ai trop fumé, dit-il à Jacques Foccart. Vous, au moins, vous n'avez pas la grippe ? Parce qu'on ne s'explique pas les raisons, mais c'est la troisième que j'ai de la saison. Mes médecins m'ont autorisé à reprendre mes activités à condition de ne voir absolument personne susceptible de porter un virus de grippe. C'est ainsi que j'ai refusé de voir ce brave Marc Jacquet[110]. Il était tout triste, mais je ne peux pas prendre ce risque de santé. Je lui ai fait savoir qu'il pouvait dire qu'il m'avait vu et que je lui faisais confiance pour rapporter ce que je lui aurais dit[111]. »

Comme de Gaulle, ce n'est pas tant l'approche de la mort qui l'angoisse que la crainte de décliner, et il admire ceux qui restent verts jusqu'au bout. D'ailleurs, il plaisante ou raille au conseil des ministres et ne se prive de rien à table. Il ne suit aucun régime, se ressert de chaque plat, apprécie toujours les bons vins et fume un gros cigare.

Le 30 mars 1973, nouvelle confidence à Jacques Foccart : « Pinay est venu me voir l'autre jour. Je le vois depuis 1958 et il n'a pas changé, sa peau n'est pas plissée. J'ai connu Adenauer, de Gaulle et bien d'autres, leur peau était plissée. Mais Pinay ne bouge pas. – Nous avons vieilli sans nous en rendre compte, répond Jacques Foccart. Et, pour le Général, je ne l'ai pas vu vieillir. – Quand même, il a vieilli au moment de son opération, et il a pris un sacré coup de vieux sur la fin. Mais Pinay, c'est absolument étonnant. – C'est sans doute le fait qu'il soit coureur qui le conserve. Un chaud lapin, paraît-il. – C'est ce qu'on dit. – À Tananarive, en juillet 1959, pour le premier Conseil exécutif de la Communauté[112], on le cherchait partout à un moment, et il était dans une boîte de nuit avec des filles. Une autre fois, poursuit Foccart, c'était en décembre 1959, un autre Conseil de la Communauté se tenait à Saint-Louis-du-Sénégal. Le Général avait invité Pinay à déjeuner et nous avait demandé, à ma femme et à moi, de venir. Nous arrivons à 1 h 10, le Général et Mme de Gaulle à 1 h 15. Nous prenons l'apéritif, le Général regarde sa montre, agacé, et, vers 1 h 30, nous nous mettons à table. Pinay arrive alors, très en forme, disant qu'il était allé faire un tour, que, vraiment les Sénégalaises étaient des filles splendides, et ajoute : “Maintenant, les chefs d'État ont de la chance, monsieur le président. Naguère, ils avaient leur effigie sur les timbres-poste, maintenant, c'est sur les pagnes. Alors, les seins – il se touchait la poitrine – et les fesses de ces magnifiques Sénégalaises sont recouvertes de votre portrait !" » Le Général riait un peu jaune et Mme de Gaulle pinçait le bec. « Vous voyez que tout cela conserve, puisque Pinay reste toujours vert. »

« Ça ne va pas, j'ai une sale grippe, dit encore Georges Pompidou à Jacques Foccart, au début de mai, cette fois. Ce matin, j'avais 39°5, mais maintenant, je n'ai plus de fièvre. – Vous n'avez plus de fièvre, parce que vous l'avez fait tomber avec des antibiotiques. – Oui, évidemment. – Tout cela n'est pas bon. – Que voulez-vous ? Je n'y peux rien. Je ne sais pas ce qui m'arrive. Cette année, pour un oui ou un non, je m'enrhume. Là, on m'a fait m'enrhumer en voiture découverte ; hier, il faisait très froid. »

« La maladie du président était une chose dont on ne parlait pas, confie Charles de Croisset, conseiller technique à son cabinet[113]. On se doutait qu'il avait un problème de santé, qu'il préférait se tenir assis plutôt que debout, mais l'issue de ce problème ne nous paraissait absolument pas évidente. Chez certaines personnes atteintes d'une maladie incurable, on voit peu à peu la vie se retirer. Ce n'était pas son cas. On savait seulement qu'il subissait un traitement à la cortisone, dont les effets étaient manifestes. C'est tout. Pompidou n'avait pas cet aspect-là. Il continuait de donner toute sa mesure intellectuelle. L'aggravation de sa maladie allait cependant l'obliger à travailler moins, et, comme il tenait à conserver intactes ses activités de relations humaines et de représentation, il préférait réduire le travail des dossiers, ce qui n'était pas trop grave, puisque Messmer les connaissait bien. »

Justement, après le conseil des ministres, Joseph Comiti, médecin et ministre de la Jeunesse et des Sports, parle souvent à Pierre Messmer de la santé du président. Son regard exercé de praticien remarque les doigts où le sang circule mal, le pied qui traîne, l'œil injecté de sang. Les doses massives de cortisone préconisées par ses médecins lui donnent le visage bouffi, le cou enflé, un teint très rouge tirant sur le violet, la silhouette alourdie.

Tous les rendez-vous médicaux se déroulent à l'Élysée, pas quai de Béthune, sans doute pour éviter de perturber sa femme. Pourtant, Claude s'inquiète. Elle trouve qu'il devrait suivre un régime, qu'il a trop d'appétit, qu'il n'est pas raisonnable. Elle demande au maître d'hôtel d'oublier de lui repasser le plat. Mais il le rappelle : « Eh bien, Hennequin ! Et moi ! » Au petit déjeuner, il lui faut toujours du jambon, des œufs, du pain et de la confiture.

Son caractère change. Il devient tendu, amer, violent, ne supporte plus la contradiction. « Je suis conscient des changements que la maladie opère en moi. On me dit irritable, agressif. Comment ne pas le devenir quand la moindre main tendue pour vérifier votre température ou prendre votre pouls, quand le moindre regard est interrogation ? Je ne peux quand même pas, comme avant, m'intéresser passionnément à la vie des autres, alors que je suis en train de perdre la mienne [114]. »

Il se met à rabrouer ses ministres, sauf un, Pierre Messmer. Souvent, il donne l'impression de ne plus écouter leurs explications et il fait autre chose pendant ce temps. Il les laisse parler chacun à son tour, puis, brusquement, il semble se réveiller et pose la question essentielle, de bon sens. Il arrive alors qu'il connaisse le sujet mieux que celui qui l'a exposé. Sous son œil narquois, les sots et les incompétents s'effondrent, les plus compétents s'efforcent de montrer qu'ils comprennent, et la décision tombe, claire, nette, lumineuse, évacuant sans pitié arguties et faux fuyants.

À Bernard Stasi, ministre des Départements et Territoires d'Outremer, coupable de s'être laissé photographier à Tahiti en maillot de bain et collier de fleurs en compagnie d'une vahiné, il lance un furieux : « Ça ne se fait pas ! » « Pourtant, la Polynésie, ce n'est quand même pas Cajarc », confiera le malheureux à un collègue.

Alain Peyrefitte note tout, par principe de normalien : il nourrit ses fiches qui nourriront ses livres. Georges Pompidou s'amuse à le prendre sur le fait. Ce n'est pas difficile : même dans les dîners officiels, il note au dos des menus gravés. Un jour, en plein conseil des ministres, le président s'interrompt : « Je vois, monsieur le ministre, que vous prenez un intérêt tout particulier aux propos du Conseil. » Alain Peyrefitte balbutie : « Non, absolument pas, je travaillais sur d'autres sujets. – Ah ! dit le Président, comme me voilà déçu que nous retenions si peu votre attention ! » Et le malheureux Peyrefitte rougit jusqu'aux oreilles, qu'il a assez décollées, ce qui fait un jour dire à Pompidou ce mot cruel : « Si Peyrefitte ment, je le sais, parce que ses oreilles bougent. »

Une autre fois, devant le bureau du groupe UDR, en présence des trois anciens Premiers ministres, Michel Debré, Maurice Couve de

Murville et Jacques Chaban-Delmas, Georges Pompidou montre une agressivité surprenante : « J'ai été le seul à n'avoir aucun mandat sous la IVe, à n'être allé ni chez Mendès France, ni chez Gaillard – il se tourne vers Chaban –, ni aux assemblées. J'ai été avec le Général. Rien qu'avec lui. Donc, je n'ai pas de leçon à recevoir. »

Michel Debré, l'homme politique dont il appréciait le plus l'honnêteté et l'intelligence, celui qu'il aimait vraiment en dehors du Général, devient sa bête noire. Longtemps il a éprouvé pour lui une sorte de tendresse, et d'ailleurs, il en fallait pour le supporter. Au conseil des ministres, il le laissait intervenir, un privilège, « parce qu'il est le seul à défendre une certaine conception de l'État et de la Nation [115] ». Mais, depuis qu'il ne fait plus partie du gouvernement, Michel Debré se croit mal aimé et ne cesse de lui adresser des remontrances, du style « Comment osez-vous faire cela ? » ou des mises en garde. Pas un jour où il n'envoie une note comminatoire sur un sujet ou un autre : « Ce que vous faites est très grave, le Général n'aurait pas fait ça... »

« Michel Debré vieillit mal », confie Georges Pompidou à Madeleine Négrel. « Il est bien gentil, mais ça devient agaçant de recevoir sans arrêt des leçons. » Le 15 mai, apprenant qu'il a posé sa candidature au secrétariat général de l'UDR, le président perd son contrôle et va jusqu'à évoquer un complot. « Georges, lui répond Debré, ne vous mettez pas dans cet état, ne parlez pas de complot. – Soit, lui répond-il. Vous n'en faites pas partie, mais il y a quand même eu un complot, et un complot pour me désavouer. Si vous voulez la bagarre, vous l'aurez. Je suis tout prêt à aller à la démission, mais je n'admets pas un camouflet. Ce n'est pas moi qui inspire *Le Monde* ni *Le Figaro,* mais quand vous avez lancé votre idée d'être secrétaire général, les journalistes ont parlé de "camouflet au président". Qu'aurait dit le Général si, en 1962, vous étiez devenu secrétaire général de l'UNR ou si j'avais fait de même en 1968 ? Il ne l'aurait pas toléré. Eh bien, moi non plus, je ne le tolérerai pas. Et j'en ai par-dessus la tête.

– Mais je suis sans cesse sollicité. Je suis très populaire.

– Je ne vous en veux pas d'être aimé par quelques militants... (*Il se reprend*). D'être aimé par des milliers de militants. C'est tout à fait naturel. Mais vous n'êtes pas populaire auprès de cinquante millions de Français. Que vous le vouliez ou non, Chaban l'est bien plus que vous. Entre les électeurs et vous, le courant n'est jamais passé et ne passera jamais. Je ne veux pas plus de vous comme président que comme secrétaire général de l'UDR. Je connais bien l'UDR : en fin de compte, c'est le parti radical. Ce qu'ils veulent, ce sont des places. Ils n'ont pas assez de places, alors ils grognent, et quand ils grognent, ils déclarent que je ne suis pas gaulliste. Or je suis gaulliste. La preuve, c'est que je maintiens les explosions nucléaires. Ni Poher, ni Giscard, ni Chaban, c'est-à-dire tous les personnages qui voudraient être présidents de la République, ne maintiendraient les expériences nucléaires. C'est bien la preuve. Alors, dans ces conditions, que me veut l'UDR ? Il y a deux clans. Autour de moi, il y a le clan des sots, qui ne comprennent rien à la politique, et le clan de ceux qui veulent m'imposer une solution. Alors vous êtes le symbole. Vous êtes un symbole. Aux premiers, vous apparaissez comme un grand personnage politique – que vous êtes d'ailleurs – et ils vont vers vous tout naturellement. Pour les autres, votre présence peut influer sur mon action. J'ai ma politique et, encore une fois, si vous étiez désigné, cela voudrait dire que l'UDR me conteste. Je n'aurais plus qu'à démissionner ou à dissoudre l'Assemblée nationale.

– Pour la seconde fois, je vous recommande de ne pas vous mettre dans cet état. D'ailleurs, il faudra bien un secrétaire général.

– Bien sûr, je ne suis pas contre. Choisissez qui vous voulez, votre ami Fanton par exemple. Je ne suis pas contre Fanton, mais je ne tolérerai pas que ce soit vous. J'en ai assez de tous ces complots, de toutes ces combines dans mon dos, je vous le dis franchement. Je ne me laisserai pas faire. Personne ne m'a jamais giflé. Ce n'est pas maintenant qu'on va commencer, et ce n'est pas de l'UDR que je recevrai une gifle [116]. »

Revenant sur le sujet plus tard avec Jacques Foccart, vraiment le confident, Georges Pompidou se calme un peu. Il explique : « Debré est excité par sa femme, qui le considère supérieur à tout. Elle a raison, c'est un type remarquable, exceptionnel mais, de là à l'exciter comme ça ! Elle lui fait le plus grand tort. Tout vient de son origine. Les Lemaresquier sont de grands bourgeois, des gens qui se considèrent supérieurs aux autres, qui doivent toujours être à la première place. Par volonté de dominer, elle pousse son mari. Chaque fois, il se fait remonter. Il est ridicule, je ne le comprends pas. – Vous savez, il a le sentiment qu'il ne sera plus jamais ministre, et il prétend tenir cela de vous. – Mais pas du tout. Vous savez bien que le poste qu'il veut, c'est celui de Giscard. Or j'ai un problème, moi. Giscard a un poids politique, je ne peux pas me le mettre à dos. Debré devrait être raisonnable et s'en rendre compte. Autrement, je suis tout prêt à le prendre. S'il y a un remaniement dans deux ou trois mois, s'il accepte d'être ministre d'État garde des Sceaux, je le reprends. Je veux bien le lui dire dès demain. Quand j'ai nommé Michel à la Défense, il siégeait à ma droite au Conseil. C'était le seul ministre, je dis bien le seul, à prendre position sur tout, et de façon intelligente. La plupart du temps, il connaissait aussi bien et quelquefois mieux les problèmes exposés que les ministres supposés compétents. Et je lui ai toujours donné la parole, sans jamais marquer d'énervement comme j'en marquais aux autres lorsque c'était un peu long. Jamais. Jamais. Et tout cela n'a servi à rien. Michel ne voit que le moment présent, la déconvenue présente. Ce n'est pas bien.

« Tous ces républicains indépendants, qui sont nos associés, suivraient Giscard dans quelque combine avec les centristes. Nous aurions alors les pires difficultés. On me dit : "Débarrassez-vous de Giscard." Tous les censeurs gaullistes ne cessent de me le répéter, mais quand je leur demande quelle majorité de rechange trouver à l'Assemblée, ils n'ont pas de réponse. Et si je déplaçais Giscard pour le mettre aux Affaires étrangères, je ne pourrais pas le contrôler. Pour les Affaires étrangères, le Général a pris Couve et moi Jobert. Deux hommes qui appliquent strictement les consignes. »

Trois jours plus tard, toujours devant l'inséparable Foccart, Georges Pompidou, aigri, critique tout le monde : Michel Debré, impulsif et changeant, Jacques Chaban-Delmas, qui a davantage de sens politique, mais qu'il trouve trop malin et auquel il reproche de vouloir à tout prix composer. Quant à Olivier Guichard : « Oui, bien sûr, il n'est pas mal. On dit qu'il a réussi à l'Éducation nationale. Certes, il a réussi parce qu'on n'a pas entendu parler de lui, mais on peut dire aussi qu'il a échoué parce qu'il n'a rien fait. »

Le 24 mai 1973, toujours pour cause de santé, Georges Pompidou renonce à inaugurer le Salon aéronautique du Bourget et annule la réception prévue pour la fête des Mères. Le 30 mai, au conseil des ministres, il gagne directement son fauteuil où il s'effondre sans avoir eu le temps de saluer les ministres. Pendant toutes les délibérations du Conseil, il reste prostré, comme incapable de soulever ses paupières et de parler.

Le lendemain, il s'envole pour Reykjavik, où il doit discuter de questions monétaires avec Richard Nixon. C'est alors que Valéry Giscard d'Estaing a la révélation de sa maladie : « Le président Pompidou s'était installé dans un compartiment aménagé pour lui à l'avant de l'avion, où l'on avait posé deux tables de chaque côté de l'allée centrale et des fauteuils placés en vis-à-vis. Une cloison le séparait du reste de la cabine, où se trouvait la "suite".

« Nous survolions le nord de l'Écosse, avec ses chapelets d'îles dispersées sur une mer moutonnante et grise, quand le président m'a fait appeler par son aide de camp. Il m'a demandé de m'asseoir à côté de lui, et m'a interrogé sur la situation monétaire et l'état de fluctuation du dollar par rapport au franc. Nous étions seuls. Le steward nous avait servi du café. Le président Pompidou m'a dit : "Excusez-moi. Je suis encore enrhumé. C'est à cause de toutes ces cigarettes que je fume. Je vais dormir avant l'arrivée. Restez ici. Vous serez mieux pour travailler qu'à l'arrière." Je me suis assis de l'autre côté de l'allée. Presque aussitôt, il s'est endormi, la tête renversée, la bouche ouverte, avec une respiration difficile. Et soudain, je l'ai vu différemment : un visage gris, plombé par la fatigue. Au lieu de la peau fraîche et lisse, faite pour les plissements joyeux du visage et les reparties, une carapace de cuir qui s'épaississait, sous laquelle la vie était en train de se retirer.

« J'ai eu le cœur serré. Je me suis efforcé de ne plus le regarder, sans pouvoir m'empêcher de le faire deux ou trois fois, jusqu'à ce que le steward vienne annoncer notre arrivée prochaine. Le président Pompidou s'est réveillé, a commencé à se préparer. J'ai regagné l'arrière de l'appareil, emportant avec moi, je dirais plutôt *en moi,* cette rencontre angoissante et émouvante avec la première vision de sa maladie [117]. »

Un voyage grâce auquel Georges Pompidou finit par arracher à Nixon son feu vert pour la cession par General Electric à la SNECMA de la licence de fabrication du réacteur CFM 56 sans lequel l'Airbus n'aurait pu voler.

Aux actualités télévisées, toute la France, avec stupeur, ne s'intéresse qu'à la face gonflée, lunaire, de Georges Pompidou, signe de cortisone à forte dose. On le voit descendre avec peine les marches de la passerelle et, de l'air d'un homme qui fait effort pour tenir debout, saluer les personnalités qui l'accueillent. Les caméras étant forcément placées en bas, les images sont terribles. Le menton enfoncé dans un cache-nez épais, le corps serré dans un pardessus devenu trop étroit, il porte un étrange petit chapeau, qui ne révèle que trop l'enflure du visage. À Henry Kissinger, le secrétaire d'État, il avoue : « Chaque fois qu'on me serre la main, j'ai l'impression qu'on me prend le pouls. » Et à Nixon, épouvanté : « Vous, vous avez Watergate, moi, j'ai un cancer différent chaque matin. »

Ces images impressionnent tellement les téléspectateurs qu'ils n'écoutent plus ce que dit Georges Pompidou. Ils se préoccupent seulement de son visage : est-il plus ou moins gonflé que la fois précédente ? « Alors, vos gauchistes, regardez comment ils m'ont présenté, dit-il à Arthur Conte. – Je suis désolé monsieur le président, mais c'est moi-même qui ai choisi les photos. On ne pouvait vraiment pas faire autrement. J'espère que cela passera. »

N'importe, Georges Pompidou déteste l'image que la télévision donne de lui. Du coup, il prend en grippe le petit écran. Quant au magazine américain *Newsweek*, il en rajoute, de manière assez indécente, en juxtaposant deux photos de son visage prises à quelques années d'intervalle. Commentaire du *Canard enchaîné* : « La santé de M. Pompidou, simple particulier, ne regarde que lui. Mais il se trouve que c'est la même que celle de M. Pompidou, président de la République. Et, dans un régime devenu si personnel, si présidentiel, la santé du chef de l'État fait partie, peu ou prou, des affaires de l'État. »

Le 7 juin, recevant Michel Debré, Pierre Messmer lui fait part de son inquiétude devant la santé du président : « Georges n'est pas dans un état normal. J'ai noté son agressivité, notamment à l'égard de Giscard, dans un récent comité. Pour les questions de personnes, tantôt il s'entête et ne veut rien savoir, tantôt il cède à mes demandes alors que je m'attendais à une résistance, voire à un refus. Dans les deux cas, je suis gêné. » Olivier Guichard, lui aussi, est frappé par ses attitudes contradictoires : « Il n'est plus dans son état normal. Il dit une chose un jour et le contraire le lendemain. Plus personne ne sait ce qu'il veut. Cette situation devient intolérable. D'autre part, on dirait qu'il veut systématiquement casser l'UDR. Pour quelle raison et dans quel but ? »

De plus en plus, Georges Pompidou s'intéresse à la politique extérieure. À croire qu'elle le distrait des criailleries politiques, des querelles de chapelle. Comme de Gaulle, il tient absolument à faire échapper la France à l'emprise des deux blocs. Tout en encourageant l'esprit d'autonomie des dirigeants yougoslaves et roumains, il met un point d'honneur à entretenir des relations personnelles tant avec Leonid Brejnev qu'avec Richard Nixon. « Je crois à la convergence, confie-t-il un jour en conseil des ministres. Les régimes de l'Est sont contre nature et condamnés à disparaître. Mais, avant leur disparition, il faut s'attendre de leur part à des accès d'agressivité. Nous devons nous préparer à résister à un tel spasme, tout en préparant l'avenir. » Et, dans les affaires diplomatiques, le climat entre hommes compte beaucoup, c'est essentiel pour la détente, pour la paix.

Le règlement pacifique de la crise de Cuba en 1962 a sérieusement estompé la guerre froide. Par ailleurs, Georges Pompidou est très intéressé par la Russie. Sans approuver en rien le régime communiste, il ne redoute pas Brejnev comme Staline vingt ans plus tôt. « Mais l'URSS, confie-t-il à Michel Jobert, c'est une eau qui coule. Elle va devant elle. Si un barrage l'arrête, elle cherche à contourner l'obstacle d'une façon ou d'une autre. Si elle doit s'accumuler, elle attend en réserve avec une patience que seul l'assaut du soleil peut entamer. »

Déjà, en octobre 1970, les Pompidou se sont rendus en Union soviétique avec une quinzaine d'industriels pour tâcher de nouer des contrats. Brejnev les a accueillis avec humour : « Au moins, chez nous, vous êtes à l'abri de manifestations déplacées comme celles que vous avez subies à Chicago. » Depuis que ses blindés ont écrasé le soulèvement des Tchèques, Brejnev s'efforce de soigner son image auprès de l'opinion occidentale. Les caricatures qui forcent le trait sur ses sourcils épais et son regard brutal le mettent mal à l'aise. Il cherche aussi à se démarquer de l'image de rustre et de clown laissée par Khrouchtchev. Alors il soigne sa mise.

Au dîner à l'ambassade de France, il s'est mis en frais pour Claude qui, charmée de sa courtoisie, lui a fait remarquer qu'avec ses sourcils bien fournis il ressemblait à son mari. Ravi, Brejnev lui a répondu que Nixon, Pompidou et lui forment tous trois un club sélect, distingué, fermé au commun des chefs d'État. Toujours au cours du repas, elle lui a demandé pourquoi il bourrait de pain ses poches. « Parce que la baguette me rappelle Paris. » Alors, elle lui en a offert une, qu'elle a fait soigneusement envelopper, et Brejnev, ravi, a médusé les invités en sortant de salle à manger sa baguette à la main.

Dans la foulée, les Pompidou étaient allé à Novossibirsk. Là, Hervé Alphand, secrétaire général du Quai d'Orsay, avait déclenché un fou rire général en portant un toast interminable dans un charabia tellement bien imité du russe, qu'il ne parlait pas, que tout le monde l'avait pris pour un dialecte authentique. Puis ils étaient allés à la base de Baïkonour, au bord de l'Amou-Daria, assister au lancement d'une fusée soviétique. L'automne sur la steppe était doux et limpide. À la tombée du jour, l'engin avait jailli lentement du sol, prenant son élan dans les flammes, et s'était incliné pour sa trajectoire vers l'est, à des milliers de kilomètres. Soudain, comme tout le monde, ils avaient vu le second étage de la fusée se détacher en vol avec un terrible fracas. Le silence revenu, Georges Pompidou, très amusé, avait accepté sans broncher les explications embarrassées de l'interprète russe : « Nous l'avons arrêtée à mi-course. Sinon, au lieu de tomber au large du Kamtchatka, elle aurait atterri entre Shanghai et Canton. »

De là, ils s'étaient rendus à Tachkent où, dans l'enclos réservé aux visiteurs célèbres, les Pompidou avaient planté un arbre dont Brejnev leur donnait régulièrement des nouvelles.

Les 26 et 27 juin 1973, c'est au tour des Pompidou de recevoir les Brejnev à Rambouillet. C'est leur troisième rencontre. Brejnev ne semble pas détenir un grand pouvoir personnel. Il se contente de lire les uns après les autres des feuilles perforées sorties d'un gros classeur à anneaux[118]. On a l'impression que, dans son pays, toutes les décisions sont collectives, que le secrétaire général du parti n'a aucune marge de manœuvre. Décidément, les Soviétiques sont sur le déclin, enlisés par un manque total d'imagination. Qu'importe, ils restent potentiellement un adversaire militaire redoutable, avec lequel mieux vaut poursuivre le dialogue ! D'autant plus qu'on espère toujours glaner avec eux quelques juteux contrats commerciaux.

La rondeur de Brejnev plaît au président. En entrant dans la salle à manger, devant la table dressée, il voit son visage s'illuminer, ses yeux brillants, sa langue lui lécher les babines. Il l'entend dire quelque chose en russe et devine que cela veut sûrement dire : « Oh ! Quelle merveille, il va y avoir tout ça ! Comme on va bien manger ! » Bien que derrière Brejnev se tienne son médecin, attentif à prévenir ses excès d'hypertension, Georges Pompidou aime ce côté paysan, naturel, jovial.

Cependant, cette visite épuise Pompidou au point qu'il va délaisser quelque temps ses dossiers pour prendre du repos. Claude accompagne alors Mme Brejnev dans quelques visites, mais qui manquent de mal tourner. À la sortie d'une école maternelle, dans le XIIIe arrondissement de Paris, une femme se jette sur elle en criant : « Libérez les Juifs ! » Pour la protéger, on la jette précipitamment dans sa voiture, mais elle a très peur. Le lendemain, en quittant la Manufacture de Sèvres, le chauffeur officiel constate qu'on a crevé les pneus de l'auto. Cela n'empêchera pas Brejnev d'écrire chaque année à Claude pour Noël.

Cette compréhension, cette cordialité même entre les deux hommes se révélera particulièrement précieuse quatre mois plus tard, lors du déclenchement de la guerre du Kippour. Georges Pompidou se trouve alors au camp de Mourmelon où il assiste à des manœuvres. Il y apprend les premiers revers des Israéliens, l'utilisation, par les Égyptiens, d'avions Mirage que la France a vendus à la Libye, ce qui le choque, et la présence dans la région d'une division aéroportée soviétique capable de faire déraper le conflit. Pour se préparer à toute éventualité, il prend à part les quatre chefs d'état-major : « Messieurs, leur demande-t-il, allons-nous laisser anéantir Israël ? Que pouvons-nous faire pour dissuader les Russes ? » Après un long silence, le général Maurin, chef d'état-major général des Armées, suggère : « Monsieur le président, vous pourriez peut-être mettre la première armée et la force aérienne tactique en état d'alerte et le leur faire savoir. – Allez-y [119]. »

Et Leonid Brejnev, sentant bien que Georges Pompidou est un homme courageux, capable de décisions énergiques, prend au sérieux cette menace et se demande si la France n'enverra pas elle aussi une division de parachutistes. Du coup, il préfère s'abstenir d'intervenir dans le conflit. Le pire est évité, sans que la France ait eu à se compromettre ouvertement, sans avoir l'air d'abandonner sa politique d'amitié avec les pays arabes.

Entre-temps, les Pompidou ont passé le mois d'août au fort de Brégançon, comme tous les ans à pareille époque depuis 1969. « La terrasse est accrochée au ciel, écrira joliment Valéry Giscard d'Estaing. Penché sur le rebord de la balustrade, on a du mal à apercevoir la dégringolade des arêtes rouges des rochers qui tombent verticalement dans la mer à plusieurs dizaines de mètres en contrebas, bordées d'une frange d'écume blanche. Des deux côtés, la côte s'étire au loin, cendrée par la brume. Les seuls bruits, les seuls cris sont ceux des enfants en vacances qui se baignent et sautillent sur la plage, un cliquetis de sons, de rires aigus, épars dans le ciel, que le vent apporte et enlève comme des cerfs-volants. La nuit, les grillons cliquettent en entrechoquant leurs ailes sèches. Oui, si vous étiez président de la République, vous goûteriez ici un bonheur presque parfait [120]. »

Mais à Brégançon, cette année-là, Georges Pompidou souffre terriblement de la chaleur. Il a pris l'ancienne chambre de l'aide de camp de De Gaulle, et Claude celle du Général, plus belle, pour laisser aux invités la chambre dite de Mme de Gaulle. Le matin, le président travaille et se baigne ; quelques brasses lui suffisent. L'après-midi, il se promène en bateau avec sa femme. Pour se changer les idées, les Pompidou rendent visite à leur ami Francis Fabre ou au père Carret, curé de Bormes-les-Mimosas. Ou encore ils vont en hélicoptère à Seillans, chez Max Ernst. Sa maison est construite sur une hauteur, toute en longueur, avec des colonnades, un vrai palais de lumière. Ils admirent, entre autres, *Un peu de calme* et *Le Jardin de la France*. Mais en fin de compte, contrairement à Claude, Georges n'aime pas beaucoup la mer, il n'a qu'une hâte, retrouver Cajarc, en espérant qu'il y fasse un peu plus frais. Il y trouve au contraire la fournaise. La journée est intenable, on ne peut vivre qu'à partir de sept heures du soir.

Au début de septembre 1973, Arthur Conte est convoqué à l'Élysée un soir vers minuit. Il se souvient : « Je suis épouvanté. Je trouve le président comme écrasé, enfoui dans le canapé en U du salon-bureau des appartements particuliers. Il boit une eau minérale. Il ne se lève pas pour me tendre la main. Je vois à peine ses yeux, ils disparaissent sous l'enflure. Il n'y a plus de cou. Le Pompidou si élégant, net, déterminé, tranchant de ces dernières années, aux phrases carrées, précises, est devenu un vieillard qui peine à trouver ses mots. Je suis d'autant plus atterré que Pierre Messmer m'a assuré dans la journée qu'il avait sa lucidité et même son entrain des plus beaux temps. De fait, de toute sa loyauté, Messmer aura exécuté la consigne élyséenne de dire que le Président ne souffre d'aucune maladie grave, que cette désagréable passe va cesser et que, de toute manière, il conserve la plénitude de ses moyens intellectuels. "Je dois ressembler à ce pauvre Mao, fait-il, nous devons être une drôle de curiosité." À cette époque, Mao est déjà ravagé par la maladie de Parkinson. Un livre vient de paraître sur les hommes d'État malades. Pompidou me demande : « À quel moment un chef d'État malade doit-il partir ? – Je ne connais qu'un cas historique : Roosevelt à Yalta. Il était à la fois malade de la volonté – il ne se battait plus – et malade du regard – il n'analysait plus. Ce fut une catastrophe indicible pour tout le monde libre que, face à un Staline à l'apogée de sa fortune et de son autorité, il y eût pour représenter l'Amérique un homme aussi manifestement malade et qui devait mourir à peine quelques semaines plus tard[121]." »

Pompidou rappelle lui-même que, sur ses dernières années, de Gaulle n'avait qu'une obsession, ou qu'une terreur : trop vieillir sans le savoir. Il reprend : « C'est un cas... un homme d'État dans la situation de Mao... et, paraît-il, dans celle de Staline dans les derniers temps... Il était gâteux, Khrouchtchev m'en a parlé, un jour [...]. Mais, précisément, où est le courage ? [...] Il y a courage à rester, il peut y avoir courage à s'en aller. Alors, vous ne répondez pas ?" Une étincelle vient de briller dans la meurtrière que dessinent les paupières. Je réponds : "Mao est protégé par une direction collégiale [...]. L'homme fort, c'est sa femme [...]. Ça marche quand même. Dans une démocratie, le jeu est tout autre. Au fond, chez les hommes libres, un chef d'État est seul avec lui-même. Tout ne relève que de sa seule conscience." Un lourd silence suit. Je regarde la nuit, au-delà de la baie. "Oui, prononce-t-il soudain, mais supposez que je sois malade, que je décide de m'en aller... Remarquez, je pourrais mieux me faire soigner... Oui, supposons que je m'en aille. Mais Mitterrand sera élu. Je lui aurai fait cadeau de la France. Ça doit être ça, mon courage ?"

« Je dois l'aider pour qu'il puisse se lever de son canapé. Il redresse pourtant la tête. "Alors, vous me conseilleriez de partir ?" Je ne réponds pas. "Je guérirai, dit-il, j'en suis sûr, je guérirai... Tout ça est trop bête. »

« Tu as perdu un ami, me dit ma femme le soir même, tu aurais dû lui dire de rester. »

Pourquoi cette obstination ? Est-ce de la haine ? Plutôt la conviction que, aveuglé par son ambition, François Mitterrand ne reculera devant aucune compromission. Que, bon gré mal gré, il ramènera les communistes au pouvoir. Georges Pompidou se confie même à Valéry Giscard d'Estaing, lors d'une de leurs réunions hebdomadaires : « Je n'ai pas l'intention de me représenter à l'Élysée. Une fois, c'est déjà très long. Et puis, ma femme ne veut pas en entendre parler. Elle est décidée à m'en empêcher. Mais sachez qu'il y a un cas où je me représenterai en tout état de cause : s'il apparaissait que je sois seul capable de battre François Mitterrand. Je ferai tout pour l'empêcher de réussir et lui barrer la route de l'Élysée. S'il le faut, oui, je me représenterai[122]. » Et, à un proche, il confirme : « Si ce scélérat se présente, je serai obligé d'y aller. »

Le 10 septembre 1973, Pompidou part pour la Chine. Quelle idée, ces voyages ! « Ils sont totalement inutiles et ne justifient pas toutes ces fatigues et toutes ces dépenses [123] », opine Michel Jobert. Mais Georges Pompidou passe outre. Le Général avait promis d'y aller, l'échec du référendum l'en a empêché ; il estime devoir tenir sa promesse et montrer aux Chinois que la France n'est pas une nation de dernier ordre. D'ailleurs, face à l'hégémonie des deux superpuissances, elle semble un allié objectif. Faisant allusion à la menace militaire représentée par l'impérialisme russe, Georges Pompidou compare l'URSS à un grand fleuve qu'il faut contenir dans son lit des deux côtés, par la Chine et par l'Europe. Au fond, c'est toujours la vieille idée de contrer l'adversaire potentiel par un double front. Jadis, les Ottomans par « l'empire du prêtre Jean », puis les Habsbourg par Soliman le Magnifique, ensuite l'Allemagne par la Russie tsariste, et enfin la Russie par la Chine. Ce voyage est aussi l'occasion d'aider une ingénierie française, Technip-Speichim, à conclure l'important marché de construction d'un complexe chimique.

À ces motifs, s'ajoute peut-être chez lui l'attirance intellectuelle exercée par le mystère de l'empire du Milieu et de sa civilisation millénaire. Encore plus fascinante que le Sénégal de Senghor et l'Annam de Pham Duy Khiem, qui ont tant piqué sa curiosité au temps de ses vingt ans. Ce n'est pas sûr, si l'on s'en tient au témoignage de son ami François Gall : « Je n'ai jamais réussi à l'intéresser à la Chine, à la façon qu'ont les Chinois de passer derrière les choses. Lorsqu'on lui en parlait, il semblait amusé mais posait peu de questions. Au fond, il s'intéressait essentiellement à la civilisation gréco-romaine. D'ailleurs, avant guerre, on ne voyait que l'axe Londres-Paris-Berlin. » Mais on n'est plus en 1937, et la Chine commence à apparaître comme une grande puissance.

Georges Pompidou a décidé d'effectuer le voyage à bord d'un prototype de l'avion Concorde. Invité à déjeuner à l'Élysée, Senghor aborde le sujet : « Il paraît que tu vas en Chine en Concorde. » Jacques Chirac, qui se trouve là, intervient avec énergie : « Monsieur le président, c'est une folie, cet avion n'est pas encore homologué, c'est un laboratoire volant. Vous risquez votre vie. C'est absurde. – Vous, au moins, vous tenez à ce que je reste en vie », répond-il avec un sourire [124].

Finalement, il part en Concorde, mais sans Claude, car la remarque faite par Chirac a porté, et il ne veut pas exposer la vie de sa femme.

Sa nièce Castex la remplacera. Ravie de l'aubaine, elle profitera du voyage comme si elle était pour une fois la première dame de France.

En gravissant la passerelle de l'avion, le président, podagre, le visage bouffi, a les yeux enfoncés et comme tapis à l'intérieur d'une caverne. Justement, à l'étape d'Islamabad, il était prévu qu'il descende pour rencontrer le numéro deux du régime pakistanais, Aziz Almed et, surprise, il ne descend pas. Non sans embarras, le seul ministre qui l'accompagne, Jean de Lipkowski, s'excuse auprès de son collègue pakistanais. Que se passe-t-il, se demandent les journalistes : un malaise ? De plus belle, les cancans reprennent sur les ennuis de santé du président français.

À l'arrivée à l'aéroport de Pékin, le 11 septembre 1973, à côté d'un grand portrait de Mao, des banderoles célèbrent les hôtes venus de France. Puis on procède à la photo de famille : Georges Pompidou, qui occupe le centre, paraît imposant à côté du frêle Chou en-lai.

Au premier repas, après le troisième plat chaud, Chou en-lai monte d'un pas léger à la tribune derrière la table des officiels. L'ambassadeur Christian d'Aumale raconte : « D'une voix aigrelette qui surprend si l'on songe à la puissance de l'homme, à sa ténacité et à son habileté ces dernières années, Chou en-lai aborde des sujets délicats, l'hégémonie de l'Union soviétique, la menace d'un complot américano-soviétique. Dès qu'il a regagné sa place, l'orchestre entonne la *Marseillaise*. Après un échange de toasts, Georges Pompidou se lève à son tour, monte sur l'estrade d'un pas hésitant et s'appuie de façon pesante sur le pupitre. Avec mesure, il insiste sur la concordance entre nos deux vieilles civilisations, où la patience, la ténacité et la sagesse constituent des ancrages auxquels se raccrocher. Puis il descend avec précaution, d'ailleurs les marches sont raides, et s'arrête pour écouter l'hymne chinois. Après ces deux allocutions, Chou en-lai fait le tour des tables et trinque avec les uns et les autres [125]. »

Le lendemain, Georges Pompidou visite une partie de la Cité interdite. Mais la horde de journalistes qui lui emboîte le pas le fatigue. Elle le prive du silence indispensable pour apprécier, méditer, sentir, goûter pleinement le spectacle. Suit une entrevue de deux heures avec Mao, qui se résume à un extraordinaire monologue du Grand Timonier sur Robespierre, Napoléon, de Gaulle. Napoléon, dont Mao lui demande s'il est mort d'un cancer ou d'un ulcère ; de Gaulle, dont il admire le non-conformisme et le nationalisme.

Prudence ou fatigue, Georges Pompidou parle peu. Mais avec Chou en-lai, qui connaît la France, où il travaillé chez Renault, et dont le raisonnement lui va bien, il se sent davantage d'affinités. « Chou en-lai est vert comme tout, dira-t-il à son retour. Il a soixante-douze ans. Moi, qui ai dix ans de moins, je ne le battrais ni à la course ni à la marche. Cet homme-là est sec, toujours vif, alerte, c'est vraiment un type extraordinaire. – Cela se voit à la télévision. – Mais vous n'imaginez pas. Il y a ce qu'on appelle de beaux vieillards, par exemple Pinay, mais Chou n'est pas du tout un vieillard, il fait à peine soixante ans. Je me demande si vous-même arriveriez à tenir sa cadence. »

Le 13 septembre, Georges Pompidou annule sa visite à la Grande Muraille pour discuter trois heures avec Chou en-lai du projet Technip Speichim qui lui tient à cœur et pour lequel il obtient satisfaction. Le lendemain, en revanche, il entreprend un voyage en train de nuit, très inconfortable, jusqu'à Ta-t'ung, pour aller visiter les grottes bouddhiques et les temples des Yung Gang et admire leur Bouddha de dix-sept mètres de haut.

Le 16, lui voyant un visage souriant et détendu, Chou l'emmène en avion visiter les palais et les temples d'Hang Tchéou. Ils se promènent ensemble sur une île, au milieu d'un lac, suivis à distance par quelques officiels. « Tous deux s'arrêtent devant la piscine des carpes et sa passerelle en bois coloré, se souvient Christian d'Aumale. Par moments, Georges Pompidou poursuit seul son chemin, Chou en-lai ayant le tact de le laisser avancer à sa guise et à son rythme. Quelques instants, le président jouit de ce qui sera son dernier voyage sur terre[126]. »

Le soir, la municipalité de Shanghai a bien fait les choses pour l'arrivée des deux hommes d'État. « Sous une grande banderole rouge célébrant l'amitié entre les peuples chinois et français en lettres et caractères blancs, Georges Pompidou et Chou en-lai sont accueillis par un ballet de fillettes en jupes roses et chemisettes blanches, jupettes rouges et corselets noirs, chemisettes blanches et tutus rouges. Surprise du président : deux dragons sortent des rangs, et, avec leur traditionnel faciès grimaçant et leurs crinières échevelées, ils miment un combat[127]. »

Au départ, le 17 septembre, la pluie tombe à verse. Du hublot de l'avion, on aperçoit Chou en-lai, ruisselant d'eau, venu saluer son visiteur.

Sur l'itinéraire du retour, Georges Pompidou fait étape à Téhéran. Le shah est terrifié de le découvrir dans un tel état. Le Premier ministre iranien, Hoveyda, grand ami de la France, après avoir conversé longuement avec lui, confiera : « On se demande comment il peut encore penser, mais il pense, il pense bien [128]... »

À son arrivée en France, le président, qui d'habitude s'arrange pour n'être photographié que de profil, n'échappe pas aux photos de face. Terrible vision que la teinte de son visage, rose vif comme une ancienne poupée de porcelaine. Sous les épais sourcils noirs, les yeux brillent étrangement, paraissent même jeter des flammes.

Trop las pour accepter la proposition de Jacques Foccart d'une nouvelle tournée en Afrique, il lui dit : « Allez-y ! Allez rendre visite à vos amis africains, c'est important. Et faites en sorte que, les ayant vus sur place, vous les empêchiez de venir trop nombreux me voir. »

Le 13 octobre 1973, Georges Pompidou reçoit de nouveau Arthur Conte qui, à la suite d'un grave désaccord avec le ministre de l'Information, lui remet sa démission de président de l'ORTF. « Comment pouvez-vous me faire ça, à moi ? lui demande-t-il sans acrimonie. N'avons-nous pas toujours été bons amis ?"

« Je découvre un homme accablé, sans ressort, relate Arthur Conte. Semblant traîner avec je ne sais quelle lassitude le fardeau du pouvoir, il me démontre que faire éclater une affaire ORTF maintenant serait "lui porter un coup en pleine poitrine". Je ne puis m'empêcher de penser au Pompidou si joyeux de gouverner, allègre et goguenard, aux beaux jours de l'hôtel Matignon. Tantôt il se tasse en avant, les avant-bras sur la table, le menton affalé sur les mains. Tantôt il frotte longuement un doigt sous chaque œil, comme s'il voulait écraser l'enflure des joues. Tantôt, se redressant lentement contre son dossier, il déboutonne et reboutonne son veston...

"Que deviendrai-je, comment tenir un pays difficile, si tous mes amis m'abandonnent ou me gênent les uns après les autres ? Ai-je jamais manqué à l'amitié pour vous ?"

« Il se tasse à nouveau sur la table.

« "Non, non. Il ne faut pas de vagues. Or vous menacez d'en faire. Donc, vous avez tort. Alors ? fait-il, vous me laissez ce dimanche tranquille ? Vous la reprenez, cette démission qui n'a aucun sens ?"

« Sa voix est très rauque. Ses yeux se sont encore rapetissés depuis quelques instants. Je trouve tout à coup qu'il s'est mis à ressembler à Louis XVI. Il en appelle à nouveau aux bonnes amitiés.

“Ne vous ai-je pas toujours laissé tranquille ? Me suis-je jamais occupé de l’ORTF ? Dès que vous avez été nommé, j’ai dit : ORTF, connais plus. Je comprends d’autant moins le mal que vous allez me faire maintenant. Je suis mal aidé, mal soutenu. Ce n’est pas à vous d’ajouter à mes épreuves. C’est moi, moi seul personnellement, qui ai pensé à vous pour ce poste. Je ne l’ai jamais regretté.”

« Il est plongé dans je ne sais quelle méditation.

“On fera ce qu’il faudra. Vous verrez. Vous serez content. Tout le monde sera content.”

« Nous nous quittons. Il dodeline de la tête et pousse un gros soupir :

“Je vous le répète. Quoi qu’il advienne, je serai heureux que nous puissions rester bons amis.”

« Édouard Balladur tient cependant à me voir sur-le-champ. Il est aussi frais que le président m’a paru las. “Quand vous aurez un ennui, me dit-il, téléphonez-moi donc. Vous ne téléphonez pas assez.” Il ajoute : “Entre gens de bonne volonté, on arrive toujours à s’entendre [129]”. »

Une autre fois, Georges Pompidou reçoit André Bergeron, le leader du syndicat Force ouvrière. « Vous allez trouver le président bien changé, prévient Édouard Balladur. Ne vous étonnez pas, c’est parce qu’il mange trop. » André Bergeron a beau être prévenu, devant l’état de son hôte il ne peut maîtriser un moment de recul [130]. Mais Georges Pompidou a toute sa lucidité et les deux hommes, qui se savent sincères, ont une grande estime mutuelle et beaucoup de choses à se dire, à échanger. Leur rencontre, qui devait être d’une heure, en dure trois. De temps à autre, les huissiers apportent des papiers concernant les visiteurs suivants, qui font antichambre. « Laissez, je veux encore parler à M. Bergeron », dit le président.

« Guy de Rothschild raconte sa tristesse d’avoir, à une soirée à l’Élysée, trouvé le président gêné, fuyant presque, comme pour cacher sa maladie, pour éviter qu’on lui en parle. Cela n’empêche pas Marie-Hélène, à l’approche de Noël 1973, de chercher un cadeau pour leur grand ami. Un soir, elle rentre triomphante et montre à son mari la photo d’un canard de Lalanne en porcelaine blanche flottant au milieu de nénuphars en métal. Seule, une légère ondulation des feuilles évoque la surface de l’étang. L’oiseau immobile, l’éclat des nymphéas, le frémissement des feuilles, surtout cette absence d'eau, donnent une dimension de rêve à cet étrange objet. À l'évidence, il plaira à Georges. « Tu sais, ajoute Marie-Hélène, c'est un vrai miracle. Ce canard n'est tiré qu'à trois exemplaires. Le musée de Sèvres en a pris un. Celui-ci, le dernier des trois, était réservé. J'ai dû me battre comme une lionne pour l'obtenir. »

Le lendemain, on livre à l'hôtel Lambert un énorme carton, deux mètres sur un mètre cinquante. La jolie baronne le fait ranger dans la chambre rose, celle où l'on entrepose les cadeaux. Le 23 décembre, elle demande à la gouvernante de lui faire apporter « le canard de M. Pompidou ». « Mais, madame, le canard est déjà à Ferrières, je l'ai vu hier. – C'est impossible, Juliette, il est dans la chambre rose. »

On fait venir le chauffeur. Il jure ses grands dieux qu'il n'a pas transporté le carton. « Vous voyez bien, Juliette, ce canard n'a quand même pas volé de ses propres ailes jusqu'au château. »

Le soir même, à Ferrières, Marie-Hélène doit se rendre à l'évidence : le canard attend sagement dans un coin du hall. Mais, le lendemain matin, le canard se moque du monde : il est toujours dans la chambre rose, à Paris.

On trouve la clef du mystère. Georges et Claude avaient choisi à l'intention de Guy et de Marie-Hélène le même canard – le troisième exemplaire – et l'avaient fait livrer à Ferrières. Les Pompidou et les Rothschild étaient bien sur la même ligne de cœur[131].

La santé du président fait maintenant la une des journaux. Il souffre d'hémorragies au point que ses entretiens avec les dirigeants russes sont annulés. Les communiqués de l'Élysée s'obstinent pourtant à parler de « grippes à rechutes ». Toute la classe politique en jase. Les gens supposés bien informés assurent que la cortisone, dont l'usage enfle si visiblement le visage de Georges Pompidou et alourdit sa silhouette, est signe de cancer. Déjà, le 17 décembre, *Le Point,* dont le patron n'est autre que Simon Nora, l'ancien collaborateur de Jacques Chaban-Delmas, a titré en couverture : « Messmer doit partir. » Cette cabale, Jacques Chaban-Delmas ne peut l'ignorer, pourtant il n'a rien fait pour l'arrêter. Pierre Messmer croit même savoir que le titre prévu à l'origine était « Pompidou : départ. »

Au cours d'un ultime voyage officiel en province, à Poitiers, Georges Pompidou est pris d'un malaise soudain. Livide, ruisselant de sueur, il s'affale dans un fauteuil. Désormais, non seulement son fils

Alain mais aussi le professeur Vignalou passent le voir matin et soir. Claude et une infirmière militaire, Thérèse Azeglio, se relaient pour le soigner. Mais il met tellement d'insistance à rire de son mal, à jurer que « tout ça passera un jour » qu'il en arrive à convaincre beaucoup de monde. Comme par un amour enfantin de la vie, il s'accroche jusqu'au bout à son imperturbable optimisme, à la certitude qu'il vivra, qu'il demeurera même au pouvoir. Ce qui le mine, c'est de voir les gens attendre sa mort, parfois même avec une certaine impatience.

Un des tout premiers jours de janvier 1974, le président reçoit à l'Élysée quelques journalistes pour l'un de ces déjeuners de presse qu'il utilise pour tester un projet, pour lancer une idée, enregistrer des réactions. Parmi eux, Michel Bassi : « Nous savions, par des indiscrétions, que Pompidou connaissait la gravité de son mal. Comment pouvait-il en être autrement, tant étaient visibles les marques du violent traitement que les médecins lui appliquaient ? Nous savions aussi qu'il pensait disposer de temps encore, et qu'il ironisait souvent sur "son cancer hebdomadaire".

« Il était là, devant nous, souriant, l'air plus en forme que nous ne pensions. Seul l'œil, rouge, presque violet, enflé, était impressionnant.

« Alors, répéta-t-il devant notre silence embarrassé, de quoi parliez-vous en m'attendant ? » Pompidou s'était assis et fait donner un verre de whisky.

« – Nous parlions de Watergate, monsieur le Président, lança l'un d'entre nous."

« Le chef de l'État n'était pas dupe.

« – Ah oui, vraiment ? Nixon a Watergate, et moi je vais mourir. »

« Alors, devant notre petit groupe, stupéfait mais profondément ému, Georges Pompidou se pencha lentement sur son fauteuil, et releva avec une certaine difficulté une jambe de son pantalon. Nous aperçûmes son mollet, énorme, bouffi, entouré d'une bande, et qui ne faisait plus qu'un bloc avec son genou :

« "Voyez dans quel état je suis. Eh bien, vous verrez, dans quelques mois, cela ira mieux. Cela en embêtera plus d'un. Et cela finira bien." Avant d'ajouter : "Enfin, on verra !"

« Chacun d'entre nous avait en mémoire les confidences de ministres déplorant que le Président n'écoute plus, n'entende plus, "enfermé dans un soliloque morose", comme disait l'un d'entre eux. Pourtant, nous eûmes la conviction que, si la maladie affaiblissait le corps, l'esprit n'était pas atteint. Au contraire, nous le retrouvions avec une vivacité, presque une alacrité accrues [132]. »

Les d'Ormesson, qui reçoivent de temps à autre les Pompidou à Neuilly, s'inquiètent de voir le président écourter les dîners et se retirer assez brusquement. Ils ne savent rien de sa maladie. Maurice Druon, qui a un entretien de plus d'une heure avec lui, le voit saigner du nez et dire : « Ah ! encore ça ! » du ton où les paysans disent : « Ah ! encore ma jambe qui ne va plus ! » Tous deux font ensemble des projets d'avenir : une ambassade à Rome pour Druon, un second mandat pour Pompidou. La plupart des initiés, et le président lui-même, comptent sur un répit d'au moins plusieurs mois.

Le 30 janvier, dans un moment de rémission, Pompidou reçoit Guy de Rothschild à déjeuner en tête à tête, en vrais amis, comme avant son accession à la présidence. Cela leur fait chaud au cœur de se revoir ainsi. Contrairement à son habitude, le président a laissé un téléphone à proximité. Il sonne, il prend la communication et répond brièvement « oui », « non », « oui ». Guy de Rothschild devine qu'il s'agit du ministre des Finances, alors à une conférence à Bruxelles.

« J'ai l'impression que Giscard rupine, hasarde le baron. – Guy, je vous l'ai déjà dit, cet homme-là n'a aucun sens politique" [133]. »

Le 7 février, dans *Le Monde,* Pierre Viansson-Ponté évoque « la fatigue du président, la transparence du Premier ministre, l'impatience des candidats, une majorité toute bruissante de rumeurs, d'hypothèses, une presse qui en est le reflet ». Mais lui, qui ne pense pas mourir de sitôt et espère encore aller jusqu'au bout de son mandat, se cramponne à son poste. Face aux effets du premier choc pétrolier et à la montée en puissance de la gauche unie, il resserre son gouvernement et rappelle auprès de lui Pierre Juillet, retourné, dans un moment de désaccord, à ses moutons de la Creuse.

Un jour de février 1974, pour la dernière fois, Georges Pompidou assiste à une chasse. C'est à Chambord, où sont conviées pour l'occasion une vingtaine de personnalités du monde politique et industriel. Le matin, il veut aller prendre son poste pour la battue. Ses jambes, entourées de guêtres, sont si gonflées qu'il doit chausser des sandales. Malgré cela, il est incapable de monter les quatre marches de son affût. Alain de Boissieu, qui doit se rendre prochainement à Addis Abeba, s'approche de lui pour lui parler d'un précepteur qu'il destine au petit-fils d'Hailé Sélassié, appelé à succéder un jour au Négus. Mais le président détourne la conversation :

« Alain, si mes analyses sont aussi mauvaises dans quinze jours, je me retire à Cajarc et je dirai pour qui voter. On va bien rigoler. » Une pause, puis il ajoute : « Qu'est-ce qu'on pense de M. Messmer ? Et de Mme Messmer ? »

C'est sans doute son choix, un choix que plus tard va briser la précipitation de Jacques Chaban-Delmas.

Vers midi, les chasseurs se dirigent pour la traditionnelle collation vers une sorte de maison de bois près des étangs, surnommée « l'isba ». « Déjà, tout le monde était là, raconte Marie-France Garaud, arrivée en retard avec Pierre Juillet et quelques autres. Dès notre entrée, l'étrangeté de la scène, l'atmosphère pesante qui régnait dans la pièce nous saisirent. Tout était immobile, comme figé. Le Président, marqué par la maladie, mais impassible sous son bonnet de fourrure, était assis auprès de la fenêtre, seul à une table. Les invités, d'habitude pressés de faire leur cour, se tenaient à distance, groupés auprès du feu, cherchant une contenance et parlant à mi-voix. Rapidement, Juillet se dirigea vers Pompidou, lui demandant lequel parmi ses hôtes il lui serait agréable de voir se joindre à lui. Le Président répondit simplement et pour lui seulement : “Laissez, Pierre, ils me regardent.” Juillet demeura près de lui quelques secondes, puis se dirigea vers la cheminée, amena quelques invités près du Président, appela un serveur, ranima le mouvement. » Marie-France Garaud ajoute : « Durant la maladie, ce n'était pas le président qui changeait, hormis physiquement, c'était le regard des autres sur lui. Celui des prétendants qui s'enhardissent, de leur cercle qui se resserre, de l'espace qui se restreint, des murs qui se rapprochent [134]. »

Christine Clerc [135] s'est fait l'écho du climat glacial dans lequel se déroule quelques jours plus tard le dîner annuel des ministres et de leurs épouses : « On ignore qui a eu la fine idée de convier, pour le spectacle qui suit habituellement le dîner, Thierry Le Luron [136]. Comment celui-ci a-t-il eu l'idée, non moins fine, d'y présenter un sketch sur la visite du palais par un agent immobilier ? L'agent, c'est Chaban, que Le Luron imite à merveille. Les deux acquéreurs éventuels sont Giscard et Mitterrand. Voix du premier : “Est-ce qu'il y a une reprise ?” Voix du second : “C'est vendu meublé ?” Les ministres sont pétrifiés. Pompidou, blême, applaudit quand même du bout des doigts. »

Mais la France doit continuer. Le 1er mars 1974, Georges Pompidou charge Pierre Messmer de former un gouvernement restreint, quinze ministres au lieu de vingt, avec un bulldozer à l'Intérieur, Jacques Chirac. Quatre jours plus tard, pour la dernière fois, mais il ne s'en doute pas, Georges Pompidou préside un Conseil restreint. Seuls sont présents les ministres responsables de la question à l'ordre du jour, assistés de quelques hauts fonctionnaires. C'est dans ce type de petits comités que se prennent en fait les décisions essentielles, le Conseil des ministres se bornant en général à les ratifier.

Ce jour-là, la régulation des chaufferies, l'isolation thermique de l'habitat sont encouragés ; l'exploration pétrolière relancée dans les grands fonds marins et sur le plateau continental européen ; de nouveaux contrats d'approvisionnement de charbon et de gaz naturel seront conclus avec l'URSS et l'Algérie ; la construction de toute nouvelle centrale thermique classique est gelée ; l'effort minier en matière d'uranium sera amplifié ; EDF constituera des stocks stratégiques de combustibles nucléaires.

Surtout, lors de ce conseil, une décision essentielle est prise, une décision qui engage l'avenir. Sur la proposition de Pierre Messmer, très au fait des questions nucléaires depuis son passage au ministère des Armées, le coup d'envoi est donné à un formidable programme électronucléaire, le plan Messmer, aboutissement du travail de longue haleine entrepris depuis 1969 par André Giraud, Marcel Boiteux et Bernard Esambert, entre autres. « Le choix des filières était fait, mais le programme n'était toujours pas lancé, rappelle Pierre Messmer. Aucune décision n'avait été prise, et ce pour deux raisons. D'une part, une large fraction de l'opinion, entraînée par les écologistes, jugeait l'électronucléaire dangereux et ne voyait pas qu'il pollue moins l'atmosphère. D'autre part, avant le choc pétrolier, le kilowattheure pétrole coûtait beaucoup moins cher que le kilowattheure électronucléaire [137] ». Aussi, en décembre 1972, Valéry Giscard d'Estaing avait-il freiné la construction de nouvelles centrales nucléaires.

« Le premier choc pétrolier allait changer les donnes et sensibiliser l'opinion à la nécessité d'acquérir son indépendance énergétique. » Cette fois, pour rattraper le temps perdu, le gouvernement autorise EDF à lancer six tranches de mille MW dès 1974 et sept autres en 1975. Les négociations avec Westinghouse doivent être reprises pour abaisser le niveau des redevances, assurer au bout de quelques années l'indépendance de la France et le droit d'exporter. Pompidou insiste bien : à l'horizon 1985, avec cinquante centrales en service, l'électronucléaire devra impérativement fournir les deux tiers des besoins. Tant pour sécuriser les approvisionnements que pour offrir à l'industrie une énergie à prix compétitif.

Malgré sa maladie, il réagit ainsi beaucoup plus vite que nos voisins européens. Au lieu d'un expédient à court terme, il prend une décision à long terme assurant l'indépendance nationale. Cette fois, tel Churchill ou de Gaulle, il se fait visionnaire et, à son tour, entre vraiment de plain-pied dans l'Histoire. Ce programme, de loin le plus ambitieux du monde, il l'engage, vu l'urgence, sans le moindre débat au Parlement, sans vote démocratique. On ne saurait mieux illustrer l'influence de la maladie sur le fonctionnement des institutions.

Après trois heures de débat, il reste encore à évoquer la liaison ferroviaire à grande vitesse Paris-Lyon. En quelques instants, Georges Pompidou tranche : il faut la faire tout de suite, et avec caténaires. La turbine à gaz serait trop bruyante, trop polluante, elle imposerait des pertes de temps pour le ravitaillement en gaz. Mais surtout, l'heure n'est plus au gaspillage de l'énergie fossile. Le TGV, auquel personne ne croit, que tous disent voué au fiasco commercial, le président l'impose, et avec une traction électrique. Là encore, il fait le bon choix. Contrairement à tous les augures, la SNCF ne sera pas sauvée par le fret mais par le trafic voyageurs, grâce au TGV.

Ce Conseil, l'un des plus importants de tous ceux de la Ve République, malgré sa souffrance physique, le président l'a dirigé avec vigueur et fermeté.

« Messieurs les ministres, conclut-il, l'ordre du jour est épuisé. Il reste un sujet, cependant, tous les Français en parlent, ma santé : "Alors, Pompidou, il va comment ?" Si vous répondez : "Il se porte comme un charme", ne croyez pas que vous serez bien vus. Non, je souffre comme un damné, messieurs. Mais j'ai décidé de ne pas mourir. Cela ferait trop plaisir à trop de gens, dont certains sont autour de cette table. » Et, comme un testament politique, il ajoute : « Ne vous abandonnez pas à la médiocrité. Prenez de la hauteur. Ne commettez pas l'erreur que j'ai commise, jeune Premier ministre, en voulant gagner deux sièges pour éviter une motion de censure. Dans ma vie, j'ai tiré trop bas. Pour diriger la France, il faut tirer plus haut. »

La priorité des priorités est bien la paix. Pour bien marquer la détente, rien de tel que de développer des relations commerciales, des partenariats industriels. Georges Pompidou aimerait bien accélérer les choses[138]. Au prix d'un effort surhumain, il entreprend du 11 au 13 mars 1974 son dernier voyage à l'étranger, invité par Leonid Brejnev. « Brejnev aime la vie, dit-il, c'est un bon vivant, pas un pisse-froid révolutionnaire. C'est sympathique, nous nous comprenons assez bien. » Le rendez-vous est au bord de la mer Noire, Pitsounda, en Géorgie. La mer, sous les fenêtres, au-delà des bois de pins, brille d'un doux éclat. Mais Georges Pompidou se sent si épuisé qu'il remplace la conférence de presse par une brève communication. « J'en ai marre, marre, confie-t-il à Michel Jobert. Ah ! C'est dur, ce que je fais, c'est dur. Je ne pensais pas qu'on pût autant souffrir. »

« Revêtu d'un pardessus, il gagne à petits pas, presque titubant, son siège sur une terrasse réchauffée à son attention par des radiateurs électriques. À peine peut-il parler dix minutes. Et lorsque l'interprète traduit, ses yeux, qui ont perdu leur éclat, semblent égarés dans le vide[139]. » Ce qu'Arthur Conte ne sait pas, mais que révèle Michel Jobert, c'est que Georges Pompidou a eu une terrible hémorragie et s'est retrouvé presque seul au pire moment, pendant que son infirmière était partie à la plage.

Les images des entretiens de Pitsounda, publiées comme d'habitude aux actualités, révèlent l'ampleur du mal qui le ronge. On le voit épuisé de douleur, le visage méconnaissable ; on note les gestes attentifs, presque affectueux, de Leonid Brejnev, un malade lui aussi.

Une semaine après son retour, Georges Pompidou se fait remplacer par Claude au dîner donné à l'Élysée le 21 mars en l'honneur du corps diplomatique. Il est cloué au lit. La septicémie envahit l'organisme, elle résiste aux antibiotiques les plus forts. À l'époque, un tel sujet est encore tabou, pourtant la rumeur de maladie mortelle s'enfle. En apprenant que Gaston Defferre exige la publication d'un bulletin de santé, Georges Pompidou est hors de lui.

François Mitterrand, en revanche, interrogé en mars par un journaliste du *Nouvel Observateur,* réagit avec courtoisie à une question sur la santé du président : « Pompidou annule ses rendez-vous ? Et après ? Tout le monde peut avoir des grippes difficiles. Moi aussi... » Et cet adversaire de grande classe assure à d'autres : « La souffrance et le courage méritent le respect. » Au point que le malade, qui ne l'aime guère, confie à un intime que François Mitterrand est le seul homme public à se montrer « correct » en ces circonstances.

Le 27 mars 1974, dans le salon Murat de l'Élysée, Georges Pompidou préside pour la dernière fois le conseil des ministres, qui a lieu tous les mercredis de 10 heures à 13 heures. Sur la longue table ovale, de petits cartons blancs indiquant la place de chacun. Ce matin-là, contrairement à son habitude, il ne va pas avec un mot ironique pour l'un ou l'autre serrer la main des seize ministres debout chacun derrière sa chaise. « Bonjour, messieurs », se contente-t-il de lâcher à la cantonade. Puis, avec peine, il prend place dans un fauteuil, jette ses deux bras en avant, s'efforce de sourire, et s'excuse brièvement : « Vous comprendrez, après les communiqués de mes médecins, pourquoi je ne fais pas le tour de la table. »

L'atmosphère est sinistre. Chacun est frappé de la profonde fatigue du président, de ses gestes moins précis, qui lui donnent une allure négligée. Les huissiers ont calfeutré les portes pour prévenir les courants d'air. Ils ont aussi tiré des rideaux devant les glaces des portes qui font face au président, pour lui éviter de s'effrayer à la vue de son propre visage. Mais tous les ministres, eux, le regardent à la dérobée. Il est toujours aussi gonflé, aussi tendu. Écrasé sur lui-même, comme rapetissé.

À tour de rôle, Georges Pompidou passe la parole aux cinq ministres qui ont des communications à faire ce jour-là. Par une sorte d'intuition qui circule de l'un à l'autre, leurs interventions sont brèves. Le président trouve encore la force d'écouter attentivement, de résumer chaque exposé avec un saisissant esprit de synthèse et, en quelques mots, de tirer les conclusions. Avec fermeté. Avec détermination. Chaque fois de son corps brisé son esprit jaillit clair, lucide, intact.

L'ordre du jour est vite épuisé, et, après la dernière intervention, celle de Pierre Messmer, il se fait un grand silence. Chacun croit le Conseil terminé. Alors soudain le président, qui paraissait tassé en coin, dans son fauteuil, en proie à la douleur, se redresse et déclare : « Je dois évoquer maintenant devant vous un sujet encore jamais abordé : je passe par des moments bien difficiles, c'est vrai, je suis fatigué... On exagère beaucoup, on raconte trop de choses fausses. Évidemment, pour l'instant, je ne gambade pas. Ce n'est pas agréable, mais tout cela n'aura qu'un temps. J'ai besoin de repos. J'irai à Cajarc, j'y resterai pendant les fêtes de Pâques, jusqu'au milieu d'avril. Ensuite, cela devrait aller mieux et, normalement, je pourrai reprendre mon activité. D'ici là, on me rendra compte de tout ce qui se passe, je m'arrangerai pour être tenu chaque jour au courant. »

Son ton est à la fois de courage et de lassitude[140], d'optimisme et de tristesse. C'est poignant. Tous les ministres le regardent, tous l'écoutent, bouleversés par son courage. À l'évidence, son effort pour parler l'épuise. Il a du mal à s'exprimer, il hésite. Sur le visage perlent de grosses gouttes de sueur. Quoique à bout de forces, il ne se considère pas comme mourant.

« Il faut démystifier les choses, poursuit-il. Je vais quai de Béthune, l'Élysée est affreusement malcommode. Les appartements, figurez-vous, y sont ridicules : on entre par la salle à manger, on en sort par la chambre à coucher. Et, à l'Élysée, pas moyen de se faire soigner tranquillement. Je ne peux tout de même pas demander un autre médecin que celui qu'on appelle l'interne de garde, c'est-à-dire l'externe de garde, sans aucune expérience. Quai de Béthune, au contraire, c'est très commode, j'ai mon fils sous la main, et d'ailleurs j'y travaille tout autant et, croyez-moi bien, dans de bien meilleures conditions. »

Là-dessus, Georges Pompidou trouve la force de se lancer dans une critique virulente des medias : « Je ne lis plus la presse et je m'en trouve très bien. Je vous recommande d'en faire autant. On peut tout savoir sans lire les journaux, sans écouter la radio, sans voir la télévision. Faites donc comme moi. Selon un hebdomadaire, j'aurais supplié les Russes de m'accueillir dans un endroit où je n'aurais pas risqué de prendre froid. Je peux vous dire qu'à Rambouillet, quand j'ai reçu M. Brejnev, en juin dernier, après l'avoir remercié de sa visite en France, j'ai simplement ajouté : "Je vous la rendrai." Brejnev m'a alors déclaré : "Nous serons heureux de vous recevoir en Union soviétique. Choisissez vous-même le lieu de notre rencontre. J'aimerais aller, lui dis-je, dans un endroit que je ne connais pas. Or je ne connais ni l'Ukraine ni le Caucase." Brejnev m'a répondu en grommelant qu'en Ukraine il n'y avait rien à voir et que l'on n'y était pas équipé pour me recevoir. En revanche, il connaissait un endroit merveilleux sur les bords de la mer Noire, avec plein de datchas confortables pour m'accueillir avec les membres de ma délégation. C'est ainsi, figurez-vous, que cela a été décidé. Il n'y a eu aucune supplication de notre part.

Les journalistes feraient mieux de se renseigner avant d'écrire des âneries. Ils n'avaient qu'à demander aux Soviétiques. »

Georges Pompidou s'arrêta. Après un silence, il ajouta ces paroles, les dernières qu'il ait prononcées en conseil des ministres : « Dans trois mois, ça devrait aller mieux et cela en embêtera plus d'un. Tout ça finira bien. Enfin, on verra bien... »

L'après-midi, il trouve encore la force de recevoir pour leur tête-à-tête hebdomadaire Valéry Giscard d'Estaing : « Je garde à jamais fixée cette image de lui aperçue entre les deux lampes à six branches, en vermeil, posées de chaque côté du bureau. Son visage est gonflé. La lumière qui commence à baisser accentue le cerne des yeux. Il y a dans son expression une sorte de bienveillance inhabituelle, à la limite une sorte de douceur. Pour la première fois, la méfiance, qui était un trait fondamental de son caractère, et qui souvent me blessait et m'irritait, semblait avoir disparu [...]. Je me lève pour prendre congé. Il reste assis. Il ne me raccompagnera pas[141]. »

Le vendredi 29 mars 1974, Georges Pompidou fait venir Madeleine Négrel dans son appartement de l'Élysée et lui montre un tableau qu'il vient d'acheter : « Madeleine, n'oubliez pas de faire encadrer le petit Villon[142]. » Preuve qu'il se sent moins mal et qu'il croit avoir encore quelques mois à vivre, peut-être quelques années. Et, le lendemain, il quitte Paris dans une DS noire aux glaces en verre fumé, pour aller à Orvilliers respirer l'air de la campagne. Mais le dimanche, un abcès se forme, la fièvre monte rapidement, une septicémie se déclare. Sans doute les traitements contre la leucémie ont-ils supprimé toutes ses immunités. Aucun des plus grands médecins appelés d'urgence en consultation, Jean Bernard, Pierre Aboulker, le gastro-entérologue Jacques Soullard, le biologiste Berthold Schramm, n'ose tenter une opération. Refusant d'être hospitalisé, le malade se fait ramener quai de Béthune.

Le 2 avril 1974, dans la soirée, Georges Pompidou meurt après trois heures de terribles souffrances, non pas tant du cancer, mais d'un accident, de complications consécutives au traitement de son cancer. Alain ne peut que constater son décès et informer Édouard Balladur. Le lendemain matin, Pierre Messmer se rend quai de Béthune saluer le corps du défunt. Alain lui remet le médaillon que son père portait suspendu autour du cou, qui contient le code permettant d'engager les forces nucléaires. Dans la chambre où le corps est allongé dans la pénombre, le visage exsangue témoigne de la souffrance longtemps contenue.

Le pays est surpris par une mort que les médecins eux-mêmes n'attendaient pas si vite. Comme demandé expressément dans son testament, les obsèques de Georges Pompidou sont célébrées sans fleurs ni couronnes, le 4 avril, en sa paroisse, Saint-Louis-en-l'Île, en présence de sa famille, des membres du gouvernement et de proches collaborateurs. Conformément à ses dernières volontés, la messe est chantée en grégorien par des moines de Solesmes sortis exceptionnellement de leur abbaye pour la circonstance. Le jour même, le président est inhumé à Orvilliers, sous une simple dalle de pierre, sans autre inscription que « Georges Pompidou, 1911-1974 ». Ainsi l'a-t-il voulu, par désir de simplicité.

Le soir du décès, François Mitterrand dîne, comme souvent, chez Lipp, seul à une table de l'arrière-salle, annotant devant son couvert le discours qu'il prépare pour le surlendemain devant l'Assemblée nationale. Soudain, vers 22 heures, Roger Cazes, le patron de la maison, s'approche, se penche et lui murmure à l'oreille : « On dit que le président Pompidou est mort. » Alors François Mitterrand lève les yeux, des yeux dans lesquels Roger Cazes croit déceler de l'angoisse. Quelques minutes plus tard, le restaurateur revient : « La radio vient de confirmer la nouvelle. » Mitterrand glisse aussitôt dans sa poche le brouillon de son discours et rentre à pied chez lui, rue de Bièvre, tout près de Notre-Dame. Malgré l'heure tardive, il s'assied à son bureau, reprend son stylo, cette fois, pour écrire ses adieux à son adversaire :

« Je ne puis me défendre d'une certaine pitié pour ce mort [...]. Le Pompidou de 1962 avait du ton et de l'allure. Quand je revins siéger au Palais-Bourbon après un détour par le Sénat, je discernai chez cet orateur hésitant qui lisait plutôt mal son texte une force inhabituelle en ces lieux. Les députés, qui détestent les amateurs, riaient de ses embarras. Je me souviens d'avoir invité mes voisins à modérer leurs jugements. J'étais sensible à cette carrure, à ce timbre. Dans les couloirs, je l'aperçus, tête haute et profil coupant, au centre d'un groupe de ses amis. Je l'observai un moment. Il émanait de sa personne une lourde puissance. L'échec de tribune qu'il venait d'essuyer le touchait juste assez pour affecter sa résolution. Il portait l'air de défi qui ne le quitta plus. L'orateur s'affirma, devint redoutable. Le politique s'épanouit, saisit que la France ne serait de son siècle que présente dans l'aventure industrielle et fit front, en 1968, quand de Gaulle hésitait.

« L'affaire Markovic, qui le blessa au cœur doublement, durcit sa volonté d'entrer à son compte, à son heure, dans cette Histoire de France dont ses familiers rapportent qu'enfant, il s'enchantait. [...]

« Comme tous les Français, je savais le chef de l'État condamné à une fin prochaine, et comme eux, elle m'a surpris. Sans doute répugnais-je à surveiller les feuilles de température, à scruter les bouffissures qu'exhibait la télévision. Peut-être aussi refusais-je inconsciemment l'événement dont je savais qu'il atteindrait ma propre vie... Étrange aventure que celle de ce monarque aux racines de terre profonde, formé à distinguer dans les jeux de miroirs où s'exerce l'intelligence l'image originale de la réalité... Oui, je le plains et ne suis pas son ennemi. On a beaucoup et partout discuté de son acharnement à exercer ses fonctions jusqu'au bout. Je crois comprendre qu'il y avait de la fierté dans cette façon d'afficher sa décrépitude. Le courage était-il de partir, était-il de rester ? Ce cri du dernier acte : "Dans ma famille, on ne se couche que pour mourir" ne vient pas de n'importe où. Ceux qui l'ont aimé se souviennent qu'il savait rire, sentir, donner, imaginer [143]. »

Bien avant d'être lui-même atteint d'une maladie alors incurable [144], François Mitterrand, était impressionné par le courage de son adversaire.

La nouvelle fait bientôt le tour du monde. Le 6 avril, un hommage solennel est rendu à Georges Pompidou à Notre-Dame en présence de cinquante chefs d'État. En arrivant à Orly, Richard Nixon, déclare : « Ses derniers mois ont été une période de vraie grandeur, car il a surmonté l'adversité pour servir son pays jusqu'à son dernier souffle, avec le même courage et la même distinction que tout au long de sa vie publique. »

À Dakar, Léopold Senghor, le compagnon de jeunesse, lui dédie aussitôt cette élégie :

Georges, ami, toi qui avais déjà le masque blanc sur le visage
Ainsi les sculptent nos voyants pour figurer les hôtes
des Champs Méridiens,
As-tu vu son visage ?

Est-elle, la Mort, au vrai, sans visage, comme le néant béant ?
Ou bien a-t-elle souri de son sourire fétide,
Avec de rares dents qui sentent le soufre jaune ?
Toi, l'ami de son grand ami.
Parle, a-t-elle une tête de dragon ?
Non, les dragons de la souffrance, tu les as bien connus.
Ils étaient là avec leurs neuf têtes et leurs écailles d'acier féroce.
Des langues de napalm hors des antres pestilentielles.
Leurs griffes, des éclairs,
Et leurs clameurs, des cris de foudre dans la tornade.
De la moelle humaine ils font leurs délices.
Tu n'as pas fui, tu as tenu, lucide et le foie formidable,
Celte dans la celticité,
Ton saint patron à tes côtés, luttant muscle acier contre muscle acier
L'esprit contre la chair, tu as bien tenu dix-huit mois.
Brusquement ton cœur a flanché. Oh ! Doucement.
Et dans un grand retournement vers ses deux yeux d'azur,
Tu es parti très calme vers ta joie bleue,
Vers la porte du paradis.

Mais l'épitaphe la plus fidèle, la plus lumineuse, celle qui rend le mieux compte de sa vie, Georges Pompidou l'avait composée lui-même, juste après son élection à la présidence : « Les peuples heureux n'ayant pas d'histoire, je souhaiterais que les historiens n'aient pas trop de choses à dire sur mon mandat, pas de guerre, pas de révolution notamment. Je souhaiterais en revanche qu'on lise dans les manuels d'histoire que, de 1969 à 1976 [car il croyait aller jusqu'au bout du septennat], la France a connu une période d'expansion, de modernisation, d'élévation du niveau de vie. Que, grâce au progrès économique et social, elle a connu la paix extérieure, que l'étranger l'a respectée parce qu'il voyait en elle un pays transformé, économiquement fort, politiquement stable et dont l'action extérieure était entièrement tournée vers la paix et le rapprochement des peuples... Que mon nom soit mentionné ou ne le soit pas n'est pas très important. Ce qui compte, c'est que mon mandat soit pour la France une période de sécurité et de rénovation, de bonheur et de dignité[145]. »

Dès la mort de Georges Pompidou, l'industrie française prend le deuil. Pendant les douze années où il tenait la barre comme Premier ministre ou président, son taux de croissance annuel avait dépassé de

1 % celui de ses voisins. De 1974 à 1980, cette avance rétrograde à 0,3 % par an et, à partir de 1981, la France devient la lanterne rouge des pays développés. L'emploi industriel, qui avait crû de 25 % tandis qu'il était aux affaires, créant chaque année plus de cent mille emplois supplémentaires, baisse de 20 %, retrouvant le niveau de 1968. Corrélativement, le taux de chômage, maintenu à 1,1 % en moyenne pendant ces mêmes douze années Pompidou, soit trois fois moins que les voisins, se met à grimper régulièrement après son décès, pour atteindre 9,3 % pendant la décennie 1980, dépassant même celui des autres pays de l'OCDE.

Épilogue

Georges Pompidou a sauvegardé les institutions de la Ve République et maintenu la paix civile. Il a aidé la France à rattraper son retard industriel et à prendre le tournant de la modernité, il lui a donné des muscles et des poings pour affronter la concurrence internationale et se battre dans un monde différent. « Être gaulliste, disait-il, c'est réussir. »

Ce succès, il l'a dû essentiellement à son esprit concret, enraciné dans ses origines rurales. Il a aussi été servi par une exceptionnelle capacité d'écoute, d'ouverture à tous les milieux, qui tenait peut-être à son sens de la mesure, de la relativité, à une absence totale d'égocentrisme. L'équilibre de vie et la sérénité trouvée auprès de son épouse y ont également contribué.

Depuis 1950, Claude Pompidou s'occupait des personnes démunies du quartier de la rue Mouffetard, leur rendait visite, leur venait en aide. Bouleversée par la lettre d'une mère d'enfants handicapés, elle a, dès l'élection de son mari à la présidence, suivi l'exemple d'Yvonne de Gaulle et, avec un bel élan du cœur, créé la fondation Claude Pompidou. Observant que les riches éprouvent une gêne à refuser un concours, même modeste, à la femme du président de la République, elle a réuni les moyens financiers de rémunérer quatorze salariés permanents qui, avec le concours de mille bénévoles, apportent aux malades et aux handicapés une indispensable présence affective dans treize hôpitaux. Façon pragmatique mais aussi façon élégante, généreuse, de rester, par-delà la mort, en union avec son mari, lui-même si longtemps dévoué à la fondation Anne de Gaulle.

Notes

PREMIÈRE PARTIE
Un brillant dilettante

1. Alexandre VIALATTE, *Préface, à* Louis AMARGIER, *Histoires et légendes de l'Auvergne mystérieuse,* Tchou, 1969.
2. Charles PÉGUY, *L'Argent,* repris dans *Œuvres en prose de Charles Péguy, 1909-1014,* Gallimard, « La Pléiade », 1961, p. 1117.
3. Merry BROMBERGER, *Le Destin secret de Georges Pompidou,* Fayard, 1969, p. 17.
4. *Ibid.*
5. Gérard AUBRAY, *Georges Pompidou, un portrait,* Fayard, 1969.
6. Georges POMPIDOU, *Pour rétablir une vérité,* Flammarion, 1982, p. 13.
7. Merry BROMBERGER, *op. cit.*, p. 37.
8. Paul GUTH, *Le Ce que je crois du naïf,* Grasset, 1982.
9. Pierre ROUANET, *Pompidou,* Grasset, 1969.
10. Joseph PAUL-BONCOUR, *Entre Deux Guerres 1919-1934,* Plon, 1945, p. 86.
11. Georges POMPIDOU, *Pour rétablir une vérité, op. cit.*, p. 15.
12. Paul GUTH, *op. cit.*, p. 84.
13. Entretien avec Pierre Pouget, recueilli par l'Association Georges Pompidou.
14. « Croyant tous avoir du génie, nous vivions dans la surchauffe d'une serre. Certains sortaient déjà du lot. Léopold Sedar Senghor s'adonnait déjà à la poésie. Georges Pompidou, yeux d'escarboucles, sourcils d'anthracite, charmant de cordialité joueuse, contait *mezza voce* ses amours albigeoises avec la fille de notre professeur de grec » (Paul GUTH, *op. cit.*, p. 89).
15. Henri QUÉFFELEC, *Un Breton bien tranquille,* Stock, 1978, p. 114.
16. Paul GUTH, *Mémoires d'un naïf,* Albin Michel, 1959.
17. Entretien de l'auteur avec François Ceyrac.
18. Georges POMPIDOU, *Notice nécrologique de Jean Le Roy,* 1965.
19. Paul GUTH, *op. cit.*, p. 80.
20. Paul GUTH, *op. cit.*, p. 99.
21. Entretien de l'auteur avec François Ceyrac, 2005.
22. *L'Université républicaine,* 1er avril 1930.
23. Robert BRASILLACH, *Une génération dans l'orage*, Plon.
24. Henri QUÉFFELEC, *Un Breton bien tranquille, op. cit.*, p. 114.
25. Entretien avec Pierre Pouget, recueilli par l'Association Georges Pompidou.
26. *Id.*
27. Robert BRASILLACH, *Une génération dans l'orage, op. cit.*
28. Émile Verhaeren, poète flamand.

29. Entretien avec Pierre Pouget, recueilli par l'Association Georges Pompidou.
30. *Id.*
31. Henri QUÉFFELEC, *Un Breton bien tranquille, op. cit.*, p. 126.
32. Pierre BERTAUX, *Amitiés normaliennes.*
33. Julien GRACQ, *Carnets du grand chemin,* José Corti, 1992.
34. Entretien avec Julien Gracq enregistré par l'Association Georges Pompidou.
35. Les *tapirs* ou *tapiresses* sont les garçons ou les filles auxquels les élèves de Normale donnent des répétitions.
36. Entretien avec Pierre Pouget, recueilli par l'Association Georges Pompidou.
37. *Id.*
38. *Id.*
39. Claude MAURIAC, *Le Temps immobile, Signes, rencontres et rendez-vous,* Grasset, p. 37.
40. Georges Albertini deviendra en 1944 le directeur de cabinet de Marcel Déat, sera condamné en 1945 à cinq ans de travaux forcés et gracié en 1948, avant de devenir directeur à la banque Worms, puis un proche de Guy Mollet et de Robert Lacoste et, pour finir, de Pierre Juillet et Marie-France Garaud.
41. Robert Marjolin, proche collaborateur de Jean Monnet, deviendra commissaire général adjoint au Plan de 1946 à 1948, puis vice-président de la Communauté économique européenne de 1958 à 1967.
42. Correspondance de René Billères avec Emmanuel Naquet, citée dans *Un politique : Georges Pompidou,* PUF, 2001, p. 23-24.
43. Joseph Paul-Boncour (1873-1972), avocat, secrétaire particulier de Waldeck-Rousseau, député constamment réélu de 1909 à 1931, socialiste, puis républicain-socialiste. Ministre de la Guerre, ministre des Affaires étrangères et même brièvement président du Conseil, il tenta vainement à plusieurs reprises, en 1932 et en 1938, d'imposer une politique de fermeté vis-à-vis d'Hitler et de réalisme face à l'alliée potentielle que pouvait être l'URSS. Sénateur en 1940, il vota contre les pleins pouvoirs à Pétain, aida de nombreux résistants à passer en zone libre et, traqué par la Gestapo, rejoignit un maquis dans le Lot. Il retourna à la SFIO après la Libération et fut un des signataires de la charte des Nations unies.
44. Henri QUÉFFELEC, *Un Breton bien tranquille, op. cit.*, p. 141-142.
45. Georges POMPIDOU, *Pour rétablir une vérité, op. cit.*, p. 19.
46. Le *bomvoust* est le service ou la préparation militaire. Du nom du capitaine Bonvoust, qui commandait vers 1885 le bataillon scolaire de la rue d'Ulm.
47. Entretien avec Julien Gracq enregistré par l'Association Georges Pompidou.
48. Philippe SÉNART, « Trois ans avec Pompidou », Le Monde, 1er août 1975.
49. Entretien avec Pierre Guiral, recueilli par l'Association Georges Pompidou.
50. Merry BROMBERGER, *Le Destin secret de Georges Pompidou, op. cit.*
51. Bertrand MEYER, *Les Dames de l'Élysée,* Perrin, 1987.
52. Rémy RIOUX, dans *Culture et action chez Georges Pompidou,* PUF, 2000, p. 36.
53. Entretien avec Pierre Guiral, recueilli par l'Association Georges Pompidou.
54. Claude MAURIAC, *Le Temps immobile, op. cit.*, p. 188.
55. Entretien de l'auteur avec le caporal Poirson, 2004.
56. Entretien avec le caporal Poirson.
57. Une autre division française, commandée par le général Béthouart, débarquée plus tôt à Narvik, réussit à s'emparer du port, le 28 mai. Ce sera la seule victoire française de la guerre. Mais, trois jours plus tard, elle recevra l'ordre de rembarquer. De cette épopée au-delà du Cercle polaire, il ne reste qu'un petit cimetière où repo-

sent quelques soldats et marins français. Leurs tombes dominent le fjord de Narvik au milieu du silence du Grand Nord, illuminé l'hiver par le feu d'artifice des aurores boréales.

58. Le général Weygand a remplacé au commandement en chef français le général Gamelin, limogé.

59. Entretien de l'auteur avec le caporal Poirson, 2004.

60. Journal de marche du 141e RIA.

61. *Id.*

62. Entretien avec Anne-Marie Dupuy, recueilli par l'Association Georges Pompidou.

63. Journal de marche du 141e RIA.

64. Les origines de Weygand sont obscures ; certains le croient belge.

65. Jean GUÉHENNO, *Journal des années noires (1940-1944)*, Gallimard, 1947.

66. Témoignage de Gérard ATHIAS, *Bulletin des Anciens élèves du lycée Henri-IV.*

67. Jean GUÉHENNO, *Journal des années noires, op. cit.*

68. Entretien d'André Fanton avec l'auteur, octobre 2006.

69. Témoignage de Guy DUPRÉ.

70. Vercors, pseudonyme du dessinateur Henri Brullier, fonde en 1942 les Éditions de Minuit avec un écrivain, Pierre de Lescure. Leur but : publier des textes de même valeur littéraire et avec la même qualité de papier et de typographie que ceux de la *NRF* dirigée par Drieu la Rochelle, très pro-allemand. Une anti-*NRF*, où tout est clandestin, de l'impression à la diffusion, qui se fait à bicyclette.

71. Jean GUÉHENNO, *Journal des années noires, op. cit.*

72. Julien Gracq est professeur d'histoire au lycée Claude-Bernard.

73. Entretien de Pierre Pouget recueilli par l'Association Georges Pompidou.

74. Depuis Stalingrad, les besoins des Allemands en main-d'œuvre augmentent sans cesse. La menace d'une levée massive des travailleurs pour l'Allemagne s'accentue tous les mois. Dès son retour au gouvernement, Laval engage la politique dite de « la relève ». Il encourage le départ de trois travailleurs français pour le retour d'un prisonnier. Puis, à partir de septembre 1942, Vichy relaie les exigences allemandes avec de plus en plus de fermeté. Le 16 février 1943, Laval exige le départ immédiat en Allemagne des classes d'âge 1940, 1941, 1942, bientôt suivi de la dernière fraction de la classe 1939. C'est le STO, le Service du travail obligatoire. Ces jeunes gens sont tenus de se faire recenser auprès des services de la main-d'œuvre et de passer une visite médicale. Ceux de la classe 42 doivent partir les premiers. Certains cherchent alors des planques, aux Chantiers de jeunesse, dans les usines, dans les mines. D'autres prennent le maquis.

75. Son cercueil repose dans la chapelle de la Sorbonne.

76. Entretien de l'auteur avec François Ceyrac, 2005.

77. Jean d'ORMESSON, *Garçon, de quoi écrire,* Gallimard, 1989, p. 162.

78. Entretien de l'auteur avec André Fanton, 2006.

79. Entretien de l'auteur avec Claude Ducreux, 2006.

80. *Id.*

81. Merry BROMBERGER, *Le Destin secret de Georges Pompidou, op. cit.*

82. Entretien avec Jean Charbonnel, recueilli par l'Association Georges Pompidou.

83. Georges POMPIDOU, *Introduction à Alain Peyrefitte : Rue d'Ulm, Chroniques de la vie normalienne,* Flammarion 1963.

84. Georges Pompidou, *Pour rétablir une vérité, op. cit.*, p. 32.

85. *Ibid.*, p. 34.

86. Entretien de l'auteur avec Michel de Boissieu, 2006.

87. Hubert Beuve-Méry, professeur à l'Institut français de Prague et correspondant du *Temps* en Tchécoslovaquie, avait été témoin de la capitulation franco-anglaise devant Hitler et de la corruption de la presse française, souvent subventionnée par des puissances étrangères. Au lendemain de Munich, il avait donné sa démission à Jacques Chastenet, directeur du *Temps,* et avait écrit, sous le titre *Vers une plus grande Allemagne,* un petit livre clairvoyant et prophétique. En 1940, il avait pris position dans un tract quotidien, *Poignées de vérités,* qu'il distribuait dans les boîtes à lettres de son quartier. Début 1941, il était devenu responsable des études au Centre d'Uriage fondé pour reconstituer des élites dans une France meurtrie par la défaite. En décembre 1942, après la fermeture de l'école par le régime de Vichy, il était entré dans la Résistance armée.

88. Alain PEYREFITTE, *C'était de Gaulle,* de Fallois-Fayard, 2000, p. 186.

89. Entretien avec Jean Charbonnel, recueilli par l'Association Georges Pompidou.

90. Au tour extérieur, qui pourvoit au quart des fauteuils du Conseil d'État.

91. Georges Pompidou, *Pour rétablir une vérité, op. cit.*, p. 60.

92. Au sortir d'une Résistance et d'une guerre qui avaient fait exploser les idées reçues de son milieu – la vieille bourgeoisie lyonnaise –, Albin Chalandon avait été le plus jeune membre du cabinet de Léon Blum. Mais, par fidélité à la Résistance, il suivit de Gaulle lorsque le Général créa le RPF. Puis, prenant de plus en plus en horreur la bureaucratie, il quitta le secteur public pour devenir un proche collaborateur de Marcel Dassault, avant de devenir ministre de Maurice Couve de Murville, puis de Georges Pompidou. Esprit très novateur, il proposa au général de Gaulle des formules très originales de participation des travailleurs au capital de l'entreprise.

93. Entretien de l'auteur avec Madeleine Négrel.

94. Entretien avec Simonne Servais, recueilli par l'Association Georges Pompidou.

95. Rue de Solferino, au siège du RPF.

96. Georges Hildebrandt présidait la commission financière du RPF.

97. Entretien de l'auteur avec Pierre Louis-Dreyfus, 2005.

98. Confidence d'Olivier Guichard à Jean-Philippe Lecat, rapportée par celui-ci à l'auteur.

99. Selon Alain de Boissieu, le baron Édouard de Rothschild, le père de Guy, aurait un jour demandé au général de Gaulle, vers 1950, s'il connaissait un honnête homme. Celui-ci, voyant passer Georges Pompidou, lui aurait dit : « Tout à l'heure, vous me demandiez si je connaissais un honnête homme : en voici un. »

100. Le Soudan français, actuellement le Mali.

101. Entretien avec Guy de Rothschild, recueilli par l'Association Georges Pompidou.

102. Guy de Rothschild, *Contre bonne fortune,* Belfond, 1983.

103. Entretien avec Anne-Marie Dupuy, recueilli par l'Association Georges Pompidou.

104. Entretien de l'auteur avec Michel de Boissieu, 2006.

105. *Id.*

106. Alain Peyrefitte, *C'était de Gaulle, op. cit.*

107. Alain PEYREFITTE, dans *Culture et action chez Georges Pompidou, op. cit.*, p. 78.

108. Entretien avec Arthur Conte, recueilli par l'Association Georges Pompidou.

109. Témoignage d'Alain de Boissieu.
110. Alain PEYREFITTE, *Rue d'Ulm*, nouv. éd. Fayard, 1994.
111. Pierre ROUANET, *Pompidou*, Grasset, 1969.
112. Cette *Anthologie de la poésie française*, où Pompidou exprime ses préférences pour Villon, La Fontaine, Racine, Hugo, Baudelaire et Mallarmé, ne fait délibérément aucune place aux contemporains, comme René Char, qu'il appréciait pourtant beaucoup. Georges Pompidou en dédicace également un exemplaire à Pierre Pouget avec ces mots : « À Pierre Pouget, l'ami irremplaçable. »
113. Claude MICHELET, *Mon père, Edmond Michelet*, Robert Laffont, 1981, p. 233.
114. Jean FOYER, *Sur les chemins du droit avec le Général*, Fayard, 2006, p. 83.
115. Entretien avec Alain de Boissieu, recueilli par l'Association Georges Pompidou.
116. Entretien avec Pierre Pouget, recueilli par l'Association Georges Pompidou.
117. Archives Michel Debré 2DE85.
118. Patrice Lumumba a été assassiné en janvier 1961.
119. Entretien avec Jean Ferniot, recueilli par l'Association Georges Pompidou.

DEUXIÈME PARTIE
La métamorphose

1. Entretien avec Alain de Boissieu, recueilli par l'Association Georges Pompidou.
2. Entretien de l'auteur avec Simonne Servais, 2007.
3. Entretien de l'auteur avec Madeleine Négrel, 2006.
4. Georges SUFFERT, *Mémoires d'un ours*, de Fallois, p. 164
5. Alain PEYREFITTE, *C'était de Gaulle*, de Fallois-Fayard, (1994) 2000, p. 97.
6. Entretien avec Anne-Marie Dupuy, recueilli par l'Association Georges Pompidou.
7. Confidence de Georges Pompidou à la mère de l'auteur, sa voisine de table à un dîner chez Albin Chalandon en 1998.
8. Arthur CONTE, *Les Présidents de la Ve République*, Le Pré aux clercs, 1985, p. 256.
9. Pierre SUDREAU, *Au-delà de toutes frontières*, Odile Jacob, 1991, p. 137-138.
10. Georges POMPIDOU, *Le Nœud gordien*, Plon, 1974, p. 57.
11. Entretien de l'auteur avec Jean-Philippe Lecat, 2007.
12. Entretien de l'auteur avec Bernard Esambert, 2006.
13. Entretien de l'auteur avec Bernard de Villeméjane, 2006.
14. *La Gazette de Lausanne*, 2 mai 1962.
15. François Mauriac, *Le Nouveau Bloc-notes*, Le Seuil, 1993.
16. Entretien de Simonne Servais avec l'auteur, 2007.
17. Le docteur Petiot, convaincu de vingt-sept assassinats.
18. Yves COURRIÈRE, *Pierre Lazareff*, Gallimard, 1965.
19. Archives Michel Debré, 2DE85.
20. Alain Peyrefitte, *C'était de Gaulle*, *op. cit.*, p. 196.
21. Un commando mis sur pied par le lieutenant Georges Guillot.
22. Entretien de l'auteur avec Pierre Messmer, 2006.
23. Pierre VIANSSON-PONTÉ, *Histoire de la République gaullienne*, Fayard, 1971.
24. Groupe de liaisons interministérielles.

25. Pierre VIANSSON-PONTÉ, *Histoire de la république gaullienne, op. cit.*
26. Gilles BUSCIA, *Au nom de l'OAS, objectif Pompidou,* Alain Lefeuvre, 1980.
27. *Ibid.*
28. Arrêté pour un autre attentat en février 1963, évadé de Fresnes en septembre, condamné à mort, repris en avril 1965, Buscia fut amnistié et libéré en juillet 1868.
29. Entretien avec Pierre Messmer, recueilli par l'Association Georges Pompidou.
30. Entretien avec Pierre Messmer, recueilli par l'Association Georges Pompidou.
31. Voir Alain PEYREFITTE, *C'était de Gaulle,* Fayard, tome 2, p. 248.
32. Bernard LEFORT, *Souvenirs et secrets des années gaulliennes,* Plon, 1979.
33. Voir Étienne BURIN DES ROZIERS, *Retour aux sources, 1962, l'année décisive,* Plon, 1986.
34. Arthur CONTE, *Les Premiers ministres de la Ve République, op. cit.*, p. 56.
35. Entretien avec Julien Gracq enregistré par l'Association Georges Pompidou.
36. Entretien avec Anne-Marie Dupuy, recueilli par l'Association Georges Pompidou.
37. Claude MICHELET, *Mon père, Edmond Michelet,* Robert Laffont, 1981, p. 270.
38. Entretien avec Alain de Boissieu, recueilli par l'Association Georges Pompidou.
39. Discours de Georges Pompidou, le 4 septembre 1963, aux journées parlementaires de l'UNR.
40. Discours de Georges Pompidou au petit congrès UNR de Dinard, 1964.
41. Le commandement en chef et les trois commandements Nord-Europe, Centre-Europe et Sud-Europe.
42. Selon Alain de Boissieu, le corps de Ben Barka aurait quitté subrepticement le territoire français dans un avion américain.
43. Entretien de l'auteur avec François Ceyrac, 2005.
44. Georges SUFFERT, *Mémoires d'un ours, op. cit.*, p. 185.
45. Françoise SAGAN, *Et toute ma sympathie,* Julliard, 1993.
46. Entretien de Simonne Servais avec l'auteur, 2007.
47. Alain Peyrefitte, *C'était de Gaulle, op. cit.*
48. Entretien avec Raymond Polin, recueilli par l'Association Georges Pompidou.
49. Voir : Vincent LÉONARD, « Georges Pompidou et les mutations de l'enseignement secondaires », p. 217 et suivantes, dans Actes du colloque *Culture et action chez Georges Pompidou,* PUF, 2000.
50. Jacques Chazot, danseur de l'Opéra, est aussi le créateur du personnage de « Marie-Chantal ».
51. Entretien de l'auteur avec François Gall, 2007.
52. Entretien avec Julien Gracq, recueilli par l'Association Georges Pompidou.
53. Entretien avec Pierre Pouget, recueilli par l'Association Georges Pompidou.
54. Entretien de l'auteur avec Claude Ducreux, 2006.
55. Jean-Louis PRAT, dans *Georges Pompidou, homme de culture,* pp. 31-32.
56. *Journal officiel.* Débats parlementaires, Assemblée nationale, 1964, pp. 941-958.
57. Merry BROMBERGER, *Le Destin secret de Georges Pompidou,* Fayard, 1965.
58. Georges POMPIDOU, *Le Nœud gordien, op. cit.*, p. 70.
59. Jacques CHABAN-DELMAS, *Mémoires pour demain,* Flammarion, 1997.
60. Alain PEYREFITTE, *C'était de Gaulle, op. cit.*
61. Charles de Gaulle est né le 22 novembre 1890.
62. Bernard LEFORT, *Souvenirs et secret des années gaulliennes, op. cit.*, p. 112-113.

63. Jean-Raymond TOURNOUX. Cité également par Jacques FOCCART, *Journal de l'Élysée*, Fayard-Jeune Afrique, 2001, t. 1, p. 226.
64. Entretien de l'auteur avec Simonne Servais, 2007.
65. Interview de Valéry Giscard d'Estaing, pour un documentaire télévisé, par Patrick ROTMAN, sur les élections présidentielles sous la Ve République.
66. Jacques FOCCART, *op. cit.*
67. Georges SUFFERT, *Mémoires d'un ours, op. cit.*, pp. 154-155.
68. Entretien avec Alain de Boissieu, recueilli par l'Association Georges Pompidou.
69. Alain PEYREFITTE, *C'était de Gaulle, op. cit.*, p. 588
70. Philippe ALEXANDRE, *Le Duel de Gaulle-Pompidou*, Grasset, 1970.
71. Entretien de l'auteur avec Michel Drancourt.
72. Jean-François DENIAU, *Mémoires de 7 vies*, Plon.
73. Arthur CONTE, *Les Présidents de la République, op. cit.*, p. 255.
74. *Ibid.*, p. 254.
75. Entretien avec Olivier Guichard, recueilli par l'Association Georges Pompidou.
76. François AUDIGIER, *Histoire du SAC*, Stock, 2004.
77. Jean LACOUTURE, *Pierre Mendès France*, Le Seuil, 1981.
78. François AUDIGIER, *Histoire du SAC, op. cit.*
79. Entretien avec Jean-Philippe Lecat, recueilli par l'Association Georges Pompidou.
80. André BERGERON, *Je revendique le bon sens*, p. 178.
81. Marcel Loichot, polytechnicien, ingénieur conseil en organisation, fondateur et président de la SEMA ; auteur de *La Réforme pancapitaliste*, 1970.
82. François AUDIGIER, dans : *Un politique : Georges Pompidou*, PUF, 2001, p. 223 et suivantes.
83. Jean FERNIOT, *8 h 15, de De Gaulle à Pompidou*, Plon, 1972, p. 10.
84. Michel BASSI, *Cinq présidents à armes égales*, J.C. Lattès, 2005, p. 71.
85. Georges POMPIDOU, *Le Nœud gordien, op. cit.*, p. 22.
86. *Ibid.*, p. 24.
87. *Ibid.*, p. 28.
88. *Ibid.*, p. 29.
89. *Ibid.*, p. 34.
90. Pierre MESSMER, dans *Un politique : Georges Pompidou, op. cit.*, p. 384.
91. Entretien de l'auteur avec Pierre Messmer, 2006.
92. Entretien avec Jean-Philippe Lecat, recueilli par l'Association Georges Pompidou.
93. Entretien de l'auteur avec Simonne Servais.
94. Entretien avec Jean-Philippe Lecat, recueilli par l'Association Georges Pompidou.
95. Georges POMPIDOU, *Pour rétablir une vérité*, Flammarion, 1982, p. 179.
96. Voir à ce sujet René RÉMOND, dans *Un politique : Georges Pompidou, op. cit.*, p. 173.
97. J.R. TOURNOUX, *Le Mois de mai du Général*, Plon, 1969.
98. Lettre du 29 juillet 1968 de Georges POMPIDOU à Raymond ARON.
99. Georges POMPIDOU, *Le Nœud gordien, op. cit.*, p. 30.
100. Entretien avec Pierre Mauroy, recueilli par l'Association Georges Pompidou.

101. Allusion aux événements du 13 mai 1958, à Alger, qui avaient ramené de Gaulle au pouvoir.

102. Entretien avec Jean-Philippe Lecat, recueilli par l'Association Georges Pompidou.

103. Entretien avec Simonne Servais, recueilli par l'Association Georges Pompidou.

104. Michel BASSI, *Cinq présidents à armes égales, op. cit.* pp. 77-79.

105. Pierre VIANSSON-PONTÉ, *Histoire de la République gaullienne*, Fayard, 1971, t. 2, p. 497.

106. Entretien avec Jean-Philippe Lecat, recueilli par l'Association Georges Pompidou.

107. Association Georges Pompidou, *Culture et action chez Georges Pompidou,* p. 298.

108. Les membres de l'OAS condamnés, même Argoud, seront effectivement graciés le 7 juin 1968 et tous seront amnistiés le 17 juin 1968.

109. Entretien avec Jean-Philippe Lecat, recueilli par l'Association Georges Pompidou.

110. Jacques FOCCART, *op. cit.*, t. 2, p. 130.

111. Entretien avec Pierre Mauroy, recueilli par l'Association Georges Pompidou.

112. Jacques FOCCART, *op. cit.*, t. 2, p. 120.

113. Entretien avec Jean-Philippe Lecat, recueilli par l'Association Georges Pompidou.

114. Jacques FOCCART, *op. cit.*, t. 2, p. 316.

115. Entretien avec Simonne Servais, recueilli par l'Association Georges Pompidou.

116. Certains ont cru qu'il s'était trompé.

117. André BERGERON, *op. cit.*, p. 127.

118. Entretien avec Jean-Philippe Lecat, recueilli par l'Association Georges Pompidou.

119. François AUDIGIER, *Histoire du SAC, op. cit.*, p. 138.

120. Georges POMPIDOU, *Pour rétablir une vérité, op. cit.*, p. 189.

121. Confidence faite par de Gaulle à Pompidou le 1er juin 1968 citée par Georges POMPIDOU, *Pour rétablir une vérité, op. cit.*, p. 197.

122. Entretien avec Alain de Boissieu, recueilli par l'Association Georges Pompidou.

123. Entretien de l'auteur avec Marie-France Garaud.

124. Jean MAURIAC, *Le Temps immobile, op. cit.*

125. Jacques FOCCART, *op. cit.*, t. 2, p. 148.

126. *Ibid.*, t. 2, p. 149.

127. Jean MAURIAC, *Le Temps immobile, op. cit.*

128. Entretien du général Massu avec Valéry Giscard d'Estaing, cité dans *Le Pouvoir et la Vie,* tome 3, p. 59.

129. Jacques MASSU, *Baden 68, souvenir d'une fidélité gaulliste*, Plon, 1983.

130. Entretien de l'auteur avec Marie-France Garaud.

131. Entretien avec Maurice Druon, recueilli par l'Association Georges Pompidou.

132. Entretien avec Alain de Boissieu, recueilli par l'Association Georges Pompidou.

133. Alain PEYREFITTE, *C'était de Gaulle, op. cit.*

134. Valéry GISCARD D'ESTAING, *Le Pouvoir et la Vie*, tome 3, p. 62.
135. Georges POMPIDOU, *Pour rétablir une vérité, op. cit.*, p. 193.
136. Charles Pasqua occupe alors des fonctions à la direction commerciale de Ricard.
137. Entretien avec Jean-Philippe Lecat, recueilli par l'Association Georges Pompidou.
138. Entretien avec Pierre Mauroy, recueilli par l'Association Georges Pompidou.
139. Hervé HAMON, Patrick ROTMAN, *Génération,* Seuil, 1987, p. 560.
140. Jean d'ORMESSON, *Garçon, de quoi écrire,* Gallimard, 1989, p. 226.
141. Entretien de l'auteur avec Pierre Messmer, 2006.
142. Alain PEYREFITTE, *C'était de Gaulle, op. cit.*
143. Jacques FOCCART, *op. cit.*, t. 2, p. 227-228.
144. Georges POMPIDOU, *L'Élan du cœur,* Plon, 1997.
145. Claude POMPIDOU, *Pour rétablir une vérité, op. cit.*, p. 204.
146. Témoignage de Guy de Rothschild rapporté par Christine Clerc.
147. Entretien avec Jean Charbonnel, recueilli par l'Association Georges Pompidou.
148. Entretien avec François Gall, recueilli par l'Association Georges Pompidou.
149. Éric ROUSSEL, Georges Pompidou, J.-Cl. Lattès, 1994, p. 283.
150. André BERGERON, *op. cit.*, p. 131.
151. Entretien avec Raymond Polin, recueilli par l'Association Georges Pompidou.
152. Georges POMPIDOU, *Le Nœud gordien, op. cit.*, p. 90.
153. Entretien avec Maurice Druon recueilli par l'Association Georges Pompidou.
154. Claude MAURIAC, *Le Temps immobile, Les Espaces imaginaires,* Grasset, 1975.
155. *Ibid.*
156. *Ibid.*
157. *Ibid.*
158. *Ibid.*

TROISIÈME PARTIE
Une ambition pour la France

1. Georges POMPIDOU, *Pour rétablir une vérité,* Flammarion, 1982, p. 251.
2. *Ibid.*, p. 252.
3. *Ibid.*, p. 253.
4. Entretien avec Alain de Boissieu, recueilli par l'Association Georges Pompidou.
5. Emmanuel HAYMANN, *L'Affaire Delon,* Éditions Favre, 1998.
6. Cité par Christine CLERC, *Tigres et Tigresses de la Vᵉ République*, Plon, 2006, p. 157.
7. Georges POMPIDOU, *Pour rétablir une vérité, op. cit.*, p. 251-261.
8. Entretien de l'auteur avec Simonne Servais.
9. Jean MAURIAC, *L'après-de Gaulle,* Fayard, 2006, p. 43.
10. Georges POMPIDOU, *Pour rétablir une vérité, op. cit.*, p. 262.
11. Entretien avec Alain de Boissieu, recueilli par l'Association Georges Pompidou.
12. Une fille de François et Jacqueline Castex, atteinte de poliomyélite.

13. La Fondation Anne de Gaulle, à Vertcœur.
14. Georges SUFFERT, *Mémoires d'un ours*, Fallois, 1995.
15. Georges POMPIDOU, *Pour rétablir une vérité, op. cit.*, p. 259.
16. Entretien avec Alain de Boissieu, recueilli par l'Association Georges Pompidou.
17. Jean FERNIOT, *8 h 15, de De Gaulle à Pompidou*, Plon, 1972, p. 105.
18. Charles DEBBASCH, *op. cit.*, p. 31.
19. Bernard LEFORT, *Souvenirs et secrets des années gaulliennes*, Plon, 1979, p. 334.
20. Discours de Georges Pompidou à Nancy le 13 avril 1972.
21. Discours de Georges Pompidou à Poitiers le 23 janvier 1974.
22. Entretien avec Jean-Philippe Lecat, recueilli par l'Association Georges Pompidou.
23. Bernard LEFORT, *Souvenirs et secrets..., op. cit.*
24. Entretien de l'auteur avec Maurice Dalinval, 2007.
25. Jean MAURIAC, *L'après-de Gaulle, op. cit.*
26. Entretien de l'auteur avec François Ceyrac, 2005.
27. Pierre PÉAN, *Chirac, l'Inconnu de l'Élysée*, Fayard, 2007.
28. Témoignage de Guy de Rothschild cité par Christine CLERC, *Tigres et Tigresses de la Ve République, op. cit.*
29. Entretien avec Jean Charbonnel, recueilli par l'Association Georges Pompidou.
30. Entretien avec Maurice Druon, recueilli par l'Association Georges Pompidou.
31. Témoignage de Michel Jobert, recueilli par l'Association Georges Pompidou.
32. Entretien avec Michel Jobert, recueilli par l'Association Georges Pompidou.
33. Entretien avec François Gall, recueilli par l'Association Georges Pompidou.
34. Entretien avec Michel Jobert, recueilli par l'Association Georges Pompidou.
35. Entretien de l'auteur avec Jean-René Bernard, octobre 2006.
36. Jean CAU, *Croquis de mémoire*, Julliard, 1985.
37. Entretien de l'auteur avec Madeleine Négrel, 2006.
38. Entretien avec Pierre Pouget, recueilli par l'Association Georges Pompidou.
39. Entretien avec Anne-Marie Dupuy, recueilli par l'Association Georges Pompidou.
40. *Id.*
41. Philippe ALEXANDRE, *Le Duel de Gaulle-Pompidou*, Grasset, 1970, p. 407.
42. Jean FERNIOT, *8 h 15..., op. cit.*, p. 219.
43. Entretien avec Simonne Servais, recueilli par l'Association Georges Pompidou.
44. Entretien de l'auteur avec François Gall, 2007.
45. Jean FERNIOT, *8 h 15..., op. cit.*, p. 221.
46. Entretien avec Raymond Polin, recueilli par l'Association Georges Pompidou.
47. Arthur CONTE, *Hommes libres*, Plon, 1973, p. 10.
48. Entretien de Gérard Worms avec l'auteur, 2007.
49. Georges POMPIDOU, *Le Nœud gordien, op. cit.*, p. 50.
50. Alain PEYREFITTE, *Le Mal français*, Plon, 1976, p. 99.
51. Arthur CONTE, *Les Présidents de la Ve république*, Le Pré aux Clercs, 1985, p. 210.
52. Témoignage de Michel Jobert, recueilli par l'Association Georges Pompidou.
53. Cité par *Le Figaro* du 3 juillet 1970.
54. Entretien de l'auteur avec Michel Drancourt, 2007.
55. Entretien de Bernard Esambert avec l'auteur, 2006.

56. Un effet pervers de la mensualisation sera d'inciter les patrons, en temps de crise, à réduire les coûts de main-d'œuvre en employant des intérimaires. La dichotomie travailleurs protégés-travailleurs précaires remplacera, sans la recouvrer, la dichotomie manuels-non manuels.
57. François CEYRAC, *L'Année métallurgique, 1970,* p. 57.
58. Entretien avec Maurice Druon, recueilli par l'Association Georges Pompidou.
59. Alain FREREJEAN, *Les Peugeot, deux siècles d'aventure,* Flammarion, 2006, p. 235.
60. Entretien de l'auteur avec François Gall, 2007.
61. Entretien de l'auteur avec Jean-Bernard Raimond, 2006.
62. Par prudence, cette livraison est prévue selon un calendrier échelonné, de façon à éviter qu'ils n'apparaissent d'un seul coup sur le champ de bataille. Précaution utile, car on apprendra en 1974 que la Libye en a livré une partie à l'Égypte.
63. Entretien de l'auteur avec Jean-Bernard Raimond, 2006.
64. Entretien avec Alain de Boissieu, recueilli par l'Association Georges Pompidou.
65. Jacques FOCCART, *op. cit.*, t. 3, p. 505.
66. *Ibid.*, p. 216.
67. Sur les rapports entre Claude Pompidou et Colette Senghor, voir Jacques FOCCART, *op. cit.*, t. 3, p. 598 et 606.
68. *Ibid.*, p. 609.
69. *Ibid.*
70. *Ibid.*, t. 4, p. 208.
71. *Ibid.*, t. 3, p. 609.
72. Entretien de l'auteur avec Michel Drancourt, 2007.
73. Claude POMPIDOU, *L'Élan du cœur,* Plon, 1997.
74. Interview de Raymond Polin, recueillie par l'Association Georges Pompidou.
75. Entretien de l'auteur avec Claude Ducreux, 2006.
76. Entretien de l'auteur avec Marie-France Garaud, 2007.
77. Cité dans *Culture et action chez Georges Pompidou, op. cit.*, p. 43.
78. Arthur CONTE, *Hommes libres, op. cit.*, p. 27.
79. Arthur CONTE, *Les Présidents de la Ve République, op. cit.*, p. 210.
80. *Ibid.*, p. 209.
81. Arthur CONTE, *Hommes libres, op. cit.*, p. 23.
82. Entretien avec Michel Jobert, recueilli par l'Association Georges Pompidou.
83. Philippe de SAINT-ROBERT, *op. cit.*
84. Roger FALIGOT, Jean GUISNEL, *Histoire secrète de la Ve République*, La Découverte, 2006, p. 506.
85. Arthur CONTE, *Les Premiers ministres de la Ve République,* Le Pré aux clercs, 1986, p. 158.
86. Entretien avec Michel Jobert, recueilli par l'Association Georges Pompidou.
87. Entretien de l'auteur avec Marie-France Garaud, 2007.
88. Jean FERNIOT, *op. cit.*, p. 174.
89. Entretien avec Guy de Rothschild – qui a gardé le secret sur le nom de la personne citée – recueilli par l'Association Georges Pompidou.
90. Entretien avec Anne-Marie Dupuy, recueilli par l'Association Georges Pompidou.
91. Entretien de l'auteur avec Pierre Messmer, 2006.
92. Entretien avec Arthur Conte, recueilli par l'Association Georges Pompidou.

93. Entretien de l'auteur avec Michel Drancourt, 2007.
94. Entretien avec François Ceyrac, recueilli par l'Association Georges Pompidou.
95. Georges POMPIDOU, *Entretiens et discours*, Plon, 1975.
96. Entretien avec François Ceyrac, recueilli par l'Association Georges Pompidou.
97. Georges POMPIDOU, *Le Nœud gordien*, *op. cit.*, p. 119-143.
98. *Ibid.*, p. 130.
99. *Ibid.*
100. Entretien de l'auteur avec Bernard Esambert, 2006.
101. Alain FREREJEAN, *Les Peugeot, deux siècles d'aventure*, *op. cit.*, p. 245.
102. *Ibid.*, p. 246.
103. Entretien de l'auteur avec Pierre Messmer, 2006.
104. Valéry GISCARD d'ESTAING, *Le Pouvoir et la Vie*, tome 3, p. 64.
105. Arthur CONTE, *Hommes libres*, *op. cit.*, p. 65.
106. Entretien avec Charles de Croisset, recueilli par l'Association Georges Pompidou.
107. Philippe DE GAULLE, *De Gaulle, mon père*, tome II, Plon, 2007.
108. Arthur CONTE, *Les Présidents de la Ve République*, *op. cit.*, p. 216.
109. Valéry GISCARD D'ESTAING, *Le Pouvoir et la Vie*, *op. cit.*, tome 1, p. 82.
110. Marc Jacquet, député-maire de Melun, président du groupe UDR à l'Assemblée nationale.
111. Jacques FOCCART, *op. cit.*, tome 5, p. 78.
112. Antoine Pinay était alors ministre des Finances.
113. Entretien avec Charles de Croisset, recueilli par l'Association Georges Pompidou.
114. Pierre VIANSSON-PONTÉ, *La Vie des autres.*
115. Entretien de Georges Pompidou avec Philippe de Saint-Robert, le 18 juin 1972.
116. Michel DEBRÉ, *Entretiens avec Georges Pompidou*, Albin Michel, 1996, p. 140.
117. Valéry GISCARD D'ESTAING, *Le Pouvoir et la Vie*, *op. cit.*, p. 20.
118. Entretien avec Jean-Philippe Lecat, recueilli par l'Association Georges Pompidou.
119. Entretien avec Alain de Boissieu, recueilli par l'Association Georges Pompidou.
120. Valéry GISCARD D'ESTAING, *Le Pouvoir et la Vie*, *op. cit.*, t. 3, p. 91.
121. Arthur CONTE, *Les Présidents de la Ve République*, *op. cit.*, p. 220.
122. Valéry GISCARD D'ESTAING, *Le Pouvoir et la Vie*, *op. cit.*, p. 19.
123. Entretien avec Michel Jobert recueilli par l'Association Georges Pompidou.
124. Témoignage inédit à l'auteur, en 2007, de Jean-Philippe Lecat, qui assistait au déjeuner.
125. Entretien de l'auteur avec Christian d'Aumale, 2006.
126. Entretien de Christian d'Aumale avec l'auteur, 2006.
127. Entretien avec Christian d'Aumale, 2006.
128. Arthur CONTE, *Les Présidents de la Ve République*, *op. cit.*, p. 222.
129. Arthur CONTE, *Hommes libres*, *op. cit.*, p. 308.
130. Entretien d'André Bergeron avec l'auteur, 2006.
131. Guy de ROTHSCHILD, *Contre bonne fortune*, Belfond, 1983.
132. Michel BASSI, *Cinq présidents à armes égales*, J.-C. Lattès, 2005, pp. 111-113.

133. Entretien avec Guy de Rothschild, recueilli par l'Association Georges Pompidou.

134. Marie-France GARAUD, *La Fête des fous,* Plon, 2006.

135. Christine CLERC, *Tigres et Tigresses..., op. cit.*, p. 171.

136. La duchesse de Mouchy venait sans doute de créer un précédent en organisant un dîner où elle s'était amusée à faire jouer un rôle plutôt incongru à deux comédiens déguisés en serveurs. « Monsieur le ministre, vous avez un cheveu qui dépasse », avait dit l'un à Giscard. Et « Monsieur, je ne sais pas si votre braguette est ouverte », avait dit l'autre à Balladur.

137. Entretien avec Pierre Messmer, recueilli par l'Association Georges Pompidou.

138. Entretien de l'auteur avec Jean-Bernard Raimond, 2006.

139. Arthur CONTE, *Les Présidents de la Ve République, op. cit.*, p. 223.

140. Jean MAURIAC, *L'Après-de Gaulle, op. cit.*, p. 137

141. Valéry GISCARD D'ESTAING, *Le Pouvoir et la Vie, op. cit.*, t. 1, p. 23.

142. Entretien de l'auteur avec Madeleine Négrel, 2006.

143. François Mitterrand, *La Paille et le Grain*, Flammarion, 1975.

144. On détecta, quelques mois après son élection en 1981, un cancer de la prostate chez Mitterrand.

145. Interview accordée en juin 1965 à Alfred Max et Michel Drancourt, de la revue *Réalités.*

Sources et bibliographie

Parmi les cent soixante-treize entretiens recueillis par l'Association Georges Pompidou, déposés aux Archives nationales, département audiovisuel de la section du XXe siècle, sous la cote 61 AJ, j'ai particulièrement écouté ceux d'Alain de Boissieu, François Ceyrac, Jean Charbonnel, Arthur Conte, Charles de Croisset, Henri Domerg, Anne-Marie Dupuy, Jean Ferniot, François Gall, Julien Gracq, Olivier Guichard, Pierre Guiral, Michel Jobert, Jean-Philippe Lecat, le général François Maurin, Pierre Mauroy, Pierre Messmer, François-Xavier Ortoli, Raymond Polin, Pierre Pouget, Guy de Rothschild et Simonne Servais.

François ABADIE et Jean-Pierre CORCELETTE, *Georges Pompidou, le désir et le destin,* Balland, 1994.

Pierre ACOCE, *Ces malades qui nous gouvernent,* Stock, 0000.

Gustave AFFEULPIN, *La soi-disant utopie du Centre Beaubourg,* Entente, 1976.

Philippe ALEXANDRE, *Le Duel de Gaulle-Pompidou,* Grasset, 1970.

Philippe ALEXANDRE, *Exécution d'un homme politique,* Grasset, 1973.

Raymond ARON, *Les Articles du Figaro,* tome III, *Les Crises, 1965-1977,* de Fallois, 1997.

Raymond ARON, *Mémoires, 50 ans de réflexion politique,* Paris, Plon, 1998.

Pierre ASSOULINE, « L'Affaire Georges Pâques », *L'Histoire,* n° 81, septembre 1985.

François AUDIGIER, *Histoire du SAC,* Stock, 2003.

Gérard AUBRAY, *Georges Pompidou. Un portrait,* Fayard, 1969.

Pierre AVRIL, *Le Régime politique de la Ve République,* LGDJ, 1975.

Édouard BALLADUR, *L'Arbre de mai,* Atelier Marcel Jullian, 1979, rééd. Plon, 1998.

Michel BASSI, *Cinq présidents à armes égales,* J.-C. Lattès, 2005.

Denis BAUDOUIN, *Dans les années du pouvoir,* J.-C. Lattès, 1990.

Jacques BAUMEL, *De Gaulle, l'exil intérieur,* Albin Michel, 2001.

Roger BELIN, *Lorsqu'une république chasse l'autre, 1958-1962, Souvenirs d'un témoin,* Michalon, 1999.

Charles BENFREDJ, *L'Affaire Georges Pâques,* Jean Picollec, 1993.

André BERGERON, *Ma route et mes combats,* Ramsay, 1976.

André BERGERON, *Tant qu'il y aura du grain à moudre,* Robert Laffont, 1988.

André BERGERON, *Mémoires,* Le Rocher, 2002.

Serge BERSTEIN, Jean-Pierre RIOUX, *La France de l'expansion. L'apogée. Pompidou 1969-1974*, Le Seuil, 1995.
Louis BERTRAND, *Une destinée, Hippolyte Porte-couronnes,* Fayard, 1932.
Pierre BILLOTTE, *Du pain sur la planche,* Plon, 1965.
Pierre BILLOTTE, *Trente ans d'humour avec de Gaulle,* Mengès, 1978.
Pierre BILLOTTE, *Le Temps des armes,* Plon, 1979.
Pierre BILLOTTE, *Le Passé au futur,* Stock, 1979.
Luc-Aimé BLANC, *L'Indic et le Commissaire,* Plon, 2006.
Marcel BLEUSTEIN-BLANCHET, *Mémoires d'un lion,* Perrin, 1988.
François BLOCH-LAINÉ, *Profession : fonctionnaire,* Le Seuil, 1976.
Alain de BOISSIEU, *Pour servir le Général, 1946-1970,* Plon, 1982.
André BORD, *Un état d'esprit,* Le Verger, 1993.
Willy BRANDT, *De la guerre froide à la détente, 1960-1975,* trad. fr. Gallimard, 1978.
Willy BRANDT, *Mémoires,* trad. fr. Albin Michel, 1990.
Robert BRASILLACH, *Notre avant-guerre,* Plon, 1941.
Anne BRASSIE, *Robert Brasillach ou Encore un instant de bonheur,* Laffont, 1987.
Jean-Daniel BREDIN, *La République de M. Pompidou,* Fayard, 1974.
Jean-Claude BRIALY, *Le Ruisseau des singes,* Robert Laffont, 2000.
Merry BROMBERGER, *Le Destin secret de Georges Pompidou,* Fayard, 1965.
Claudius BROSSE, *L'État dinosaure, l'administration racontée par un préfet,* Albin Michel, 2001.
Raymond LE BRUCKBERGER, *À l'heure où les jours s'allongent : Mémoires,* Albin Michel, 1989.
Jean BRUHAT, *Il n'est jamais trop tard : Souvenirs,* Albin Michel, 1983.
Le Canard Enchaîné, « La Cour ».
Étienne BURIN DES ROZIERS, *Retour aux sources : 1962, l'année décisive,* Plon, 1986.
Robert BURON, *Le plus beau des métiers,* Plon, 1967.
Gilles BUSCIA, *Au nom de l'OAS, objectif Pompidou,* Alain Lefeuvre, 1980.
Jacques CAPDEVIELLE, René MOURIAUX, *Mai 68,* Presses de Sciences Po, 1988.
René CAPITANT, *Écrits politiques, 1964-1970,* Flammarion, 1971.
René CAPITANT, *Démocratie et participation politique,* Bordas, 1972.
Jacques CHABAN-DELMAS, *L'Ardeur,* Stock, 1975.
Jacques CHABAN-DELMAS, *Mémoires pour demain,* Flammarion, 1997.
Patrice CHAIROFF, *B. comme Barbouzes,* Alain Moreau, 1975.
Albin CHALANDON, *Quitte ou double,* Grasset, 1986.
Tom CHARBIT, *Les Harkis,* La Découverte, 2006.
Jean CHARBONNEL, *Radioscopie des oppositions,* Plon, 1973.
Jean CHARBONNEL, *L'Aventure de la fidélité,* Le Seuil, 1976.
Jean CHARBONNEL, *À la gauche du Général,* Plon, 1996.
Louis de CHARBONNIÈRES, *Toujours et quand même. Combat pour une autre France,* Éd. Y. Michelet, 1987.
George-Philip CHARTIER, *Georges Pompidou, 1969-1974*, Archer, 1999.
Jacques CHAZOT, *Jacques Chazot,* Stock, 1975.
Bernard CHENOT, *Être ministre,* Plon, 1967.
Bernard CHENOT, *Réflexions sur la cité,* Émile Paul, 1981.
Claude CLÉMENT, *La Vérité sur l'affaire Markovic,* Fernand Lanore, 1976.
Christine CLERC, *Tigres et tigresses de la Vᵉ République,* Plon, 2006.
Samy COHEN, *Les Conseillers du Président,* PUF, 1980.
Arthur CONTE, *Hommes libres,* Plon, 1973.

Arthur CONTE, *Les Présidents de la Ve République,* Le Pré aux Clercs, 1985.
Arthur CONTE, *Les Premiers ministres de la Ve République,* Le Pré aux Clercs, 1986.
Yves COURRIÈRE, *Pierre Lazareff,* Gallimard, 1995.
Pierre-Bernard COUSTE et François VISINE, *Pompidou et l'Europe,* Librairies techniques, 1994.
Maurice COUVE DE MURVILLE, *Une politique étrangère, 1958-1969,* Plon, 1971.
Maurice COUVE DE MURVILLE, *Le Monde en face. Entretiens avec Maurice Delarue,* Plon, 1989.
Pierre DANINOS, *Les Carnets du major Thompson,* Hachette, 1954.
Charles DEBBASCH, *La France de Pompidou,* PUF, 1974.
Michel DEBRÉ, *Mémoires,* Plon, 1970.
Michel DEBRÉ, *Une certaine idée de la France,* Fayard, 1972.
Michel DEBRÉ, *Combat pour les élections de 1973,* Plon, 1973.
Michel DEBRÉ, *Le Pouvoir politique,* Seghers, 1976.
Michel DEBRÉ, *Trois républiques pour une France. Mémoires.* 5 vol., Albin Michel, 1984-1994.
Michel DEBRÉ, *Entretiens avec Georges Pompidou, 1971-1974,* Albin Michel, 1996.
Françoise DECAUMONT, *La Présidence de Georges Pompidou, essai sur le régime présidentiel français,* Economica, 1979.
Jacques DELARUE, *L'OAS contre de Gaulle,* Fayard, 1981.
Henri DELIGNY, *Chirac ou la fringale du pouvoir,* Moreau, 1977.
Jacques DELORS, *Changer,* Stock, 1975.
Jean-François DENIAU, *L'Europe interdite,* Le Seuil, 1977.
Jean-François DENIAU, *Mémoires de 7 vies,* 2 vol., Plon 1994-1997.
Thierry DESJARDINS, *Pasqua,* Éditions n° 1, 1994.
Michel DROIT, *Une fois la nuit venue : Journal 1972-1974,* Plon, 1984.
Maurice DRUON, *La Parole et le Pouvoir,* Plon, 1974.
Maurice DRUON, *Circonstances politiques, 1954-1974,* Le Rocher, 1998.
François DUFAY, Pierre Bertrand DUFORT, *Les Normaliens, de Charles Péguy à Bernard-Henri Lévy, un siècle d'histoire,* J.-C. Lattès, 1993.
Jacques DUHAMEL, *Une stratégie, une doctrine, une morale,* Axiom, 1971.
Anne-Marie DUPUY, *Le Destin et la volonté, Mémoires,* La Table ronde, 1996.
Bernard ESAMBERT, *Le Troisième Conflit mondial,* Plon, 1977.
Bernard ESAMBERT, *Pompidou, capitaine d'industrie,* Odile Jacob, 1994.
Roger FALIGOT, Jean GUISNEL *et alii, Histoire secrète de la Ve République,* La Découverte, 2006.
Edgar FAURE, *Mémoires,* 2 vol., Plon, 1982-1984.
Maurice FAURE, Christian DELACAMPAGNE, *D'une République à l'autre. Entretiens sur l'histoire et sur la politique,* Plon, 1999.
Jean FERNIOT, *8 h 15, de de Gaulle à Pompidou,* Plon, 1972.
Jean FERNIOT, *Je recommencerais bien,* Grasset, 1991.
Georges FLEURY, *Histoire secrète de l'OAS,* Grasset, 2002.
Jacques FOCCART, *Foccart parle, entretiens avec Philippe Gaillard,* 2 tomes, Fayard/-Jeune Afrique, 1995-1997.
Jacques FOCCART, *Journal de l'Élysée,* 5 tomes, Fayard/Jeune Afrique, 2001.
Joseph FONTANET, *Le Social et le Vivant,* Plon, 1977.
Joël FOUILHERON, *Georges Pompidou et l'Auvergne,* Watel, 1994.
Jean FOYER, *Sur les chemins du droit avec le Général,* Fayard, 2006.
Georges FRIEDMANN, *La Puissance et la Sagesse,* Gallimard, 1970.

Christian FOUCHET, *Mémoires d'hier et de demain,* 2 vol., Plon, 1973-1973.
Henri FROMENT-MEURICE, *Vu du Quai, Mémoires, 1945-1983,* Fayard, 1998.
Marie-France GARAUD, *La Fête des fous,* Plon, 2006.
Charles de GAULLE, *Mémoires d'espoir,* 2 vol., Plon, 1970-1971.
Charles de GAULLE, *Lettres, notes et carnets, 1961-1970,* 4 vol., Plon, 1986-1988.
Philippe de GAULLE, *De Gaulle mon père,* Plon, 2007.
Henri GIRAUD, *La 29e DI et le 141e RIA au feu.*
Françoise GIROUD, *Si je mens,* Stock, 1972.
Françoise GIROUD, *Une poignée d'eau,* Laffont, 1973.
Françoise GIROUD, *La Comédie du pouvoir,* Fayard, 1977.
Valéry GISCARD D'ESTAING, *Démocratie française,* Fayard, 1976.
Valéry GISCARD D'ESTAING, *Le Pouvoir et la vie,* 2 vol., LGF, 1988-1991.
François GOGUEL, *La Politique en France,* Armand Colin, 1984.
Georges GORSE, *Je n'irai pas à mon enterrement,* Plon, 1992.
Julien GRACQ, *En lisant, en écrivant,* José Corti, 1980.
Pierre GRAPPIN, *L'Île aux peupliers. De la Résistance à mai 1968 : souvenirs du doyen de Nanterre,* Presses universitaires de Nancy, 1993.
Maurice GRIMAUD, *En mai, fais ce qu'il te plaît,* Stock, 1977.
Alain GRIOTTERAY, *Si la France parlait...,* Fayard, 1973.
Andreï GROMYKO, *Mémoires,* trad. fr. Belfond, 1989.
Yves GUÉNA, *Le Temps des certitudes, 1940-1969,* Flammarion, 1982.
Yves GUÉNA, *Maintenir l'État,* Fayard, 1968.
Olivier GUICHARD, *Aménager la France,* Laffont-Gauthier, 1965.
Olivier GUICHARD, *Un chemin tranquille,* Flammarion, 1975.
Olivier GUICHARD, *Vivre ensemble,* 2 vol., La Documentation française, 1976.
Olivier GUICHARD, *Mon Général,* Grasset, 1980.
Henri GUILLEMIN, *Parcours,* Le Seuil, 1989.
Henri GUILLEMIN, *Une certaine espérance, Conversations avec Jean Lacouture,* Arléa, 1992.
Jean GUITTON, *Écrire comme on se souvient,* Fayard, 1974.
Paul GUTH, *Mémoires d'un naïf,* Albin Michel, 1954.
Hervé HAMON, Patrick ROTMAN, *Génération,* Le Seuil, 1987.
Léo HAMON, *Vivre ses choix,* Robert Laffont, 1991.
Léo HAMON, *La Révision, la vraie fidélité,* Stock, 1974.
Mohand HAMOUMOU, *Et ils sont devenus harkis,* Fayard, 1993.
Edward HEATH, *The Course of my life,* Hodder and Stoughton, 1998.
Stéphane ISRAËL, *L'ENS et la Seconde Guerre mondiale,* 2 vol., Université de Lille, 1993.
Jean-Marcel JEANNENEY, *À mes amis gaullistes,* Pocket, 1973.
Jean-Marcel JEANNENEY, *Une mémoire républicaine. Entretiens avec Jean Lacouture,* Seuil, 1997.
Michel JOBERT, *Mémoires d'avenir,* Grasset, 1971.
Michel JOBERT, *L'Autre Regard,* Grasset, 1976.
Michel JOBERT, *Par trente-six chemins, je n'irai pas,* Grasset, 1984.
Michel JOBERT, *Journal immédiat et pour une petite éternité,* Albin Michel, 1987.
Michel JOBERT, *Ni Dieu ni diable, conversations avec J.L. Rémilleux,* Albin Michel, 1993.
Jean-Jacques JORDI, Mohand HAMOUMOU, *Les Harkis, une mémoire enfouie,* Autrement, 1999.

Roger JOXE, *Louis-le-Grand, 1563-1963 : études, souvenirs, documents,* Tournon, 1963.
Marcel JULLIAN, *La France à voix haute, Le Soldat et le Normalien,* Fayard, 1994.
Rémy KAUFFER, *Histoire d'une guerre franco-française,* Le Seuil, 2002.
Henry KISSINGER, *À la Maison Blanche, 1968-1973,* trad. fr. 2 vol., Fayard, 1980.
Henry KISSINGER, *Les Années orageuses,* trad. fr. Fayard, 1982.
Jean LACOUTURE, *De Gaulle, Le Souverain,* Le Seuil, 1986.
Yves LA PRAIRIE, *Henri Queffélec,* Grasset, 1994.
André LAURENS, *D'une France à l'autre,* Gallimard, 1974.
Dominique LECA, *Il y a 40 ans, l'an 40. La rupture,* Fayard, 1970.
Bernard LEFORT, *Souvenirs et secrets des années gaulliennes, 1958-1969.* Plon, 1979.
Maurice LE LANNOU, *Un bleu de Bretagne. Souvenirs d'un fils d'instituteurs de la IIIe République,* Hachette Littératures, 1979.
Claude LELIÈVRE, Christian NIQUE, *L'École des Présidents,* Odile Jacob, 1995.
Pierre LIMAGNE, *La Ve République de De Gaulle et Pompidou,* France-Empire, 1978.
Philippe MADELIN, *Les Gaullistes et l'Argent,* L'Archipel, 2001.
Philippe MADELIN, *Jacques Chirac, une biographie,* Flammarion, 2002.
André MALRAUX, *Les chênes qu'on abat,* Gallimard, 1971.
André MALRAUX, *Anti-Mémoires,* Gallimard, 1972.
François MARCANTONI, *Le Milieu et moi de A à Z,* Le Cherche-Midi, 2006.
Raymond MARCELLIN, *L'Importune Vérité,* Plon, 1978.
Raymond MARCELLIN, *La Guerre politique,* Plon, 1985.
Raymond MARCELLIN, *L'Expérience et le pouvoir,* La Table Ronde, 1990.
Jean MARIN, *Petit Bois pour un grand feu, Mémoires,* Fayard, 1994.
Robert MARJOLIN, *Le Travail d'une vie. Mémoires, 1911-1986,* Robert Laffont, 1986.
Laurent MARTIN, *Le Canard enchaîné,* Flammarion, 2001.
Gilles MARTINET, *Le Système Pompidou,* Le Seuil, 1973.
Jacques MASSU, *Baden 68 : souvenirs d'une fidélité gaulliste,* Plon, 1983.
Claude MAURIAC, *Mort du général de Gaulle,* Grasset, 1972.
Claude MAURIAC, *Le Temps immobile,* 2 vol., Grasset, 1972-1973.
François MAURIAC, *Bloc-Notes,* 5 vol., Le Seuil, 1993.
Anne-Laure MAZEL, *Georges Pompidou ou un exemple singulier d'affirmation politique : L'entente tacite entre le Premier ministre et les journalistes de la presse 1962-1968.*
Abd-el-Aziz MELIANI, *Le Drame des harkis,* Perrin, 2001.
Pierre MENDÈS FRANCE, *Regards sur la Ve République, 1958-1978.* Fayard, 1983.
Pierre MESSMER, *Ma part de France. À voix nue,* François-Xavier de Guibert, 2003.
Pierre MESSMER, *Après tant de batailles, Mémoires,* Albin Michel, 1992.
Bertrand MEYER, *Les Dames de l'Élysée,* Perrin, 1987.
Claude MICHELET, *Mon père, Edmond Michelet,* Robert Laffont, 1981.
Edmond MICHELET, *La Querelle de la fidélité. Peut-on être gaulliste aujourd'hui ? Entretien avec Alain Duhamel,* Fayard, 1971.
François MITTERRAND, *Ma part de vérité : de la rupture à l'unité,* Fayard, 1969.
François MITTERRAND, *La Rose au Poing,* Flammarion, 1973.
François MITTERRAND, *La Paille et le Grain, 1971-1974,* Flammarion, 1975.
Henri MODIANO, *Lettre ouverte aux gaullistes trahis,* Albin Michel, 1972.
Gaston MONNERVILLE, *Témoignage,* 2 vol., Plon, 1975-1980.
Jean MONNET, *Mémoires,* Fayard, 1976.
Étienne de MONTÉTY, *Thierry Maulnier : biographie,* Julliard, 1994.
Pierre MOUSSA, *La Roue de la fortune, souvenirs d'un financier,* Fayard, 1989.

MULLER, *Le Silence des harkis,* L'Harmattan, 1999.
Louis MURON, *Pompidou, le Président oublié,* Flammarion, 1994.
Richard NIXON, *Mémoires,* trad. fr. Stanke, 1978.
Paul NIZAN, *La Conspiration,* Gallimard, 1938.
Roland NUNGESSER, *Pour une société nouvelle ; la révolution qu'il faut faire,* Plon, 1970.
Jean d'ORMESSON, *Du côté de chez Jean,* Gallimard, 1978.
Jean d'ORMESSON et François SUREAU, *Garçon, de quoi écrire,* Gallimard, « Folio », 1991.
Jean d'ORMESSON, *C'était bien,* Gallimard, 2003.
Gaston PALEWSKI, *Hier et aujourd'hui 1974,* Plon, 1975.
Gaston PALEWSKI, *L'Entourage et de Gaulle,* Plon, 1979.
Gaston PALEWSKI, *Mémoires d'action, 1924-1974,* Plon, 1988.
Pierre PÉAN, *Chirac, l'Inconnu de l'Élysée,* Fayard, 2007.
Alain PEYREFITTE, *C'était de Gaulle,* 3 vol., de Fallois/Fayard, (1994) 2000.
Alain PEYREFITTE, *Rue d'Ulm, Chroniques de la vie normalienne,* nouv. éd. Fayard, 1994.
Alain PEYREFITTE, *Faut-il partager l'Algérie.*
Alain PEYREFITTE, *Le Mal français,* Plon, 1976.
Pierre PFLIMLIN, *Mémoires d'un Européen : de la IVe à la Ve République,* Fayard, 1991.
Antoine PINAY, *Un Français comme les autres, entretiens avec Antoine Veil,* Belfond, 1984.
Edgard PISANI, *Le Général indivis,* Albin Michel, 1974.
Edgard PISANI, *Persiste et signe,* Odile Jacob, 1991.
Edgard PISANI, *La Passion de l'État. Entretiens avec Jean Lacouture,* Arléa, 1998.
Alain POHER, *Trois fois président,* Plon, 1993.
Claude POMPIDOU, *L'Élan du cœur,* Plon, 1997.
Georges POMPIDOU, *Anthologie de la poésie française,* Hachette, 1961.
Georges POMPIDOU, *Le Nœud gordien,* Plon, 1974.
Georges POMPIDOU, *Entretiens et discours, 1968-1974,* Plon, 1975.
Georges POMPIDOU, *Pour rétablir une vérité,* Flammarion, 1982.
Michel PONIATOWKI, *Le Choix de l'espoir,* Grasset, 1970.
Michel PONIATOWSKI, *Cartes sur table,* Fayard, 1972.
Michel PONIATOWSKI, *L'avenir n'est écrit nulle part,* Albin Michel, 1978.
Michel PONIATOWSKI, *Mémoires,* Plon-Le Rocher, 1997.
Robert POUJADE, *Le Ministère de l'impossible,* Calmann-Lévy, 1975.
Alain PRATE, *Les Batailles économiques du général de Gaulle,* Plon, 1978.
Henri QUEFFÉLEC, *Un Breton bien tranquille,* Stock, 1978.
René RÉMOND, *Les Droites en France,* Aubier, nouv. éd. 1982.
Stéphane RIALS, *Les Idées politiques du président Georges Pompidou,* PUF, 1977.
Jacques RIGAUD, *Le Bénéfice de l'âge,* Grasset, nouv. éd. 1993.
Robert ROCCA, *Pompi-deux ou Le petit livre d'or du chaos,* 1969.
Jules ROMAINS, *Les Hommes de bonne volonté.*
Guy de ROTHSCHILD, « Pompidou, tel que je l'ai connu », *Le Monde,* 23 avril 1974.
Guy de ROTHSCHILD, *Contre bonne fortune,* Belfond, 1983.
Guy de ROTHSCHILD, *Mon ombre siamoise,* Grasset, 1993.
Pierre ROUANET, *Pompidou,* Grasset, 1969.
Éric ROUSSEL, *Georges Pompidou,* J.-C. Lattès, 1994.
Hélie de SAINT-MARC, *Les Champs de braise.*

James SARAZIN, *Dossier M. comme Milieu,* Moreau, 1977.
Philippe de SAINT-ROBERT, *Les Remparts d'Elseneur, les septennats interrompus,* Robert Laffont, 1977.
Alexandre SANGUINETTI, *Sujets ou citoyens,* Robert Laffont, 1977.
Alexandre SANGUINETTI, *J'ai mal à ma peau de gaulliste,* Grasset, 1978.
Maurice SCHUMANN, *Les Flots coulant au loin,* Julliard, 1973.
Maurice SCHUMANN, *La Victoire et la nuit,* Julliard, 1989.
Roger-Gérard SCHWARTZENBERG, *La Guerre de succession,* PUF, 1969.
Philippe SÉNART, « Trois ans avec Pompidou », *Le Monde,* 1er août 1975.
Philippe SÉNART, *La Dernière Classe de Georges Pompidou, Lectures pour tous,* juillet 1970.
Simonne SERVAIS, *Regards sur de Gaulle,* Plon, 1990.
Jean-François SIRINELLI, *Génération intellectuelle, Khâgneux et Normaliens dans l'entre-deux-guerres,* Fayard, 1988.
Jacques SOUSTELLE, *L'Espérance trahie,* La Table ronde, 1967.
Jacques SOUSTELLE, *Progrès et liberté,* La Table ronde, 1970.
Jacques SOUSTELLE, *28 ans de gaullisme,* La Table ronde, 1968.
Pierre SUDREAU, *Au-delà de toutes frontières,* Odile Jacob, 1991.
Olivier TODD, *La Marelle de Giscard, 1926-1974,* Robert Laffont, 1977.
Jean-Raymond TOURNOUX, *La Tragédie du Général,* Plon, 1967.
Jean-Raymond TOURNOUX, *Le Mois de mai du Général,* Plon, 1969.
Jean-Raymond TOURNOUX, *Jamais dit,* Plon, 1971.
Jean-Raymond TOURNOUX, *Le Tourment et la Fatalité,* Plon, 1974.
Raymond TRIBOULET, *Un gaulliste de la Quatrième,* Plon, 1985.
Raymond TRIBOULET, *Un ministre du Général,* Plon, 1985.
Bernard TRICOT, *Les Sentiers de la paix,* Plon, 1972.
Bernard TRICOT, *Mémoires,* Quai Voltaire, 1994.
Antoine TRIN, *Georges Pompidou et le Cantal,* Gerbet, 1984.
Louis VALLON, *L'Anti-de Gaulle,* Le Seuil, 1969.
Louis VALLON, *De Gaulle et la démocratie,* La Table ronde, 1972.
Pierre VASSELLE, *La Bataille au sud d'Amiens,* Abbeville, Imprimerie Paullart, 1947.
Jacques VENDROUX, *Ces grandes années que j'ai vécues, 1958-1974,* Plon, 1975.
Pierre VIANSSON-PONTÉ, *Les Politiques,* Calmann-Lévy, 1967.
Pierre VIANSSON-PONTÉ, *Histoire de la République gaullienne,* Fayard, 1971.
Bernard VIOLET, *Les Mystères Delon,* Flammarion, 2000.
François VUILLEMIN, *Georges Pompidou et les gaullistes de gauche, conflits idéologiques et enjeux de pouvoir,* IEP de Paris, 1987.
Claude WAUTHIER, *Quatre présidents et l'Afrique,* Le Seuil, 1995.
Michel WINOCK, *Chronique des années soixante,* Le Seuil, 1987.

Repères chronologiques sur la vie et l'œuvre de Georges Pompidou

5 juillet 1911	Naissance à Montboudif, Cantal
	Études primaires et secondaires à Albi
1929-1931	Hypokhâgne au lycée de Toulouse
	Khâgne au lycée Louis-le-Grand, à Paris
1931-1934	École normale supérieure, rue d'Ulm
1934	Premier à l'agrégation des Lettres et diplômé de Sciences Po
29 octobre 1935	Mariage à Château-Gontier avec Claude Cahour
1935-1938	Professeur au lycée Saint-Charles, à Marseille
1938-1946	Professeur au lycée Henri-IV, à Paris
1939-1940	Sous-lieutenant, puis lieutenant au 141e régiment d'infanterie alpine
mai-juin 1940	Combats sur la Somme, puis sur la Loire
1942	Arrivée à son foyer d'un enfant adopté nouveau-né, Alain
1944-1946	Chargé de mission au cabinet du général de Gaulle
1946	Maître de requêtes au Conseil d'État et de conférences à Sciences Po
1948	Chef de cabinet du général de Gaulle
1953	Débuts dans le groupe Rothschild
1958	Directeur de cabinet du général de Gaulle
1959	Retour à la banque Rothschild
février-mars 1961	Négociations secrètes en Suisse avec les représentants du GPRA
16 avril 1962	Premier ministre du général de Gaulle
14 février 1963	Création de la DATAR
1er janvier 1966	Création d'ERAP

septembre 1967	Protocole franco-allemand pour l'Airbus
25-27 mai 1968	Négociations de Grenelle avec les syndicats
29 mai 1968	Disparition du général de Gaulle, à Baden, chez Massu
10 juillet 1968	Démission de Pompidou, remplacé par Maurice Couve de Murville
17 janvier 1969	Déclaration de Rome
4 février 1969	Mort de Léon Pompidou, son père
13 février 1969	Déclaration de Genève
15 juin 1969	Président de la République
22 juin 1969	Nomme Jacques Chaban-Delmas Premier ministre
16 octobre 1969	Choix de la filière Westinghouse pour les centrales nucléaires
mars 1970	Lancement de la politique de mensualisation des travailleurs horaires
9 novembre 1970	Mort du général de Gaulle
décembre 1971	Accord entre la Snecma et General Electric pour le réacteur CFM 56
22 janvier 1972	Entrée de la Grande-Bretagne dans le Marché commun
6 juillet 1972	Nomme Pierre Messmer Premier ministre
31 mai 1973	Entrevue avec Nixon à Reykjavik
décembre 1973	La France finance à 60 % le lanceur spatial Ariane
février 1974	Décision de construire à Tricastin l'usine d'enrichissement d'uranium
5 mars 1974	Le conseil restreint autorise EDF à engager la construction de treize tranches de centrales nucléaires
2 avril 1974	Mort de Georges Pompidou, à Paris

Index des noms de personnes

Index établi par Aurélie Casrouge.

Remerciements

Ma reconnaissance va tout d'abord à Bernard Esambert et Simonne Servais, qui m'ont beaucoup encouragé, soutenu et documenté. Mais je voudrais ici adresser l'expression de ma gratitude à tous ceux qui ont bien voulu me recevoir et me donner leur temps, et tout particulièrement Christian d'Aumale, André Bergeron, Jean-René Bernard, Michel de Boissieu, Alain Briottet, François Ceyrac, Albin Chalandon, Michel Drancourt, Claude Ducreux, Denise Esnous, André Fanton, François Gall, Marie-France Garaud, Jean-Philippe Lecat, Pierre Louis-Dreyfus, Pierre Messmer, Madeleine Négrel, Jean Pinchon, Jean-Bernard Raimond, Nicolas Vaicbourdt, Bernard de Villemejane et Gérard Worms.

Qu'il me soit également permis de remercier la famille Mauriac et les Éditions Bernard Grasset pour leur aimable autorisation de citer plusieurs passages de l'inestimable témoignage de Claude Mauriac publié dans *le Temps immobile*.

Table des matières

TROISIÈME PARTIE
Une ambition pour la France

Photocomposition Nord Compo
Villeneuve d'Ascq

« Pour l'éditeur, le principe est d'utiliser des papiers composés de fibres naturelles, renouvelables, recyclables et fabriquées à partir de bois issus de forêts qui adoptent un système d'aménagement durable.

En outre, l'éditeur attend de ses fournisseurs de papier qu'ils s'inscrivent dans une démarche de certification environnementale reconnue. »

Impression réalisée sur CAMERON par
BRODARD ET TAUPIN
La Flèche

pour le compte des Éditions Fayard
en novembre 2007

Imprimé en France
Dépôt légal : novembre 2007
N° d'éditeur : 93376 – N° d'impression : 44437
35-57-3786-7/01